# 경찰정책론

배철효 · 김용태 共著

21세기사

# 머리말 Preface

경찰은 국민의 생명·신체 및 재산을 보호하고 공공의 안녕과 질서유지를 위해 우리의 지역사회와 가장 가까운 곳에 위치해 있다. 시민사회의 성숙으로 국민들은 경찰행정을 서비스의 한 분야로 인식하기 시작했으며, 이러한 배경에는 지방자치제 이후 행정에도 고객개념이 본격 도입되어 이미 민간기업의 질 높은 서비스수준을 경험한 국민들은 경찰에 대해서도 기대수준은 한층 더 높아져 민간기업 수준 이상의 서비스를 요구하고 있기 때문으로 분석된다. 우리나라는 국가경찰체제이지만 2006년 7월 1일 제주특별자치도에 제주자치경찰이 출범하면서 '국가－자치경찰의 이원적 체제' 성립되었고, 최근 고객지향적인 행정문화의 확산, 행정선진화와 함께 새로운 경찰정책의 일환으로 서비스품질에 관한 논의가 활발하며. 2012년 2월부터는 '국민중심 경찰활동' 우수시책을 공모하여 현장 확인결과를 모니터링 하고, 파출소 자율과제를 발굴하여 지역치안실정에 맞게 시행하는 등  맞춤형 공감치안 확산에 분주한 모습이다.

최근에는 對국민신뢰 확보차원에서 경찰관 한 사람 한 사람의 의식과 자세를 근본적으로 변화시키기 위한 '초심(初心)찾기 大프로젝트' 추진과 선진 치안인프라와 신뢰받는 고객만족정책 등 다양한 치안활동의 캐치프레이즈가 펼쳐지고 있다. 그러나 경찰정책의 중요성에 비해 지금까지 이렇다할 만한 교재는 출간되지 않았고, 독자들이 경찰정책론을 보다 쉽게 이해하면서도 변화하는 경찰정책에 조그마한 도움을 주고자 쓰여진 것이다. 경찰정책학이 하나의 학문적 틀을 구성하는 데 많은 학자들의 혜안과 시간적 흐름, 경찰학, 정책학, 행정학 등 인접학문의 연계성 덕분이었듯이 이 책 역시 그러한 경로를 따라 체계적인 틀을 잡아나기기 위한 과정임에 틀림이 없다.

이 책은 총6편으로 구성되어있다. 제1편은 경찰정책이란 무엇인가? 제2편은 품질에 대한 이해. 제3편은 총체적 품질관리(TQM), 제4편은 경찰서비스의 차원별 품질관리, 제5편에서는 경찰서비스의 품질관리 구축 방안, 제6편은 경찰제도의 개혁에 관한 내용과 한국경찰행정의 쟁점과 발전방안까지 담았다. 이 책의 주안점은 다음과 같다.

첫째, 경찰정책학을 처음 접하는 독자들을 위해 경찰행정학의 기본적 이론을 바탕으로 최대한 평이하게 기술하였다.

둘째, 경찰정책의 이해를 통해 새로운 패러다임인 고객만족 치안행정 구현, 고품격 치안서비스 제공을 위한 주춧돌이라 할 수 있는 경찰서비스 품질구성요소와 서비스지향성, 경찰서비스의 차원별 품질관리 등을 제시하였다.

셋째, 경찰정책관리자뿐만 아니라, 경찰지망생이라면 갖추어야 할 덕목인 국가와 민족을 위해 충성과 봉사를 다하고 자기희생과 섬김의 대상인 국민을 위한 경찰서비스 마인드 함양까지 담아내려 하였다.

이러한 내용으로 구성되어 있는 이 책은 경찰정책을 공부하는 학생, 새로운 정책을 개발하고 집행하고, 서번트 리더십을 발휘해야하는 경찰관리자 뿐만 아니라 현장경찰공무원, 경찰에 관심 있는 독자에 이르기까지 경찰의 서비스품질을 높이고 효과적으로 활용하는 데 조그만 도움을 주려는 마음을 담고 있다. 이러한 노력에도 내용상의 미흡하고 아쉬운 측면이 있더라도 너그러운 마음으로 용서(容恕)해 주실것으로 믿으며, 앞으로 보완의 기회를 갖고자 한다. 또한 본서가 출판되기까지 조언과 후원해주신 여러분께 감사를 드리며, 특히 21세기사 이범만사장님 그리고 편집부 및 관계직원의 노고에 감사한 마음을 전하고자 한다.

2013년 1월

공저자 배철훈 · 김용태 드림

# 차 례 Contents

# 제1편

# 경찰정책이란 무엇인가?

제1장 경찰행정체제의 이해

제2장 경찰정책과 기획

**들어가며...**

'경찰이란 무엇인가' 하는 문제는 역사성·시대성을 띠는 개념일 뿐만 아니라, 국가마다 고유한 전통과 사상이 반영된 것이어서 일률적으로 정의 내리기가 쉽지 않다. 경찰정책에 앞서 제1장은 경찰행정체제의 이해로 경찰의 개념과 역할변화, 경찰행정의 체제(구조와 기능), 경찰인사에 대해 간략하게 소개를 하고자 한다.

이를 바탕으로 제2장은 경찰정책과 기획으로 경찰정책의 의의, 경찰정책의 형성과 결정, 경찰정책의 집행, 경찰정책의 평가, 경찰기획을 다룬다. 또한 경찰대응활동의 일환인 역대정부의 경찰정책비교를 통해 차기 정부에 전개될 새로운 경찰정책에 지침이 되도록 하였다.

이러한 배경에는 주민을 치안서비스의 고객임을 자각하여 주민이 원하는 것을 현장을 통해 정책부서로 전달하여 치안정책이 결정되는 시스템을 정착시켜야 나가기 위함이다.

# 제1장 경찰행정체제의 이해

## 제1절 경찰의 개념과 역할 변화

### 1. 경찰의 개념

경찰(警察: police)이란 사회공공의 안녕과 질서유지를 위하여 일반통치권에 의거하여, 국민에게 명령 · 강제 · 지시 · 통제 등 권력적 수단이나 수사 권한을 동원하여 법을 집행하거나 서비스를 통하여 적극적으로 봉사하는 임무를 수행하는 조직을 말하며, 대륙법계 경찰개념(전통적 입장)과 영미법계 경찰개념(현대적 입장)으로 나누어 설명할 수 있다.

경찰(警察)의 개념은 역사성을 띠고 있으며, 국가마다 고유한 전통과 사상이 반영된 것이어서 일률적으로 정의하기가 어렵다. 그럼에도 불구하고 경찰개념의 정립이 필요한 이유는 이를 통하여 경찰의 정체성을 확보하고, 경찰구성원들에게 경찰의 존재 목적과 역할을 인식시켜 정당한 직무수행을 가능하게 하고, 경찰의 미래를 설정할 수 있기 때문이다.[1)]

#### 1) 우리나라의 경찰개념 형성

프랑스법의 경찰권(警察權)개념은 독일의 경찰(polizei)개념 형성에 영향을 미치고, 일본과 우리나라의 경찰개념의 형성에 큰 영향을 주었다.

특히 프랑스의 1795년 경죄처벌법전(輕罪處罰法典) 제16조의 규정이 일본의 1875년(명치 8년)의 행정경찰규칙(제29조)의 모범이 되었고, 일본의 행정경찰규칙이 1894년 우리나라의 행정경찰장정(行政警察章程)[2)]에 이식되었다. 따라서 행정경찰이라는 용어나 행정경찰의 정의는 프랑스의 경죄처벌법전으로부터 유래된 것이다. 우리나라에 서구적 의

---

1) 배철효외, 『경찰학개론』, (서울 : 대영문화사, 2007), p.15.

2) 1894년 행정경찰장정(行政警察章程)은 우리나라 최초의 경찰작용법이다. 또한 1894년의 경무청관제직장은 우리나라 최초의 경찰조직법이다.

미의 경찰이라는 용어가 처음 사용된 것은 고종 31년(1894) 갑오개혁 때에 제정된 신관제 실시에 따라 포도청이 폐지되고 내무아문(內務衙門)소속하에 경무청을 설치하여 한성부 내의 일체의 경찰사무를 관장케 하면서 부터이다. 경찰(警察)이라는 한자의 의미로 일본에서는 경계사찰(警戒査察)의 준말이라고도 하나, '경(警)'의 글자는 '지키다' 의 뜻과 '찰(察)'은 '살핀다' 는 뜻을 가지고 있어서 경찰은 국민을 안전하게 지키고 살핀다는 의미로 사용할 수 있다.[3)]

### 2) 경찰개념의 변천

1945년 일본의 패전에 따라 미군정(美軍政)이 실시되면서 종래의 대륙법계의 치안유지 중심의 행정경찰적 관점이 강조되던 입장으로부터 영미법계의 민주주의적 이념에 따른 경찰개념이 강조되면서 '국민(개인)의 생명, 신체 및 재산의 보호'가 경찰의 책무로 강조되게 되었다. 우리나라도 독일, 일본과 마찬가지로 비(非)경찰화 작업이 이루어졌다. 즉, 과거 협의의 행정경찰사무[4)]가 경찰관청의 사무에서 다른 일반경찰관청의 분장사무로 이관되었다. 우리나라의 경찰관직무집행법에는 대륙법계와 영미법계의 경찰개념이 모두 반영되고 있다.

## 2. 경찰 역할의 변화

### 1) 경찰임무의 개념

경찰의 존재이유는 무엇인가? 이는 경찰의 임무에 대한 질문이기도 하다. 경찰의 역할 중 어느 역할을 더 중요시 하는 것은 국가의 권력구조나 정치상황, 시대와 환경에 따라 경찰의 기능도 달라지므로 한마디로 정의하기는 어렵다. 그럼에도 불구하고 경찰법 제3조(경찰의 임무)를 보면 다음과 같다.

경찰의 임무는 행정조직법상의 보통경찰기관(형식적 경찰)을 전제로 한 것이다. 경찰

---

3) 이황우, 『경찰행정학』, (서울: 법문사, 2012), p.6.

4) 건축경찰, 산림경찰, 보건경찰, 영업경찰 등을 말한다.

법 제3조에 의하면, "경찰은 ① 국민의 생명 · 신체 및 재산의 보호, ② 범죄의 예방 · 진압 및 수사, ③ 경비 · 요인경호 및 대간첩작전 수행, ④ 치안정보의 수집 · 작성 및 배포, ⑤ 교통의 단속과 위해의 방지, ⑥ 그 밖의 공공의 안녕과 질서유지를 그 임무로 한다"고 규정하여 따라서 오늘날 경찰은 '공공질서를 유지하고 위해(危害)와 범죄로부터 국민의 생명과 재산을 보호하며 국민에게 봉사와 도움을 제공하는 공공서비스 또는 공공재(公共財)의 공급자'로 경찰을 이해할 수 있다.[5] 또한 국가의 권력 작용 수단으로서의 경찰개념에서 봉사경찰개념으로 무게 중심을 옮기고 있다. 즉, '기본에 충실한 국민의 경찰'이면서도 변화된 환경과 적응적으로 협력하여 생산적인 관계와 성과를 창출해야 한다. 경찰은 법집행기관으로서 권력성과 공적사명(公的使命) 때문에 양질의 서비스 행정을 요구 받으며, 보다 강한 윤리적 통제를 받는다.[6] 한국경찰은 1945년 해방 후 미군정(美軍政)이 실시되면서 종래의 대륙법계 치안유지 중심이 행정 경찰적 관점이 강조되던 입장으로부터 영미법계의 민주주의적 미국경찰의 이념을 이어받아 '질서와 봉사'를 이념으로 출발[7]하였으며, 남북분단의 특수성과 정치적 영향 등으로 '질서유지'가 우선시 여겨지기도 한다. 또한 경찰은 국민의 생명과 재산보호라는 가장 높은 직업적인 가치를 구현하는 조직체이기도 하다. 경찰의 임무와 비전은 다음과 같다.

〈표 1-1〉 경찰의 임무와 비전

| | | |
|---|---|---|
| 임무 (Mission) | 국민의 생명 · 신체 및 재산을 보호하고 범죄를 예방 · 진압하며 공공의 안녕과 질서를 유지하여 모든 국민이 편안하고 행복한 삶을 누릴 수 있도록 한다. | |
| 비전 (Vision) | 국민에게 신뢰받는 '믿음직한 경찰'로서 세계에서 가장 '안전한 나라'를 만든다! | |
| 믿음직한 경찰 (바람직한 경찰상) | ← 바람직한 경찰상과 경찰의 존재이유 상호작용 → | 안전한 나라 (경찰의존재이유) |

5) 이황우, 『경찰행정학』, (서울: 법문사, 2012), pp.14~15.

6) 박영주, 『경찰활동에 지역주민과 파트너쉽 활용전략』, 「한국거버넌스학회보」, 2003, pp.127~146.

7) 1945년 10월 21일 미군정청에 경무국이 창설되면서 '봉사와 질서'를 표방하였으나 일제잔재 등 구시대적 의식 · 제도 · 행태로 국민비난을 받아왔으며, 1999. 12. 1~2000. 3. 9일간 경찰대개혁 100작전 전개로 전 경찰관 동참속에 조직관리, 치안활동, 대민 서비스 개혁과 재추진을 통해 총체적 변혁을 추진하였다.

경찰법뿐만 아니라 경찰관직무집행법에도, 경찰의 임무는「국민의 자유와 권리의 보호 및 사회공공의 질서유지(경찰관직무집행법 제1조)」로 규정하고 있으며, 이러한 경찰의 임무를 실현하기 위한 경찰 직무의 범위로는「국민의 생명·신체 및 재산의 보호, 범죄의 예방·진압 및 수사, 경비·요인경호 및 대간첩작전수행, 치안정보의 수집 작성 및 배포, 교통의 단속과 위해의 방지, 기타 공공의 안녕과 질서유지」등의 5대 직무(동법 제2조)라고 규정하고 있다. 경찰사명을 살펴보면 '국가와 민족을 위하여 충성과 봉사를 다하여 국민의 생명·신체 및 재산을 보호하고 공공의 안녕과 질서를 유지하는 것'을 경찰의 사명으로 규정하고 있다. 경찰법이나 경찰관직무집행법에 들어 있지 않은 국가와 민족을 위한 충성과 봉사가 경찰공무원이 공직기간 중에 실현해야 할 가치인 것이다. 우리 경찰은 남북분단으로 인한 국방의 의무까지 분담하면서 국민을 위한 봉사를 실현해야 하는 사명감을 가지고 있다.

**〈표 1-2〉경찰법 · 경찰관직무집행법 · 경찰사명의 비교**

| 경찰법상(3조)의 임무 | 경찰관직무집행법상(2조)의 임무 |
|---|---|
| ① 국민의 생명·신체 ·재산의 보호<br>② 범죄의 예방·진압 및 수사<br>③ 경비·요인경호 및 대간첩작전 수행<br>④ 치안정보의 수집·작성 및 배포<br>⑤ 교통의 단속과 위해의 방지<br>⑥ 그 밖의 공공의 안녕과 질서유지 | ① 국민의 생명·신체 ·재산의 보호<br>② 범죄의 예방·진압 및 수사<br>③ 경비·요인경호 및 대간첩작전 수행<br>④ 치안정보의 수집·작성 및 배포<br>⑤ 교통의 단속과 위해의 방지<br>⑥ 기타 공공의 안녕과 질서유지 |
| ①「경찰법」제3조와「경찰관직무집행법」제2조에 따른 국가경찰의 임무에 관한 두 법의 규정은 상호 일치하고 있다(2011. 8. 4 개정)<br>② 경찰의 임무는 소극적인 안녕과 질서유지가 목적이며, 적극적인 공공복리의 증진이 아님.<br>③ 보안(대공)기능·외사기능의 직무범위는 직접적으로 법에 명시되어 있지 않음.<br>⇨ 보안·외사기능은 '기타 공공의 안녕과 질서유지'에 근거해서 활동함. | |
| 경찰의 사명(경찰공무원복무규정 제3조 제1호) | |
| '국가와 민족을 위하여 충성과 봉사를 다하여 국민의 생명·신체 및 재산을 보호하고 공공의 안녕과 질서를 유지하는 것'을 경찰의 사명으로 규정하고 있다. | |

이러한 기본적인 임무들로부터 도출되는 경찰의 3대 역할은 법집행(law enforcement)과 질서유지(order maintenance), 서비스제공(public service)이라고 할 수 있다. 경찰의

3대 역할간의 관계를 살펴보면, 범죄와 무질서가 증가하게 되면 경찰은 법집행 역할과 질서유지를 강화하게 되고, 무질서와 범죄가 감소하게 되면 경찰은 법집행 역할보다는 서비스 제공자로서의 역할을 확대하게 된다. 정통성이 부족한 정권에서는 질서유지 역할이 강화되며, 범죄가 다발하는 정부에서는 법집행 역할이 강조되고, 시민의 협조와 지원이 필요한 시기에는 서비스역할이 강조되는 것이 역사적인 경험이다. 또한 공공질서의 유지를 우선할 것인지, 개인의 신변보호를 우선할 것인지 어느 임무를 먼저 처리할 것인지 우선순위의 선택문제가 제기되는 경우가 있다. 이러한 정책선택의 문제는 근본적으로는 가치관의 선택문제로 귀결되어 개인주의와 집단주의의 선택문제가 되기도 한다.

**〈표 1-3〉경찰의 3대 역할수행에 대한 공권력 환경의 변화**

| |
|---|
| • 법집행(law enforcement) → crime(반인륜적 · 반사회적) → 형법 · 형소법<br>• 질서유지(order maintenance) → non-crime (반공익적) → 행정법, 집시법 등<br>• 공공봉사(public service) → care(약자보호 · 공적보호) → 경찰관직무집행법 등 |

* 출처: 이상안, 『경찰정책학』, (서울: 대명출판사, 2005), p.474. 참고 재작성.

## 2) 경찰활동 패러다임의 변화

오늘날 경찰에 대한 시민의 기대는 범죄와 무질서의 통제자로서의 역할 뿐만 아니라 수많은 서비스 또한 제공해 줄 것을 요구하고 있다. 따라서 과거 전통적인 경찰활동이 법집행과 질서유지에 초점을 두고 있다면, 21세기 경찰에는 여기에 대민서비스라는 또 다른 역할이 중요하게 인식되기 시작한 것이다.[8] 사람이 태어나서부터 죽을 때까지 호적을 통해 행정기관과 상호관계를 맺기도 하지만 다급하고 위험한 상황에 처해 있을 때는 경찰서비스를 통해 개인의 안위를 포함하여 삶의 질 영역까지 기대가 확대되고 있다. 또한 경찰은 24시간 근무하므로 '사회적 안전서비스 담당자'로 가장 기동성[9]을 갖춘 조직이라고 여겨지고 있다. 따라서 경찰행정 작용을 단순히 법집행기관에서 탈피하여 서비스

8) 조철옥, 『경찰행정학』, (서울: 대영문화사, 2000), pp.28~29.

9) 일반행정기관의 업무는 피해가 발생한 후에도 그 흔적이 남아 있어 구제가능성이 있으나, 경찰업무는 대부분 시급히 해결하지 않으면 피해회복과 구제의 기회를 상실하게되어 '기동성'은 질서유지와 범인의 체포와 증거물 확보에 중요한 요소가 된다. 경찰은 112 시민신고 시 초동대처시간을 최소화할 수 있도록 항상 즉응체제를 유지하고 있다.

를 제공하는 '평화의 수호자'로 전환하는 등 공급자가 아닌 수요자 및 고객의 입장에서 국민과 관계를 재정립하게 되었다.[10)]

〈표 1-4〉 경찰활동 패러다임의 변화과정

| 구 분 | 구 패러다임(공급자 중심) | 신 패러다임(수요자 중심) |
|---|---|---|
| 국가운영 | 통치(Government) | 협치(Governance) |
| 국민에 대한 인식 | 단속과 규제의 대상<br>(잠재적 범죄자) | 보호·봉사의 대상<br>(잠재적 피해자) |
| 경찰의 주된 임무 | 법집행<br>(Crime Fighter) | 서비스 제공<br>(Peace Keeper) |
| 치안활동의 주체 | 범죄와 무질서의 통제자<br>(경찰의 몫) | 민·관 협력치안<br>(치안서비스 공동생산) |
| 조직관리 | 명령·통제<br>(가시적 실적중시) | 자율·참여<br>(국민만족 성과중시) |
| 행정체제 | 중앙집권적인 권위적·<br>독점적·일방적 행정 | 지방분권적·인본주의적<br>경쟁적 쌍방향 행정 |

### 3) 경찰의 임무 연구목적

경찰의 기본 임무에 대해 고찰하는 이유는 국가의 권력구조나 정치상황에 따라 경찰의 기능도 달라져, 현대경찰의 임무를 한마디로 단정 짓기에는 어려움이 있기 때문이다.

경찰의 활동내용에 따라 근거규정(수권규정)이 다르기 때문이다. 즉, 개입(침해)권한에 관한 수권규정과 범죄수사에 관한 수권규정, 그리고 서비스 활동 등에 관한 근거규정이나 방식이 각각 다르다.

근거규정이 있더라도 개입 여부의 결정은 임무의 성질에 따라 다르다. 개입여부를 잘못 결정한 경우에는 배상책임 등의 책임 문제가 발생할수 있기 때문이다. 이 경우에도 임무를 명확히 인식하는 데서 출발해야 한다.

따라서 경찰의 임무가 무엇인지에 관한 기본적인 원칙들을 확인해 두는 것이 이론적·실천적으로 매우 중요하다 하겠다. 민주주의적 경찰의 이념 하에 국민의 생명·신체 및

10) 경찰청, 『경찰백서』, 2008, pp.11~12.

재산의 보호가 강조되기는 하였으나, 국민의 생명·신체 및 재산의 보호 등은 공공 안녕의 일부분이므로, 경찰의 궁극적인 목적은 "공공의 안녕과 질서에 대한 위험의 방지"라고 할 수 있다. 결국, 경찰의 기본적 임무를 크게 위험의 방지, 범죄의 수사 그리고 대국민 치안서비스 제공의 세 가지로 나누어 살펴본다.

**경찰의 임무**

① 공공의 안녕과 질서에 대한 위험방지- 궁극적 목적
② 범죄수사
③ 대국민 치안서비스제공

### (1) 공공의 안녕과 질서에 대한 위험의 방지

위험이란 경찰상 보호되어야 할 법익에 손해를 끼치게 되는 상황을 말하는데, 평균인의 판단으로 볼 때 공공의 안녕과 질서와 같은 법익들을 침해하는 수준에 도달하여 경찰개입이 필요한 경우를 지칭한다.[11] 즉 「가까운 장래에 공공의 안녕(또는 질서)에 손해가 나타날 수 있는 가능성이 개개의 경우에 충분히 존재하는 상태」를 위험이라고 말한다.

① 공공의 안녕

경찰의 위험방지의 보호대상은 공공의 안녕이다. 공공의 안녕이란 '법질서의 불가침성, 국가의 존립과 국가기관 기능성의 불가침성, 개인의 권리와 법익의 불가침성' 3대 요소가 있다.[12]

---

11) 임준태, 『경찰의 직무집행』, (서울: 법문사, 2004), p.433.
12) 공공의 안녕이란 개념은 일부는 국가 등 집단과 관련되고, 일부는 개인과 관련되어 있다(이중적 개념).

㉠ 법질서의 불가침성(공공의 안녕 제1요소)

| | |
|---|---|
| 공법규범의 위반 | 법질서의 불가침은 그 누구도 법질서를 침범해서는 안 된다는 공공의 안녕 제1요소를 의미이며, 따라서 공법규범에 위반한 경우에는 경찰이 직접 개입하며, 이는 특히 형법 및 특별형법 등의 범죄구성요건에 해당한다. |
| 사법규범의 위반 | • 개인의 생명 · 건강 · 자유 · 명예 · 재산 등의 법익보호를 위해서는 경찰이 개입할 것인가, 말 것인가를 고려함이 없이 즉시 개입해야 한다는 '경찰 재량(警察裁量)의 영(0)으로의 수축'과 '반사적 이익(反射的利益)의 보호 이익화'가 논의되면서 각 개인에게 생명 · 신체 · 재산 등이 개인적 법익을 보호하기 위하여 경찰의 개입을 청구할 수 있는 '경찰개입청구권(警察介入請求權)'을 인정하기에 이르렀다. 이러한 현상은 오늘날 복지 국가적 행정을 요구하고 있는 시대적 요청에 따라 경찰행정 분야에서 새로운 경향을 불러일으키고 있다.<br>• 개인의 법익의 보호를 위한 경찰개입청구권을 인정한다. |

㉡ 국가의 존립과 국가기관 기능성의 불가침성

| | |
|---|---|
| 국가의 존립 불가침성 | • 군이 적국과의 관계에서 국가의 존립을 보호할 의무가 있는 것과 마찬가지로 경찰은 사회 공공과 관련하여 국가의 존립을 보호할 임무가 있다.<br>• 내란죄와 외환의 죄, 그리고 형법적 가벌성의 범위 내에 이르지 아니하였을지라도 국민의 자유와 권리를 침해하지 아니하는 범위 내에서 정보 · 보안 · 외사경찰은 국가기관의 기능성을 보호해야 한다. |
| 국가기관 능성의 불가침성 | 경찰은 국가기관의 기능성을 보호해야 한다. 즉, 국회 · 정부 · 법원 · 지방자치단체 등 국가기관의 정상적인 기능성을 보호하기 하여야 한다. 따라서 행정관청 또는 경찰의 활동에 대한 중대한 방해는 공공의 안녕에 대한 위험으로 간주하여 개입하고 있다(공무집행방해죄). |

㉢ 개인의 권리와 법익의 불가침성

공공의 안녕과 관련하여 경찰은 인간의 존엄성 · 명예 · 생명 · 건강 · 자유 등의 개인적 법익 외에도 사유재산권 가치 또는 무형의 권리(예 지적재산권, 초상권 등)도 보호하여야 한다. 이러한 사권 보호와 관련하여 자기 스스로 위험에 빠져드는 행위를 보호할 것이냐가 논란이 된다.[13] 예를 들어 자살기도행위, 노숙자의

13) 임준태, 전게서, pp.445~446.

노숙행위, 마약과 알코올의 남용행위 등에 경찰이 개입할 수 있다고 보는데, 이는 자살기도 등의 저지를 통하여 인간의 생명을 보호하고 제3자의 법익을 보호하는 것이 경찰의 임무이기 때문이다. 사법적(私法的)인 문제의 경우 각 개인은 최종적으로는 법원을 통하여 권리와 법익을 보호받을 수 있으며, 위급한 경우에는 가처분과 같은 권리보호 수단을 활용할 수 있다.

**〈표 1-5〉 경찰개입청구권**

| 구 분 | 내 용 |
|---|---|
| 개 념 | 경찰관청 등에 규제·감독 기타 경찰권발동의무가 부과되어 있는 경우에, 사인(私人)이 경찰관청 등에 그러한 경찰권발동을 요구하는 권리 |
| 기 원 | 국민에게 경찰개입청구권을 인정하는 띠톱판결(1960. 독일 연방행정재판소) |
| 내 용 | 주거지역 석탄제조업체에서 배출되는 띠톱에서 배출되는 먼지와 소음 등으로 인근주민이 건축경찰상의 금지처분을 발할 것을 청구하자, 인근주민의 무하자재량청구권을 인정 |
| | 경찰개입여부는 원칙적으로 재량이지만, 일정한 상황하에서는 재량권이 영(0)으로 수축되고, 이때 개인은 경찰당국에 대해 당해 조치를 취할 것을 청구할 수 있는 권리를 가짐 |

② 손 해

경찰법상 손해란 보호받는 개인 및 공동의 법익에 관한 정상적 상태의 객관적 감소를 뜻한다. 단순한 성가심, 불편함 등은 경찰개입의 대상이 아니며 보호법익에 대한 현저한 침해행위가 있어야만 한다.

③ 위험의 규정과 분류

위험(危險)의 방지와 관련하여 현행법 규정을 살펴보면, 경찰관직무집행법 제5조와 7조에서는 경찰관은 인명 또는 신체에 위해를 미치거나 재산에 중대한 손해를 끼칠 우려가 있는 천재(天災), 사변(事變), 공작물(工作物)의 손괴(損壞), 교통사고, 위험물의 폭발, 광견(狂犬)·분마류(奔馬類) 등의 출현, 극단한 혼잡 기타 위험한 사태가 있을 때에는 경고를 발하고 필요한 한도 내에서 사람을 억류하거나 피난시키고 위해방지조치를 하며, 국가중요시설 에 대한 접근 또는 통행을 제한하거나 금지하고, 타인의 토지 건물 또는 선차 내에 출입할 수 있다고 규정하고 있다. 위험은 구체적인 위험과 추상적인 위험으로 구분(위험의 현실성 여부)되며, 위험의 개념과 관련되는 개념으로 잠재적 위험, 외관적 위험, 오상위험 등이 있다.[14)]

㉠ 구체적 위험 : 가까운 장래에 공공의 안녕과 질서에 손해가 나타날 수 있는 가능성이 개개의 경우에 충분히 존재하는 상태(구체적 위험상태) 가 되어야 경찰이 개입할 수 있다.

㉡ 추상적 위험 : 추상적 위험이란 구체적 위험의 예상 가능성(가설적 · 상상적)을 의미한다. 경찰의 개입은 구체적 위험 내지 적어도 추상적 위험이 있을 때에 가능하다. 즉, 위험의 차이가 현실성에 있다.

㉢ 잠재적 위험 : 현재에는 위험하지 않으나 향후 어떤 상황이 발생할 시 위험한 경우로 경찰권을 발동할 수 없다.

㉣ 외관적 위험 : 실제로는 위험하지 않은데도 불구하고 경찰이 객관적으로 위험을 잘못 판단하여 위험이 존재한다고 믿어 경찰권을 발동하는 경우이다. 합리적 수준의 경찰권발동은 적법하지만 경찰권발동의 정도가 과잉인 경우 그에 대한 책임을 질 수 있다.[15)]

㉤ 오상위험(추측상 위험) : 충분한 객관적인 근거 없이 경찰관이 주관적으로 위험이 있다고 판단하여 경찰권을 발동한 경우로 이에 대한 손해배상 청구의 문제가 발생할 수 있나.[16)]

### (2) 범죄의 수사

경찰법 제3조와 경찰관직무집행법 제2조에는 각각의 범죄의 수사를 경찰의 직무로 규정하고 있으나, 실제로 경찰은 수사를 할 것인가, 말 것인가를 결정할 재량이 없다. 수사권한을 독자적으로 행사할 수 없다는 것이다. 왜냐하면 형사소송법에서 검사의 지휘를 받는 한

---

14) 홍정선, 『경찰행정법』, (서울: 박영사, 2007), pp.22～23.

15) 심야에 순찰중인 경찰관이 살려달라는 외침소리를 듣고 남의 집 출입문을 부수고 들어갔는데, 실제로는 귀가 어두운 노인이 TV형사극을 켜놓아 그 외침소리가 밖으로까지 들렸던 경우이다.

16) 불심검문 중인 경찰관이 시민이 신분증을 꺼내려는 것을 흉기를 꺼내는 것으로 착각하여 시민을 구타하는 경우

도 내에서 경찰에 수사권한을 수권(授權)하고 있기 때문이다(형사소송법 제196조). 그러나 현실적으로 경찰의 수사직무는 위험방지 임무와 연결되어 있다. 즉, 경찰이 범죄의 예방과 제지를 위한 예방적인 위험방지 조치를 취하는 경찰활동을 하는 경우와 그 위험이 현실화되어 어떠한 법익에 손해가 발생되는 경찰위반의 상태가 되는 경우에는 경찰의 수사대상이 되기 때문에 경찰에게 수사권과 일반 경찰권을 동시에 부여하는 것이 효율적이다.

경찰은 범죄의 예방과 제지를 위한 예방적인 위험방지 조치가 가능할 뿐만 아니라(경찰관직무집행법 제6조), 위험이 현실화될 때, 즉 어떠한 법익에 대한 손해가 이미 발생되어 경찰위반의 상태가 되고, 그것이 형법이나 행정법규에 위배되는 범죄의 구성요건을 충족시키는 경우에는 수사 대상이 된다. 이러한 범죄의 수사는 형사사건에 관하여 공소제기 여부의 결정 또는 공소를 제기하고 이를 유지・수행하기 위한 준비로서 범죄사실을 조사하고 범인 및 증거를 발견・수집・보전하는 수사경찰의 일련의 활동을 말한다.

〈표 1-6〉 행정경찰작용과 사법경찰작용의 비교

| 행정경찰작용 | 사법경찰작용 |
|---|---|
| 행정 편의주의(便宜主義) 원칙<br>(~할 수 있다) | 법정주의(法定主義) 원칙<br>(형사소송법 제196조가 '~하여야 한다'고 규정) |
| 재량행위(裁量行爲) 인정 | 기속행위(羈束行爲) |

### (3) 대국민 치안서비스 제공

위험방지를 위한 명령・강제나 수사를 법집행 임무라고 한다면, 교통정보 또는 지리정보의 제공, 어린이 교통안전 교육, 인명구조와 같은 각종 보호의 제공, 순찰활동을 통한 범죄의 예방 등과 같은 것은 경찰서비스 임무이다. 오늘날 경찰서비스란 적극적인 서비스 활동을 통해 국민에게 봉사하는 역할인 급부행정(給付行政)차원에 그치는 것이 아니라 국민에게 헌법상 기본권을 향유할 수 있는 권리를 제공하는 차원이며, 기본권 서비스의 제공을 위해 위험방지 활동을 하고 수사를 하는 것이다. 21세기적 복지행정이 강하게 요구되는 오늘날에는 좁은 의미의 소극적인 위험방지를 위한 명령・강제나 범인의 체포・수사와 같은 법집행적인 임무뿐만 아니라, 적극적인 서비스 활동을 통해 국민에게 봉사하는 역할을 강화하고 있다.

### 4) 경찰의 수단

경찰의 수단이란 경찰이 그 임무를 수행하는 데 필요한 방법을 의미한다. 경찰수단에는 명령・금지나 강제와 같은 권력적 수단과 급부행정서비스인 계몽과 봉사와 같은 비권력적 수단, 그리고 범죄수사가 있다.[17)]

〈표 1-7〉 경찰의 수단

| 권력적 작용(명령과 강제) | 비권력적 작용(서비스 지향적) | 수사권 |
|---|---|---|
| • 즉시강제 : 불심검문, 위험방지, 범죄예방, 경찰장구, 무기사용, 정신착란자보호 등<br>• 행정처분 : 풍속・영업적 규제행정, 범칙금 납부통보, 운전면허정지・취소, 총포소지허가 등 | • 급부행정서비스<br>– 서비스 제공 : 교통정보・지리정보등의 제공, 인명구조, 교통교육, 순찰활동 등<br>– 금전 : 중요범죄 신고자 또는 검거자에 대한 포상금지급, 순찰 등<br>– 교통시설설치 : 신호기・도로표지 등<br>• 행정지도 : 청소년선도, 방범지도 등 | • 임의수사<br>• 강제수사 |

① 경찰명령(경찰하명)

경찰명령은 상대방에게 경찰의무(작위(作爲), 부작위(不作爲), 수인(受人), 급부(給付)의무)를 요구함으로써 이루어진다. 경찰의무의 실현을 통해서 공공의 안녕과 질서에 대한 위험 또는 경찰위반의 상태를 방지하고 제거하게 된다(예 운전면허가 없는 자는 자동차를 운전해서는 안 되는데, 이것은 경찰상의 금지에 해당하고 경찰하명에 속한다).

② 경찰강제

㉠ 경찰강제는 실력행사를 통해서 경찰목적을 달성하려는 사실행위로 경찰상 강제집행(대집행, 강제징수, 집행벌, 직접강제)과 경찰상 즉시강제, 경찰상 조사가 있다.

㉡ 즉시강제에는 경찰관직무집행법상의 불심검문(제3조), 정신착란자 등의 보호조치(제4조), 위험발생의 방지(제5조), 범죄의 예방과 제지(제6조), 위험방지를 위한

17) 임재강・한태천, 『경찰학원론』, (파주: 21세기사, 2008), p.37.

출입(제7조), 무기의 사용(제10조의 4)등의 활동이 여기에 속한다. 즉 경찰관직무집행법은 그 중에서도 즉시강제의 기본법으로서 역할을 수행한다.

③ 오늘날 법치주의 적용의 완화로 비권력적 수단(서비스 지향 수단)이 증대되고 있는 반면, 명령・강제 등의 권력적 수단에 활동은 점점 축소되는 경향이 있다. 그런데 한국경찰의 경우 공공의 안녕과 질서유지를 이유로 범법행위 단속과 법집행에 의존하는 권위적인 전통적 기능에 치중되어 있으며, 서비스 기능은 구체적으로 제도화되어 있지 않은 실정이다. 오늘날 경찰에게는 전통적인 명령・강제나 범인의 체포・수사와 같은 법집행적인 임무뿐만 아니라, 경찰관이 지역사회의 일원으로써 지역주민과 더불어 삶의 질을 관리하는 형태의 예방적인 경찰활동과 적극적인 서비스 활동을 통해 국민에게 봉사하는 서비스지향적 임무가 강하게 요구되고 있다.

④ 범죄를 위한 수사(수사권)에 있어 형사소송법은 실체적 진실의 발견과 인권보장의 조화를 위해 임의수사를 원칙[18]으로 하고 강제수사(체포・구금・압수수색)는 예외적으로 허용하고 있다(형사소송법 제199조).

### 5) 경찰역할 정립의 문제

경찰은 공공의 안녕과 질서라는 추상적인 개념을 실현시키기 위한 구체적인 방법과 수단에 대하여는 전적으로 경찰의 판단에 맡기고 있다고 볼 수 있다. 따라서 여려 해당부처가 얽혀있거나, 모든 사회문제나 각 정부기관의 정책변화에 따른 사회적 갈등이 전부 경찰의 임무로 변질・이관되는 비정상적인 상황이 발생하고 있다. 따라서 정부의 정책변화나 실패로 인한 비난이 고스란히 경찰의 물리력 행사에 대한 비판여론[19]으로 발전하여 궁극적으로 공권력 전체에 대한 약화를 가져오게 된다.

18) 수사수단 중 강제수사의 방법이 아닌 것은 '피의자신문'이다.

19) 2005년에 발생한 농민시위사망과 2009년 용산참사로 인해 경찰청장과 서울경찰청장이 문책 되는 등 정치적인 이슈가 걸린 정책문제들은 경찰대응 수위를 놓고 늘 도마위에 오르곤 한다.

# 제2절 경찰행정의 체제

경찰행정 체제의 운영에 있어 필수적인 두 개념은 조직(organization)과 관리(management)이다. 여기서 조직이란 조직도나 업무분장에 관한 구조(structure)적인 측면과 관리는 기능(function)이나 동기를 나타낸다. 마치 생체구조와 생리현상이 서로 합쳐져 움직이는 유기체(有機體)와 같다고 할 수 있다.

## 1. 경찰행정의 구조

### 1) 행정구조의 의의

행정의 구조는 그 기능과 권력이 기구들 사이에 분배되는 방법에 따라서 특정지어진다. 따라서 행정구조는 나라별로 또는 시대별로 달리 나타난다. 행정의 구조를 정부형태와 관련지어 설명한다면 정부형태는 광의와 협의의 두 가지 견해가 있다.

〈표 1-8〉 광의의 정부와 협의의 정부 비교

| 광의의 정부 | 입법부・사법부・행정부를 포함한 총체적인 정부기관을 지칭하며, 정부를 국가 통치기구 내지 국가 권력구조로 본다. |
|---|---|
| 협의의 정부 | 입법부와 사법부에 대한 행정부를 의미하며, 정부를 행정부의 조직・운영의 형태로 본다.[20] |

그렇다면 한국의 행정조직은 어떠한 모습일까? 대한민국정부조직은 정부조직법에 따라서 입법조직, 사법조식, 행정조직으로 이루어져 있다. 대통령직속기관으로는 대통령실, 감사원, 국가정보원, 국가인권위원회, 방송통신위원회, 국가과학기술위원회, 원자력안전위원회가 있으며, 국무총리의 직속기관으로는 국무총리실, 특임장관실, 법제처, 국가보훈처, 공정거래위원회, 금융위원회, 국민권익위원회가 있다.

20) 김철수, 『한국헌법』, (서울: 법영사, 1992), p.331.

15부로서 기획재정부, 교육과학부, 외교통상부, 통일부, 법무부, 국방부, 행정안전부(경찰청, 소방방재청), 문화체육관광부, 농림수산식품부, 지식경제부, 보건복지부, 환경부, 노동고용부, 여성가족부, 국토해양부(해양경찰청, 행정중심복합도시건설청)가 있다.

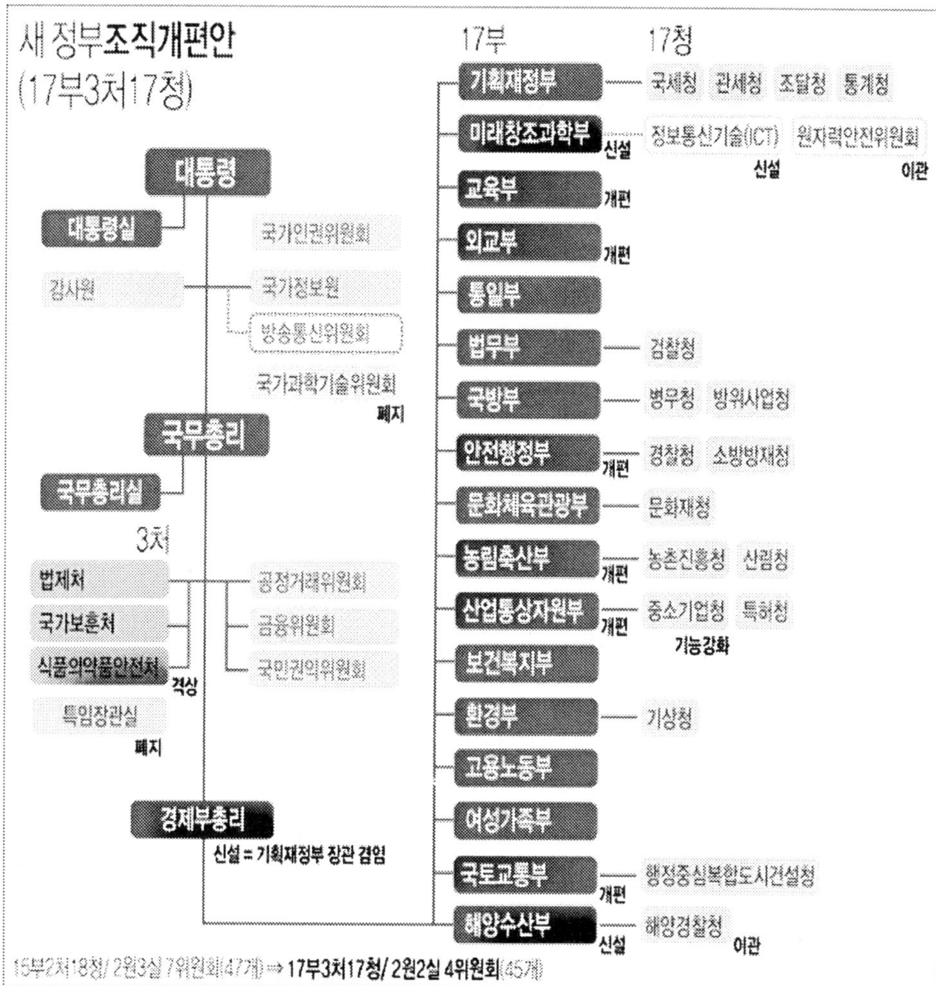


[그림 1-1] 정부조직도

### 2) 우리나라 경찰행정 구조

우리나라 경찰행정 구조는 헌법을 비롯해 정부조직법에 법적 기초를 두고 있으며, 경찰의 조직과 직무에 관해서는 경찰법에 규정하고 있고, 구체적 직무집행권과 임용, 교육, 훈련 등에 관해서는 경찰관직무집행법과 경찰공무원법 등 개별적인 법률에 규정하고 있다.

한국 경찰제도는 대륙법계 국가의 경찰제도에 바탕을 두고 있으며, 경찰권을 중앙에 집중시키고 있는 국가경찰 제도를 유지하고 있어 자치경찰제도를 인정하지 않고 있다. 그러나 한국 경찰조직은 일본과 같은 행정관청형 공안위원회제도나 영·미와 같은 지방자치제 경찰제도를 갖고 있지는 않지만 경찰의 중립성 보장과 민주성·공정성을 확보하고, 경찰행정의 대국민 신뢰와 독임제(獨任制)의 집권적인 의사결정의 문제를 견제하기 위해 행정안전부 산하에 경찰위원회[21]를 두어 경찰정책에 관한 중요한 사항을 심의·의결하게 하고 있다.

경찰법 제5조에 따라 경찰행정에 관하여 제9조 제1항 각호에 정한 사항을 심의·의결하기 위하여 행정안전부에 경찰위원회를 두고 있으며, 경찰청의 하부조직은 국(局) 또는 부(部) 및 과(課)로 하며, 경찰청장·차장·국장 또는 부장 밑에 정책의 기획이나 계획의 입안 및 연구조사를 통해서 그를 직접 보좌하는 담당관을 둘 수 있다고 경찰법 제13조에 명시되어 있다.[22]

따라서 이에 근거하여 '경찰청과그소속기관등직제'(대통령령 제18899호)와 '경찰청과그소속기관등직제시행규칙'(행정안전부령 231호)에 따르면, 중앙 경찰조직은 2012년 3월 현재, 경찰청과 청장 아래 차장 7국 4관 1대변인 1심의관 12담당관 27과로 구성되어 있다.

---

21) 경찰위원은 학식이나 덕망이 높은 법조계, 학계, 언론계, 여성계, NGO, 전직경찰 등에서 선발된다. 위원회는 위원장 1인을 포함한 7인의 위원으로 구성되며, 위원장 및 5인은 비상임, 1인의 위원은 상임으로 한다. 위원은 행정안전부 장관의 제청 → 국무총리를 거쳐 → 대통령이 임명한다. 행정안전부 장관은 위원을 제청(提請)함에 있어서 경찰의 정치적 중립이 보장되도록 하여야 한다. 위원 중 2인은 법관의 자격이 있는 자이어야 하며, 당적(黨籍)을 이탈 한부터 3년이 경과되지 않은 자, 선거에 의하여 취임하는 공직에서 퇴직한 날로부터 3년이 경과되지 아니한 자, 경찰·검찰·국가정보원 또는 군인의 직에서 퇴직한 날로부터 3년이 경과되지 아니한 자 등은 위원이 될 수 없다. 위원의 임기는 3년으로 하며 연임(連任)할 수 없다.

22) 이영남, 『경찰행정학』, (서울: 대영문화사, 2008), p.36.

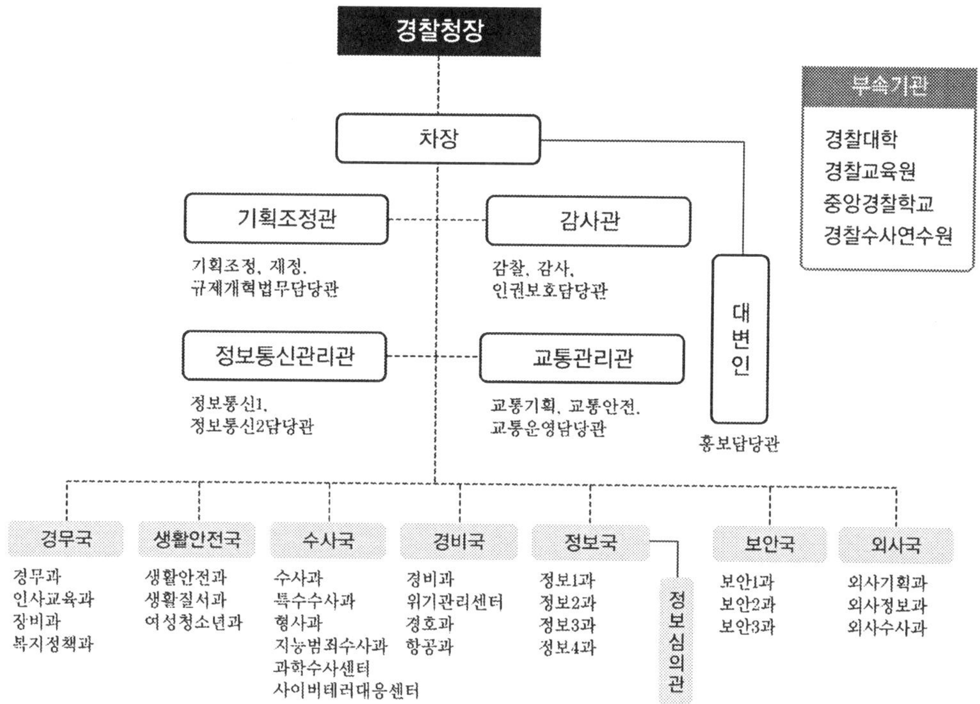


* 지방경찰청 16개 / 부속기관 5개 / 경찰서 249개

[그림 1-2] 우리나라 경찰조직 및 기구(2012. 3 현재)

## 2. 경찰행정의 기능[23)]

### 1) 경찰행정 성질에 의한 분류

#### (1) 기획 · 집행기능

경찰행정 기능을 정책과정 측면에서 본다면 크게 기획기능과 집행기능으로 분류할 수 있다.

23) 이영남, 전게서, pp.29~30.

〈표 1-9〉 기획기능과 집행기능의 비교

| 기획기능 | 경찰정책의 결정이나 계획수립을 위한 기능 |
|---|---|
| 집행기능 | • 이미 결정된 경찰정책이나 계획을 집행하기 위한 기능<br>• 집행기능에는 행정관리기능이 포함된다. 즉 인사, 교육・훈련, 예산집행, 법령자문, 감찰, 단순보조업무, 기록보존・유지업무, 통신, 재산・장비관리, 시설관리・유지, 유치 및 구치, 확인・조회, 음주실험 및 분석, 자료 및 물품 공급 등 |

### (2) 규제・조장・지원기능

① 규제기능

경찰이란 사회 공공의 안녕과 질서를 유지하기 위해 일반통치권에 근거한 국민에게 명령・강제하여 그 자연적인 자유를 제한하는 권력적 수단으로 규제기능을 행사할 수 있다. 규제기능이란, 법령에 근거하여 국민들의 생활을 일률적으로 금지하거나 제한하는 기능이다. 경찰의 권력적 수단으로는 경찰하명(작위・부작위・급부・수인하명), 경찰허가, 경찰강제 등이 있으며, 이밖에도 경찰은 확인・공증・통지 및 수리 등의 준법률행위적 행정행위를 권력적 작용에 수반하여 행사할 수 있다.

② 조장 및 지원기능

조장 및 지원기능이란, 새로운 특정 분야의 치안사업이나 활동을 적극적으로 조장하거나 지원하는 기능이다. 특정분야의 치안사업을 위해 관련법령을 제정하거나 개정하고 재정적 지원을 하는 기능을 말한다.

# 제3절 경찰인사관리

## 1. 경찰인사관리의 기초

### 1) 경찰인사관리의 의의

인사행정은 행정목표를 효율적으로 달성하기 위하여 행정활동에 필요한 인적자원을 동원하고 관리하는 일련의 과정이라고 정의할 수 있다.

경찰인사관리(police personal management)라 함은 경찰공무원을 대상으로 하여 행정기능을 효과적으로 수행하고 경찰조직의 행정목적을 최대한으로 달성할 수 있도록 인적자원을 확보, 동원하고 관리하여 경찰발전을 도모하는 것을 의미한다.

즉, 경찰인사관리는 복잡하게 분화, 발전되어가는 조직체에 양질의 서비스를 산출할 수 있는 보다 적극성을 가진 사람을 유치하여 인적자원을 가장 효율적으로 유지, 발전시켜 나가기 위한 방법과 기술이라 하겠다.

이러한 기능의 기준이 되는 여러 관행, 제도를 총칭하여 인사행정제도 또는 경찰공무원제도라고 할 수 있다. 경찰인사관리제도란 경찰공무원을 임용, 승진시키고 이들에게 보수를 지급하고 교육훈련, 퇴직관리 그리고 복지 등의 인사기능으로 규제하는 제도를 말하는 것이다.

경찰인사관리란 다른 관리기능과의 유기적인 협조 아래 경찰의 목적을 효과적으로 이루어가기 위해 경찰인력을 효율적이며 공정하게 운용하는 동태적인 과정을 말한다. 즉, 경찰인사관리는 수만 명에 이르는 경찰공무원을 체계적이고 합리적 기준에 따라 분류하고 모집・채용・내부관리[24] 등을 해나가는 과정이다. 그리고 인사관리를 통해 개인의 발전을 유도하거나 발전에 도움을 주기도 한다.

민주주의 국가에 있어서는 이러한 인사행정제도를 공무원제도(civil service)라고 칭하기도 한다. 경찰인사관리는 경찰조직에 필요한 인적자원을 동원하고 관리하는 체계를 의미한다고 정의할 수 있다. 과거에는 경찰인사관리의 기능이 통제 중심에 있었으나 현대의 발전적이며 적극적인 경찰인사관리에 있어서는 경찰발전을 추진하는 중요한 인적자

24) '내부관리'는 배치전환, 교육훈련, 동기부여, 행동통제 등을 말한다.

원을 공급하는 데 최우선 순위를 두어야 한다.

경찰공무원은 뚜렷한 국가관과 안보관 그리고 발전 목표 의식을 가진 우수하고 능력 있는 인재를 발굴하여 활용하고 이들을 교육, 훈련시켜 능력발전을 도모하는 데 중요한 목적을 두고 있다. 따라서 경찰인사관리의 범위도 이에 바탕을 두고 정해져야 하고, 인사행정에 대한 꾸준한 연구와 개선이 요구된다고 하겠다.

경찰인사관리의 범위는 채용, 능력발전, 사기로 요약할 수 있으며. 다음과 같은 원칙에 의하여 수행되어야 한다.[25)]

〈표 1-10〉 인사행정의 3대 변수

| 채 용 | (인력계획), 모집, 시험, 임용 |
|---|---|
| 능력발전 | 승진, 교육훈련, 근무성적평정, 배치전환(전직 · 전보 · 파견근무), |
| 사 기 | 보수, 연금, 신분보장, 고충처리 및 인사상담, 제안제도, 퇴직관리 |

첫째, 유능한 인재를 경찰조직에 유치하여야 한다.

둘째, 인간적 가치를 존중하면서 능력발전을 계속적으로 도모하여 높은 근무의욕을 유지시킨다.

셋째, 경찰공무원 개인의 목적과 조직의 목적 간에 균형과 조화를 실현시켜 조직의 활력을 최고도로 발휘시키도록 사기관리가 제대로 이루어지도록 해주어야 한다.

따라서 경찰인사관리는 여러 학문이 결합된 종합과학으로서 법학, 행정학, 사회학, 심리학, 인류학, 정치학, 경제학, 경영학, 통계학 등 여러 분야의 학문적 배경 없이는 성립할 수 없다. 또한 종합과학으로서의 인사행정에 관한 권리, 법칙, 방법, 과정, 기술 등은 엄격한 것이라기보다는 융통성이 있다고 할 수 있다. 왜냐하면 인사문제를 효율적으로 해결하는 데 있어서 유일한 방법이 정해져 있는 것은 아니며 조직 또는 조직 구성원에게 주어진 상황에 따라 적절하게 변화, 적응시킬 수 있기 때문에 경찰인사관리는 응용과학(applied science)라 할 수 있다.

25) 배철효 · 박동균, 『경찰인사관리론』, (서울: 남두도서, 2004), pp.13~14.

## 2. 경찰인사관리의 특성

일반적으로 정부의 인사관리[26]와 마찬가지로 경찰인사관리는 경영학에서 규정하는 민간기업의 인사관리와는 다소 차별성을 함축하고 있다.

첫째, 일반적으로 인사관리는 법적 제약에 따른 경직성이 강하다. 민간기업의 경우 경영자는 기업의 이윤을 극대화하기 위하여 시장경제의 논리에 따라 신축성 있게 인사관리를 한다. 그러나 경찰의 인사관리에 있어서는 균등한 공직기회의 부여, 시험방법의 법적 규정 등과 같은 여러 가지 제약조건이 수반됨으로써 상당한 경직성이 존재한다.

둘째, 인적 자원에 대한 노동가치의 산출이 곤란하다. 이 특성은 경찰의 행정서비스와 재화의 비시장성에 기인한다. 즉, 기업의 최종산물은 재화이든 서비스이든 시장에서 기가치가 결정됨에 비하여 경찰이 제공하는 재화와 서비스는 양적으로 표현하기 어려울 뿐만 아니라 개별 공무원의 산출 기여도를 측정하기 어렵다.

셋째, 직장 간 유동성이 크게 제약 받는다. 경찰에서 수행하는 업무는 치안업무나 수사업무와 같이 민간부문에서 찾아보기 어려운 것으로 다른 직장으로서의 이동 가능성을 제약하게 된다. 이러한 특성은 경찰공무원에 대한 신분보장, 연금관리, 퇴직관리 등이 사기업보다 강화되는 요인으로 작용하게 된다.

넷째, 경찰관의 인사관리에서 정치성과 공공성이 강하게 반영된다. 경찰에서의 인사문제는 단순히 경찰 내의 내부관리 문제로 끝나는 것이 아니라 정부나 국회, 심지어 언론과 국민의 이해관계까지 반영하게 된다. 이처럼 경찰의 인사관리는 그 공공성으로 인하여 기업과는 달리 정당, 언론[27], 사회단체, 국민의 민감한 반응을 야기하게 된다.

---

26) 정부의 인사관리를 민간기업의 인사관리와 구별하기 위하여 용어자체도 차별적으로 사용하고 있다. 즉, 정부에서는 행정(administration)이라는 용어를 그리고 민간기업의 경영에서는 관리(management)라는 용어를 활용함으로써 정부의 조직행정, 재무행정, 인사행정에 상응하는 용어로 경영학에서는 조직관리, 재무관리, 인사관리로 부르고 있다.

27) 경북경찰 '순환근무' 방침 장기근무자 전출 논란. 경찰의 변경된 인사시스템(순환인사)으로 상당수의 15년 이상 경위급 장기근무 경찰관들이 현재 근무지를 떠나야 할 처지에 놓였다. 경찰조직에서는 지역사정을 잘 아는 장기근속자의 전출로 지역 치안공백이 우려된다는 지적도 나오고 있다(대구일보. 2012.7.11).

## 3. 경찰인사관리의 목적

경찰인사관리의 목적은 다양하고 광범위한 형태로 간단히 설명하기가 쉬운일은 아니다. 대체로 다음과 같이 정리하고 있다.

### 1) 효율적인 경찰인력의 운영

① 인사관리의 목적은 효율적인 경찰인력의 운용이다.

② 인사관리는 경찰관을 적재적소에 필요한 때 지원해주고, 이들의 근무의욕과 사기가 높은 수준을 유지하도록 하여야 한다.

③ 수만 명이나 되는 경찰관을 효율적으로 관리하기 위해서는 개개인의 능력과 자격 및 경력을 고려하여 합리적인 수급계획을 적정한 분류에 의해 관리해 나가야 한다.

### 2) 경찰인력의 공정한 운영

① 인사운영을 합리적이고 객관적인 기준을 중심으로 공정하게 하는 데 있다.

② 인사관리는 임기응변식, 정실주의, 연고주의보다는 객관적이고 실적에 기반을 두어야 경찰관의 동기부여나 사기관리에 기여하게 된다.

③ 인사권자에 따라서 구성원의 욕구충족, 동기부여, 그리고 능력발전이 좌우된다면 인사관리가 공정하다고 할 수 없다.

④ 관리자는 유사한 조건에 있는 사람은 동일한 규칙의 적용으로 기회의 균등을 위해 노력해야 한다.

⑤ 사람들은 서로 비교하고 평가할 때 그들 나름대로 준거(準據)집단을 갖고 있다. 그 준거집단에 적용되는 평가기준과 자신에 대한 평가기준이 다를 때, 즉 정실이나 연분이 작용하여 평가가 이루어질 때 개인은 불만이나 좌절상태에 빠져 근무의욕을 상실하거나 때로는 극한적인 공격성의 행태를 나타내 보이기도 한다.

⑥ 인력관리는 정원관리부터 채용・교육훈련・보직, 근무성적의 평가, 그리고 승진관리에 이르기까지 적용규칙이나 기준은 공평하고 일관성이 있어야 한다.

### 3) 경찰조직과 경찰공무원 개개인의 욕구의 조화

① 인사관리의 목적은 경찰조직과 경찰관 개개인의 욕구를 잘 조화시키는 것이다.

② 경찰조직은 조직을 구성하고 있는 경찰관들 사이의 협동을 통해 임무를 수행할 수 있는 것이지 조직목표와 명령에 의해서 임무를 수행하는 것은 아니라고 할 수 있다.

③ 조직에서는 조직체계 그 자체보다는 경찰관 개인의 능력과 의욕이 더 중요하다고 볼 수 있다.

④ 인간은 대체로 성취욕구, 권력욕구 그리고 친교욕구를 가지고 있고 경찰관도 이러한 욕구를 가진다고 할 수 있다.

⑤ 경찰관의 욕구와 범죄예방과 수사 등의 경찰활동을 조화시켜 나가는 것이 경찰 인사관리의 중요한 목적인 것이다.

### 4) 우수한 인재확보를 통한 효과성 제고

① 우수한 사람들을 확보하여 그들의 능력을 계속적으로 발전시키고, 또한 그들이 근무의욕을 갖고 열심히 일하게 함으로써 조직의 효과성을 높이는 데 있다.

② 개인의 성장과 조직의 효과를 조화시켜 가는 작업이 인사관리의 핵심이라고 할 수 있다.

### 5) 환경변화에 대한 적응성 확보

① 환경변화에 대한 적응을 확보하는 것이다.

② 현재의 규칙이 과거에 만들어졌고 미래에는 적합하지 않게 될 것이 예견되는 데도 그 규칙이 구속된다면 유능한 인재의 선발과 보유가 어렵게 되고 이들은 경찰을 떠날 것이다.

③ 이러한 상황 속에서는 과거의 규칙에 의문을 제기하여 현재의 사회변동에 적합한 인사기준을 만드는 작업을 해야 한다.

## 4. 인사관리의 제도의 발달

- 인사행정의 2대 원칙은 엽관주의와 실적주의이다.
- 현대국가의 인사행정은 실적주의에 기초를 두고 있다.
- 미국의 인사행정은 엽관주의 → 실적주의 → 적극적 인사행정으로 발전

### 1) 정실주의와 엽관주의 인사제도

#### (1) 정실주의(情實主義, patronage system) : 영국

정실주의는 인사권자와의 개인적인 신임이나 친소(親疎)관계를 임용기준으로 하는 인사제도를 말한다. 정실주의는 정치적 신조나 정당관계를 임용기준으로 하는 엽관주의(獵官主義)와 구분되나 일반적으로 혼용된다. 영국에서 절대군주제 확립당시의 국왕은 자신의 정치세력을 확대하거나 반대세력을 회유하기 위해 개인적으로 신임할 수 있는 의원들에게 고위 관직이나 고액의 연금을 선택적으로 부여했으며, 장관들도 하급관리의 임명권을 이권화(利權化 )함으로써 정실주의가 확대되었다. 따라서 사람을 공직에 임용함에 있어 실적 이외의 요인, 즉 정치적 요인뿐만 아니라 귀속성(혈연 · 지연 · 학연 등도 고려)의 개인적 친분이나 기타 온정관계 등을 기준으로 행하는 것을 말하는데 신분이 보장된다(생애직).

#### (2) 엽관주의(獵官主義, spoils system) : 미국

본래 선거에서 승리한 정당이 그 공헌이나 충성도에 따라 관직을 차지하는 것으로 정치적 신임 · 충성도 · 당파성 등에 의한 임용제도인데, 신분 보장이 안된다(4년 임기법).

### 2) 실적주의 인사제도

공직에의 임용을 당파성이나 정실 또는 연고관계를 떠나 개인의 자격과 능력, 그리고 실적 등을 기준으로 하는 것. 직업공무원제도의 실현과 관련성을 갖는다. 미국의 경우 1883년 펜들턴법(pendleton act) 법의 제정으로 실적주의가 확립되었으나 직업공무원제의 필요성이 강조된 것은 1935년이후이다. 실적주의가 직업공무원제도를 의미하는 것으로 오해되고 있으나 실적주의는 직업공무원제의 기반을 조성한 것에 불과하다.

### 3) 적극적 인사행정

실적주의 단점을 보완하기 위하여 적극적 인사행정이 대두되었다. 실적주의 인사행정은 엽관주의의 제동에만 역점을 둔 까닭에 인사행정의 비융통성, 소극성, 집권성, 독립성 등의 폐단을 노출시켰다. 이러한 실적주의 인사행정의 원칙을 적극적, 분권적, 신축성 있는 인사원칙으로 확대・발전시켜 나가기 위하여 엽관주의적 요소인 신축성 있는 가미와 인간관계론적 인사행정의 상호보완적 균형에 의하여 인사행정의 인간화를 기하려는 적극적・발전적・현대적 인사행정을 말한다.

적극적 인사행정의 내용에는 엽관주의와 정실주의를 지양하고 실적주의를 수립한 후의 공무원 모집방법은 주로 임용과정에서 정실과 무능력자를 배제하는 소극적 방법이었다. 그러나 행정기능이 고도로 확대・강화되고 경제가 발달함에 따라 공무원에 대한 낮은 보수와 사경제부문의 고용기회가 높아지자 이에 적극적 인적자원의 형성과 배분이 요구되어 적극적 모집, 재직자 능력발전, 인간관계의 중요시, 융통성 지향, 정치적 임명, 인사권의 분권 등이 제도적 측면에서의 내용에 해당된다.[28)]

### 4) 직업공무원제도

직업공무원(career civil service system)란 공직에 유능하고 인품있는 젊은 남녀에게 개방되어 공직을 생애를 바칠만한 보람있는 일(天職)로 근무하게 함으로써 제반조치가 강구되어 있는 제도를 말한다. 우리나라도 직업공무원제를 지향하고 있으며, 1981년 국가공무원법은 직업공무원인 경력직공무원과 비직업공무원인 특수경력직공무원으로 구분하였으며, 경력직 중 주로 일반직공무원에게 직업공무원제가 적용되고 있다.

### 5) 경찰공무원제도

경찰공무원은 경찰법을 새로 개정(2006.7.1)하면서 경찰법의 주체가 되는 경찰을 국가경찰이라는 명칭으로 변경하였다. 이는 2006년 7월 1일 제주특별자치도에 제주자치경찰이 출범하여 국가 - 자치경찰의 이원적 체제가 성립되었기 때문이다. 이에 따라 경찰공무원도 국가경찰공무원과 자치경찰공무원으로 구분된다.

---

28) 신현기, 『경찰인사관리론』, (파주: 법문사, 2012), pp.6~7.

# 제2장 경찰정책과 기획

## 제1절 경찰정책의 의의

### 1. 경찰정책의 개념

정책(policy)에 대한 개념 정의를 살펴보면 라스웰과 카프란(Lasswell & Kaplan : 1970)은 "목표와 가치 및 행동노선(실행)을 담은 행동(사업)계획"으로 보고 있으며,[29] "정책은 보다 바람직한 사회 상태를 이룩하려는 정책목표와 이를 달성하기 위해 필요한 정책수단에 대하여 권위 있는 정부기관이 공식적으로 결정하는 기본방침이라고 정의되기도 한다"(정정길, 2004). 또한 정책이란 "공공문제를 해결하거나 목표달성을 위해 정부에 의해 결정된 행동방침이다"(이종수 · 윤영진외, 2012). 이러한 정책의 개념을 토대로 경찰정책(police public policy)이란 정책의 범위를 경찰로 국한시킨 것으로 이해할 수 있는데, "각종 치안문제의 해결과 바람직한 치안상태를 이룩하려는 경찰의 공식적인 기본방침"이라고 논의된다.[30] 이상안교수의 경우 "국민의 생명과 재산을 보호하고, 공공의 안녕과 질서를 유지하는 2대 목표와 이 목표를 달성하기 위해 법집행, 질서유지, 공공봉사의 3대 역할, 그리고 이 3대 수단실현의 대상인 개인 또는 집단의 국민으로부터 구성된 결합체"라고 정의하기도 한다.[31] 즉 경찰정책의 개념은 "치안과 관련된 문제를 해결하거나 경찰목표를 달성하기 위하여 경찰기관에 의해 공식적으로 결정된 행동(기본)방침"이다.

#### 1) 경찰정책의 중요성

경찰정책이 중요한 이유는 정책이 그 자체로서 독립변수가 되어 개인의 삶의 질, 특정사회 또는 국가전체의 모습, 거시적인 인류의 운명 등과 같이 모든 종속변수에 영향을

29) M.D Lasswell and A. Kaplan, Power and Society(New Haven: Yale University Press. 1970. pp.70~75.
30) 김상호외 8인, 『경찰행정학』, (서울: 법문사, 2005), p.105.
31) 이상안, 전게서, p.4.

미치기 때문이다. 특히 경찰정책은 경찰활동이 하나의 독립변수가 되어 경찰활동의 대상이 되는 모든 시민들의 삶의 질에 커다란 영향을 주고, 나아가 국가의 안정에도 많은 영향을 주기 때문에 그 중요성이 크다고 할 수 있다.32)

이러한 개념에 근거한 경찰정책의 다양한 의미는 다음과 같다.33)

첫째, 경찰정책 결정과 그 집행의 주체는 '경찰기관'이다.

둘째. 경찰정책은 '권위 있는 결정'의 산물이다. 이 권위는 주권자들에 의해 여러형태로 부여된다. 즉 경찰예산이나 경찰관련 법에 의한 것으로 명시적 · 묵시적 승인에 의해 부여된다. 경찰정책의 결정이나 방침에 따르지 않을 때는 경찰강제(강제집행과 즉시강제) 등의 조치를 받게 된다.

셋째, 경찰정책은'행동방침'이다. 이를 정책내용이라고도 하는데 정책, 사업, 사업계획, 경찰조직의 방침, 경찰지침과 같이 여러 가지로 표현된다.

넷째, 경찰정책은 '치안문제해결이나 경찰목표달성'과 관련이 있다. 경찰조직의 존재이유는 크게 보면 국민의 생명 · 신체 및 재산을 보호하고 공공의 안녕과 질서유지를 위해 2대 목표인데, 이러한 목표를 두고 치안문제를 해결하는 것이며, 이러한 노력의 일환이 바로 치안정책이며, 경찰정책인 것이다.

다섯째, 경찰정책은 '미래 지향성'을 띤다. 경찰정책은 앞으로 취할 경찰조직의 행동방침으로서 어떤 대상에 대해 의도적 변화를 추구하는 것인데, 범죄의 예방과 범죄율 감소를 위한 지역경찰활동 전략, 과학적인 수사전략, 교통안전을 위한 전략, 장기적으로 치안인프라 확충 전략 등 모두 의도적 변화를 담고 있는 다양한 미래지향적 · 발전지향적 경찰정책이다.

### 2) 경찰정책의 구성요소

경찰정책의 구성요소로는 정책목표와 정책수단 그리고 정책대상 집단 등의 세 가지를 들 수 있다. 특히 한국경찰의 경우 대륙법계의 전통 위에 영미법계의 요소가 가미된 경찰제도 자체의 특징으로 인해 정책이 추구하는 목표 또한 상반된 가치들이 동시에 추구

---

32) 남재성, 『역대치안총수의 캐치프레이즈(catchphrase)를 통해 살펴본 경찰정책의 과거와 미래』, 한국경찰학회보 10(1), 2007, p.45.

33) 이영남, 전게서, pp.93~94.

되는 경우가 많다. 즉, 서구적 의미의 경찰이라는 단어가 처음 사용되고 근대적 의미의 경찰조직인 내무아문 소속의 '경무청'이 창설된 고종 31년(1894) 갑오개혁 당시부터 해방(1945)이전까지는 주로 대륙법계의 영향을 받아 강력한 법집행에 무게를 두는 질서유지나 범죄통제가 강조된 반면 1945년 이후에는 공공봉사를 강조하는 영미법계적인 사고가 도입되어 경찰의 성립이후에도 양자 모두가 경찰의 정책에 반영되는 모습을 보인 것이다.

### (1) 경찰정책의 목표(정책목표)

경찰목표는 경찰정책을 통하여 해결하거나 달성하고자 하는 바람직한 미래의 상태를 의미한다. 즉 효과적인 경찰활동을 통해 당면문제를 해결하려는 조직의 의지나 소망, 미래성, 방향성, 규범성 등이 종합된 것이다. 그러나, 경찰정책이 추구하는 목표는 매우 다양하게 정의될 수 있으며, 조직 내외부의 다양한 요인들에 의해 많은 변화를 가질 수 밖에 없다. 궁극적으로 오늘날 경찰의 개념이나 정책이 추구하는 궁극적인 지향점은 결국 ' 공공의 질서를 유지하고, 위해와 범죄로부터 국민의 생명과 재산을 보호하며, 국민에게 봉사하는 공공재의 제공자'로 이해할 수 있다.

예 공공의 안녕을 달성하고 질서유지와 공공재의 제공자

### (2) 경찰정책의 수단(정책수단)

경찰정책수단은 경찰의 정책목표를 달성하기 위한 방안으로서 사용되는 인적 · 물직자원, 전략, 기술 등을 말한다. 일단 경찰의 정책목표가 설정되면 그것을 달성하기 위한 최선의 수단을 합리적 · 과학적으로 선택할 필요가 있다.

예 범죄발생률을 억제하기 위한 '파출소(지구대)의 순찰활동', 원활한 교통소통을 위한 '교통의 지도와 단속'. 집회 · 시위시 평화적일때는 보장하고 불법일때는 엄단하는 것이 경찰정책의 수단이 된다.

### (3) 경찰정책의 대상집단

경찰정책의 대상집단은 경찰정책이 대상으로 하는 특정지역이나 계층, 집단 등을 의미하며, 혜택을 받는 '정책수혜집단'과 손해를 보는 '정책비용(희생)부담집단'으로 구분된다.

만일 정책대상 집단이 특정지역이나 특정계층에 집중되는 경우에는 지역갈등이나 계급갈등이 발생 할 수가 있다.[34)]

예 음주단속업무시 정책수혜집단은 음주사고 피해감소를 느끼는 시민(인근지역 다른 운전자 포함)이며, 정책비용(희생)부담집단은 음주 운전자가 된다.

## 2) 정책의 유형

정책은 관점에 따라 여러 가지 유형으로 나눌 수 있으나 체계이론에 근거한 로위(Lowi)의 분류와 알몬드와 포웰(Almond & Powell)의 분류가 대표적이다. 로위는 정부가 활용할 수 있는 강제력의 행사가능성을 기준으로 정책을 배분정책, 규제정책, 재분배정책, 구성정책으로 분류했고, 알몬드와 포웰은 정책을 추출정책, 규제정책, 분배정책, 상징정책으로 분류하였다.[35)]

### (1) 분배정책

분배정책(分配政策)은 정부가 개인, 기업체, 조직, 지역사회 등 특정한 대상에게 공공서비스와 편익을 배분하는 정책이다. 분배정책의 수혜자들은 서비스와 편익을 더 많이 배분 받으려고 다투게 되는데, 이를 '포크배럴 정치(pork-barrel politics)'라고 부른다.

예 수출특혜금융, 지방자치단체에 대한 국가보조금 지급, 주택자금의 대출. 공해방지시설 지원, 사회간접자본(도로 · 교량설치) 제공, 방범활동 강화로 주민생활의 안전확보 등

### (2) 규제정책

규제정책(規制政策)은 특정한 개인이나 집단, 기업체에 대해 재산권행사나 자유와 권리를 구속함으로써 반사적으로 다른 개인이나 집단을 보호하려는 정책을 말한다. 규제정책은 정책 중 가장 많은 영역을 차지하고 있고, 이익을 받는 수혜집단과 손해를 보는 상실집단이 뚜렷이 구별되므로 정책결정과 집행과정에서 상당히 갈등이 심하다. 정부도 정책집행 시 규제를 준수하지 않는 불응집단에 대해서는 공권력을 발동하게 된다.[36)] 규제

34) 박해룡외, 『현대행정학』, (대구: 삼우사, 2006), pp.164~165.

35) 박해룡외 전게서, pp.165~166.

정책이 법규의 형태(대통령령, 부령, 규정, 헌법재판소의 결정, 법원결정 등)를 취하는 경우가 많은 것은 다른 유형의 정책과 비교하면 쉽게 알 수 있다. 즉 강제력을 지닌 규제정책으로 국민의 권리나 행동의 자유를 제한할 때에는 침해의 가능성을 줄이고 권익을 보호하기 위하여 법률에 구체적으로 명시하도록 국회라는 최고 정책결정기관의 의결을 요하도록 하는 등 절차를 구체화하여 집행자체의 요건을 제한하는 점이 배분정책에서 권리・이익을 나누어줄 경우에서와 같이 추상적 결정과 행정부의 재량에 위임하는 것과는 다르다고 볼 수 있다.[37] 로위(Lowi)의 주장과 같이 규제정책에서 마지막 순응확보 수단은 강제력(coercion)에 있다. 이는 바꾸어 말하면 강제력은 규제정책의 특징 중의 하나지만 규제정책의 본질이 강제력에 있는 것이 아니다. 규제정책의 목표는 일부의 행동이나 권리행사의 자유제한으로 타인을 보호하는 데 있고 그 가장 중요한 수단이 강제력인 것이다.[38]

법집행은 대민봉사적인 직무를 제외하고는 강제력에 의존하는 것을 원칙으로 한다. 따라서 경찰정책은 법집행과 질서유지활동 모두 규제정책의 유형을 띠게되어 경찰활동에 있어 국민(시민)과의 마찰이 불가피하게 일어나게 된다.

예 공공요금 규제, 독과점 규제, 기업간의 불공정 거래・광고 통제, 환경오염과 관련된 규제, 고성방가・불량식품 등 금지, 교통무질서 등 경찰위반행위에 대한 제재 등

### (3) 재분배정책

재분배정책(再分配政策)은 고소득층으로부터 저소득층으로의 소득이전(transfer)을 목적으로 하는 정책이다. 누진소득세는 고소득자에게 많은 세금을 부과함으로써 부(富)의 재분배 효과를 수반하는 재분배정책의 일종이다. 이러한 재분배정책의 경우 성격자체가 가진 자와 가지지 못한 자, 자본가계급과 노동자계급과의 계급대립성을 띠며, 손해를 보는 기득권 계층의 반발이 심하기 때문에 그 결정과정에 있어 갈등의 정도가 심한편이다.

예 누진소득세 제도, 저소득층 세액공제나 감면, 영세민 취로사업, 임대주택의 건설

36) 윤기찬외, 『알기쉬운 행정학』, (서울: 청목출판사, 2011), pp.122~123.
37) 정정길, 『정책결정론』, (서울: 대명출판사, 1988), p.43.
38) 이상안, 전게서, p.36.

### (4) 구성정책

구성정책(構成政策)은 정부기관의 신설이나 변경, 선거구의 조정과 같이 정부기구, 정치체제의 구조와 운영에 관련된 정책을 말한다.

예 정부기관의 설치, 선거구의 조정, 공직자의 보수와 퇴직연금 등에 관한 정책

### (5) 추출정책

추출정책(抽出政策)은 국가의 정책적 목표에 의해 일반 국민들에게 인적・물적 자원을 부담시키는 정책을 말한다.

예 조세(租稅), 징병(徵兵), 노력동원, 물자수송, 토지수용 등

### (6) 상징정책

상징정책(象徵政策)은 정부가 국민들에게 단결력, 자부심을 높여주며, 정부의 정통성에 대한 인식제고와 정부정책에 대한 순응을 확보하기 위한 이미지나 상징과 관련된 정책을 위해 활용된다.

예 88서울올림픽, 2002 한・일 월드컵 경기, 남대문 복원, 2012 여수세계 박람회 개최 등

## 2. 경찰정책의 환경

경찰정책은 정치체제가 갖고 있는 다양한 특성에 의해 영향을 받지 않을 수 없다. 정치체제를 둘러싸고 있는 외부환경과 자연환경뿐만 아니라 경제상태・사회상태・문화수준 등의 영향 속에서 치안대책이 수립된다. 또한 한국경찰의 특성상 정책결정권자의 정책결정과 선거를 통한 정부출범에 따른 정부의 성격과 대통령이 임명하는 치안총수의 정책과 비전의 제시 등은 일정한 한계를 지니며, 이는 곧 경찰의 정책을 결정하는 데 있어 매우 중요한 요소로 작용하고 있다.

그동안 경찰정책은 정부나 정치권의 영향 하에 있어서 독자적인 경찰비전과 전문화된 경찰활동을 제시하지 못하고 공권력의 최후보루로써 역할에만 충실해 왔다고 볼 수 있다. 더구나 경찰의 역할은 강력한 법질서 확립을 바탕으로 범죄통제와 질서유지라는 투

사자로서 경찰상이 자리 잡고 있어 시민에 대한 봉사(service)는 상충되는 논리로 작용하여 경찰의 발전을 저해하는 요인으로 작용하고 경찰이 시민들로부터 불신을 받게 요인으로 작용했다.

또한 불경기 지속과 사이버 환경의 급격한 변화는 IMF형 생계형 범죄와 보이스피싱과 같은 신종범죄로 말미암아 치안대책도 그에 따라 수립된 예를 들 수 있다.

## 3. 경찰정책 과정 및 참여자

정책의 과정이란 정책문제의 제기로부터 정책의 형성 · 집행 · 평가를 거쳐 종결에 이르는 일련의 정책흐름의 전 과정을 지칭한다. 정책과정의 단계를 다양하게 나눌 수 있지만, 대체적으로 정책의제설정, 정책결정, 정책집행, 정책종결(평가), 그 밖에 정책변동의 단계로 나눈다.

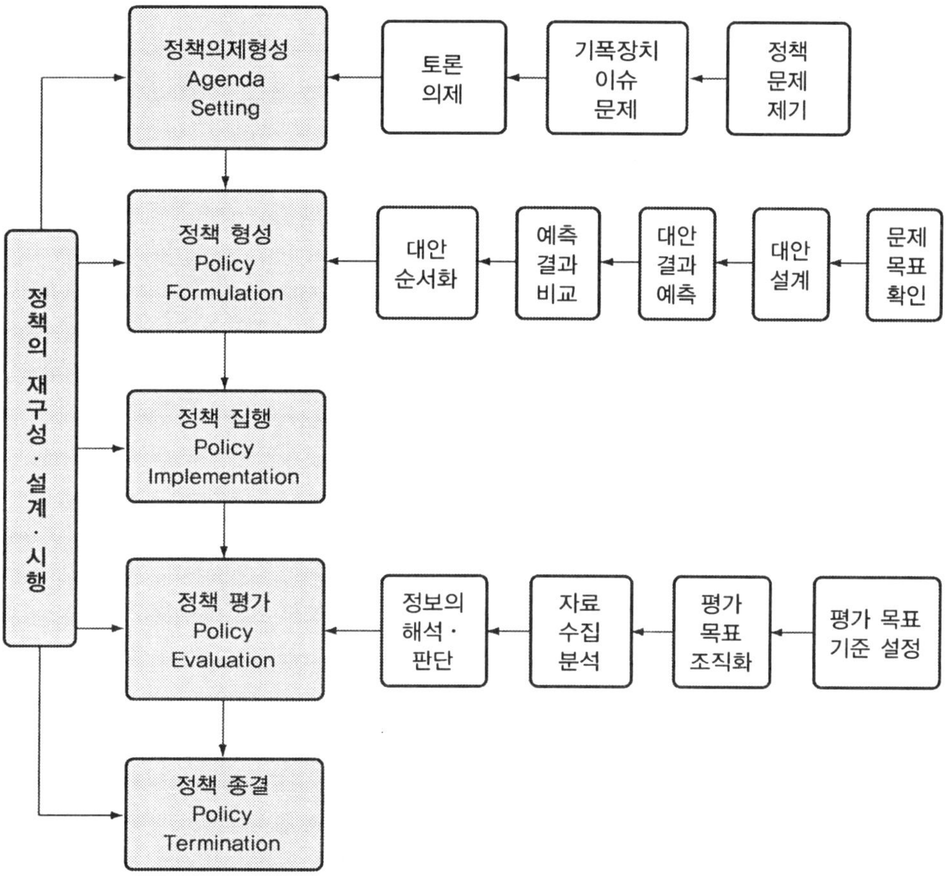


* 출처 : 이해영, 『정책학신론』, (파주: 학현사, 2010), p.116.

**[그림 2-1] 정책과정의 단계(policy process stages)**

## 2) 정책의 참여자

### (1) 공식적 참여자

공식적인 참여자는 정부의 경찰관련 기관과 국회의원 등이 해당된다. 우선 대통령, 행정안전부장관, 경찰청장을 비롯한 경찰기관과 지방자치단체에서 일어나는 치안문제는 지방자치단체장과 지방의원, 지방경찰청과 경찰일선기관을 들 수 있다.

### (2) 비공식적 참여자

비공식적 참여자는 경찰조직 밖에 있으면서 정책과정에 직·간접적으로 참여하는 정당, 이익집단, 언론기관, 전문가 및 학자, 일반국민 등을 들 수 있다.

## 제2절 경찰정책의 형성과 결정

### 1. 경찰정책 형성의 의의

정책형성은 정책을 만들어 내는 과정이다. 따라서 경찰정책 형성은 경찰정책을 만들어 내는 과정 전체를 의미한다. 경찰정책은 대체로 다음의 몇 단계 과정을 거친다.

첫째, 치안문제와 국민들이 바라는 욕구가 무엇인가를 파악하는 단계이다. 즉 치안문제와 국민욕구를 파악함으로써 정책형성의 작업은 시작된다. 따라서 올바르고 정확하게 문제를 파악하고 그것이 추구하는 목표를 확인할 수 있다면 정책의 절반 이상은 성공적이라도 해도 과언이 아니다. 정책의 문제를 잘못 정의하고 목표를 파악하면 그이후로 아무리 훌륭한 수단을 마련하고 이를 성실하게 집행한다고 해도, 처음부터 길을 잘못 들어서고 노력하는 것과 같다. 그래서 무엇보다도 정책문제를 정확하게 확인하고 정의하는 것이 가장 중요한데, 이것을 그르친 것을 제3종 실수(EⅢ)라고 지적하기도 했다. 즉 공공의 이익과 정의, 사회질서와 안녕, 국민의 삶의 질에 영향을 미치는 범죄율 발생추이 등과 가치를 정확하게 분석하고 확인할 수 있어야 경찰정책을 성공적으로 시행할 수 있을 것이다.

둘째, 경찰목표의 설정단계이다. 모든 활동에는 그 지향점, 즉 경찰목표가 있다. 그런데, 경찰이 추구하는 목표는 매우 다양하게 정의될 수 있으며, 조직 내외부의 다양한 요인들로 인하여 많은 변화를 가져올 수 있다[39]. 따라서 경찰정책의 목표 역시 효과적인

---

39) 지역수준에 따라 문제의 인식정도와 중요성의 정도, 대응방법이나 민감도가 다를 것이다. 예를 들면 대도시 지역을 중심으로 일어나는 절도범의 경우와 농촌에서의 일어나는 농축산물 절도에 대응하는 경찰관의 인식과 접근방법이 다를 것이다.

경찰활동을 통해 공공의 안녕과 질서를 유지하기 위한 공익의 달성이라 하겠다. 경찰목표를 설정함으로써 경찰활동에 일관성을 유지할 수 있고, 지역에서 근무하는 경찰공무원들의 노력도 결집할 수 있는 계기가 된다.

셋째, 경찰정책 대안의 설계(수립) 및 결과예측단계이다. 이는 목표를 달성하기 위한 정책 대안을 설계해서 이에 필요한 행동방안을 마련하는 작업이며, 각 대안의 결과예측을 통해 실현가능성을 따져 보는 것이다. 경찰정책대안을 과거와 같은 방법을 고수하여 이와 유사한 또는 동일한 방법으로 찾아낼 수 있다. 그러나 대부분의 정책대안을 설계하는 일은 창조적인 활동이다. 따라서 경찰은 진취적이고 미래지향적으로 범죄정보와 데이터를 기술적으로 분석할 수 있는 능력과 판단이 요구되며, 각 대안들에 대한 분석결과를 두고 결정권을 가진 사람이 결정기준을 정해 놓고 상황을 적절히 고려하여 최종결정 즉, 대안을 선택하게 된다.

## 2. 경찰정책 의제의 설정

### 1) 의 의

정책의제(policy agenda)란 사회적 문제를 해결하기 위해 정부나 합법적인 권한과 자격이 있는 기관이나 개인(정책담당자)이 사적인 문제가 아니라 공공(公共)의 문제로 해결해야 할 과제로 인정하는 상태에 있는 정책문제이다.이는 정책과정의 단계에서 첫 번째의 단계적인 활동으로 정부의 공식적인 정책과제를 채택하는 정책의제의 형성이다.[40] 따라서 경찰정책 의제설정은 사회문제가 심각해지고 공중의 관심사가 되어 해결의 필요성을 느끼게 하는 현상을 말한다.

예 학교폭력이 학교문제를 떠나 조직폭력배를 닮아가는 현상이 학교에서 광범위하게 나타나고 학교폭력의 피해 문제의 심각성이 커져 정부나 경찰, 지역사회가 어떤 식으로든 문제해결을 해야만 하는 정책적 필요성의 문제로 전환되는 것을 말한다. 일반적으로 '정책적 해결 필요성의 문제'는 어떤 경로를 통해서든지 정책과정으로 투

40) 이해영, 전게서, p.117.

입되어야 만 정책의제가 된다.

따라서 정책의제로 형성되기 이전에 먼저 사건 또는 이해관계는 이슈화되어야 한다. 그러나 이슈가 제기된다 해도 이것이 어떤 기폭장치나 발단수단(device)에 의해서 이슈제기가 쉬워지거나 촉진될 수 있는 경우가 많다. 이슈의 제기와 문제의 기폭장치에 의해서 정책은 복잡하면서도 또한 정책의제로 공식적으로 채택되기 위한 치열한 경쟁과정을 통화해야 하는 데 정책관계자들의 무관심과 이해관계자들의 이슈제기에 대한 봉쇄 등 수 많은 장애요인에 의해서 정책의제로 받아들이지 않으려는 문지기(gate-keepers)들이 버티고 있기 때문이다. 이 과정에서 승리하는 문제들만이 정책의제로 채택되고, 그 뒤의 정책과정을 거치게 된다.

## 2) 경찰정책 의제설정에 영향을 미치는 요인들

### (1) 문제의 성격

경찰이 해결해야 할 치안문제가 사회전체의 안전이나 여론에 얼마나 큰 영향을 미치는 것이냐 여부이다. 최근 한국사회의 우려와 떠들썩하게 만든 학교폭력은 교육의 현장의 안전을 해치는 것으로 안전을 심각히 저해하는 문제들은 경찰정책 의제화 가능성이 대단히 높으며, 전 경찰력을 동원하더라도 최우선적으로 해결할 경찰정책인 것이다. 즉 내용이 매우 중요한 것일수록 우선순위가 높아 의제화 가능성이 크며, 반면에 사회적 중요도가 떨어지는 것일수록 의제의 채택을 취사선택하는 문지기들이 정책결정체나 결정자에게 문제나 부담이 제기되지 못하도록, 사전에 필요한 조치를 취해서 이슈를 잠재워 버리던지, 정책결정권자에게 과잉충성 때문에 비판적이고 성가신 이슈는 자기 수준에서 묵살해 버리는 경우도 많다.

### (2) 경찰정책 담당체제의 영향

경찰정책 의제들은 경찰정책 담당체제의 영향을 많이 받는다. 첫째, 경찰조직의 의제설정권자의 가치와 특성을 들 수 있다. 의제설정권자가 어떤 성향과 어떤 가치와 욕구를 가지고 있느냐에 따라 의제화 과정이 영향을 받는다. 여기서 의제설정권자는 정부적 차원의 경찰정책을 펴는 경우와 치안총수의 캐치프레이즈(catchphrase)로 구분할 수 있는

데, 제7절에서 자세히 기술하기로 한다.

둘째, 상부기관의 수직적 영향력으로 상부기관의 지시와 통제가 잦고 조직의 계층성이 강할수록 그 영향을 많이 받게 된다.

셋째, 하위조직원의 참여도로서 민주적인 조직일수록 하의상달(下意上達)이 잘 될 수 있는데, 이렇게 될 경우 하위층의 뜻이 의제설정에 많이 반영될 수 있겠다.

예 자치경찰제 도입을 둘러싼 경찰정책의 순환(循環)

김대중 정부 때 자치경찰제가 대통령 공약사항이었지만, 노무현 정부에 들어서 자치경찰제가 전면시행되지 않고 다만, 제주특별자치도에만 2006년부터 시행하고 있다. 다음에 들어선 이명박 정부도 자치경찰제를 경찰관련 정책을 제시하고 있어 경찰정책이 해결되지 않고 또 다시 다음정부로 넘겨지는 순환과정이 반복되고 있다. 이러한 배경과 원인에 대해 토론해보고 실현방안에 대해 논의해 보자.

## 3. 경찰정책의 결정

### 1) 경찰정책 결정의 개념과 범위

#### (1) 경찰정책 결정의 개념

정책은 공공문제를 해결하거나 목표달성을 위해 정부에 의해 결정된 행동방침이므로 목적지향적인 성과의 지표가 된다. 정책결정(policy making)이란 설정된 국가목표나 공익을 달성(공적 문제해결)하기 위하여 복잡한 동태적인 과정을 거쳐 합리적이고 바람직한 정부의 장래(미래) 대안을 선택하는 과정을 의미한다.[41] 바람직한 정책대안을 선택하기 위해서는 합리적 · 분석적 정책결정 방법을 사용하게 되며, 정책결정이 불합리하게 이루어질 때는 많은 병폐와 문제가 나타날 수 있다.

정책결정과 의사결정(decision making)은 본질적으로 같은 것이다. 즉 정책결정도 본질적으로는 조직체의 의사결정의 한 현상인 것이다. 그러하기 때문에 의사결정에 관한 이론들은 정책결정에도 그대로 적용된다. 그러나 정책결정은 다음과 같은 점에서 일반적

41) 김규정, 『신판 행정학원론』, (서울: 법문사, 1999), p.191.

인 의사결정과는 다른 특수성을 가지고 있다. 의사결정과 정책결정의 비교는 〔표 2-1〕과 같다.

〈표 2-1〉 의사결정과 정책결정의 비교

| 구 분 | 의사결정 | 정책결정 |
|---|---|---|
| 주체 | 개인・기업・정부조직 등 | 정부조직(기관) |
| 대상 | 사적 문제 해결 | 공적 문제 해결 |
| 추구이익 | 사익 | 공익 |
| 결정의 성격 | 공공성・정치성이 약함<br>(사실판단적) | 공공성・정치성이 강함<br>(고도의 가치판단적)[42] |

따라서 경찰기관을 능률적으로 운영하고 효과적으로 통제하기 위하여 경찰관리자는 정책을 개발하고, 근무여건을 개선하고, 구성원들에게 동기부여를 하고, 전반적인 효과성을 평가하는 데 도움이 되는 방향으로 정책결정을 해야만 한다.

### (2) 경찰정책 결정의 범위

경찰정책의 결정은 경찰기관의 모든 수준에서 매일 이루어지고 있다. 일상적으로 파출소에 근무하는 경찰공무원은 범인을 체포할 것인지, 소환을 할 것인지, 수색과 압수를 할 것인지를 결정하여야 한다. 파출소장은 지휘를 함에 있어 순찰운영과 경찰관의 근무성과에 관한 결정을 하여야 한다. 생활안전과장은 직원, 장비, 기록보존을 포함한 그들 부서의 관리에 관한 결정의 책임이 있다. 그리고 일선기관의 최고책임자인 서장은 부서의 모든 업무문제와 부여 받은 권한, 다른 형사사법기관 및 지역사회 전체와의 관계에 대해 전반적인 정책결정을 하여야 한다.[43]

## 2) 경찰정책 결정의 과정

합리적 경찰정책 결정을 위해서는 〈표 2-2〉에서 보듯이 경찰정책 문제의 인지・정의,

42) '무엇이 바람직한 상태인가'를 판단하는 가치판단에 의존하기 때문에 정책결정은 주관적이며, 타당성이나 규범성을 가지고 있다.

43) 이황우,『경찰행정학』, (서울: 법문사, 2012), pp.450~451.

경찰정책 목표의 설정, 정책대안의 탐색, 경찰정책대안의 결과예측, 예측결과의 비교・순서화, 최적대안의 선택 등의 활동이 진행되어야 한다.

〈표 2-2〉 합리적 경찰정책 결정의 절차

| 경찰정책 문제의 인지・정의 → 경찰정책 목표의 설정 → 정책대안의 탐색 → 경찰정책대안의 결과예측 → 예측결과의 비교・순서화 → 최적대안의 선택 |
|---|

### (1) 경찰정책 문제의 인지・정의

① 경찰정책 문제의 인지

정책 문제의 인지는 정부가 해결해야 하는 문제에 대한 인식을 말한다. 경찰정책 과정은 치안문제 인식에서 비롯되며, '문제'라는 것은 해결해야 할 답을 전제로 한다. 사람들 사이에서 문제가 발생하면 그 문제를 해결하거나 완화시킬 수 있는 어떤 방법을 찾아내야 하듯이, 그러한 문제들 중 경찰에 의해 정책적으로 해결해야 한다고 여겨지는 것들이 경찰정책의 문제이다. 따라서 올바르고 정확하게 문제를 파악하고 그것이 추구하는 목표를 확인할 수 있다면 정책의 절반 이상은 성공적이라고 해도 과언이 아니다.

② 경찰정책 문제의 정의

경찰정책문제의 정의는 경찰문제의 구성요소, 원인・결과 등의 내용규정을 말한다. 경찰정책 문제의 정의는 첫째, 정확한 상황파악, 둘째, 적절한 용어 선택으로 문제의 개념화, 셋째, 맥락의 연결이 필요하다.

### (2) 경찰정책 목표의 설정

경찰정책의 목표는 정책의 존재이유가 되며, 합리적인 정책결정을 위해서는 우선으로 정책목표를 분명히 할 필요가 있다. 즉 경찰정책의 목표는 경찰정책을 통해서 미래에 달성하고자 하는 바람직한 상태를 의미한다.

경찰정책의 목표의 본질적인 기능은 정책목표의 실현을 통해 안정된 사회를 위한 경찰활동을 통해 국가와 국민을 위한 바람직한 치안상태를 유지하고 관리해 나가는 데 있다.

즉 치안서비스의 궁극적인 고객인 국민의 요구에 대한 대응성과 서비스의 질을 향상시킬 수 있도록 조직을 관리・운영해 나가야 할 것을 강하게 요구받고 있다. 이러한 본질적인 기능 외에 다양한 경찰정책 수단 중에서 최선의 것을 선택하는 기준 등으로 이용된다.

### (3) 경찰정책 대안의 탐색

① 정책대안의 의미

정책대안(政策代案, policy alternative)이란 정책문제의 해결을 위해 가능한 여러 가지 정책안 가운데 하나를 말한다. 정책대안은 정책목표와 정책수단을 포함하는 개념이다. 즉 정책목표의 설정 후에는 정책목표를 잘 달성할 것으로 예상되는 정책수단들을 개발하고 탐색하는 작업과 문제해결을 위한 대안들을 가급적 많이 탐색하는 작업이 필요한데 이를 정책대안의 탐색이라고 부른다.

② 정책대안의 원천(原泉)

정책대안의 원천은 다음과 같다.

첫째, 과거의 정책사례는 현실적으로 가장 중요한 원천이 된다.

둘째, 외국이나 다른 지방경찰기관의 경험도 중요한 정책대안의 원천이 된다.

셋째, 우리가 이미 알고 있는 경찰 관련 지식, 경찰이론 들, 기술 등을 바탕을 모형을 설정하고, 이를 통해 정책대안을 도출하는 방법이 있다.

넷째, 과거에 시행해 본 경험도 없고 외국에서도 시행하지 않고 있으며, 그 분야에 대한 이론이나 지식도 체계화된 것이 없는 경우에는 경찰정책의 총수에 의한 주관적 또는 직관적인 방법에 의존할 수밖에 없다.[44]

### (4) 경찰정책 대안의 결과 예측

경찰정책 대안이 집행 또는 실현되었을 경우 나타날 결과들을 정책대안 실현 이전에 미리 예상하는 것을 말한다. 경찰정책에는 현존하는 치안문제 해결을 위한 노력뿐만 아니라 미래에 닥쳐 올 문제를 이해하고 그것을 능동적으로 통제하고자 하는 노력들이 포함되어 있다.

---

44) 이종수외, 『새행정학』, (서울: 대영문화사, 2011), p.232 ; 이영남, 전게서, p.102.

### (6) 경찰정책 예측결과의 비교평가 및 최적대안의 선택(경찰정책의 결정)

각 대안의 결과(이해득실)들을 일정한 기준에서 비교・평가하고 이러한 여러 대안들 중 가장 합리적・효과적인 대안을 최종적으로 선택한다. 예측결과의 비교평가 및 정책평가의 기준으로 사용되는 기준은 다음과 같다.

① 소망성

정책대안의 바람직스러움(desirability)을 평가하는 데 사용되는 기준은 평가자에 따라 그리고 강조하는 바가 무엇이냐에 따라서 다양하게 나타난다.
이러한 기준들은 상호관련성이 있으며, 명확히 구분되는 것은 아니다.

㉠ 능률성(efficiency)

능률성은 비용과 관련시켜 본 사업대안에 대한 평가로서 투입과 산출의 비용을 말한다. 모든 가치가 금전가치로 환산할 수 있어야 함을 전제로 하여 새로운 사업의 정당성을 확보하기 위하여 비용편익분석(Cost-Benefit-Analysis)을 시행하여 비용보다 편익이 클 경우 사업성이 있는 것으로 판단하고 정책결정을 하게 된다. 이것을 경제적 능률성이라고 한다. 효과성은 목표달성에 초점을 두는 반면 여기서는 수단의 극대화를 강화한다. 공공정책의 경우 대부분 그의 산출이 뚜렷하게 책정되어지지 않기 때문에 능률성을 평가하기에는 많은 어려움이 따른다.

㉡ 효과성(effectiveness)

효과성은 목표달성의 정도(degree of goal achievement)을 의미한다. 이는 노력 그 자체보다는 노력의 결과를 중요시하며 바로 한 단계상위에 있는 목적을 달성하기 위하여 실제로 얼마만한 일이 실제 이루어졌는가하는 효과성＝실질적 산출/계획된 산출의 등식으로 표현된다.

예 연간 절도범 검거 목표가 2,500명인데 1,000명을 검거했을 경우에 절도범 검거의 효과성(1,000/2,500)은 40%가 된다.

㉢ 형평성(equity)

이는 비용과 편익이 여러 집단 사이에 동등하게 배분되었는가를 문제인데, 동등한 자를 동등하게, 동등하지 않은 자를 동등하지 않게 취급하는 것을 의미한다.

㉣ 대응성(responsiveness)

대응성은 정책이 수혜자에게 신속하고 적절한 반응을 보이는가에 대한 평가의 기준이 된다. 즉 수혜자라는 특정집단이 대상으로서 실제로 정책으로부터 어떤 혜택을 받으며 그 혜택은 이들의 욕구 · 선호 · 가치 등에 잘 대응하는 것이냐가 평가의 핵심이다.

㉤ 적절성(adequacy)

적절성이란 전체적인 성과의 정도가 전체 욕구 수준에 어느 정도 부합하느냐 하는 것이다. 따라서 '적절성'이란 평가기준은 정책결정자나 집행자가 그들의 목표를 얼마나 높이 설정하느냐에 따라서 달라질 수 있는 상대적인 측정이라 할 수 있다.[45]

㉥ 노력(effort)

여기서 '노력'이란 결과를 고려하지 않고 사업 활동에 투자한 질적 · 양적 투입이나 에너지를 의미한다. 즉 얼마나 사업수행을 위해 노력을 기울였는가가 평가의 초점이다. 이러한 평가의 척도는 노력을 위한 역량이나 노력 그 자체에 기초를 두고 있다.[46]

㉦ 체제유지(system maintenance)

체제유지는 정치체제와 그의 구성원의 적응능력을 높이는 합리주의에 입각하고 있다. 즉 정책은 모두 그 사업목표, 구조, 기능 등 여러 측면에서 합리주의에 입각하여 정당화를 추구하는 가운데 체제를 유지하려는 속성을 지닌다.

② 실현가능성

정책대안의 실현가능성(feasibility)은 그것이 정책으로 채택되고 그 내용이 충실히 집행될 가능성을 의미한다. 실현가능성에는 다음 6 가지를 제시할 수 있다.

㉠ 기술적 실현가능성(technical feasibility)

㉡ 재정적 실현가능성(financial feasibility)

---

45) 신현기외, 『정책학개론』, (서울: 웅보출판사, 2003), p.243.

46) 신현기외, 전게서, p.242.

ⓒ 행정적 실현가능성(administrative feasibility)

ⓔ 법적 실현가능성(legal feasibility)

ⓜ 정치적 실현가능성(political feasibility)

③ 합리적 정책결정의 한계

최적대안의 선택에는 제약이 따르는데, 정책대안을 선택하려고 하나 현실적인 대안 선택은 그 나라의 정치적 이해관계 및 행정역량에 의해 좌우되기도 한다. 즉 정책결정은 고도의 합리성을 지녀야 하나 현실적인 제약요인으로는 인간적 요인, 조직내적 요인, 환경적 요인이 있다.

첫째 인간적 요인으로는 정책결정자 개인이 지닌 인간적 한계(퍼스낼리티, 가치관, 전문성 등)가 합리적 정책결정의 제약요인으로 작용할 수 있다.

둘째, 조직내적 요인으로는 조직이 과도하게 집권화되어 있는 경우, 정책담당기구가 조직 내에 설치되어 있지 않은 경우, 인적・물적 자원의 부족, 정보와 시간의 부족, 선례의 제약 등이다.

셋째, 환경적 요인이란, 합리적 정책결정을 저해하는 조직외적 요인을 말하는데, 의회・정당・이익집단・여론 등 외부의 통제와 압력과 정책결정 기능을 둘러싼 정치・경제・사회・문화적 요인을 들 수 있다.[47)]

## 4. 경찰정책결정의 이론모형

오늘날 정책결정 모형은 다양하게 제시될 수 있지만, 대표적인 것이 합리모형, 만족모형, 점증모형, 혼합주사 모형, 최적모형이다. 정책결정의 이론모형에서는 산출 또는 과정, 규범성과 현실성, 합리성을 기준으로 분류할 수 있으며, 정책결정에는 의사 결정적 성격이 내포되어 있다.

47) 이영남, 전게서, pp.104~105.

### 1) 합리모형(Rational model)

합리모형은 인간은 이성(理性)과 합리성(合理性)[48]에 근거하여 결정하고 행동한다는 이론이다. 즉 의사결정자에 대한 전지전능(全知全能)의 가정(假定)과, 합리적·경제적 인간에 입각하고 있으며, 합리모형은 한마디로 완벽주의를 근본으로 하는 정책결정의 패러다임이다. 즉 정책문제와 목표를 정확히 정의하고, 그에 관련된 모든 정보와 자료수집·분석하여, 사회적·정치적·경제적으로 분석 가능한 모든 비용과 효과를 구체적·계량적으로 제시하여, 최적(최고)의 정책을 선택해야 한다는 논리이다. 그러나 모든 대안의 탐색의 불가능, 시간과 인간의 인지 능력의 제약, 정책문제나 정책목표가 불명확 등의 이류로 한계를 가진다. 그러나 합리모형에서 문제되는 것은 합리성(rationality)의 개념정의가 어렵다는 점이다. 즉 과연 무엇이 합리적이며, 이를 결정할 기준은 무엇인가 하는 것을, 정확하게 그리고 가시적이거나 측정이 가능하도록 조작하거나 설명이 어렵다는 것이다.[49] 따라서 의사결정자는 결정대상의 문제를 모두 알고, 모든 대안의 장·단점을 파악하여 그 중에서 가장 적합하고 합리적인 대안을 선택할 수 있다고 보는 것이지만, 현실적으로는 적용가능성이 거의 희박한 모형이라고 하겠다.

예 구매자 A는 양복 한 벌을 구입하기 위하여 모든 신사매장의 양복들의 가격, 가격, 원산지, 유행(트렌드), A/S, 서비스 등의 항목을 꼼꼼히 분석하여 서열화시킨 후 가장 합리적인 선택을 하게 된다.

### 2) 만족모형(satisfying model)

만족모형은 사이몬(H. A. Simon)과 마치(J. G. March)에 의해 제시된 모형으로서, 인간은 현실적으로 능력상의 한계 때문에 최적의 대안 대신에, 만족할 수 있는 수준에서

---

48) 합리성(合理性, rationality)은 일반적으로 논리(論理, logic)또는 이성(理性, reason)에의 적합성을 가리키는 개념이나, 사회과학에서는 어떤 행위가 궁극적 목표달성의 최적 수단이 되느냐의 여부를 가리는 개념으로 사용되고 있다. 합리모형에서의 합리성은 실천적 합리성(practical rationality)으로서, 인간의 선호에 의한 목표의 달성과 행복추구의 극대화를 강조하는 개념이다. 반면에 철학이나 논리학, 수학 등에서의 합리성은 이론적 합리성(theoretical rationality)으로서, 논리적 일관성이나 경험적 증거에 의한 수용과 적응을 의미하는 개념이라고 할 수 있다.

49) 이해영, 전게서, pp.126~127 ; 양원규,『행정학제대로알기』, (서울: 백산출판사, 2010), pp.117~122 ; 윤기찬외,전게서, pp.141~142.

대안을 결정한다는 것이다.

만족모형은 합리모형의 현실적 제약점을 극복하기 위해 제시된 것으로 합리모형과는 달리 완전한 합리성이 아닌 제한된 합리성[50]에 기초하고 있는 현실적 · 실증적 모형이다. 최적의 대안이라기보다 만족시켜 주는 정도를 추구한다.

경찰관리자가 어떤 결정을 할 때 최대한도로 최적안을 위한 노력을 한다고 일반적으로 기대할 수는 없고, 현실적으로 만족할만한 수준에 그치게 되기 때문에 혁신적 · 쇄신적인 문제해결을 요하는 경우에는 적용하기가 어렵다.[51] 만족모형은 만족기준이 지나치게 주관적이며, 실제 의사결정자는 모든 대안을 탐색하지 않고 무작위적 · 순차적으로 몇 개의 대안만을 탐색하며, 만족할 만한 결과를 가져오는 대안이 나타나면 의사결정을 종료하여 보수주의를 초래하기 쉽다는 비판을 받는다.

예 구매자 A는 모든 양복을 평가하는 것이 불가능하기 때문에 현재 주어진 매장의 대안(모델) 중에서 가장 만족하는 것을 선택하게 된다는 것이다.

### 3) 점증모형(incremental model)

점증모형은 린드블롬(C. E. Lindblom), 윌다브스키(A. Wildavsky)에 의해 제시된 모형으로서, 정책결정은 정책결정자가 모든 대안을 검토하고 현실을 긍정하고 현실보다 약간 향상된 대안을 결정한다는 것이다. 즉 기존의 정책을 새로운 상황에 맞게 약간의 변화 가감(加減), +a식 결정을 한다.

이러한 점증모형은 합리모형의 비현실성을 비판하면서 현실적인 정책결정 행태에 보다 가깝고 동시에 정책의 실현가능성을 높이기 위한 처방제로 제시된 것이다. 따라서 점증모형은 현 정책과 비교하여 다소 향상된 정책에 관심이 있으며, 소수의 정책대안만을 고려하여 안정과 균형이 상대적으로 유지되고 있는 사회에서는 적용가능하나, 정치적 다원주의가 지배하는 사회에 적합하나 결국 강자에게 유리한 이론이다. 또한 환경이 급격하게 변동할 경우 점증적 결정은 졸속정책을 가져올 수 있다는 비판을 받는다.

---

50) '제한된 합리성(imited · bounded rationality)'이란 정책담당자들의 결정방식은 최선의 합리성을 추구하기 보다는, 시간과 공간, 재정적 측면에서 여러 요인을 고려해 만족할 만한 수준(제약된 범위)에서 결정을 한다는 견해이다.

51) 이황우, 전게서, p.452.

### 4) 혼합주사모형(mixed-scanning model)

혼합주사(混合走査)모형은 에치오니(A. Etzioni)합리모형과 점증모형을 절충한 특색이다. 합리모형은 지나치게 이상적이기 때문에 비현실적이고, 점증모형은 너무 점진적인 것만 다루다보니 보수성을 띠고 있다는 것이다. 이것은 인공위성에다 카메라를 장착하고 기상관측을 할 때 먼저 광각 카메라로 공간 전역을 대강 조사한 후(합리적인 접근방법), 그 가운데 이상 지역이 발생되면 정밀카메라로 그 지역을 집중적으로 상세히 조사하는 방법(점증모형에 의한 접근방법)을 혼용하는 것과 같은 경우이다.[52]

### 5) 최적모형(optical model)

최적모형은 드로어(Y. Dror)가 주장한 정책결정모형으로, 정책결정은 합리적인 고려만으로 이루어지는 것이 아니며, 만족모형이나 점증모형의 보수성을 비판하면서 나타난 모형이다. 정책결정에는 제한된 자원・불확실한 상황・지식 및 정보의 결여, 과거에 선례가 없었던 새로운 결정을 할 때는 합리성이 제약되므로 결정자의 직관력・통찰력과 같은 초합리적인 요인을 적용해야 한다는 것이다. 또한 양적인 분석뿐만 아니라 질적인 분석도 동시에 고려하면서 인간의 비합리적이고 초합리적인 힘을 인정하여 그것을 정책결정에 적용시키는 것이다.

## 5. 경찰정책결정의 한계

일반적으로 정책결정자들은 합리성에 근거하여 정책결정을 하려고 하고 사회도 합리적 결정을 강하게 요구하고 있지만, 완전한 합리적 결정이란 매우 어렵고 그렇게 하기에는 상당한 자원이 소요된다. 따라서 완전한 합리성이란 아주 단순한 문제를 제외하고는 정책결정자들이 달성하기 어려운 이상적인 목표인 것이다. 경찰정책결정을 함에 있어서 다음과 같은 한계가 있다.

첫째, 경찰정책결정자들은 잦은 국민들의 불신과 언론매체의 질타와 비판 속에서 경찰

52) 윤기찬외, 전게서, p.143.

활동을 하여야 한다.

둘째, 경찰정책결정자들은 보다 대규모 정치적 권력기구의 구성원들이다. 그러므로 경찰정책결정은 정치가들의 관념 및 강령에 일치되어야 하는 한계를 지닌다.

셋째, 대부분의 경찰 직무 수행(위험발생의 방지 등)에 있어서 생사에 관한 사건에 직면하고 있어서 때때로 제한된 시간(수분의 1초 사이)에 결정하여야 한다.

넷째, 경찰정책결정자들은 정책결정의 기술인 행동과학, 관리과학, 경영학 등에 대하여 잘 훈련되어 있지 않다.

다섯째, 경찰정책결정자들이 선입견, 근시적인 인식, 자신의 경험에 대한 지나친 신뢰 등으로 합리적이고 공개적인 결정을 하는데 있어서 그들에게 도움을 줄 수 있는 충분한 정책안내서가 부족하다는 점이다.[53] 그 외 구조(집권제, 절차의 복잡, 상위정책변동으로 예산삭감), 인간(권위주의 결정, 결정에 대한 인식저하), 환경(목표의 다양성과 모호성, 특정 이익집단의 이익고려) 등이 있다.

## 제3절 경찰정책의 집행

### 1. 경찰정책 집행의 의의와 특성

정책은 집행이라는 과정을 통해 원래 정책이 목표했던 문제를 해결하는 데 정책집행(policy implementation)이란 정책결정에서 설정된 목표의 달성을 지향하는 개인 혹은 집단이 정책을 실천에 옮기는 과정이라고 할 수 있다.

우리 옛말에 '구슬이 서말이라도 꿰어야 보배'라는 말이 있듯이 수많은 정책이 수립되더라도 실천되어야 가치를 지닌다.

결정된 경찰정책 속에 포함되어 있는 수많은 정책수단과 계획들은 집행작업을 거쳐 현실로 나타나야만 경찰목표를 달성할 수 있고 정책문제를 해결할 수 있다. 정책집행은 기술적・행정적 과정일뿐만 아니라 정치적 과정이다. 물론 정치적 이념에 의해 경찰조

53) 이황우, 전게서, pp.454~455.

직의 개편 등에 영향을 미치나, 치안의 문제는 집행주체의 정치적 이념에서 중립성을 지켜야 하는 것이 바람직하기에 일반 정책집행과는 다른 점이라고 할 수 있다. 경찰정책의 집행은 시간·장소·복합적인 상황 속에서 발생하는 일련의 경찰행정적 활동으로 이루어진다.

경찰정책 집행의 특성은 다음과 같다.

첫째, 경찰정책을 실현할 수 있는 구체적인 방안들에 대한 '계속적·구체적 결정'이 뒤따른다는 점이다. 정책의 집행은 정도의 차이는 있으나 항상 새로운 치안정책을 결정하거나 수정하는 측면을 내포한다.

둘째, 경찰정책 집행은 경찰정책이 있도록 만든 '치안문제를 해결하여 그 정책의 목표달성' 상태로 가는 것이다. 이를 위해 사람과 물자를 동원하고 예산을 쓰는 것이 정책집행이다.

셋째, 경찰정책은 '정책 대상 집단인 시민들에게 실질적인 영향'을 미치게 된다는 점이다. 시기에 따라 만들어진 정책을 단순히 발표만 해도 대상 집단에 영향을 끼치게 할 수도 있는 '공표효과((公表效果)'가 있다.

예 경찰'범죄와의 전쟁'선포, '5대 폭력척결' 전쟁선포, 경찰부패·비리 전쟁선포, 신종마약과의 전쟁선포, 골목조폭과의 전쟁선포 등과 같은 치안정책들은 시민들에게 심리적 안정감을 주는 반면, 범죄 집단에게는 긴장을 주는 효과를 말한다.
그러나, 경찰집행력이 뒷받침되지 못한다면 '공표'는 한계가 있기 마련이다.

## 2. 경찰정책의 집행과정

경찰정책은 집행은 다음과 과정을 거친다.

첫째, 경찰정책의 결정내용을 공식화한다. 공식화하기 위해서 법과 시행령을 마련해 관보(官報)나 언론매체를 통해 국민과 경찰기관에 공표하거나 법 형태를 띠지 않는 것은 경찰 공문서로 경찰기관에 회람하도록 한다.

둘째, 집행을 담당할 경찰기관을 정한다. 기존의 경찰기관이나 별도의 경찰하부조직을 창설하여 충원된 경찰공무원을 배치할 수 있다.

셋째, 경찰정책의 집행기관에서는 업무 시행세칙을 마련하고 업무개시일을 정해 국민에게 알린다.

넷째, 결재권자가 관심을 크게 가지고 있는 경찰정책의 경우에는 경찰청장의 특별 지시 사항, 업무지침, 세부 시행세칙들로 정해져 경찰의 하부 집행기관에 시달된다.

다섯째, 대개 정책은 법이나 시행령, 시행세칙들이 굵직하게 대강만 정해 놓은 경우가 대부분이다. 똑같은 현상을 두고 집행담당자들이 어떻게 해석 하느냐에 다라 정책의 집행이 영향을 받는다.

여섯째, 정책집행은 경찰 가치의 구체화 과정이다. 즉 집행과정을 거쳐야만 경찰가치의 실현이 이루어진다.

## 3. 경찰정책의 집행의 참여자

경찰정책 집행의 주된 집행자는 경찰기관이다. 그 밖에 경찰정책의 집행에 영향을 미치는 기관으로는 의회, 사법부, 이익집단 등의 기관들도 경찰정책의 집행에 영향을 미친다.

### 1) 의회의 경찰정책에 공식적 · 비공식적 영향력 행사

경찰정책에 관한 입법권, 경찰예산동의권과 심의권, 경찰청장의 인사청문회,[54] 정책질의권, 국정감시권, 기타 각종 경찰 관련 건의 등을 들 수 있다. 비공식적 영향력 행사 방법으로는 의원이 로비스트로서 경찰기관에 압력을 가하는 것 등이다.

### 2) 사법부가 경찰정책 집행에 직접 담당하는 예

검사로 하여금 형법, 형사소송법 등에 근거해 범죄수사와 관련된 업무를 할 때 경찰의 수사정책의 집행에 직접적으로 영향을 미친다.

---

54) '경찰청장'은 경찰위원회의 동의 → 행정안전부장관의 제청(提請) → 국무총리를 거쳐 → 대통령이 임명한다. 이 경우 국회의 인사청문을 거쳐야 한다(경찰법제11조).

### 3) 이익집단 등

이익집단들은 관심을 갖고 있는 경찰정책에 대해서 집행에 찬성을 하든 저지를 하든지 계속해서 관심을 표명한다.

예 여성계가 경찰행정 과정에서 발생가능한 인권문제나, 여성차별 공무원담임권에 대한 계속적인 요구를 들 수 있다.[55]

## 4. 경찰정책 집행에 영향을 미치는 요인

### 1) 경찰정책의 유형

정책의 유형이 어떠하냐에 따라 정책집행의 주체나 대상 집단의 활동을 상당히 다르게 나타난다. 분배정책의 경우 대상 집단이 주로 수혜자들이어서 집행과 관련된 집단들 간의 갈등의 소지가 비교적 낮고 성공 가능성이 높은 반면, 경찰은 규제정책으로 인해 혜택을 보는 자와 피해를 보는 자를 선택하게 되는 데, 이 과정에서 많은 갈등이 발생된다.

### 2) 치안자원

경찰정책의 집행은 동원 가능한 치안자원에 큰 영향을 받는다. 여기서 말하는 치안자원이란, 인력, 예산, 법·제도적 기반, 정보, 권한 등의 자원을 총칭한다. 대개의 경우 경찰정책을 집행하는 데 인력은 부족하여 주어진 기존자원을 효율적으로 동원할 수밖에 없기 때문에 경찰인력을 증원하고, 민생치안·사회적 약자보호 등을 중심으로 경찰활동 전개를 위해서는 치안예산 증액이 시급하다. 자치경찰제도를 시행하고 있는 외국의 경찰과는 달리 국가경찰체제를 유지하고 있는 우리나라 경찰에서는 각 경찰관서의 경찰조직·예산권은 매우 제한적이고, 독립된 자주세원이 없으므로 국가로부터 배정된 예산만을 활용하기 때문에 보조금·교부금 등 예산을 통한 치안서비스의 균질성을 높이기 어렵다. 오히려 우선적으로 인적자원의 합리적 배분에 의해 지역간 균질성 있는 치안서비스의 제

55) 이영남, 전게서, p.110.

공을 기대할 수 있을 것이다.[56)]

### 3) 경찰정책의 집행기관의 성격

경찰집행기관이 가지고 있는 일반적인 능력이 집행에 영향을 미친다. 즉 정책을 집행하는 경찰기관의 ① 규모, ② 경찰공무원의 전문성과 자질, ③ 경찰계층제적 통제의 정도, ④ 경찰기관의 조직적 활성화 정도, ⑤ 집행과정에 관여하는 경찰기관 상호간의 개방적인 의사전달의 정도, ⑥ 정책결정 기능과의 공식・비공식 연계성 정도 등이다.

### 4) 정치・경제・사회적 여건의 변화

경찰정책을 집행하는 경찰기관이 정치・경제・사회적 여건의 변화로 인해 경찰정책집행에 상당한 영향을 미친다. 특히 민주화의 진행과 지방자치의 실시로 경찰기관의 능력과 의지, 경찰기관의 활성화 정도 등은 정책집행자의 성향에도 직접적인 영향을 미치지만, 정책집행의 성과에도 영향을 미치게 된다.

또한 성공적인 경찰정책 집행을 위해서는 국민의 지지나 여론의 반응도 중요하며, 동시에 매스컴은 집행과정에서 드러나는 문제점을 계속해서 지적함으로써 국민들의 비판적인 여론을 조성하고 집행과정에서의 장애를 극복하는데 도움이 된다.

### 5) 정책집행자의 성향

경찰정책 목표의 실현을 위해 집행자의 지식・능력・가치관・태도 등은 경찰정책 집행에 큰 영향을 미친다. 이러한 점에서 역대 치안총수들의 특성과 캐치프레이즈 및 지휘지침을 분석할 필요가 대두된다.

---

56) 최천근, "치안서비스 형평성 제고를 위한 인적자원 배분에 관한 연구", 2011, 『한국행정학회』하계공동학술대회자료집, p.99.

# 제4절 경찰정책의 평가

## 1. 경찰정책 평가의 의의

### 1) 경찰정책평가의 개념

정책평가(policy evaluation)란 일반적으로 '정책 목표의 달성 여부를 판단하는 활동'과 또는 정책이 집행되고 있는 결과에 대한 사후평가 · 분석을 의미한다. 따라서 경찰정책 평가는 경찰정책의 내용, 집행 및 그 영향 등을 조정 또는 평정(評定)하는 것을 말한다. 정책평가는 포괄적으로 정책이 초래한 광범위한 영향과 의도했던 것이든, 의도치 않았던 것이든 분석할 수도 있다.

### 2) 경찰정책평가의 중요성

우리의 경찰정책에서 평가가 중요한 이유는 첫째, 정책이 처음 의도했던 대로 집행되지 않을 수도 있다. 둘째, 애초의 목표가 얼마나 잘 충족되었는가, 국민의 요구에 순응하는 경찰행정을 하고 있느냐 하는 것이다. 셋째, 경찰활동에 대한 효과성과 경제성에 대한 강조 때문이다. 넷째, 경찰활동의 관리적 책임성이 확보되어야 한다는 요구가 높아지고 있기 때문 등이다.

### 3) 경찰정책평가의 목적

정책평가를 통해 전반적인 정책과정을 개선(feedback)해보고 지식적 측면 · 관리적 측면 · 책임성 측면 세 가지를 들 수 있다.

첫째, 지식적 측면에서 경찰정책의 평가는 경찰목표와 수단 간의 인과 경로에 의한 확인 · 검증을 통하여 경찰전략에 관한 새로운 지식을 얻기 위하여 필요하다.

둘째, 관리적 측면에서 경찰정책 평가를 통해서 경찰정책 목표의 달성도가 얼마나 되는지를 구체적으로 측정할 수 있으며, 추진된 경찰정책에 대해 국민들의 치안만족도가 어느 정도되는지를 평가해 볼 수 있다는 점이다.

셋째, 책임성의 측면에서 경찰정책 평가는 국민의 세금으로 이루어지고 있는 치안활동이 정책결정자나 프로그램의 집행관리자로 하여금 더욱 효과적이고 능률적인 관리를 하도록 책임성을 확보하기 위한 것이다.

### 4) 경찰정책평가의 기준

무엇을 성공적 정책으로 볼 것인가에 대한 합의된 평가기준은 없다. 학자들마다 기준을 달리하는 것은 '성공적'이라는 용어의 가치판단적 요소 때문이다. Nakamura & Smallwood는 집행유형에 따라 평가기준이 달라짐을 주장하고 아래의 5가지 평가기준을, Dunn은 효과성(effectiveness), 능률성(efficiency), 대응성(responsiveness), 적절성(adequdcy), 적합성(appropriateness), 형평성(equity)을 제시하였다.

〈표 2-3〉 정책평가의 기준

| | |
|---|---|
| 효과성 | • 효과성(effectiveness)의 개념에는 정해진 목표달성의 정도를 의미하며, 비용이 얼마나 드느냐 하는 투입의 문제에 관심을 갖는 것이 아니다(비용 고려×).<br>• 정책집행의'고전적 기술자형'이나 '지시적 위임가형'에 적합 |
| 능률성 | • 능률성(efficiency)은 투입(input)에 대한 산출(output)의 비율을 말한다(비용최소화와 산출극대화).<br>• 정책집행의 '지시적 위임가형'에 적합 |
| 주민 만족도 | • 주민(선거구민)이나 정책지지 및 관련집단의 이해관계나 갈등을 잘 받아들이고 타협·조정했는지의 여부가 기준(효과성이나 능률성의 기준과는 달리 질적·주관적 기준임.)<br>• 주민만족도(satisfaction)가 이익과 손해를 보는 여러 관련 집단의 만족도를 중시<br>• 정책집행의 '협상자형'에 적합 |
| 수혜자 대응성 | • 정책목표가 정책대상집단 및 수혜자(고객)들의 요구에 얼마나 부응하며, 정책의 성과가 그들의 인지된 욕구에 얼마나 부응하느냐가 관심의 초점이다.<br>• 정책집행의'재량적 실험가형'에 적합 |
| 체제 유지도 | • 정책이 국가체제체제나 정부, 집행기관의 유지·발전에 기여한 정도가 기준<br>• 정책집행의 종합적 평가지표<br>• 정책집행의 '관료적 기업가형'에 적합 |

* 출처 : 신용한외, 『compass 행정학』, (서울: 박문각, 20011), p.256. 참고재구성.

## 2. 경찰정책 평가의 유형

정책평가는 분류기준에 따라 여러 가지 종류로 구분되는 데, 평가주체를 기준으로 한 내부평가와 외부평가, 평가방법을 기준으로 한 비과학적 · 주관적 평가와 과학적 · 체계적 평가, 평가시기를 기준으로 한 총괄평가와 과정평가(형성평가), 평가목적을 기준으로 한 과정 · 영향 · 포괄적 평가 등으로 나눌 수 있다.[57]

### 1) 평가주체에 따른 구분

#### (1) 내부평가

조직 내부의 정책담당자나 조직 내의 다른 구성원이 행하는 평가를 의미한다.

#### (2) 외부평가

조직 외부의 제3자가 행하는 평가를 말한다.

### 2) 평가방법에 따른 구분

#### (1) 비과학적 · 주관적 평가

일반대중이나 정책관계자들의 상식적 · 개인적 경험이나 느낌에 의한 평가.

#### (2) 과학적 · 체계적 평가

과학적 방법이나 논리를 적용하는 정책평가를 의미한다.

### 3) 평가시기에 따른 구분

#### (1) 총괄평가

정책이 집행 된 후 당초 의도했던 목적을 달성했는지에 대한 효과성 평가이며, 사후평가라고도 한다.

---

57) 박수영외, 『현대사회와 행정』, (서울: 대영문화사, 2006), pp.200~202.

#### (2) 과정평가(형성평가)

정책이 집행되는 도중 사업계획을 형성·개발하는 과정에서 수행되는 평가로서 정책 집행 과정에서 나타나는 문제들을 해결하여 사업계획을 개선하위 위해 수행한다.

### 4) 평가목적에 따른 구분

#### (1) 과정평가

정책이나 사업이 정해진 지침에 따라서 집행되었는지를 평가하기 위한 것이다.

#### (2) 영향평가

정책이나 사업이 의도한 방향으로 변화를 가져왔는지를 평가하는 것이다. 즉 정책이 집행된 후 정책이 사회에 미친 직접·간접의 사회적 영향(impact)을 평가한다.[58]

## 3. 경찰정책 평가의 접근방법

### 1) 정책시행 전후의 상황비교

이 접근법은 비실험적 방법(non-experiment)으로 불리어진다. 이는 정책이 시행되기 직전의 상태와 시행 후 적정한 시기의 상태를 비교하여 정책효과를 판단하는 방법이다. 이 방식은 정책평가의 일반적인 형태이다. 이 평가방식은 두 가지의 의미를 지니는데 하나는 정책평가에 시간과 인력이 부족한 경우이고, 다른 하나는 정책의 존속기간이 단기이며 그 정책에 의한 영향 영역이 협소한 경우이다. 비실험적 방법은 외적 타당성과 실현가능성이 높은 장점이 있지만, 내적 타당성을 확보하기 어려운 단점이 있다.

58) 사전평가(예비평가)의 예로'환경영향평가'는 환경에 중대한 영향을 미치는 계획, 사업 등에 대한 환경영향을 미리 분석·평가하여 개발과 보전의 조화를 통해 지속가능한 개발이 가능하도록 그 부정적 영향을 제거·감소시킬 수 있는 제도를 의미하며, 사전에 예측하는 활동을 말하며, '교통영향평가'는 특정한 사업이나 시설이 교통에 미치는 영향을 사전에 예측하는 활동을 의미한다.

### 2) 정책시행 이전 예측과 정책시행 후 자료와의 비교

이 방법은 준실험적(quasi-experiment)방법으로 알려져 있는데 특정정책의 시행 이전에 예측한 결과와 정책시행 후에 이루어진 결과를 비교하는 방법이다. 예측치와 실제치를 비교하여 예측치와 일치되거나 실제치가 예측치를 능가할 때 정책의 효과는 있다고 보는 것이다.

### 3) 정책에 의한 수혜집단(지역)과 비수혜집단(지역)과의 비교

이 방법도 준실험적 방법에 속한다. 이 방법은 같은 종류의 두 개의 정책집단을 선정하여 한 집단에는 정책을 시행하지 않고 다른 집단에만 정책을 시행하여 수혜를 준 다음 양 집단의 상태를 비교하여 그 차이가 정책에 의한 효과라고 판단하는 방법이다.[59)]

## 4. 경찰정책변동의 유형

### 1) 정책혁신

정책혁신(policy innovation)은 정부가 이전에 관여하지 않았던 분야에 개입하기 위해 새로운 정책을 형성하는 것을 말한다. 정책목표, 프로그램, 담당조직, 관련예산과 법령을 근본적으로 새로운 정책을 채택하는 것을 의미한다.

### 2) 정책승계

정책승계(policy succession)는 현존하는 정책의 목표는 변동시키지 않으면서 그 수단의 핵심이 되는 내용의 일부를 대체하거나, 관련된 정책들을 통합하거나, 하나의 정책을 둘 또는 그 이상으로 분할하거나, 정책의 일부를 부분적으로 종결시키는 것을 말한다. 즉 승계란 본래의 정책목표가 달성되었거나 또는 달성이 불가능할 때 새로운 목표를 찾아서 설정하는 '정책의 수정'을 말한다. 기존의 정책이 완전히 없어지는 정책종결과는 구분된다.

---

59) 이영조외, 『행정학원론』, (서울: fides, 2010), pp.383~384.

### 3) 정책유지

정책유지(policy maintenance)는 처음 설정된 정책목표의 기본골격은 유지하면서 구체적인 구성요소를 완만하게 대체 · 변경하는 것을 의미한다.

### 4) 정책종결

정책종결(policy termination)은 현존하는 정책목표가 달성되어 문제가 소멸되었거나, 달성이 불가능한 경우 다른 정책의 대체 없이 기존 정책을 완전히 소멸 시키는 것으로서 정책수단이 되는 사업이나 예산을 폐지하는 것이다.

# 제5절 경찰기획

## 1. 경찰기획의 의의

기획이라는 용어는 널리 사용되고 있으면서도 그 의미가 포괄적이기 때문에 많은 혼란을 일으키고 있다. 뉴만(W. H. Newman)은 기획(planning)이란 무엇을 할 것인가를 사전에 결정하는 것이며, 이에 반해 계획(plan)은 설계된 행동노선으로 보았다. 즉 기획은 계획을 수립 · 집행하는 과정이며, 계획은 기획을 통해 산출(output)되는 결과라 할 수 있다.

경찰기획(policy pianning)은 체계적이고 지적인 연구를 통하여 경찰기관의 문제를 명백히 하고 합리적인 문제해결을 권고하며 경찰정책 결정을 용이하게 하는 관리의 과정이라고 할 있다.

경찰의 기획활동은 통상적으로 경무분야에서 통합하고 조정하는 역할을 하는 관계로 경무(警務)의 한 가지 기능으로 생각하기 쉬우나 사실은 생활안전, 수사, 형사, 교통, 통신을 비롯해 제반 경찰기능에서 '기획과 정책결정'이 지속적으로 이루어지고 있다. 결국 경찰에서의 기획이란 경무영역에서 주로 이루어지며 모든 기능을 통합하여 우선순위에 따라서 수행하는데 이 경우에는 기관장의 결심에 따라 필수적인 것을 우선적으로 결정하게 된다. 경찰청 '경무기획국'은 전국 경찰의 기획을 주관하며, 2009년 11월 23일 기획조정관과 경무국장으로 분류 및 개편하였다. 기획조정관은 치안감으로, 각 과장은 총경으로 보한다. 그리고 다음의 사항을 분장하는데 기획과 조정에 관한 사항을 관장하는 부서로 기획조정, 재정[60], 규제개혁법무담당관을 두게 되었다. 기획조정과는 기존에 경무기획국에서 담당하던 업무가 분류되면서 경찰청의 전체 기획을 세우게 되며 집행될 수 있도록 조정한다. 경무국장 역시 치안감으로 경무과, 인사과, 교육과, 복지정책과를 관리하게 되었다. 지방경찰청 '경무과'에는 각 시 · 도의 지역경찰기획을 담당하는 기획예산계가 있고, 경찰서에는 '경무과'가 있다. 결국 경찰기획은 경찰계획을 수립하고 집행하는 과정이며, 계획은 경찰계획을 통해 산출되는 일련의 결과라고 볼 수 있다.[61]

## 2. 경찰기획의 목적

경찰기획은 경찰조직에 있어 '중앙안내장치'로서 작용한다. 효과적인 경찰기획을 통하여 경찰기관은 그 방향을 제시할 수 있고 변화하는 경찰상황에 적절히 대응할 수 있다. 경찰기획을 담당하는 부서(사람)은 다음과 같은 목적을 위하여 경찰조직, 경찰운영 그리고 경찰관리의 모든 측면을 실험 · 분석할 것으로 기대된다.

첫째, 경찰업무의 효과성과 능률성

둘째, 경찰운영의 경제성

셋째, 시민에게 봉사하는 경찰기관으로서 대응성

넷째, 국민을 최우선하는 국민중심 경찰활동

60) 경찰청의 경우 2012년 예산은 8조 103억원에 달한다. 엄청난 예산을 확보하는 일을 수행하며 기획재정부로부터 배정받아 행정안전부로부터 전달받은 위의 예산을 경찰청에서 사용할 예산을 제외하고 각 16개 지방경찰청별로 배분하여 15만 경찰이 집행할 수 있도록 역할을 해준다.

61) 손봉선, 『경찰학개론』, (서울: 형설출판사, 2001), p.762; 이황우, 전게서, 2012, p.440 ; 신현기, 전게서, 2012, p.347.

### 3. 경찰기획 수립의 한계

우리나라에서는 기획기능이 각 집행부서, 즉 생활안전, 수사, 정보, 교통, 보안 등 각 기능으로 분화되어 있어 경무기획국장은 각 기능에서의 기초적인 기획을 종합・검토하여 조정하는 역할을 수행하고 있다. 그러나 경찰기획에 있어서는 경무기획국장이 집행부서의 장인 국장과 동일계급이기 때문에 그 조정・통제에 있어서 한계가 있다.

## 제6절 역대정부의 경찰정책 비교

### 1. 역대정부의 경찰정책 의의

경찰정책의 개념은 "치안과 관련된 문제를 해결하거나 경찰목표를 달성하기 위하여 경찰기관에 의해 공식적으로 결정된 행동(기본)방침"이며, 바람직한 경찰상태를 달성하기 위한 정책목표와 이를 달성하기 위한 필요한 경찰정책수단을 구성요소로 한다. 역대정부의 경찰정책 중에는 정부가 출범할 때마다 제시되었지만, 미완성으로 남겨진 경우가 많았고, 다시 새 정부에서도 유사한 정책을 제시하였지만 해결하지 못하고, 또 다음 정부로 넘겨지는 순환과정을 반복하는 경우도 있었다. 따라서 제6절에서는 역대정부의 경찰정책의 정책목표, 정책수단 그리고 이에 대한 평가를 다루고자 한다.

### 2. 역대정부의 경찰정책 평가기준

경찰정책 평가기준으로는 경찰정책의 실현 여부, 정책목표의 달성정도, 만족수준이 된다. 즉 정책평가는 특정 경찰정책이 구체적으로 실현되었는가, 그렇지 않는가하는 것이 중요한 평가기준이 된다. 역대정부의 경찰정책 중 정치적으로 민감한 사안들은 정책목표만 설정된 채 이를 집행하지 못한 경우가 대부분이다. 분석의 범위를 노태우 정부이후로 한정한 이유는 경찰활동은 소위 시국치안만이 중요시 되었고, 국민을 위한 경찰정책은 찾아보기 어려웠기 때문이다. 그나마 민생치안의 중요성이 대두된 시점은 노태우 정부부터 라고 할 것이며, 이 시기부터 경찰정책 또한 제시되었다고 보여진다.[62)]

〈표 2-4〉 역대정부의 주요 경찰정책과 평가기준

| 정 부 | 주요 경찰정책 들 | 선정한 경찰정책 | 평가기준 |
|---|---|---|---|
| 노태우 정부 | • 경찰활동의 정치적 간섭배제<br>• 경찰의 정치적 중립<br>• 민생치안의 확립<br>• 민주 · 민생치안체계의 확립 | • 경찰의 정치적 중립<br>• 민생치안의 확립 | • 실현여부<br>• 목표달성정도<br>• 만족수준 |
| 김영삼 정부<br>(문민정부) | • 권위주의적 경찰행태의 청산<br>• 경찰의 실질적 정치중립<br>• 경찰행정의 개혁<br>• 경찰행정의 쇄신<br>• 경찰부정부패의 추방 | • 경찰의 실질적 정치중립화<br>• 경찰행정의 쇄신정책 | • 실현여부<br>• 목표달성정도<br>• 만족수준 |
| 김대중 정부<br>(국민의 정부) | • 자치경찰제의 도입<br>• 경찰의 정치적 중립<br>• 경찰의 수사권 독립 | • 경찰개혁 100일 작전<br>• 절충형 자치경찰제 도입 | • 실현여부<br>• 목표달성정도<br>• 만족수준 |
| 노무현 정부<br>(참여정부) | • 부정부패 척결<br>• 국민의 생명과 재산의 보호를 위한 시스템 구축<br>• 자치경찰제 도입 | • 경찰의 수사권 현실화<br>• 주민생활중심의 자치경찰제 도입 | • 실현여부<br>• 목표달성정도<br>• 만족수준 |
| 이명박 정부 | • 자치경찰제 도입<br>• 엄정한 공권력 행사를 통한 선진 법질서 확립<br>• 수사시스템 개선을 통한 민생치안확보<br>• 의식과 행태개선을 통한 국민신뢰회복<br>• 민생 · 현장대응 역량의 강화<br>• 직무특성에 상응한 처우 등 사기진작 | • 민생 · 현장대응 역량의 강화<br>• 법질서 확립 | • 실현여부<br>• 목표달성정도<br>• 만족수준 |

* 출처 : 최종술, “역대정부의 경찰정책과 이명박정부의 경찰정책과제”, 『한국자치행정학보』, 22(1), 2008, p.359 재구성.

62) 역대정부의 경찰정책 비교는 최종술, 『역대정부의 경찰정책과 이명박정부의 경찰정책과제』, 한국자치행정학보, 22(1), 2008, pp.357~380의 내용을 직 · 간접적으로 인용하였음을 밝힘.

## 3. 노태우 정부의 경찰정책(1988~1993)

노태우 정부의 경찰정책은 '경찰의 정치적 중립화' 와 '민생치안의 확립'으로 요약된다. 따라서 두 가지 경찰정책에 대한 정책목표와 각 정책수단에 대해 살펴보기로 한다.

### 1) 정책목표 Ⅰ : 경찰의 정치적 중립성 확보

경찰중립화 방안이 본격적으로 추진된 것은 1987년 6 · 29선언 이후 대통령 직선제 개헌 헌법에 의한 6공화국출범과 남북 상호교류 및 협력관계의 개선, 동구 공산주의 몰락에 따른 학생시위 감소 등으로 경찰의 현실적 부담이 줄어들었고, 민주화의 영향아래 경찰분야에서는 경찰의 정치적 중립화에 대한 요청으로 연결되었고, 행정개혁위원회의 경찰 중립성 보장에 관한 건의와 정부 및 여 · 야 모두 경찰의 중립을 위한 방안을 내놓게 되었다.

당시 사회적 소요의 경찰에 의한 진압으로 민생경찰이 아닌 체제유지를 위한 경찰이라는 경찰이미지가 형성되었고, 따라서 경찰의 정치적 중립화가 가장 중요한 정책목표 중의 하나가 되었다. 경찰활동에 대한 정치적 개입으로 경찰의 역할과 기능이 왜곡됨으로서 이를 바로잡고, 경찰이 정치적 간섭으로부터 벗어나야 한다는 요구가 강하게 제시된 것이다.

특히 민주화의 요청에 따른 경찰의 정치적 중립화를 이루기 위한 경찰조직의 개편이 중요한 정책목표가 되었다. 이러한 배경에는 경찰의 정치적 중립화를 위한 제도적 장치마련이 필요하다는 사회적 여건이 조성되고 이를 실현하기 위한 정책수단의 개발이 논의되기 시작한 때와 맥을 같이 한다.

### 2) 정책수단 Ⅰ : 경찰법 제정과 경찰위원회의 설치

#### (1) 경찰법 제정

경찰법제정은 그동안 각종 법률과 시행령이 산재하였던 경찰조직에 관한 사항을 하나의 법체계롤 정비하였다는 법제도사적 의의와 더불어 경찰조직의 숙원인 독립성확보 문제를 부분적으로 해결하였다는 실질적 의의가 있다.[63]

먼저, 정부조직법(1990.12.27)을 개정하여 내무부장관 소속 하에 경찰청을 두도록 함으로써 경찰청 개청의 근거규정을 마련하였다. 1991년 5월 31일 현행 경찰법이 국회를 통과하고 8월 1일 자로 시행됨에 따라 경찰청이 정식 발족되어 내무부 산하의 치안본부에서 내무부의 외청(外廳)으로 독립하고, 지방경찰청은 시・도지사의 보조기관에서 독립관청으로 승격되어 경찰의 독자적 관리체제를 갖추었다. 주목할 것은 경찰법이 제정되어 경찰행정의 기본법적 토대를 마련하였다. 경찰청의 발족에 따라 계선조직의 지휘체계 이원화의 문제[64]를 해결하여 경찰청은 중앙경찰행정기관으로서 행정자치부장관 소속하의 독립관청이 되었다. 그리고 경찰청의 사무를 지역별로 분담수행하기 위한 지방경찰조직으로서 시・도지사 소속하에 지방경찰청을 두도록 하였으며, 일선경찰서는 지방경찰청장의 소속으로 두었다. 따라서 경찰조직내부의 계선 지휘체계는 경찰청장 → 시・도지방경찰청장 → 일선경찰서장으로 일원화되었다.

### 2) 경찰위원회의 설치

경찰법 제5조에 따라 1991년 7월 31일 내무부 소속하에 경찰위원회가 설치한 것은 다소 형식적인 것이기는 하지만 한국경찰사에 있어서 최초로 정치적 중립화를 위한 하나의 제도적 기반을 마련했다는 점에서 큰 의의를 찾을 수 있다.[65] 경찰위원회의 설치 형태에 대해서 당시 일본의 국가공안위원회와 같은 성격의 중립이 보장된 경찰관리기관으로서 경찰위원회 제도를 도입하자는 주장도 있었으나, 경찰업무의 성격에 대한 통제, 통치체제와의 모순, 자치경찰제도의 미도입 등의 문제점이 지적되어 내무부 소속의 경찰청 심의・의결기관으로서의 형태를 취하게 되었다.[66]

경찰위원회의 권한은 경찰법(1991. 5. 31 법률 제4639호)에 명시된 대로 첫째, 경찰의

---

63) 한국개발연구원, (2008), 2000년대 경찰행정발전방안.

64) 경찰조직은 정부수립이후 내무부(행정자치부)장관의 시・도지사의 보조기관으로 법적인 행정관청으로 지위를 갖지 못하였으며, 일선기관인 경찰서장도 시・도지사의 지휘・감독을 받게 되어 있었다. 따라서 경찰행정조직의 문제로서 항상 지휘체계의 이원화가 대두되었다. 즉, 경찰조직의 계선조직이 실질적 계선조직과 법제적 계선조직의 이원적 체계를 갖고 있어 조직운용상의 비효율을 초래하였다. 법제적으로는 행정자치부장관 → 시・도지사 → 일선경찰서장의 계선조직을 가졌으나, 실질적으로는 행정자치부장관 → 시・도경찰국장 → 일선경찰서장의 계선조직으로 이루어졌다(허남오, 2007, p.311).

65) 구종태, "한국 경찰개혁의 과정 및 성과에 관한 연구", 박사학위논문, 영남대학교 대학원, 2005, pp.77~82.

66) 경찰사편찬위원회,1995. pp.463~475.

인사・예산・장비・통신 등에 관한 주요정책 및 경찰업무 발전에 관한 사항으로서, 경찰인사에 관계되는 법규・훈령・예규 및 운영기준에 관한 사항, 경찰교육기본계획, 경찰장비와 통신의 개발・보강 및 운영에 관한 기본계획 등으로 경찰의 장기적인 업무발전에 관한 내용이다.

둘째로, 인권보호와 관련되는 경찰의 운용・개선에 관한 사항으로서, 국민의 권리의무와 직접 관련되는 경찰행정 및 수사절차, 경찰행정과 관련되는 과태료・범칙금 기타 벌칙에 관한 사항, 경찰행정과 관련되는 국민의 부담에 관한 사항 등이다. 셋째, 경찰임무 외의 다른 국가기관으로부터의 업무협조요청에 관한 사항이나 기타 행정안전부 및 경찰청장이 중요하다고 인정하여 위원회에 부의(附議)한 사항을 심의・의결한다.[67] 즉 경찰시책에 대한 심의・의결을 통하여 경찰행정의 합리성과 공정성을 확보하고 경찰과 대국민 신뢰를 강화시키고자 하는 것이 경찰위원회의 설치목적이다. 경찰위원회는 위원장 1인, 차관급 상임위원 1인 등 7인의 위원으로 구성되며, 사무과는 경찰청에 두고 있다.[68]

### 3) 정책목표 II : 민생치안의 확립

88서울 올림픽 개최 이후, 국민의 사회적・경제적 의식이 향상되면서, 삶의 질 향상과 안전한 생활에 대한 요구가 더욱 중요시 되었다. 특히, 그 당시 범죄율이 역대 그 어느 때보다 증가하면서 치안불안감이 가중 되었다.

당시 10만명당 평균 7.3의 범죄발생률을 유지하던 서울의 강도범죄율은 올림픽이 열린 1988년 10.7건에서 대폭 증가한 뒤, 이듬해는 12.5건으로 역대 최고치를 기록했고, 화성연쇄살인 사건과 조직폭력범죄 등 의 강력사건들이 대폭 증가하였다.[69]

---

67) 재의요구(再議要求)는 행정안전부장관은 위원회의 의결사항이 부적당하다고 판단될 때에는 재의를 요구할 수 있다. 재의요구는 10일 이내에 하고 위원회는 7일 이내에 재의결하여야 한다.

68) 허남오, 전게서, pp.311~312.

69) 최응렬, "제17대 대통령 후보자들의 치안공약 비교분석 및 평가", 「한국공안행정학회・한국경찰학회・한국민간경비학회・한국범죄심리학회」, 2007, 통합학술대회자료집.

### 4) 정책수단 II : 범죄와의 전쟁 선포

대한민국 제13대 노태우 대통령은 1990년 10월 13일 민생치안 확립을 위한 특별선언으로'범죄와의 전쟁'을 선포했다. 10・13특별선언이라고 불리기도 한다. 헌법에 부여한 대통령의 권한을 최대한 발휘하여 범죄와 폭력 등 민생치안 문제를 해결하다고 하였는데 이 선언의 주요 골자는 다음과 같다.

첫째, 국가의 공동체를 파괴하는 범죄와 폭력에 대한 전쟁을 선포하고 헌법이 부여한 대통령의 모든 권한을 동원해서 이를 소탕해 나갈 것입니다.

둘째, 민주사회의 기틀을 위협하는 불법과 무질서를 퇴치할 것입니다.

셋째, 과소비와 투기, 퇴폐와 향락을 바로잡아 일하는 사회, 건전한 사회를 만들어 나갈 것입니다.

후속조치로는 사회질서확립을 위해 자정 이후 심야영업 단속, 유흥업소 단속, 교통질서 위반 집중단속, 청소년보호구역 확대, 가정파괴범・유괴범・흉악범을 비롯한 각종 범죄조직에 대한 소탕 등 종합대책을 수립했다. 또한 보복범죄를 특정범죄가중처벌 대상에 추가하고 각종 형사관계법을 개정해 마약, 폭력조직, 인신매매, 가정파괴범에 대한 처벌을 강화했다.

범죄문제를 해결하기 위하여 범정부적으로 총력을 기울인 것은 형사정책사에 있어 아주 특별한 조치였으며, 정부차원에서 대대적이고 강력한 형사정책을 전개한 것은 처음 있었던 일로서, 한국 경찰의 범죄예방 순찰전략상 가장 규모가 크고, 획기적인 사례였다. 對범죄전쟁을 추진하기 위하여 경찰력을 증원하고, 상급경찰관서의 내근인력(desk-work)을 감축하여 일선기능(field-work)을 강화하였다. 또한 非민생치안부서 경찰력을 조정, 파출소 및 형사부서로 대거 전환 배치하였다. 범죄와의 전쟁을 수행하는 과정에서 두드러진 특징은 범죄취약요소에 경찰력을 집중 배치하는 이른 바, 高가시성 전략(high-visibility strategy)을 채택, 활용하였다.[70] 시민들이 불안한 곳에 거점배치 및 유동순찰실시, 주택가, 학교, 공장주변 등에 대한 검문검색을 강화하였고, 도보순찰, 자동차순찰 근무 외에 방범초소근무, 목 검문소운영, 이동파출소, 잠복근무, 우범지역 유동근무를 실시하였다. 범죄와의 전쟁 기간 동안에 총투입된 1일 경찰력은 평균 약 63,000여명으로 전체 경찰관의 약 50%정도를 점하는 비율이었다.[71]

---

70) 임준태, "한국의 범죄예방 순찰제도 변천과정에 대한 비판적 고찰", 「한국경찰연구」, 10(2), 2011, p.237.

### 5) 정책평가

이 시기의 주요 정책목표는 민주화의 시대적 요청에 따라 경찰의 정치적 중립화를 위한 경찰조직의 개편과 급증하는 범죄문제에 대처하고 사회적 안정을 꾀하기 위한 민생치안의 확립이었다.

반면, 범죄와의 전쟁이 선포된 지 2년 만에 살인, 강도, 강간, 절도, 폭력 등 5대 범죄가 선포 전에 비하여 5.9% 감소된 것으로 나타났다. 범죄와의 전쟁 선언 이후 1년 동안 전국 253개 폭력조직에서 839명의 폭력배가 검거되고, 범죄 발생건수가 전년도인 1989년에 비해 2.7% 감소하고, 범죄자 검거율은 7.4% 증가하였으며, 마약사범 발생률도 1989년에 비해 13.4% 감소하는 효과를 거두었다.[72]

① 정책수단 : 경찰법의 제정, 경찰청의 개청(開廳), 경찰위원회의 설치

② 경찰위원회에 대한 평가 : 경찰청장의 독주를 견제하고 경찰조직의 민주성과 정치적 중립성을 담보하기 위해 도입된 경찰위원회의 기능이 실질적인 관리기관이 아닌 심의・의결기관으로 제한되어 형식화되는 결과를 가져왔고, 실질적인 정치적 중립화를 달성하지는 못했다.

③ 범죄와의 전쟁의 성과 : 그 당시 폭력조직은 다소 와해되었으며, 매년 증가하던 흉악범도 감소추세로 바뀌고, 퇴폐・향락 분위기도 수그러드는 등 긍정적인 성과를 거둔 반면, 경찰의 실적위주의 수사와 검거가 있었다는 비판이 있다.

## 4. 김영삼 정부(문민정부)의 경찰정책(1993~1998)

김영삼 정부의 경찰정책은 크게 경찰의 실질적인 정치중립화와 경찰행정의 쇄신으로 요약된다. 이전 정부와 마찬가지로 경찰의 실질적인 정치중립화를 중요한 정책과제로 다루었다.

---

71) 경찰청, 『대범죄백서』, 1991. p.60.

72) 서울신문, 2004년 5월 28일자, 12면.

### 1) 정책목표Ⅰ : 경찰의 실질적 정치중립화

정치적 중립성 확보를 위한 경찰법 제정과 경찰위원회의 설치는 제도적인 측면에서 여전히 만족할 만한 제도는 아니었으며, 경찰활동에 대한 정치적 개입은 여전한 것으로 평가되어, 문민정부는 실질적인 경찰의 중립화 달성이 중요한 정책목표가 되었다. 당시 대통령의 공약사항도 검찰과 경찰 등 권력기관의 정치적 중립보장을 공약사항으로 천명하여 실질적인 경찰의 정치적 중립화를 모색하고자 하였다.

### 2) 정책수단 Ⅰ : 행정개혁과 자치경찰제의 도입

경찰활동의 실질적인 중립화를 위한 정책수단은 권위주의 유산의 청산을 위한 강도 높은 사정과 개혁을 통하여 시행되었다. 깨끗하고 강력한 정부 실현을 목표로 하여 민주화 운동이후, 분출하는 국민들의 민주화 추진요구와 인권보장, 민간의 자율성 신장에 대한 욕구 등을 경찰행정 개혁을 통하여 달성하고자 하였다.

또한 비대해진 경찰력의 분산을 통하여, 경찰의 정치적 중립화에 일조할 것으로 기대되었던 자치경찰제의 도입을 추진하였고, 당시 야당이었던 국민회의 · 자민련이 공동으로 1998년 경찰법 개정법률(안)을 마련하였으나 실현되지는 못하였다. 알려진 바와 같이 자치경찰제란 경찰의 조직권 · 인사권 · 경비부담 · 사회질서 책임부담을 모두 지방자치단체가 부담하여 설치 · 운영하면서 경찰권한을 행사하는 경찰제도를 말하는데, 지방분권이라는 정치사상에 근거하여 이른바 지방자치단체에 자치권을 인정하여 경찰권, 즉 경찰의 설치 및 운영의 책임을 위임해 주는 제도이다. 이러한 제도하에서는 지방자치단체장과 지방의회가 중앙정부의 지휘 · 감독을 받지 않고 경찰의 자치권을 행사하게 된다. 이러한 경찰제도는 영국과 미국에서 발달하였기 때문에 영 · 미법계 경찰제도라도 불리어지고 있다.

### 3) 경찰목표 Ⅱ : 경찰행정의 쇄신정책

문민정부는 민주화와 과거 권위주의 타파를 지향하면서 과감한 행정개혁을 추진하였다. 특히 부패의 추방, 억압기구의 축소와 기능 제한, 행정규제의 완화와 국민편의위주의 행정개선, 중앙행정기구의 개편 및 감축관리(減縮管理)[73] 등을 그 내용으로 하는 행정쇄신을 시도하였다. 이러한 행정개혁 작업에 맞추어 경찰청도 경찰청 차장을 단장으로 하는 경찰행정쇄신기획단을 신설하고, 경찰행정쇄신을 위한 과제를 선정하여 추진하였다.

### 4) 경찰수단 II : 경찰행정쇄신기획단과 치안서비스의 선진화 방안

경찰청 경찰행정쇄신기획단(1993. 3.25)은 조직 · 인사, 관행 · 행태, 제도의 3개 분야에 대한 개혁을 착수하였다. 이 기획단은 권위주의적 · 행정편의 위주의 그릇된 행태 · 관행을 쇄신하기 위하여 경찰관서 문턱 낮추기, 과도한 주민동원 지양, 과도한 파출소 감독순찰체계의 개선, 경찰지휘관 근무행태 쇄신 등의 정책과제를 실시하였다. 1996년에는 국민의 생활안전을 위협하는 요인해소에 최우선 순위를 부여하여 범죄로부터 국민생활안전보호, 민간자위 방범역량의 획기적 확충, 지역사회 요구에 부응하는 보호 · 봉사활동의 내실화, 자동차 시대에 걸맞는 교통문화 정착, 법질서의 선진화로 건강한 시민사회 구현 등 치안서비스의 선진화 방안을 추진하였다.[74]

### 5) 정책평가

1993년 김영삼 문민정부의 행정쇄신위원회와 여야 정당에서 자치경찰에 관한 활발한 논의가 이루어졌고, 경찰의 실질적 정치적 중립화 정책과 함께 본격화된 행정개혁은 국민의 불편과 부담을 과감히 제거하고 부패소지를 없애, 정의로운 경찰문화를 창출하며, 비능률적 요소를 제거하여 조직역량을 극대화한다는 것이다. 즉 과거 경찰의 권위주의적 행태와 제도 개선을 추진하였고, 새로운 인식의 전환, 조직의 업무 효율성, 그리고 경찰의 대국민 이미지 개선 및 대국민 신뢰 향상에 기여한 것으로 평가된다. 인사부분의 개혁은 1994년에 경사근속승진제와 경위심사승진제의 채택이었다. 그러나 총체적이고, 거시적인 관점에서의 경찰행정개혁이 아니라, 미시적 · 부분적인 경찰행정 쇄신에 치중함으로서 그 한계가 있었다. 치안수요가 많은 6대 도시 파출소부터 3부제근무를 시행 과

---

73) 감축관리(cutback management)란 조직이 소비하는 자원의 양을 감축하고 사업과 인력 및 조직규모를 줄이는 조직관리를 말한다. 감축관리에 적합한 예산제도로 영기준 예산제도(ZBB : zero base budgeting)가 발전하게 되었다.

74) 경찰사편찬위원회, 전게서, pp.496~498.

비능률적인 범죄예방 시스템 개선을 위하여 전국 파출소에 순찰차 배정을 건의하여 대도시 파출소 3부제 근무 시행의 소요인력 3,800명 증원을 승인받아 그 중 김영삼 대통령 임기동안 경찰관 1,500여명을 증원하였으나 정권교체후 정원동결로 인해 나머지 인력을 확보하지 못하였으나 자동차 순찰시대를 개막하였다.

## 5. 김대중 정부(국민의 정부)의 경찰정책(1998~2002)

김대중 정부가 추진한 행정개혁은 신공공관리주의(NPM : New Public Management)에 입각한 '작고 강한 정부'지향 방침에 따라 크게는 정부의 경계를 새롭게 하는 동시에, 작게는 정부 내 각 기능별 조정을 통하여 공공부문의 생산성을 보다 향상시키는데 그 초점을 두고 있다. 이러한 행정개혁의 기조하에서 경찰부문은 자치경찰제의 도입과 경찰의 정치적 중립 및 경찰의 수사권 독립 등과 같은 과제들이 주요 경찰정책으로 대두되었다. 한편 1998년에 5차에 걸친 조직개편 및 인력감축·재배치를 시행하였다. 김대중정부하의 경찰정책은 대체로 조직통폐합을 중심으로  조직 구조조정과 인력감축과 경찰개혁 100일 작전이라 할 수 있다. 이러한 경찰관련 정책 중 경찰개혁 100일 작전과 절충형 자치경찰제 도입을 중심으로 살펴본다.[75)]

### 1) 정책목표 I : 경찰개혁 100일 작전

1999년 12월부터 추진된 경찰개혁 100일 작전은 추락한 경찰의 위상[76)]을 재정립하고 경찰서비스에 대한 국민들의 만족증진에 그 목적이 있다. 이러한 목적 하에 경찰은 경찰기강 확립, 인사관리 개선, 근무여건 선진화, 민생치안 강화 및 사회 안전 확보, 그리고 대국민 서비스개선 등을 주요 개혁분야로 선정하였으며, 총 과제 220개로서 조직관리 부분 128개, 치안활동부문 30개, 대민친절서비스 부문이 62개로 구성되어 있는데, 주요내용은 다음과 같다.

75) 구종태, 전게서, pp.80~105.

76) 1999년 하반기 김대중 정부가 행정개혁을 강도 높게 추진하고 있는 터에 인천호프집화재사건(청소년 55명 사망)이 발생하고 이 사건에 일선경찰의 부패사실이 연계되어 개혁의 주체가 되어야 할 경찰이 개혁대상으로 전락하게 되었다.

## 2) 정책수단Ⅰ : 조직 및 인사관리, 치안활동, 대민서비스

### (1) 조직 및 인사관리

경찰개혁 100일 작전의 과제는 각 지방경찰청과 전국 모든 경찰공무원을 대상으로 수집하고 수집된 과제는 개혁추진위원회에서 심사를 통해 선정하는 과정을 거쳤는데 조직관리측면에서 경찰개혁은 다시 의식개혁, 합리적인 평가와 구성원 관리, 능력개발과 적재적소배치를 통한 전문성 제고, 근무여건개선 등 하위목표를 설정하고 개혁을 추진하였다. 의식개혁을 살펴보면 개혁에 전 구성원의 자발적 동참을 유도하고 개혁의지 확산을 위한 워크숍, 간담회, 세미나 등을 개최하고 개혁수범 사례발표를 통해 개혁분위기 성숙시켜 나갔다.

2000년을 경찰통계의 원년으로 선포하고 내부 활동 및 건수위주의 관서평가 제도를 개선하여 민생치안관련분야를 중심으로 평가항목을 선정하고 주민만족도를 관서평가에 반영하여 체감치안이 평가되도록 하였다.

인사제도 개선과 경찰의 전문성을 제고하기 위한 방안으로 전문 인력이 승진에 유리하도록 교육-업무-승진의 삼위일체의 인사원칙을 확립하고, 총경급 이상 인사배치시 향피제(鄕避制)를 적용하였으며, 경찰의 전문성 제고를 위해서 자신의 분야에서 업무를 개선・개발・혁신한 경찰관을 대상으로 신지식경찰을 선발하고 포상하였다.

### (2) 치안활동

치안활동 개선을 위한 개혁과제는 민생치안의 강화와 사회 안정 확보를 들고 있다. 파출소의 선 중심 순찰방법을 구역책임 자율순찰제로 전환하고, 청소년보호와 관련하여 가출청소년 집으로 돌려보내기 운동을 추진과 시위현장에서 무최루탄원칙을 고수하여 시위진압을 위한 최루탄사용으로 인한 국민들의 불편을 최소화하였다.

### (3) 대민서비스의 제고

경직된 경찰이미지를 친근하고 다정한 경찰상으로 정립시키기 위해 전화응대를 점검하여 우수자에게는 표창을 불량자에 대해선 근무다짐과 인사상 불이익을 주는 등 친절 분위기 제고에 집중하고, 민원행정 처리와 관련하여 전국 경찰서에 인터넷 홈페이지를 개설하고, 사이버신고센터, 국민불편해소를 위해 182 문의코너, 참여마당 등 누구나 쉽게 경찰 홈페이지에 접근할 수 있도록 하였다. 각종 민원서류에 대한 발급요청 시 1회에 민원처리를 완결하는 one-stop 민원 서비스를 실시하였다.

### 3) 정책목표 II : 절충형 자치경찰제의 도입

1998년 2월에 취임한 김대중 국민의 정부 출범을 전후로 자치경찰제 도입이 적극적으로 추진되었다. 당시 김대중 정부는 자치경찰제 도입을 국정과제로 선정하여 적극적인 추진의지를 보였다. 당시 여당인 국민회의 지방자치경찰제 정책기획단에서는 국무총리실 산하에 7명의 위원으로 국가경찰위원회를 설치하고, 특별시 및 광역시·도 산하에 시·도 경찰위원회를 두는 자치경찰제 도입(안)을 제시하였다. 경찰청도 경찰제도개선기획단이 확대·개편된 경찰개혁위원회의 연구결과를 토대로 1999년 1월 18일 경찰법 개정법률(안)을 마련하였고, 1998년 11월～1999년 2월 28일까지 경찰에 대한 진단을 실시하여 절충형 자치경찰제 도입방안, 대대적인 경찰조직 개편, 운영관리 개선, 수사권의 합리적 배분 등 주요 쟁점사항에 대한 최종보고서를 정부에 제출하였다.77)

### 4) 정책수단 II : 경찰법 개정법률(안)

경찰법 개정법률(안)에 마련된 자치경찰제 도입 안은 일본식 절충형 자치경찰제도와 유사한 것이었다. 실시단위는 특별시, 광역시, 도(이하, 시·도)의 광역단위로 실시하고, 조직은 시·도시자 소속하에 시·도 경찰청을 두고 그 산하에 경찰서를 두는 형태이다. 또 자치경찰은 합의제 의결기관으로서 시·도 경찰위원회를 두고, 집행기관으로 시·도 경찰청 및 시·군·구 경찰서를 둔다. 경찰사무는 국가경찰사무와 자치경찰사무로 구분하여 수행토록 한다.

그러나 자치경찰제 도입을 둘러싸고 이해관계를 가진 국가기관간의 첨예한 대립과 갈등으로 실현되지 못한 채 연기되어 보류되고 말았다.

77) 경찰사편찬위원회, 전게서, pp.506~507.

### 5) 정책평가

경찰 내부적으로는 '생각을 바꾸면 미래가 보인다' 라는 전제하에 개혁을 해야만 살아남을 수 있다는 소명의식을 바탕으로 제2의 창경(創警)정신, 즉 자율, 창의, 책임의 정신으로 경찰개혁 100일 작전을 추진하여 경찰조직의 개편과 여러 가지 제도개선이 이루어지기도 하였다.

역대 그 어느 정부보다 자치경찰제 도입이 적극적으로 추진되었고, 검찰과 경찰간의 수사권 배분 논의도 본격적으로 시작된 것은 고무적인 것으로 평가된다. 그러나 이러한 노력에도 불구하고 정치적 논리와 부처별 이해관계에 따라 지방자치경찰제 기획단을 통해 적극 노력했으나 이른바 국가경찰로 운영되고 있는 관계로 지역치안협조의 미비, 교통안전시설의 설치 및 관리상의 갈등, 지방소재 경찰도 전국적 · 정치적 차원에서 국가경찰로 운영되고 있어 이에 따른 난맥상의 문제들이 있으며, 지자체와 불화음이 나타나고 있다. 더불어 광역범죄의 대응능력, 수사권 독립문제, 첨예하게 대립한 남북관계 등으로 인해 유보되었다.[78] 또한 수사권 독립에 있어 근본적인 문제를 해결하지 못한 한계가 있었다.

## 6. 노무현 정부(참여정부)의 경찰정책(2003~2007)

경찰분야에 있어서 참여정부는 부정부패척결, 국민의 생명과 재산의 보호를 위한 시스템 구축 등과 함께 경찰의 수사권 독립, 자치경찰제 도입을 주요 경찰정책 과제로 제시하였다. 따라서 자치경찰제 도입과 수사권 배분의 문제는 참여정부에서도 지난 정부와 마찬가지로 당면과제로 남게 되었다.

### 1) 정책목표 Ⅰ : 경찰의 수사권 현실화

경찰의 수사권 현실화 정책은 권한과 책임의 일치, 견제와 균형의 원리에 기초하여 검찰로부터 경찰의 수사권 독립이 아닌 수사권 현실화가 되어야 한다는 인식에 근거하고

78) 신현기 · 임종헌, "자치경찰제의 전국확대실시 가능성에 대한 연구", 「자치경찰연구」, 4(1), 2011, p.9.

있다. 즉, 현실적으로 수사개시부터 수사의 종결까지 실제로 담당하고 있는 주체가 수사권을 가질 수 있도록 수사권을 현실화시켜야 한다는 것이다. 이러한 맥락에서 경찰에게 절도·폭력·교통사고 등 민생치안 범죄에 대한 독자적 수사권 부여를 추진하였다.

### 2) 정책수단 II : 형사소송법 제195조, 196조의 개정

형사소송법 제195조와 제196조에서 검사만이 수사주체이고(195조), 사법경찰관리는 검사의 지휘를 받아 수사를 하여야 한다(196조)고 규정되어 있는 바, 이 조항에 대해서 경찰청은 형사소송법 제195조의 개정을 통해, 수사현실을 고려하여 검사와 경찰을 함께 수사주체로 규정해야 한다는 것이다. 이에 검찰과 경찰의 상명하복관계를 규정한 형사소송법 제196조의 개정을 통해 검·경 관계를 상호 협력관계로 재조정하여 경찰을 수사의 주체로 명문화할 것 등을 요구하였다. 그러나 이러한 요구는 검찰을 비롯한 일부 국회의원의 반대로 정부의 추진의지도 약화되어 진전을 보지 못한 결과를 초래하였다.

### 3) 정책목표 II : 자치경찰제 도입

2002년 12월 대통령 선거에서 민주당 노무현 대통령 후보가 자치경찰제 도입을 공약하였다. 2003년 1월 경찰청은 대통령직인수위원회에 자치경찰제 도입방안을 보고 하였고, 2003년 7월 정부혁신 및 지방분권위원회에서 자치경찰제 관련 로드맵을 발표하였다. 제18대 국회 제출안을 보면 주민생활중심의 자치경찰 방안은 국가경찰과 자치경찰로 이원화하되 시·군·구청장 소속하에 직속으로 자치경찰대(기관)를 설치하여, 자치경찰이 담당해야 할 업무는 민생치안과 관련된 기본적인 활동이어야 하며, 국가경찰과는 명백히 구분되어야 한다. 즉 자치경찰활동은 지역 생활안전·교통·경비 등 국가경찰과 공동사무(협약), 17종 특별사법경찰사무이며, 인사의 경우, 자치경찰공무원은 특정직 지방공무원이며 자치경찰대장(자치총경·자치경정)은 자치경찰운영위원회의 동의를 얻어 시장 등이 임용한다.

범인의 검거나 치안유지 등 단일 자치단체의 범위를 넘는 경찰활동 대상에 대해서는 자치경찰간에 적절한 공조가 가능하도록 적절한 규정이 있어야 하며, 자치경찰은 각 자치단체의 이해를 떠나 신속하게 공조할 수 있도록 하여야 한다. 자치경찰은 방범순찰, 교통안전 및 단속, 기초질서 유지, 지역시설・행사경비, 사회적 약자 보호 등 주민생활에 밀착된 치안서비스를 수행하도록 하자는 것이다. 이는 국가경찰제의 장점과 참여정부의 지방분권의 취지를 살리자는 차원에서 도입안이 추진되었다.

### 4) 정책수단 II : 자치경찰법(안)

참여정부는 대통령선거 공약인 자치경찰제의 도입을 위해 각계 의견수렴 등을 거쳐 정부시안을 마련하였고, 2004년 9월 지방분권대토론회와 국정과제회의 등을 거쳐 지방분권특별법 제10조 제3항에 의거 시・군・자치구에 자치경찰을 두는 주민생활중심의 자치경찰제 도입이 의무화되었다.

광역단위 실시를 전제로 하는 한나라당으 자치경찰법(안)도 국회에 제출되었으나 주요내용에 대한 의견을 좁히지 못해 법안심사가 보류되었다.

### 5) 정책평가

참여정부의 수사권 현실화 정책은 수사권 조정을 둘러싼 검찰・경찰의 입장이 첨예하게 대립되었다. 국민을 위한 형사사법구조의 개선이라는 측면보다는 검찰과 경찰의 권한분쟁의 차원으로 비화되어 결론을 맺지 못하였으나 검・경 각 기관의 의견을 주장할 수 있었던 것은 진전으로 평가된다.

2005년 기초자치단체를 중심으로 한 정부법안(11.3)과 당시 야당이던 유기준의원이 시・도지사 의중이 반영된 이른바 광역・기초공동안(12.14)을 상정했던 정부안이 국회 행정안전위원회에서 다루어지지 못한 채 17대 국회의 회기만료로 자동폐기 되었다.

그러나, 2006년 7월 1일부터 제주특별자치도 특별법에 자치경찰법(안)의 주요내용이 반영되어 오직 제주특별자치도에서만 정부안에 유사한 자치경찰제도가 도입・시행 중이며, 2011년 5월 현재 제주자치경찰단에 순수 자치경찰공무원은 94명이 근무중이며, 그 밖에 일반직 등이 다수 발령을 받아 근무 중인 것은 큰 진전을 평가된다.

## 7. 이명박 정부의 경찰정책(2008~2012)

2008년 2월 이명박 정부는 선진일류국가 건설을 위한 5대 국정지표와 21대 전략, 192개 국정과제를 발표하였다. 잘사는 국민, 따뜻한 사회, 강한 나라를 만드는 5대 국정지표는 활기찬 시장경제, 인재대국, 글로벌코리아, 능동적 복지, 섬기는 정부이다. 100대 국정과제에 경찰정책과 관련되는 일반과제 아홉 번째에 자치경찰도입을 제시하였다. 경찰청은 공식적인 보도자를 통하여 경찰활동에 중요한 방향에 대해서 제시된 과제들을 살펴보면 다음과 같다.[79]

### 1) 민생·현장대응 역량의 강화

안양・일산의 아동・부녀자 실종사건을 계기로 경찰의 현장대응에서 고객인 국민의 요구에 부응하지 못한 문제점이 지적되어 지휘부는 물론 현장직원 모두 일체감을 갖고 의식이 가장 먼저 변화해야 한다는 것이 지적되어 경찰의식 개조와 민생・현장대응역량의 강화가 요구되어 실종사건 수사전담팀 운영, 신속한 수사 및 공조체제 확립 등 총력대응체제 구축, CCTV 설치로 범죄기회 사전 제압, 아동안전지킴이 집 운영 등 협력치안 시스템 구축, 앰버 경보발령 체계 효율성 제고, 휴대전화 112신고시 위치파악 등 제도개선 등이다. 그럼에도 불구하고 2012년 수원여성피살사건은 112신고 대응체계에 대한 부실이 지적되어 국 경찰은 또다시 국민의 신뢰를 잃고 말았다. 또한 현장 집행력을 강화하기 위하여, 조직진단을 통해 효율적인 인력운영방안을 마련하고, 지역간 치안불균형을 해소해 나가기로 하였다.

### 2) 법질서 확립

선진 일류국가를 만들고 경제를 살리는 것도 모두 법과 질서를 지키는 것으로부터 시작해야 한다는 관점에서 불법폭력시위에 대한 대응방식을 종전의 질서유지에서 법집행 차원으로 전환하며, 불법에 대한 엄정한 법집행은 신뢰사회를 구현하는데 중요한 정책목표가 된다.

---

79) 경찰청, 「보도자료」, 2008, 4, 10.

### 3) 이명박 정부의 자치경찰제 논의

2008년 2월 25일 출범한 이명박 정부는 마침내 지방분권촉진에 관한 특별법 제11조 제3항에 자치경찰제의 도입의무를 명시하게 되었다. 이어서 동년 5월 27일에는 관계기관 간 조정회의를 통해 자치경찰제도 도입방안을 확정하기도 했다.

#### (1) 자치경찰모형

자치경찰제(안) 도입단위를 시・군・자치구에 자치경찰대를 설치하는 것이며, 대장은 자치총경이나 자치경정으로 하되, 선택적으로 실시한다는 점이다. 주민의 의결하는 의결기구로 시도에 치안행정위원회를 두고, 시군자치구에는 자치경찰위원회를 두어 국가경찰과 치안협력 및 조정업무를 관장한다는 것이다. 조정기능을 보좌하기 위해 국가경찰관이 치안협력관으로 배치되는 모형이다.

#### (2) 자치경찰사무

환경, 식품, 위생 등 총 17종의 특별사법경찰업무를 관장하게 된다. 치안업무로는 방범순찰, 사회적 약자보호, 주민참여 방범활동 지원, 교통소통관리, 교통위반 지도단속, 시・군・자치구 공공시설과 지역행사장 경비 등을 규정하고 있다.

#### (3) 인 사

자치경찰의 신분은 시・군・자치구 소속의 특정직지방공무원으로 보하며, 대장은 자치경찰위원회의 동의를 얻어 시・군・구청장이 임명한다.

### 4) 자치경찰제가 잠수(潛水)한 원인분석

첫째, 참여정부에서 상정했던 정부안이 국회 행정안전위원회에서 다루어지지 못한 채 17대 국회의 임기만료와 함께 자동폐기되었다.

둘째, 18대 국회의 지방행정체제개편특별위원회가 2010년 4월 27일 소위 지방행정체제개편에관한특별법(안)을 의결했지만 국회 본회의를 통과하지 못한데에서도 큰 원인을 찾을 수 있다.

셋째, 이명박정부에서 이전 참여정부의 자치경찰제 정부(안)을 중심으로 약간 변경하여 시행하려고 했다. 원래 전국을 시·군·구를 합쳐 전국을 70~80여개의 광역시로 만든 후 광역단위에서 자치경찰제를 시행하는 방향을 잡았던 것으로 보였으나 마산-창원-진해지역만 통합광역시(시민 약120만명)가 성공하고 나머지는 논의에만 그치고 보류된 상태이다. 이 당시 전국에서 유일하게 이곳만 통합을 이루게 되었고 상당한 센세이션을 일으킨바 있다. 국내·외의 경제적 어려움에 직면해 자치경찰제는 국가적 주요 핵심테마에서 뒤로 밀려나게 되었다고 판단된다.[80] 경찰제도와 관련하여 국가경찰제이든 자치경찰제이든 제도권의 논의 못지않게 치안서비스의 수혜자인 국민, 지역주민이 질 높은 치안서비스를 제공 받아야 할 권리가 있다는 사실에 주목해야 할 것이다.

### 5) 정책평가

경찰과 검찰간의 수사권 조정문제는 이미 역대정부에서 많은 논의가 있었으며, 그럼에도 불구하고 합의점을 찾지 못한 채 여전히 논란의 여지가 남아 있으며, 경찰의 정치적 중립보장을 위한 많은 대안들이 제시되었지만 정책수단으로서 경찰위원회의 여전히 형식적인 심의·의결기관이 되어 위원회의 기능이 그 목적과 취지에 맞도록 실질적인 권한을 강화하고 운용측면에서도 실질적인 경찰의 중립성이 확보되도록 해야 한다. 경찰청장 임기제는 경찰청장에게 일정기간의 임기를 보장해 줌으로서 정치적 압력과 개입을 차단하려는 대안으로 2003년 12월 개정되어 청장의 임기를 2년으로 하고 대통령이 국회 청문회를 거쳐 임명하도록 하였으나, 첫 경찰청장 임기제인 최기문 전 청장이 3개월 남겨 둔 시점에서 사퇴했으며, 허준영 전 경찰청장은 시위농민사건과 관련하여 중도사퇴를, 조현오 경찰청장은 국민중심·현장중심 경찰활동과 치안서비스 역량강화 등의 성과를 거둔 반면, 수원 112사건에 경찰의 부실대응에 대한 책임을 통감하면서 사퇴하여 임기제 도입의 한계를 드러냈다.

---

80) 신현기·임종헌, 전게서, p.13.

# 제7절 경찰정책과 캐치프레이즈

## 1. 캐치프레이즈와 경찰정책

### 1) 캐치프레이즈의 개념

캐치프레이즈(catchphraze)는 기본적으로 사람의 주의를 끄는 문구 즉 표어나 선전 문구를 의미한다. 이러한 캐치프레이즈는 어원상 catch와 phraze의 합성어로 이루어지는데, 어원의 의미는 '핵심을 잡다'라는 것으로 이해할 수 있다. 캐치프레이즈의 구비요건으로는 내용을 단적으로 표현 할 것, 짧고, 강렬한 문구를 통해 대국민 홍보를 강화하여 경찰에 대한 신뢰를 향상시킴과 동시에 조직내부의 결속력을 다지기 위한 효과적인 수단이 된다.[81)]

### 2) 경찰정책과 캐치프레이즈의 관계

경찰정책은 다양한 수단에 의해 표현 될 수 있고, 또한 실현될 수 있을 것이다. 경찰정책은 경찰조직구성원뿐만 아니라 일반 시민들에게도 경찰방향과 의도를 잘 표현할 수 있어야 하기 때문에 경찰정책을 홍보하는 데 있어 캐치프레이즈를 활용하는 것은 매우 효과적인 방법이 될 수 있을 것이다. 따라서 역대치안총수들이 제시한 단문의 캐치프레이즈나 그에 따른 지휘지침은 경찰조직의 구성원들에게 직무수행에 대한 이해와 동기부여를 할 수 있을 뿐만 아니라 일반시민들에 대해서도 경찰정책의 방향을 이해할 수 있는 유용한 방안이 될 수 있다.

### 3) 역대 치안총수의 캐치프레이즈

역대 치안총수 중 일반적 캐치프레이즈를 제시한 치안총수는 총 14명이다. 그러나 14명 중 9명은 경찰청 시대이후의 경찰청장이며, 경찰청 시대 이전에 제시한 총수도 있지만 캐치프레이즈는 경찰청(1991)[82)] 시대 이후 일반화 된 것을 알 수 있다. 본 연구에서

81) 경찰정책과 캐치프레이즈는 남재성, 『역대 치안총수의 캐치프레이즈를 통해 본 경찰정책의 과거와 미래』 한국경찰학회보, 10(1), 2008, pp.48~68의 내용을 직・간접적으로 인용하였음을 밝힘.

는 1973년의 최원석 치안국장부터 이무영 청장 바로 전인 1999년 김광식 경찰청장은 연구대상에서 제외하였다. 그러한 이유는 제2의 창경이라는 정신으로 "경찰도 개혁을 해야만 살아남을 수 있다"는 캐치프레이즈를 내걸고 경찰개혁 100일작전을 성공적으로 수행하였으며, 경찰창설이래 가장 큰 변혁을 가져온 이무영 경찰청장 이후부터 논의하고자 한다.

〈표 2-5〉 역대 치안총수의 캐치프레이즈(이무영~김기용)

| 경찰청장 | 기 간 | 캐치프레이즈 | 지휘(복무)지침 |
|---|---|---|---|
| 이무영<br>(9대) | 1999.1~<br>01.11 | 자율·창의·책임(2000년) | 1. 제2의 창경<br>2. 신지식 경찰<br>3. 국민의 경찰 |
| | | 경찰개혁의 지속(2001년) | 1. 민주적 법치질서확립<br>2. 감동적 성실봉사 실천<br>3. 생산적 과학치안 구현<br>4. 고품격 조직문화 창달 |
| 이팔호<br>(10대) | 2001.11~<br>03.03 | 기본에 충실한 국민의 경찰 | 1. 국민만족 치안<br>2. 사회안정 정착<br>3. 역동적인 조직 |
| 최기문<br>(11대) | 2003.03~<br>05.01 | 함께하는 치안<br>편안한 사회 | 1. 깨끗한 치안<br>2. 따뜻한 치안<br>3. 든든한 경찰 |
| 허준영<br>(12대) | 2005.01~<br>05.12 | 최상의 치안서비스를 위해 | 1. 민생보호와 친절봉사<br>2. 경제살리는 선진질서<br>3. 인류애로써 인권존중<br>4. 조직화합과 사기관리 |
| 이택순<br>(13대) | 2006.02~<br>08.02 | 믿음직한 경찰<br>안전한 나라 | 1. 성숙한 민주질서<br>2. 고품격 봉사치안<br>3. 창의적 조직관리 |

82) 경찰청은 외청으로서 독자적 기능을 부여받았는데, 경찰청장은 일선서장인 총경의 전보권과 경정이하의 임용권을 행사하고 또한 치안시책의 입안 및 시행, 인력·예산·장비 등 경찰력 운영을 독자적으로 할 수 있다. 행정안전부장관은 그 정치적 책임에 상응하는 지휘권만 행사할 수 있다(허남오·이승주, 『한국경찰제도사』, (파주 : 지구문화사, 2007), p.312.

| 어청수<br>(14대) | 2008.~2009 | 선진일류경찰로 도약하기 위해 경찰이 새롭게 달라지겠습니다. | 1. 보다 신속하게<br>2. 더욱 친절하게<br>3. 가장 공정하게 |
|---|---|---|---|
| 강희락<br>(15대) | 2009~2010 | 정성을 다하는 국민의 경찰 | 1. 바로 선 법질서<br>2. 안전한 사회구현 |
| 조현오<br>(16대) | 2010~2012 | 국가와 국민을 위한 경찰 | 1. 공명정대<br>2. 소통화합<br>3. 공감치안 |
| 김기용<br>(17대) | 2012.4.30~ | 국민이 믿고 의지할 수 있는 경찰이 되겠습니다. | 1. 민생경찰<br>2. 신뢰경찰<br>3. 쇄신경찰 |

## 2. 역대치안총수의 캐치프레이즈와 지휘지침의 정책적 내용분석

〈표 2-5〉는 역대 치안총수의 캐치프레이즈의 정책적 내용을 분석한 것인데 가장 강조한 정책의 내용은 對 국민봉사와 신뢰확보와 조직의 안정과 구성원의 의식개혁으로서 각각 전체의 40%와 33.3%을 차지하는 것으로 나타났다. 한편 범죄통제와 민생치안은 20%, 사회질서 및 기강확립은 6.7%를 차지해 소수의 빈도를 보이지만 안보 및 국가에의 충성과 같은 내용은 제시되지 않았다.

결국 역대 치안총수들이 밖으로는 국민에 대한 봉사의 의지를 표현하면서도 對 국민신뢰를 확보하고자 하였으며, 안으로는 조직의 안정을 도모함과 동시에 경찰조직의 구성원들에 대한 의식전환을 독려하기 위한 정책적 수단으로 캐치프레이즈의 정책적 내용을 구성했음을 유추할 수 있다.

반면에 경찰의 가장 고유한 임무라 할 수 있는 범죄통제 및 민생치안과 관련된 내용은 20%에 불과하며, 사회질서 및 기강확립과 관련된 내용 또한 6.7%에 그치고 있다.

지난 10년간(2000-2009) 대검찰청 범죄분석자료에 의하면 인구 10만명당 범죄발생건수는 10%정도 증가한 반면 일본은 평균 -2.02% 감소하고 있다. 2009년 기준 일본의 인구 10만명 당 범죄발생률은 1,699명으로 우리나라의 4,374명에 비해서 2.6배 가량 낮다. 즉 우리나라는 일본에 비해서 인구 10만명당 범죄발생률이 2.6배 가량 높다고 할 수 있다. 이는 우리의 치안활동이 일본에 비해서 매우 미흡함을 나타내고 있다는 반증이며, 지난 10년간 김대중 정부, 노무현 정부, 이명박 정부에 들어서면서 중요 경찰관련 치안정책을 제시하였지만  치안정책 중에서 시급한 5대 범죄발생의 문제를 위한 정책은 미흡하다도 할 수 있다. 특히 지난 10년간 역대 치안총수들의 캐치프레이즈 및 지휘지침은 심각한 범죄문제를 해결하기 위한 노력보다는 조직의 안정과 구성원의 의식개혁, 대국민 신뢰확보, 사회질서 및 기강확립 등과 같은 조직내부를 지향하는 정책을 강조했다.

특히 경찰본연의 임무인 범죄와 관련하여, 총 범죄와 인구 10만명 범죄발생률, 5대 범죄발생률이 모두 증가하고 있던 시기에 범죄문제의 심각성을 고려한 캐치프레이즈가 부족했다는 것은 문제라고 할 수 있다.

## 3. 정책적 제언

역대 치안총수들의 정책은 결국 정권의 성격이나 조직형태에 따라 큰 영향을 받았다고 볼 수 있다. 과거의 경찰정책은 권위적 정책의 방향에 따라 조직의 안정이나 안보와 보안을 강조하였다. 이와 같은 경찰정책 방향으로 인해 가장 주안점을 두어야 할 對국민신뢰 확보 노력의 미비라는 정책의 결함을 초래하였다.

따라서 제16대 치안총수의 경찰개혁의 목표가 '국가와 국민을 위한 경찰'의 지향점이 "국민 신뢰 확보"인 것을 보면 한국경찰이 헤쳐 나아갈 길은 쉽지 않다는 것을 암시해준다. 무엇보다 對국민신뢰확보를 통해서 경찰활동의 실제적 운용에 있어서도 범죄통제나 민생치안과 같은 본질적인 임무에 더욱 충실할 필요가 있다. 새로운 치안총수가 취임할 때마다 경찰관서의 문구가 바뀌어 전국적으로 예산을 얼마나 낭비했겠는가? 물론 새로운 각오를 나타내는 상징적 의미의 표현이고 국민들 역시 경찰의 새로운 변화를 지켜보면서 역대 치안총수의 캐치프레이즈의 의미를 되새기며, 차기 치안총수의 캐치프레이즈가 궁금해 지는 이유는 무엇일까?

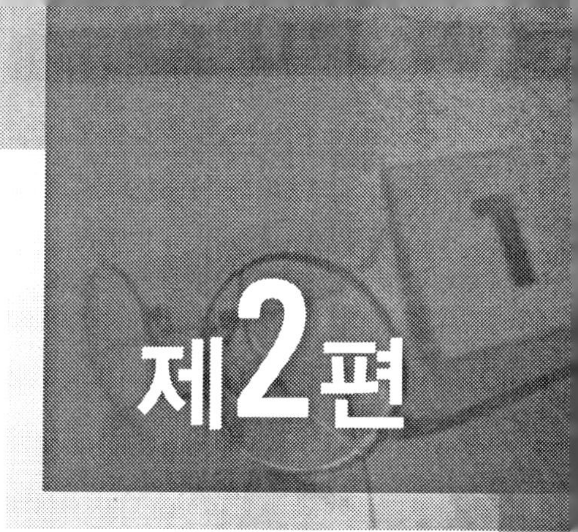

# 제2편

# 품질에 관한 일반적 이해

제3장 품질의 기초

**들어가며...**

사회현상의 다변화로 지칭되는 소득의 양극화와 사회적 갈등의 심화, 세계화로 인한 인적교류의 증가, 자본의 흐름에 따른 이주노동자의 증가, 결혼이민자와 국제범죄의 증가, 불특정 다수를 향한 묻지마식의 충동성 범죄의 위험성이 가중으로 인해 국민의 안전에 대한 욕구가 우리사회의 핫이슈로 대두되고 있다. 이는 국민의 생명과 신체, 재산을 보호하고 안전서비스의 제공자인 경찰을 둘러싼 환경이 지속적으로 변하고 있다는 증거이기도 하다.

한편 오늘날처럼 경찰정책의 중요성이 절실히 요구되는 때는 일찍이 없었다. 이 시대의 고객(수요자)의 품질요구는 더욱 고도화·복잡화·세밀화 방향으로 가고 있으며, 공·사 서비스 조직들은 생산제품이나 서비스를 창출하고자 할 때에 고객만족경영 혹은 행정을 극대화하는 품질이 되도록 하는데 조직의 모든 역량을 집중하게 된다. 휴먼서비스 조직인 경찰도 예외일수는 없다.

따라서 제2편에서는 경찰정책에 관한 구체적인 논의에 앞서 품질을 이해를 돕기 위해 품질의 개념과 중요성, 제조업과 서비스업의 품질, 공공부문의 서비스품질 관리이론 도입에 대한 논의 등을 다룬다.

# 제3장 품질의 기초

## 제1절 품질의 개념과 중요성

### 1. 품질의 개념

치열한 글로벌 환경 속에서 오늘날의 경제화두로 품질이 우선시 되고 있다. 21세기에 접어들면서 국내외 기업들이 생존하기 위한 선행조건의 하나는 상품경쟁에서 벗어나 고도의 서비스 질을 강조하는 품질경영의 무한경쟁에 진입해 있다. 이를 위해 매출대비 많은 연구비 투자와 품질보증기간 연장, 기업의 신뢰성제고 등에 관한 문제가 더욱 중요한 전략과제로 등장하고 있다. 최근 국산자동차가 세계자동차의 치열한 각축장인 북미시장에서 올해의 차로 선정될 수 있었던 것도 싸구려 이미지를 극복하고 품질의 자신감에서 나오는 품질보증기간 연장과 적극적인 마케팅을 더해 주목을 받고 있다. 이는 무한경쟁시대에는 일등품질만이 글로벌시장에서 경쟁우위를 가질 수 있음을 의미하며, 기업은 경쟁력 강화에 품질의 중요성을 철저히 깨닫기 시작하였고 여기서 나온 개념이 품질전략이고 TQM이다.[1] 그래서 기업은 고객의 욕구를 충족시키기 위해 모든 부서와 직원들에게 품질의 방향을 제시하는 품질전략을 수립하여 제품보증(produty warranty)에서 한발 더 나아가 서비스보증(service guaranty)으로 서비스에 대한 불만족 시 환불 혹은 무료서비스로 고객만족 100%, 고객이 감동하여 OK할 때까지 완벽한 서비스를 실현하고 있다.

공공서비스부문인 교육서비스, 의료서비스, 도로관리서비스 뿐만 아니라, 안전한 식수공급, 청정한 공기 등은 국가경제가 유지되는 인프라서비스로 국민들이 안전하고 평안하게 생활하기 위해서 필요하다. 또한 경찰역시 적극적인 치안서비스 실천을 통한 행정기관의 고객만족도 제고를 위한 노력들이 다양하게 시도되고 있다.

현대 행정조직은 과거에 겪어보지 못한 급격한 사회변동[2]을 경험하고 있다. 예를 들면

---

1) 안영진, 『경영품질론』, (서울: 박영사, 2007), p.183.

2) '사회변동'이란, 일정한 시간적 간격을 두고, 사회의 여러 조직유형에 중대한 변화를 의미한다. 사회변동은

국민소득과 교육수준 향상으로 새로운 행정수요가 창출 또는 요구되고 있다. 경찰 또한 공공서비스조직이므로 국민의 다양한 요구에 부응하면서 궁극적으로 '안전하고 쾌적한 삶'을 영위할 수 있도록 최상의 치안서비스 품질향상이 필수적인 대안으로 떠오르고 있다. 서비스는 우리 사회에서 경제적 활동의 중심을 차지한다.

국어사전에는 품질을 '물품의 성질과 바탕'으로 풀이하고 있다. 또한 "품질(quality)이란 제품의 유용성을 결정하는 성질 또는 제품이 그 사용목적을 수행하는 데 있어 갖추어야 할 성질"이라고 할 수 있으며, 여러 가지 품질특성(quality characteristics)의 집합에 의해 이루어진다.[3)]

영영사전에 "품질(quality)이란 다른 사물이나 사람과 구별되는 그 어떤 것"이라고 정의되어 있다. 이처럼 품질개념은 물적 및 인적대상물을 다같이 주관적으로 우열을 평가하거나 측정하는 잣대로 이용된다.[4)] 즉 품질은 적용할 수 있는 수많은 정의들을 가지고 있는 단어이기도 하며, 품질의 속성이 너무 다양하고, 고객의 욕구도 수시로 변하기 때문에 품질을 정의하기는 매우 어렵다. 그럼에도 불구하고 품질에 대한 학자들의 견해를 알아보기로 한다.

## 2. 품질에 관한 여러 학자들의 견해

### 1) 데밍(W. Edwards Deming)의 정의

데밍은 품질을 디자인품질, 적합성품질, 판매와 서비스기능품질을 강조하였고, "제품의 전 기간동안 고객의 욕구와 기대를 뛰어 넘는 것"으로 정의한다. 1986년 Deming은 그 동안 경험한 그의 철학적인 관점에서 품질개선의 14가지 요점을 정리하였다.[5)]

---

산업화, 도시화의 급속한 진행과 그 나라의 역사적 배경, 경제적 상황, 정치형태, 국민의식과 가치관, 사회복지 수준 등 다양한 기준에 의해 달라진다.

3) 황의철, 『품질경영』, (서울: 박영사, 1996), p.3.

4) 최성용외, 『품질경영』, (서울: 북코리아, 2007), p.20.

5) 안영진, 전게서, pp.79~80.

① 서비스의 질을 향상시키기 위한 일관된 목표와 품질에 대한 확고한 목표와 가치관을 가져라
② 새로운 시대에 맞는 목표와 가치관을 가져라
③ 대량검사방법을 사용하지 말아라
④ 가격에만 의존해 협력업체를 평가하지 말아라
⑤ 제품과 서비스의 품질을 향상시키기 위해 시스템을 지속적으로 개선하여라
⑥ 최신 훈련기법을 도입하여라
⑦ 현장 리더십을 강화하여라
⑧ 모든 조직구성원의 두려움을 제거하여라
⑨ 부서간의 장벽을 제거하여라
⑩ 슬로건이나 호소문 등에 너무 의존하지 말아라
⑪ 조직구성원에게 수량할당을 강조하지 말아라
⑫ 조직구성원의 장인(봉사 · 희생)정신을 저해하는 모든 장벽을 제거하여라
⑬ 교육과 훈련, 자기개발을 장려하여라
⑭ 위의 모든 사항들을 실행하기 위한 실행계획을 최고관리층에게 도입하여라.

## 2) 주란(Joseph M. Juran)의 정의

품질은 사용(용도)의 적합성(fitness for use)이다. 이는 디자인품질, 적절성품질, 서비스기능 품질, 활용 가능성 등의 4단계로 나누어진다. Juran(1994)은 20세기는 “생산성의 시대이지만, 21세기는 품질의 시대가 될 것”이라고 말하였다.

## 3) 크로스비(Philip Crosby)의 정의

품질은 요구에 대한 적합성(순응)이며, 이러한 적합성은 비용감소와 이윤증대를 가져온다고 보았다. 이러한 정의들 모두는 소비자 만족을 극대화하는 것을 의미한다.

### 4) 황의철의 정의

품질이란 제품의 유용성을 결정하는 성질 또는 여러 가지 품질특성의 집합이다.

## 3. 품질의 중요성

기업을 비롯한 서비스산업, 공공서비스 부문에서 품질에 대한 관심은 증가하고 있다. 그 이유는 크게 다섯 가지로 볼 수 있다.[6]

첫째, 대부분의 공공서비스에서 재정이 감축되고, 공적 감독의 압력은 증가함에 따라 자연스럽게 품질에 대한 관심이 증가하였다. 이는 공적지출의 재검토로 이어져 비용 효과성과 효율성을 강조하고 있으며, 시장 경쟁에 의한 공공서비스 경쟁입찰제의 도입하기에 이르렀다.

둘째, 모든 서비스 분야의 추구가치, 조직구조, 운영방법 등에서 변화가 오면서 품질에 대한 관심이 증대되었다. 국민의 삶의 질 향상과 생활패턴의 변화로 구매하는 제품과 서비스의 질에 차이가 있듯이 고객(수요자)은 점점 서비스의 질을 따지고 더 나은 서비스를 원한다.

셋째, 서비스 제공에 대한 소비자의 영향력이 증가함에 따라 고객(수요자)만족을 강조하게 된다. 휴먼서비스는 거의 모든 영역에서 영향력을 행사하고 있으며, 수요자 집단은 수적인 증가와 그들의 목소리는 커져가는 추세에 있다. Parasuraman, Zeithaml, Berry(1998)는 서비스품질을 평가하는 유일한 기준은 고객(수요자), 고객만이 품질을 판단할 수 있다고 주장하였다.

넷째, 품질에 대한 고객(수요자)의 관심이 증가함에 따라 1990년대 이후 총체적품질관리 같은 주제가 유행하고, '품질상'의 제정과 품질을 연구하는 학자들이 증가하기 시작하였다.

다섯째, 휴먼서비스 분야에서는 점차 전문가로서의 능력과 정당성이 강조됨에 따라 전문가로서의 정체성을 요구하게 되었다. 이로써 휴먼서비스 분야에서 품질에 대한 관심이 증가하게 되었다.

---

6) 김통원 · 윤재영, 『사회복지 서비스 품질관리』, (서울: 신정출판사, 2005), pp.20~21.

# 제2절 제조업의 품질과 서비스업의 품질

## 1. 제조업의 품질

품질은 크게 나누어 제조업의 물품(제품)에 관한 것과 서비스에 관한 두 가지로 구분할 수 있다. 제조업의 제품품질이 유형(hardware)인 데 비해서 서비스산업의 전달품질은 무형(software)의 질이다. 제조품질이란 생산한 제품이나 서비스가 설계표준에 얼마나 잘 적합하게 만들어졌는가를 측정하는 것이다. 제조품질은 완성품질 또는 적합품질이라고도 한다. 제조품질은 여러 요소에 의해 영향을 받는데 기계와 설비의 상태, 직원들의 기술과 교육수준, 동기부여, 관리상태, 감독, 품질시스템, 사용하는 품질기법, 원자재의 품질상태 등에 의하여 영향을 받는다. 또한 고객의 욕구와 기호는 수시로 변하기 때문에 기업의 제조품질이 고객의 욕구를 만족시키고 있는지를 수시로 확인하여야 한다.[7)]

품질보증제도에 대한 발달은 제조업 분야에서 먼저 이루어졌으며, 품질에 대한 이론적 전개는 대부분 마케팅 분야에서 발전되었다.

## 2. 서비스업의 품질

일반적으로 서비스업의 품질은 제조업의 제품과 비교했을 때 다음과 같은 특수성을 갖고 있다.

첫째, 서비스는 제품과 같은 유형이 아니어서 계측하기가 어려운 것이 많다.

둘째, 서비스는 재현율이 낮다. 즉, 재차 경험할 수 없는 경우가 많다.

셋째, 서비스는 대면적 접촉에 의해 실시되는 경우가 많기 때문에 인적관계에 의해 그 품질이 정해진다.

---

7) 안영진, 전게서, pp.15~16.

# 제3절 공공부문의 서비스품질 관리이론 도입에 대한 논의

## 1. 서비스품질의 의의

제조업이나 일반서비스 부문에 있어서 품질에 대한 개념으로 가장 널리 사용되어지고 있는 Garvin(1994)의 '사용자 중심적 접근'에 따르면, 품질은 사용에 대한 적합도로 만족의 정도와 동일하며, 이러한 주관적이고 사용자 중심적인 관점은 고객의 다양한 욕구를 반영할 수 있는 장점이 있다고 설명되어진다.[8] 공공부문에서의 '품질'은 민간부문의 '품질'개념을 근간으로 능률, 공평, 효과성, 경제성 등의 범주와 상치하며, 고객 혹은 사용자의 요구에 대응하는 것,[9] 서비스 결과 보다는 서비스를 제공하는 절차에서 보다 강조되어야 하는 개념으로 뚜렷한 개개인 차이에 의한 가치 갈등의 가능성을 내포하는 것으로 정의되었다.[10] 그리고 행정의 품질은 공공행정의 성과측정 기준이 되는 전략적 성과요소로서,[11] 고객서비스의 핵심을 이루는 기준으로 품질은 고객이 결정하며,[12] 공통점으로 상대자를 지니고 있으며, 상대자의 만족과 요구에 대응하기 위한 활동이다. 그러므로 쌍방 간의 교류에 의한 목적성을 지니고 있다. 품질이란 결국 공급자가 수혜자의 만족과 욕구에 대응하여 제공하는 산출물이라 정의하였다.[13] 이러한 품질의 정의를 토대로 서비스품질에 대한 선행연구에서의 제 정의를 중심으로 살펴보면 다음과 같다.

제조업이나 서비스 지향적인 기업에서의 서비스품질은 고객가치의 주요 요소임과 동시에 고객만족 정도에 영향을 미치는 요소로 정의되고 있다.[14] 즉, 서비스를 수혜하는 고

---

8) D. A. Garvin, *Managing Quality : The Strategic and Competitive Edge*, (New York: Free Press, 1984), p.26.

9) Pollitt(1993)은 C. Pollitt, *Managerialism and the Public Service : Cuts or Cultural Change in the 1990s?*, (Massachusetts : Blackwell Business, 1993), pp.179, 183~186., '품질'을 업무를 수행하는데 있어 새로운 차원(dimension)이 아니며, 결코 소비되는 것이 아니므로, 궁극적으로는 서비스의 공급자 · 관리자 등이 지각하여야 할 당연한 의무라고 보았다.

10) K. Walsh, *Public Service and Market Mechanisms: Competition, Contracting and the New Public Management*, (London : Macmillan, 1995), pp.247~249.

11) 권오돈, 『성과행정의 이해와 실제』, (서울: 법우사, 2001), p.104.

12) 박우순, "부산시 행정서비스 공급현황과 질적 향상을 위한 제도적 개혁방안", 「대학논문집」, 동아대학교, 제20권, 1995, pp.131~132.

13) 문영규, "행정서비스 질에 영향을 미치는 요인에 관한 연구: 일선 공무원의 행태를 중심으로", 박사학위논문, 광운대학교 대학원, 1993, p.25.

객이 기대하였던 서비스와 서비스를 수혜한 후에 지각된 서비스의 불일치 정도로, "서비스의 우수성과 관련된 전반적인 판단이나 행동",[15] "고객의 욕구에 대응하거나, 고객을 만족시키는 것",[16] 혹은 서비스의 속성과 특징에 비추어 사용 적합성을 확대한 모형을 기초로 정의된 사용자의 만족도를 서비스 품질로 보았다.[17]

## 2. 공공서비스품질의 정의

공공서비스 부문에서의 서비스품질에 대한 제 정의를 살펴보면 "기술적 속성, 접근성, 선택가능성, 효과성, 형평성 등의 요소를 포함하고 있는 개념",[18] 정부에서 제공하는 서비스에 대한 평가로서, 정부 각 기관은 전달하는 서비스의 책임정도에 의해 평가되어야 한다고 보았다.[19] 그리고 "서비스 제공자가 여러 수단을 사용하여 고객이 기대하는 욕구와 편익을 만족시켜주는 과정에서 지각되는 전반적 감정 및 태도",[20] 공공서비스 전달체계에서 표적시장에 제공할 서비스의 수준으로서, 조직이 소비자에게 제공할 수 있는 최대한의 편의성 지향정도, 그리고 유통경로시설 설계의 적합성 등을 주요 요소로 보았다.[21] 이상의 선행연구자들의 서비스품질에 대한 제 정의들을 살펴보면, 소비자의 지각을 측정하는 고객 지향적인 개념으로 태도와 유관한 개념이며, 특정 서비스의 속성에 따른 서비스의 결과뿐만 아니라 과정에 대한 평가로 이해할 수 있다. 또한 서비스품질은 고객가치의 중요한 요소일 뿐만 아니라, 고객 만족도를 평가하는데 있어 매우 큰 영향을

---

14) C. W. Lamb & J. H. Hair & C. McDaniel, *Marketing*. (South-Western College: ITP Company, 1998), pp.359~360.

15) A. Parasuraman, L. L. Berry & V. A. Zeithaml, *Delivering Quality Service: Balancing Customer Perceptions and Expectations*, (New York : The Free Press., 1990), pp.18~19.

16) 박우순, "부산시 행정서비스 공급현황과 질적 향상을 위한 제도적 개혁방안", 「대학논문집」, 동아대학교, 제20권, 1995, p.133.

17) 김연성외, 『품질경영』, (서울: 박영사, 1999), p.484.

18) I. Sanderson, *Management of Quality in Local Government*, (London: Longman., 1992), p.27.

19) H. Hatry, Accountability for Service Quality, Performance Measurement, and Closeness to Customers, In R. J. Bennet(ed), *Local Government and Market Decentralization*: 163~181, (New York: United Nations University Press, 1994), p.163.

20) 김동수, "고객만족 이론의 행정서비스 접목에 관한 연구", 박사학위논문, 국민대학교 대학원, 1998, p.20.

21) 노시평 · 박희서 · 신문주 · 오세윤, 『신공공부문 행정서비스마케팅』, (서울: 법문사, 2000), pp.437~438.

미치는 요소로,[22] 정부에서 생산하는 재화 혹은 서비스는 시민들 그리고 사용의 적합 정도에 따라 그 가치가 평가되어야 한다.[23] 또한 공공부문의 서비스 향상을 위해서는 고객만족이 가장 기본적인 목표로 설정되어야 하고,[24] 고객들의 시각에 의한 서비스의 만족도 측정이 이루어져야 할 것이다.[25]

이러한 서비스품질 측정은 현재의 서비스수준 평가 그리고 장래의 활동방향을 모색할 수 있으며,[26] 결점의 빈도나 잠재하고 있는 문제점을 밝혀냄으로서 그 결점들이 얼마나 심각한 영향을 미치는가, 결정원인은 무엇인가 등의 유용한 정보를 제공해 주는 밑거름이 되어 서비스 향상을 위한 주요한 역할을 한다.[27]

## 3. 공공서비스품질의 구성

공공서비스 부문에서의 공공서비스품질을 구성하는 범주 및 차원에 관한 연구를 정리하면 다음 〈표 1-1〉과 같으며, 연구자의 주관과 목적, 그리고 서비스대상에 따라 구성범주 및 차원, 그리고 용어까지도 각각 상이함을 알 수 있다. 그러나 연구자들의 논의와 실제 사용된 서비스품질의 구성범주들은 Parasuraman, Zeithml & Berry(1998: 12~40)에 의해 개발, 제시된 SERVQUAL 모형에 기초한 유형성(tangibles), 신뢰성(reliability), 대응성(responsiveness) 능력(competence), 예절(courtesy), 신용도(credibility), 안전성(security), 접근가능성(access), 의사소통(communication), 고객에 대한 이해(understanding-customer)

---

22) C. W. Lamb & J. H. Hair & C. McDaniel, *Marketing*, (South-Western College: ITP Company., 1998), pp. 359~360., 이와 관련하여 Gaster(1995)는 서비스에 만족한다는 것은 해당 서비스의 질이 매우 높고, 서비스품질을 보장할 수 있음을 의미하는 것으로 서비스품질과 고객만족은 상호 보완적인 관계에 있다고 보았다. L. Gaster, *Quality in Public Services*, (Philadelphia: Open University Press, 1995), p.45.

23) S. Cohen & B. Ronald, *Total Quality Management in Government*, (San Francisco: Jossey-Bass Publishers, 1993), p.30.

24) 박용우, "고객지향적 행정 : 행정서비스를 중심으로", 한국행정학회, 「98년 하계학술대회 발표 논문집」, 1998, p.449.

25) M. E. Milakovich, *Improving Service Quality : Achieving High Performance in the Public and Private Sectors*, (Florida: St. Lucie Press, 1995), p.162.

26) L. Gaster, *Quality in Public Services*. (Philadelphia : Open University Press, 1995), p.132.

27) P. B. Crosby, *Quality is Free. It's not a gift, but it is free*, (New American Library, 1979). 이제빈(옮김), 『품질혁명』, (서울: 21세기북스, 1994), pp.234~238.

등의 10가지 범주,[28] 혹은 이를 축약한 5가지 범주인 유형성(tangibles), 신뢰성(reliability), 대응성(responsiveness), 보증성(assurance), 공감성(empathy)을 연구자들이 원용하거나 응용・적용하는 등 크게 SERVQUAL 모형에서 벗어나지 않음을 알 수 있다. 또한, 선행 연구들을 살펴보면 '형평성'에 대한 범주가 다수 포함되어 있음을 알 수 있다. 이는 공공 행정서비스의 주요 기능이 민간부문에서 제공할 수 없는 다양한 서비스를 제공하고 가치 배분의 기능까지 담당하기 때문일 것이다.

즉, 영리추구에 목적을 두는 것이 아니라, 생활의 질적 향상 및 보전을 위한 봉사의 기능을 담당하므로 다양한 욕구를 가진 시민들이 만족하고 호감을 가질 수 있는 업무를 수행하여야 하는 바, 서비스의 전달과 배분과정에서 '동등한 기회', '동등한 결과' 등의 '형평성' 문제가 부각되는 것이다. 행정서비스가 자유경쟁 시장과는 달리 비대칭적 의존구조를 이루고 있으며, 이러한 구조에서 의존도가 높은 국민은 상대방의 기회주의적 행동이나 강압적인 영향력 행사에 적절한 보호책이 없는 것이 현실이다. 따라서 고객만족의 관점에서 서비스 공급자인 공무원들의 공정성 또는 도덕성이 확보되어야 서비스의 품질증대가 이루어지고, 이것이 고객만족으로 이어질 수 있으므로 '형평성'이 강조되는 것이다.[29] 공공서비스부문의 서비스품질 구성범주는 〈표 3-1〉과 같다.

---

28) 유형성: 물리적 시설이나 장비, 인적요원 등의 외관(물리적 시설, 접촉요원의 외모, 서비스 제공도구 및 설비 등), 신뢰성: 약속된 서비스를 믿고 의지할 수 있도록 정확하게 제공하는 능력(올바른 기록, 지정된 시간 안에 서비스 제공 등), 대응성: 고객을 도우려는 의지와 적절한 서비스의 제공(신속한 고객 재호출, 신속한 서비스의 제공), 능력: 서비스 수행에 필요한 적절한 지식과 기술의 보유(접촉요원의 기술과 능력 및 지식, 조사능력 등), 예절: 정중함, 사려 깊음, 정직함, 신용도: 서비스 제공자에 대한 신용, 믿음, 정직함, 안전성: 위험, 위기 등에 대한 안전도(고객의 비밀보장, 금전상의 안전, 육체의 안전), 접근가능성: 접근과 접촉의 용이성(서비스를 받는데 있어 대기시간, 고객이 편리한 시간대에 서비스제공 능력, 서비스시설이 고객이 편리한 위치에 입지), 의사소통: 고객의 이야기를 듣고 고객에게 알려주는 능력(서비스자체의 설명, 서비스가격의 설명, 서비스 수준과 가격의 상충을 설명, 문제가 해결되리라는 확신), 고객에 대한 이해: 고객과 고객의 욕구를 알려는 노력(고객의 특별한 욕구파악, 개인적 관심의 표명, 정규적인 고객의 파악) 등으로 정의된다.

29) 김동수, "고객만족이론의 행정서비스 접목에 관한 연구", 박사학위논문, 국민대학교 대학원, 1998, pp.30~31 참고.

〈표 3-1〉 공공서비스부문의 서비스품질 구성범주

| 연구자 | 구성차원 | 비 고 |
|---|---|---|
| 김용태(2008) | 유형성, 신뢰성, 대응성, 보증성, 공감성, 공정성 | 경찰행정서비스 |
| 이환범 · 이수창(2007) | 유형성, 신뢰성, 대응성, 보증성, 감정이입 | 공공의료서비스 |
| 노우영 외(2007) | 신속성, 신뢰성, 친절성, 효율성, 욕구충족성, 선호성, 쾌적성, 편리성, 공익성 | 구조구급서비스 |
| 김희경 · 김근세(2006) | 대응성, 친절성, 접근성, 시설편리성, 역량 · 전문성 | 관세행정서비스 |
| 성도경 · 장철영(2005) | 대응성, 신속성, 의사소통의 개방성, 편의성, 정확성, 신뢰성, 시정성 | 공공행정서비스 |
| 송건섭 · 이곤수(2005) | 유형성, 신뢰성, 대응성, 보증성, 공감성 | 공공행정서비스(지방정부) |
| 강황선(2004) | • 과정품질(신속성, 신뢰성, 친절성)<br>• 결과품질(욕구충족성, 호감성)<br>• 서비스환경품질 (쾌적성, 편리성, 심미성)<br>• 사회품질(공공성, 안정성) | 공공행정서비스 |
| 문신용 · 윤기찬(2004) | 유형성, 신뢰성, 대응성, 보증성, 공감성 | 사회복지서비스 |
| 박철민 · 김대원(2004) | 고객에 대한 친절, 고객에 대한 관심, 공손하고 예의바른 서비스, 대기시간의 최소화, 신속한 서비스, 요구사항 외 추가정보의 제공 | 공공행정서비스 |
| 김광주(2002) | 대민성, 다양성, 신속성, 정확성, 통합성 | 공공행정서비스 |
| 박광봉(2002) | 접근용이성, 편리성, 신속 · 정확성, 친절성, 쾌적성, 대응성, 형평성 | 공공행정서비스(지방정부) |
| 박기관(2001) | 접근성, 편리성, 신속 · 정확성, 친절성, 쾌적성, 대응성, 형평성 | 공공행정서비스(지방정부) |
| 박중훈(2001) | 접근용이성, 편리성, 신속정확성, 쾌적성, 대응성, 환류성, 공정성 | 민원행정서비스 |
| 이상수(2000) | 신뢰성, 친절성, 이용편리성, 쾌적성 | 공공의료서비스 |
| 신종화(1999) | 유형성, 신뢰성, 대응성, 보증성, 동조성 | 공공행정서비스 |
| 김기식(1998) | 편리성, 신뢰성, 친절성, 일치성 | 공공행정서비스(지방행정) |
| 김동수(1998) | 유형성, 신뢰성, 신속정확성, 접근성, 고객이해, 형평성 | 공공행정서비스 |
| 오창택(1998) | 관심표명 및 친절성, 유형성, 형평성, 신속 · 정확성, 이해용이성, 이용편리성 | 민원행정서비스 |

| 연구자 | 구성차원 | 비 고 |
|---|---|---|
| Chaffey & Williams(2000) | 유형성, 신뢰성, 대응성, 보증성, 공감성 | 공공행정서비스 (e-service) |
| Starling(1998) | 편의시설, 고용안정성, 신속성, 이용편리성, 고객배려 | 도시교통서비스 |
| Johnson(1998) | 신뢰성, 접근성, 동적범주 | 우편서비스 |
| Gaster(1995) | • 기술적 범주(투입/산출과정의 표준화된 절차)<br>• 비기술적범주(태도, 지식, 경청력, 시간적 배려, 답변 능력)<br>• 환경적 범주(안락함, 접근성, 서비스결과의 예측가능성) | 공공서비스 |
| Poister & Henry (1994) | 정확성, 신뢰성, 대응성, 반응성 | 공공행정서비스 |
| Scott & Shieff(1993) | 대인적·공공상호작용, 행정기관 대응속도 및 접근가능성, 다양한서비스, 합의개발, 기획지향, 사업개발 | 공공행정서비스 (지방정부) |
| Skelcher(1992) | • 서비스의 특성(이용성, 수준, 적시성, 신뢰성, 정보, 평등성, 성과)<br>• 대인관계(공손성, 반응성, 능력, 의사소통, 안전, 정직성)<br>• 서비스환경 (외관, 접근, 기능)<br>• 고객의 권력 (권리, 영향력, 선택, 시정) | 공공행정서비스 |
| Wagenheim & Reurink(1991) | 정보와 의사소통, 대응성, 문제해결능력, 일관된 서비스, 조직원의 능력, 정확성, 예의 | 공공행정서비스 |
| Johnstone & Silverstro(1990) | 접근성, 외관, 이용성, 청결성, 편안함, 의사소통, 능력, 예의, 친절성, 신뢰성, 대응성, 안전성 | 공공행정서비스 |
| Brundney & England(1982) | • 주관적 평가(형평성, 반응성)<br>• 객관적 평가(효율성, 효과성) | 공공서비스 |

## 4. 공공부문의 서비스 품질관리 이론 적용상의 쟁점

최근에 들어서는 공공부문에서의 경쟁력 강화를 목표로 일반기업이나 서비스업에서 도입·적용되어지던 원리 및 각각의 경영 및 관리기법 들이 도입 적용되어 보편화되어지고 있는 추세이며, 〈표 3-1〉에서 확인할 수 있듯이 국내에서도 공공부문에서의 품질에 관한 논의가 활발히 진행되어지고 있음을 확인할 수 있다. 더욱이 치안행정의 패러다임의 변화에 따라 국민들의 '고품질 경찰서비스'에 대한 관심과 욕구가 증대하고 있어 변화관리 및 조직문화 쇄신을 위해 치안영역에도 본격적으로 고객개념을 도입하여 운용하고 있으며, 경찰서비스품질 관리를 위한 실무에서의 노력과 학계에서의 끊임없는 연구가 진행되어지고 있는 추세이다. 그럼에도 불구하고 민간부문의 경영이론인 품질이론 및 측정방법을 기본원리와 관점이 제조업이나 일반서비스업에 연원을 두고 있고 서비스 품질관리의 기본원칙은 분명히 공공조직에 원용되어 사용될 수 있지만 공공조직에 고유한 몇 가지 특성 때문에 집행되기 어려운 점이 있다. 구체적으로 보면 공공조직도 처음에는 서비스 품질관리를 집행하는데 민간조직처럼 똑같은 구조적 제약을 받을 수 있다는 것이다. 조직을 기능에 따라 나누는 것은 성공적인 서비스 품질관리에 장애가 될 수 있으며, 하위부서들은 전체조직보다 자기 부서를 위해서 행동하는 경향이 있다는 것이다. 이것은 조직전체의 목표나 다른 부서의 목표와 갈등을 일으키게 된다. 하위부서들은 고객욕구나 혹은 산출물의 전반적인 품질보다는 계량적인 목표에 더 많은 관심을 보이게 되기 때문이다.[30] 공공서비스가 갖는 제 특성들을 고려하여 다음과 같은 측면을 특히, 주지하여할 필요성이 있다.

첫째, 공공부문에 품질관리를 적용함에 있어서 품질을 측정・평가하고자 하는 경우, 서비스 공급자 혹은 소비자(고객)의 관점에서 조직의 추구하고자 하는 기본이념과 고객의 지각된 서비스를 중심으로 측정하게 된다.[31] 따라서 측정 및 평가주체라 할 수 있는 공공부문에서의 고객에 대한 정의가 이루어져야 한다. 현재는 일반서비스업이나 공공부문에 이르기까지 고객이라는 용어가 보편화되어 사용되어지고 있지만, 제조업인 서비스업에서의 고객은 경제적 교환의 의미를 담고 있으므로, 공공부문에서는 이러한 경제적 교환의 개념으로 정부와 시민과의 관계를 정의하기 어렵다.[32] 따라서 형평성 등에 대한 고려를 배제하는 결과를 가져올 수 있으며, 결과를 정확히 예측하기 어려워 행정가치의 왜곡현상을 가져 올 수 있다.

둘째, 정부는 일반 공중 뿐만 아니라 각계각층의 다양한 이해관계집단을 다루어야 하

30) 김병섭외, 『조직의 이해와 관리』, (서울: 대영문화사, 2000), pp.372~373.

31) Y. C. Richard & D. Y. Paul, *Measuring Organizational Improvement Impact*, (California: Publications Division of Richard Chang Associates, Inc, 1994); 이상욱 외(옮김), 『조직혁신의 효과측정』, (서울: 21세기 북스, 1997), pp.20~21.

32) 박우순, 『현대조직론』, (서울: 법문사, 2000), p.525.

기 때문에 경찰서비스 등 집합적으로 공급되는 공공재의 특수성에 기인한 공공행정에 적용하는 것은 바람직하지 않을 수 있으며, 또한 서비스는 노동집약적이며, 서비스는 거의 동시에 창출되고 소비되는'비분리성'과 같은 제 특성을 가지고 있어, 질의 측정이 어렵다.

따라서 각기 다른 집단을 대상으로 적용할 때에는 서비스와 품질의 대상과 연계하여 측정의 목적, 적용범위, 방법, 적시성, 비용, 정보의 활용방법 등을 고려하여야 한다.[33] 민간조직이 갖고 있는 강력한 조직내부권한도 부재하므로 품질관리에 균일한 원칙을 적용하는데 여러 난점들이 있다

셋째, 공공부문 관리는 제조업이나 상업적 서비스 업종처럼 품질관리를 하기 위한 규정의 어려움, 품질관리는 지속적인 개선을 통해 이루어져야 하는데 공공부문은 최고관리층의 잦은 교체 등 정치적 상황의 영향을 많이 받기에 행정 문화적 맥락에서의 쟁점으로 부각되고 있다. 따라서 이상과 같은 쟁점사항에 대한 충분한 숙지가 있어야 할 것이다.

넷째, 경찰서비스는 대표적인 공공재이나, 현재의 치안공공재는 지역적 특성에 적합하도록 이루어지지 못한 상태이며, 치안에 대해 주민들의 선호에 따라 타 지역으로 이동하거나 민간경비에 비용부담을 감수하는 방법으로 나타나게 된다. 공공부문인 경찰서비스에 대한 연구에 있어서도 적극 참조하여야 할 것이다.

## 5. 공공부문의 서비스 품질관리 도입의 효과

공공부문에 서비스 품질관리 도입(적용)의 효과란 공공서비스 전달기관이 서비스 품질관리 행정수행으로 인하여 공공서비스 결과에 미치는 영향을 말한다. 서비스 품질관리 도입의 주목적이 지속적 업무흐름을 개선하고, 고객만족에 초점을 둔 서비스의 질적 개선을 추구하며, 나아가 경영개선을 통하여 비용절감(cost down)을 모색하는 데 있는 것이라면, 서비스 품질관리의 적용여부에 따라서 서비스질의 개선이나 비용절감 및 서비스

33) M. E. Milakovich, *Improving Service Quality: Achieving High Performance in the Public and Private Sectors*, (Florida: St. Lucie Press, 1995), p. 162; 각기 다른 집단이란, 주요 기능, 정부의 등급, 그리고 사회집단에 따라 분류가 가능하다. '주요기능'에 따른 집단의 분류는 그 집단이 목적으로 하고 있는 주요기능이 무엇이냐에 따른 구분으로 항공, 보고서비스, 교육, 교통, 국방 등을 예로 들 수 있다. '정부의 등급'이란, 행정구조에 따른 구분으로서 연방정부, 주정부, 지방정부 등으로 구분됨을 의미하며, '사회집단'에 따른 분류는 민간부문 혹은 비영리부분인가에 따른 구분으로 볼 수 있다.

만족도에 차이가 날 것이라는 가정은 쉽게 할 수 있다.

서비스 품질관리 행정이 추구하는 경영개선의 내용에는 생산성 또는 서비스 성과표현이 가능하다. 서비스 성과에는 효과성, 능률성, 형평성, 대응성 등의 차원이 고려될 수 있다. 생산성은 투입에 대한 산출의 비율로 파악되는 능률성과 거의 같은 개념이나 공공부문의 서비스 산출에는 제공된 서비스의 질을 포함하는 서비스결과를 그 측정치로 사용되어지기도 한다.[34] 기업의 모든 활동이 고객이 원하는 제품 및 서비스를 만드는데 초점이 모아져 있듯이 공공부문도 생산성과 더불어 품질을 주요한 경쟁전략 변수로 삼아야 치열한 행정서비스 경쟁에서 우위를 차지할 수 있다.

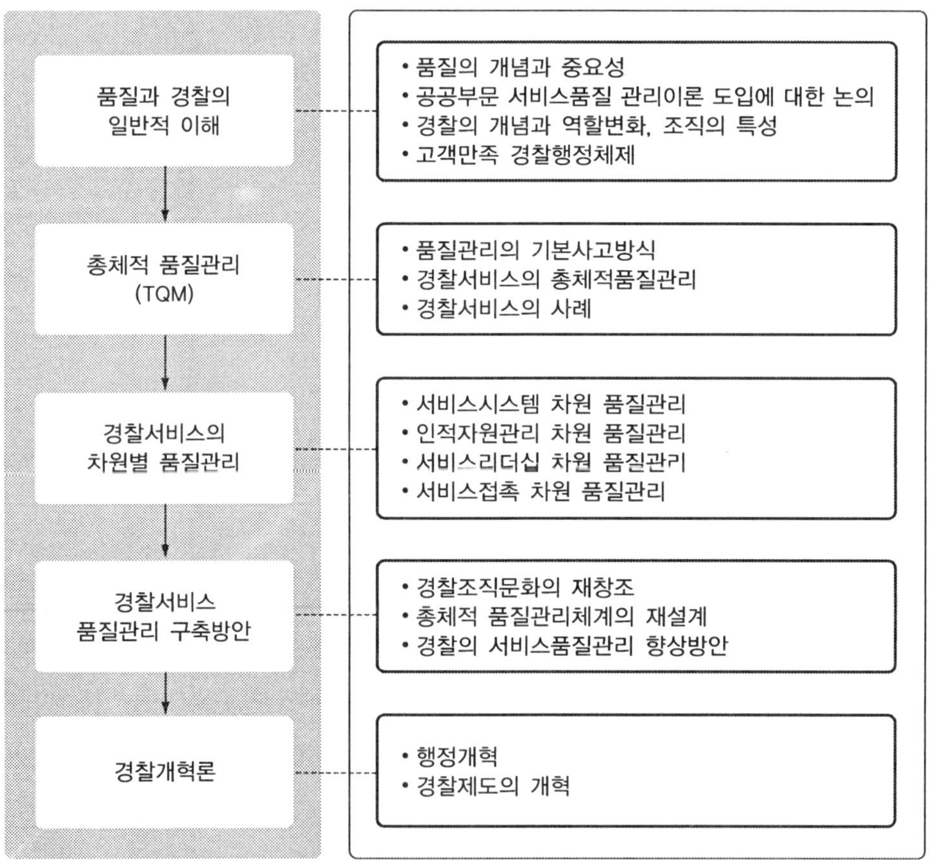


**[그림 3-1] 경찰서비스 품질관리의 흐름도**

34) 김기식, "행정조직의 품질행정 도입효과와 적용수준의 영향요인", 박사학위논문, 부산대학교 대학원, 1999, pp.74~75.

# 제4절 경찰조직의 특성과 인간관

## 1. 경찰조직의 특성

경찰조직은 일반 행정조직과는 달리, 근본적으로 사회공공의 안녕과 질서유지를 위한 것이라는 점에서 큰 차이가 있으므로, 일반 행정조직과 다른 경찰조직의 특징을 유추 할 수 있을 것이다.

경찰조직은 계층성, 전문성, 권력성, 법규의 준수, 실적주의에 의한 책임한계의 명확성 등을 특징으로 하는 전형적인 관료조직이다. 특히 경찰의 임무가 공공의 안녕과 질서를 유지하기 위하여 국민의 생명과 재산을 보호하고 범죄의 진압 및 수사 등 특수한 임무를 지니고 있기 때문에 조직이나 관리에 있어서 일반 행정조직과 다른 특수한 요소를 지니고 있다. 즉 일반 행정 조직과 경찰조직은 다 같이 공공재(public goods)[35]라는 측면에서는 동일하다고 할 수 있으나 경찰조직은 국민의 자유와 권리 및 사회질서유지에 주안점을 두고 있으며, 경찰강제 등 권력을 행사하는 작용이라는 점에서 차이가 있다.

경찰조직의 특성[36]으로는 i )돌발성[37], ii )시급성[38], iii)위험성[39], iv)권력성(강제성)[40], v )직접성[41], vi) 정치성[42], vii)고립성[43] 등의 특성을 띠고 있다.

---

35) 공공재(公共財란) 정부재정에 의하여 모든 국민이 향유할 수 있는 재화 또는 서비스이다. 이러한 공공재는 정부에 의하여 공급되는 것으로서 국방, 외교, 경찰, 소방, 교통, 도로 등이 이에 속한다.

36) 이영남・신현기, 『경찰조직관리론』, (서울: 법문사, 2003), pp.36~41.

37) 돌발성(突發性)은 사고발생, 범죄발생 등 경찰업무는 특정한 대상과 주체가 없이 불특정한 상황에서 예상하지 못한 사고가 발생하는 경우가 주류를 이룬다.

38) 시급성(時急性)은 범인검거, 경찰개입, 인명구조, 112신고출동 등 경찰활동은 촉각을 곤두세워 즉각 대응할 태세를 취하는 사안들이 주를 이룬다.

39) 위험성(危險性)은 범인예방 및 범인검거, 질서유지 등이다. 경찰은 위험요인을 사전에 제거하고 위급한 상황에도 대응하기 위해 그 수단으로서 명령과 강제 등 경찰권을 발동하기도 하고 무기를 휴대하게 된다.

40) 권력성(權力性)은 공권력의 보유, 경찰강제 등 경찰수단의 특수성을 의미한다. 경찰의 권력적 요소는 일반시민이 경찰을 멀리하는 요인이 되고 있다.

41) 직접성(直接性)은 경찰의 목적수행은 시민과의 직접 접촉, 대민업무 등이다.

42) 정치성(政治性)은 정치적 중립 요구 등 경찰환경의 특수성을 의미한다. 하지만 현실적으로는 직・간접적으로 정치적 중립성이 저해되는 문제점을 가지고 있다.

43) 경찰에 대한 적대시, 일반국민과의 반대의 생활패턴 등이다.

## 2. 경찰조직내의 인간관

경찰조직의 특수성을 감안하여 경찰조직내의 인간관, 즉 경찰관의 일반적인 특성을 살펴보면 다음과 같다.[44)]

① 경직된 사고

상부의 명령에 의해 움직이는 강한 계층적 구조로 인하여, 개개 구성원들의 사고의 틀이 경직성을 가지기도 하고 상하 계층간의 인간적 교류의 부족과 인간적 종속관계가 뚜렷하다.

② 정신적 불안과 조급한 성격

치안질서유지와 방범을 위해 항시 비상대기하거나 사건발생에 대한 긴장을 해야 하므로 정신적으로 불안감을 가지며, 발생된 사건의 빠른 해결이라는 업무의 특성상 조급한 성격을 가지게 된다.

③ 융통성의 결여

경찰법과 경찰관직무집행법 등에 근거한 엄격한 법집행을 주 업무처리와 국민이 자유와 권리를 보호하기 위하여 권력 작용이라는 업무속성상 융통성이 결여되고 있고 따라서는 냉정하기까지 하다.

④ 피동적인 행태

상관의 명령에 복종하고 지시에 따라 움직이기 때문에 자율적이라기보다 피동적이며, 따라서 업무처리에서도 인간적 요소보다 규칙과 규범에 의한 몰가치적 행태를 보인다.

⑤ 무표정

업무수행과정에서 엄격성・준법성이 요구되고, 객관적으로 처리해야 하는 신분적 위치로 다른 사람에게 감정을 보이지 않거나 감추는 속성을 가진다.

---

44) 박해룡・정우열, 『경찰조직관리의 이해』, (서울: 형설출판사, 2007), pp.241~242.

# 제5절 고객만족 경찰행정체제

## 1. 경찰고객 개념 정의

고객만족의 행정체제에서 고객은 누구인지를 먼저 정의할 필요가 있다. 고객과 시민은 다르다. 고객의 개념은 1980년대 이후 톰 피터스와 로버트 워터맨(Tom Peters & Waterman), 피터 드러커(Peter Drucker) 등의 경영학자들에 의해 기업성공을 위해 상품에 대한 고객의 만족과 인식의 중요성 때문에 민간부문에서 먼저 부각되었다. 고객은 기업의 생산물과 서비스를 구매할 것인지에 대한 의사결정권을 갖는다. 시민은 권한과 함께 책임과 의무를 동시에 갖는다. 시민으로서 행정서비스를 제공받을 권리를 갖고 있음과 동시에 시정발전을 위하여 선거참여, 주인의식, 납세의무, 공동의식 등 최소한의 시민으로서 책임과 의무를 지고 있다. 즉, 시민은 행정의 고객인 동시에 주인인 것이다.[45] 경찰행정에서 고객은 민원인에 한정하지 않고, 경찰서비스의 생산, 전달, 수혜과정에 관련된 모든 주체를 포함하는 개념으로 이해한다.[46]

조직내외를 기준으로 한 분류로 내부고객은 행정 가치를 생산하는 내부 구성원(경찰공무원)이며, 외부고객은 조직 밖의 고객(주민)을 말한다. 오늘날 내부고객인 경찰공무원 개개인은 통제나 관리의 대상이 아니라 품질관리 향상을 위한 주체라는 인식이 요구되어진다. 즉, 내부고객만족이 우선되어야 경찰서비스 대상자인 외부고객을 만족시킬 수 있다는 논리이다. 경찰고객 분류와 특성에 있어 직접고객과 간접고객은 서비스가 미치는 영향의 경로에 따른 분류이다. 오늘날 변화하는 치안환경 하에서 고객만족을 위한 다각적인 노력의 일환으로 '국민', '시민', '주민'이라는 용어와 함께 '고객' 이라는 용어를 사용하기에 이르렀다.

그러나 제아무리 고객이 중요한 존재이고 경찰의 생존을 좌우한다고 해도 지구대에서 치르는 '취객과의 전쟁'으로 인해 민생치안 소홀로 이어져 소방・의료기관・행정기관의 연계망 구축이 절실한 실정이기도 하다. 〈표 3-2〉에서 보면 고객은 왕이 아니다, 고객이 왕이 되려면 왕처럼 행동해야 되지 않을까?

---

45) 김광주, 『신행정관리론』, (대구: 중문출판사, 2006), p.175.

46) 경찰청, 『치안고객응대매뉴얼』, 2007, p.6.

〈표 3-2〉 취객도 경찰의 고객이다?

## 지구대 경찰 24시 '취객과의 전쟁'(밤낮없이 폭언 · 난동 속수무책)

사회불만 토로, 술깨면 멀쩡 '쓴웃음'/업무마비, 보호시스템 빨리 갖춰야

지난해 9월 시작된 글로벌 금융위기의 여파로 더욱 팍팍해진 삶을 한잔 술로 달래려는 서민들이 길거리에 넘쳐나면서 지구대 경찰관들에게는 여간 골칫거리가 아니다. 요즘 울산지역 경찰지구대의 경우 낮밤을 가리지 않고 하루 평균 40~50명의 취객들을 상대하느라 곤욕을 치르고 있다. 부족한 순찰 인원에도 밤낮으로 민생 최 일선을 책임지는 울산지역 지구대 경찰관과 야간 형사 당직반이 벌이는 '취객과의 전쟁'을 지상중계 한다.

**▲ 불황여파로 대낮부터**

지난 4일 오전 8시 중부경찰서 학성지구대. 얼핏 보기에도 술기운으로 낯빛이 불그래해진 50대 남성이 "이리 오너라" 고함치며 지구대 문을 마구 두드렸다. 곧 이 남자는 다리에 힘이 풀린 듯 지구대 출입문 앞에 주저앉았다. 경찰관이 출입문을 열자마자, 그는 '커피 한 잔'을 주문했다. 김점상(57) 지구대장이 커피를 담은 1회용 컵을 건네며 "무엇이 문제냐"고 사연을 묻자, 취객은 주절주절 가슴에 품어 왔던 속내를 내뱉기 시작했다. "당신들 내가 여기 왜 왔는지 알아, 모르면 가만히 있어. 내가 말이야 요즘 돈이 없어서 굶어 죽게 생겼단 말이야. 하루 벌어 하루 먹고 사는데 (일)꺼리가 없어 밥도 제대로 못 먹는다니까. 나 같이 불쌍한 사람들 당신네들이 안 도와주면 누가 도와 주냔 말이지…". 자신을 일용직 근로자라고 밝힌 이 남자는 1시간여에 걸쳐 현 경제, 정치와 관련한 불만을 토로하고는 총총히 지구대를 떠났다. 이른 아침 만취한 불청객에 짜증도 날 법했지만 김점상 지구대장은 "저 정도 술주정은 양호한 수준"이라고 했다. 그는 "경기가 어려워지면서 최근 몇 개월 사이 주취자(취객)들이 큰 폭으로 증가했다"며 "특히 요즘엔 밤낮을 가리지 않고 주취자들이 길거리에 넘쳐나고 있다"고 걱정했다.

**▲ '인권' 앞세우며 행패**

어둠이 드리우면 '자의반 타의반' 일선 경찰서와 지구대를 방문한 취객들의 술 냄새는 더욱 진해진다. 5일 오전 0시 45분 학성지구대 안. 제법 거리를 두고도 술 냄새를 풀풀 풍기는 50대 후반의 여성과 20대 중반의 남성이 고성과 삿대질에도 분이 풀리지 않는 듯 연신 식식거렸다. 오른 다리를 눈에 띄게 저는 이 여성은 지구대 경찰관들을 향해 "너희들이 보다시피 나는 장애인이야. 착한 사람이지. 근데 내가 택시에서 내리는데 저 새파란 놈이 다짜고짜 머리를 때리더란 말이야. 머리에 혹 난 거 볼래? 나 같은 사람들은 거짓말 안 해…" 지구대 안을 마구 휘젓고 다니던 여성은 제지하려는 경찰을 밀치고 폭언도 서슴지 않았다. 이런 행패에 가까운 소란에도 지구대 경찰관들은 제대로 손을 쓰지 못한 채 자제를 권유하는 데 그쳤다. "만약에 이들을 붙잡고 실랑이를 벌이다 손목 등에 멍이라도 들면 큰 일"이라면서 "인권이 중요시 되는 요즘, 본서에 민원이라도 제기하면 이유를 불문하고 경찰관들만 골치 아프다"고 학성지구대 소속 박병형 팀장은 주취자 처리의 어려움을 설명했다. 술에 취해 서로 폭행 '피해자'라고 주장하며 지구대 경찰관들을 괴롭히던 이 남녀는 결구 순찰차에 다시 태워져 경찰서로 보내졌다. 병영지구대 이재춘 경사는 "서민 경제가 어려워지면서 길거리에는 주취자들이 넘쳐난다"면서 "예전에는 거리에 잠자리를 편 사람들이 있다는 신고를 받고 출동한 적이 많았는데, 최근에는 순찰 도중에 발견되는 경우도 허다하다"고 했다.

**▲ 경찰서도 밤마다 곤욕**

모두가 잠든 밤, 취객들 때문에 곤욕을 치르기는 지구대나 경찰서나 마찬가지였다. 지난 6일 새벽 중구지역 치안을 총괄하는 중부경찰서 형사 당직반. 이날 당직팀의 한 형사는 새벽 1시께 '단골손님'으로 통하는 40대 일용직 근로자가 어김없이 만취 상태에서 순찰차를 타고 찾아오자 한숨과 함께 담배부터 꺼내 물었다. 지구대 경찰관 두 명의 호위(?)를 받고 형사과 당직 팀으로 들어온 이 40대는 "제발 좀 앉아 계세요"라는 당직 형사의 말에 반말과 욕설로 답했다. 보다 못한 당직 형사 3~4명이 달라붙어 40대 남자를 형사과 소파에 앉혔지만 금세 경찰서 구석구석을 제집처럼 휘젓고 다녔다. 박재우 형사4팀장은 "이런 주취자들은 밤새도록 형사들을 괴롭히기 때문에 업무가 마비될 지경이다"며 "아침이 돼 술이 깨면 태도가 180도 바뀌는데, 대부분 먼저 잘못을 인정 한다"고 했다.

**▲ 치안서비스 소홀 불가피**

이처럼 길거리에 취객들이 넘쳐 나면서, 술 때문에 공권력이 낭비되는 현 상황에 대해 경찰관들은 소방, 의료기관, 행정기관이 연계해 주취자를 신속하고 안전하게 처리할 수 있는 시스템을 조기에 구축해야 된다고 한결 같이 입을 모았다. 중부경찰서 이정석 형사과장은 "고성방가와 술주정 앞에서는 득도한 사람도 견디기 힘들 것"이라며 "이들에게 매달리다 보면 어쩔 수 없이 치안 서비스에 소홀해질 수밖에 없다"며 "주취자들로 인해 민생치안에 집중하기가 어려워 선량한 주민들이 오히려 피해를 입는 상황"이라고 우려했다. 또한 주취자 보호시설을 적극 운영할 필요가 있다고 김점상 학성지구대장은 제안했다. 그는 "예전에 각 경찰서마다 마련돼 있던 주취자 보호실이 없어지면서 업무에 어려움을 겪고 있다"면서 "주취자들을 경찰서로 인계하는 데 걸리는 시간을 줄여야 한 번이라도 순찰을 더 돌 수 있다"고 했다.

* 출처 : 울산매일신문, 2009년 02월 11일자.

**〈표 3-3〉 남발되는 '음주정책' 정리할 필요가 있다**

## [사설] 남발되는 '음주정책' 정리할 필요가 있다

경찰과 지방자치단체가 하루가 멀다하고 설익은 음주정책을 쏟아내고 있다. 마치 경쟁이라도 하는 듯한 모습이다. 강력한 주폭(酒暴) 척결 의지 표명으로 주목을 받은 서울경찰청은 이번엔 음주운전 3회 이상 적발자에 대해 차량 몰수를 추진하겠다고 밝혔다. 강릉 경포해수욕장에서는 국내 처음으로 해수욕장 음주행위에 대한 경찰의 단속이 시작됐다. 이에 앞서 서울시는 내년부터 모든 공원에서 음주행위를 금지하겠다고 밝힌 바 있다. 사실 우리나라만큼 음주에 관대한 나라도 없다. 그렇지만 소수 때문에 다수가 희생될 수는 없는 일이다. 음주문화 개선의 필요성에 공감하는 이유다.

하지만 충분한 사회적 합의와 법적 · 제도적 뒷받침 없이 즉흥적으로 발표하는 경찰과 지자체의 반(反)음주정책은 혼란과 행정 낭비만 부를 뿐이다. 취지가 좋다고 필요한 절차를 무시해도 된다고 생각한다면 오산이다. 목적이 수단을 정당화할 수 없다. 서울경찰청의 음주

> 운전 3회 이상 적발자에 대한 차량 몰수 추진이 대표적인 사례에 해당한다고 본다. 경찰이 차량 몰수 정책을 내놓은 것은 음주운전을 못하게 하려는 데 목적이 있을 것이다. 그렇더라도 민주국가에서 사유재산을 몰수해 공매 처분하는 것이 과연 옳은 일인지, 이 방법 외에 다른 방법은 없는지 심사숙고했어야 했다. 강릉시가 뒤늦게 관련 조례를 만들겠다고 거들고 있지만 경찰의 경포해수욕장 음주금지도 처벌 근거 마련 없이 졸속으로 추진된 감이 없지 않다.
> 후진적 음주문화를 개선해야 한다는 데 반대할 사람은 없다. 그럼에도 관련 부처와 조율도 없이, 법적인 뒷받침도 없이 너도나도 불쑥불쑥 내밀어서는 곤란하다. 인기에 영합한 즉흥적인 행정은 사회적 혼란만 부추길 뿐이다. 단속도 중요하지만 계도와 선도가 우선돼야 한다는 점도 결코 잊어선 안 될 것이다. 무조건 단속하고 금지하는 게 능사는 아니지 않은가.

* 출처 : 서울신문, 2012년 07월 16일자.

## 2. 경찰고객 분류와 특성

경찰과 같이 규제 정책을 위주로 하는 기관의 고객은 누구인가? 우리는 흔히 경찰이라 함은 범죄예방과 주요 범인의 검거 등 대응을 하는 조직이므로 잠재적 범죄행위나 범죄 혐의가 있는 자들을 고객으로 생각할 수 있다. 물론 경찰은 범죄에 관련된 사람들을 주로 대상으로 한다. 그러나 경찰이 상대하는 사람들은 범죄와 무질서에 무관하거나 정상적인 사회생활을 하는 사람들이 대다수이다. 최근 흥미로운 사실은 우리나라 10대 청소년들을 대상으로 한 직업선호도 조사에서 경찰공무원이라는 직업이 최상위권을 찾지 하고 있다는 보도이다. 경찰직에 지원하려는 수많은 사람들이 경찰의 고객이며, 운전면허 관련 민원인 등이 그 대표적인 예이다. 경찰고객의 분류는 직접고객과 간접고객으로 분류할 수 있는데 다음과 같다.

〈표 3-4〉 직접고객과 간접고객

| 구 분 | 직접고객 | 간접고객 |
|---|---|---|
| 형사업무 | 범죄피의자, 피해자, 참고인 | 일반주민 |
| 교통업무 | • 면허업무 : 면허시험응시자<br>• 교통관제업무 : 운전자와 보행자<br>• 교통안전업무 : 피규제자와 운전자, 일반인<br>• 음주단속업무 : 음주운전자 | 음주단속시 음주사고 피해감소를 느끼는 시민 (인근지역 다른 운전자 포함)과 음주운전으로 교통소통의 영향을 받을 수 있는 다른 운전자 |
| 생활안전업무 | 질서유지, 단속, 인허가 주민 | 방범과 순찰의 수혜자로서 일반 주민 |
| 경비업무 | • 주민, 시설 및 행사주체<br>• 경호업무 : 특정요인<br>• 전・의경관리 : 전・의경 | 일반주민 |
| 경무업무 | 경무업무 전반 : 내부고객 | 일반주민(치안유공자 포함) |
| 민원봉사업무 | 민원인 | 일반주민 |

* 출처 : 남기범・김현성, "고객만족경영이론의 경찰에의 도입방안", 치안연구소 연구보고서03-04, 1997, pp.58~60. 참고재작성.

치안의 공급자중심인 규제와 단속에서 수요자중심인 보호와 봉사 중시로 경찰의 패러다임이 변화하고 있다. 따라서 최근 고객위주의 행정 제공과 양질의 경찰서비스 제공 등의 요청을 받고 있는 경찰로서는 지역주민의 다양한 요구와 기대에 부응하기 위해 경찰서비스 품질관리와 고객만족을 충족하기 위한 관심을 갖지 않을 수 없다. 20세기 후반 이후 많은 국가들에서 정부의 효율성과 서비스의 품질을 제고하기 위하여 다양한 정부혁신 기법들을 도입하였다.

## 3. 고객만족개념 도입배경

최근 대부분의 기업들은 물론 지방자치단체, 대학, 병원 등 비영리기관들도 고객만족경영을 새로운 패러다임의 경영방식으로 설정하고 있다. 이와 같은 고객만족(Customer Satisfaction)이 주목을 끌고 있는 것은 산업사회에서 지식정보화사회로 전환되면서 기능적 중심의 생산자 또는 판매자 중심의 시장에서 고객만족을 통한 이윤추구라는 소비자지향적인 사고로 변환된 데 기인한다. 경쟁이 치열한 글로벌 시장에서 고객을 단순히 '제품이나 서비스를 구매하는 사람'정도로 인식하는 것은 스스로 퇴보를 자초하는 것이며, 특히 고객만족경영에서 고객만족을 위한 가치의 제공자인 내부구성원의 만족을 위해 직책에 관계없이 인간존중경영이 더 한층 대두되고 있다.[47] 정부를 포함한 공공부문은 민간부문과는 달리 경쟁이 심한 것도 아니고 경쟁에서 뒤진다고 소멸되지 않는 특성을 지니고 있기 때문에 시장에 대한 노출정도가 낮았지만 민간 기업에 비해 비용절감과 효율성 제고, 행정서비스 제공에 있어 고객만족적인 노력이 현저히 떨어진다는 문제점이 파생된다. 이러한 문제점 해결을 위해 민간부문의 고객만족경영이 행정부문에 이식하려는 시도가 행해져 왔다.[48]

행정에 고객지향[49]이라는 새로운 패러다임을 도입, 운영함으로써 창의적 혁신활동과 성과창출을 목표로 하고 있다. 고객지향적 개념의 도입을 통해 서비스의 공급자인 정부 또는 관료중심에서 서비스의 대상이 되고 있는 고객, 즉 시민의 입장에서 시민을 중심으로 한 서비스를 제공함으로써 서비스의 질과 효과를 제고시키고자 하였다. 고객지향개념은 그동안 민간기업에만 해당된다는 인식이 많았지만 공공기관인 경찰에서도 국민의 신뢰를 좌우하는 고객지향의 중요성을 깊이 인식하고 기업경영 이념이 도입되게 되었다. 민간경영에서 제1의 가치로 여기고 있는 고객의 개념이 정부부문에 적용되기 시작한 것은 아마도 공공관리의 패러다임 변혁기에 나타난 신공공관리론(New Public Management Theory: NPM)의 등장에서 그 배경을 찾을 수 있다. 즉, 고객중심은 1990년대 정부혁신의 주요논제 중의 하나였다.[50] 개방화라는 국제적인 환경변화에 따라 공공부문에서 자원배분의 효율성을 극대화하고 국가경쟁력 제고의 필요성이 제기되었고, 이를 실현하기 위해 행정개혁의 방향은 고객중심의 행정, 성과중심의 행정으로 나아가고 있다.

---

47) 고재건, 『서비스품질경영론』, (제주: 제주대출판부, 2005), p.119.

48) 김세훈, 『공공부문의 고객지향성확보를 위한 정책마케팅』, (파주: 한국학술정보, 2006), p.30.

49) 기업경영에서 고객은 재화와 용역을 구매함에 있어서 소비자로서 의무보다는 권리를 많이 갖지만 정부행정에서의 시민은 권리와 의무를 동시에 갖는다. 만약 시민이 시민으로서 책임과 의무를 다하지 않고 권리만을 내세우면 정부행정은 마비될 수밖에 없다. 그래서 시민은 고객과 다르다. 고객지향행정은 시민들이 고객으로서 책무를 다하면서 정당한 권리를 주장할 때 가능하게 된다. 한편 신공공관리론이후 경찰행정에서도 고객지향성 이론에 입각하여 새로운 패러다임으로 주민을 고객이라는 호칭을 사용하기에 이르렀다.

50) 최길수, "지방공기업 경영품질 제고방안에 관한 연구", 「한국거버넌스학회 추계국제 학술대회 발표논문집」, 2008, p.184.

신공공관리론은 기존의 행정이라는 개념과 경영의 개념을 통합함으로써 공공생산과정에서 경제적 가치를 중시하고 그 속에서 관리자의 관리방향을 모색하는 것으로 행정서비스 제공을 행정기관의 편의와 공급 중심적이었던 관행에서 벗어나 주민 중심적이고 수요자 중심적인 가치로의 전환을 추구한다. 1990년대 후반에 접어들면서 출현한 뉴거버넌스 이론(New Governance Theory)은 정부의 공공서비스 제공 및 문제해결과 관련된 행정개혁 모형인데, 이 이론은 공공서비스 전달 및 공공문제해결이 전통적 정부관료제 모형이 아니라 정부와 민간부문 및 비영리부문 간의 협력적 연계망(network)에 의해 이루어져야 한다는 점을 강조한다. 왜 우리 국정운영에도 적극적인 새 지식 국정과 이를 통한 거버넌스의 개선이 필요한가. 그것은 정부도 새로운 지식을 활용해 국정효율을 높일 수 있다면 지식국정을 통해 지식국정을 통해 국민의 삶의 질을 향상시킬 수 있다는 신조 때문이다.[51] 경찰조직의 경우에 집회・시위관리에 대한 경찰과 시민참관단 구성, 범죄예방을 위한 생활안전협의회 민관 협력치안, 경찰징계위원회에 민간인 참여 등이 실례에 해당된다고 볼 수 있다.[52]

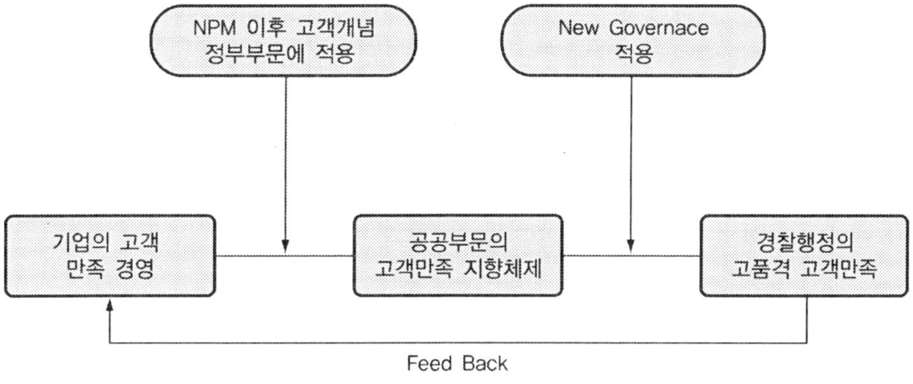


**[그림 3-2] 경찰의 고객만족개념 도입 흐름도**

51) 이상안, 『사회질서론』, (서울: 대명출판사, 2002), p.235.
52) 조철옥, 『경찰학개론』, (서울: 대영문화사, 2008), p.247.

## 4. 고객만족 경찰행정체제

고객만족의 경찰행정체제는 다름 아니라 행정서비스의 수혜자인 시민을 기업에서 고객을 바라보는 시각으로 접근하여 고객의 입장에서 행정을 시작하여 고객의 입장에서 행정을 완수하는 행정체제를 말한다. 경찰은 '믿음직한 경찰, 안전한 나라'라는 새로운 비전을 선포하고 경찰에서의 '고객만족'개념은 시민에 대한 신뢰성의 향상을 도모하기 위하여 경찰은 시민이 요구하는 분야에 경찰력을 투입하게 될 것이며, 경찰은 지역사회와 시민과의 관계를 긴밀히 하기 위해 지역사회경찰활동을 통하여 긍정적인 결과를 얻으려고 부단히 노력하게 된다.[53] 시민(주민)과의 직접인 접촉이 이루어지는 현장에서 경찰혁신의 성패가 갈라지고 주민의 평가가 달라진다는 인식의 확대와 함께 경찰에 대한 '고객만족'과 '품질관리'에 관한 관심이 높아지고 있다. 경찰고객인 지역주민을 만족시키지 못하면 존립까지 위협받을 만큼 중요한 요소가 되었다. 치안서비스 제공자인 경찰공무원은 고객의 기대를 충족시키거나 고객의 기대를 뛰어넘는 서비스를 제공하는 것이 기본원리다. 그 이유는 고객이 경찰조직의 생존과 발전을 좌우하는 아주 중요한 존재이기 때문이다. 따라서 경찰은'보다 신속, 친절, 공정하게'새로운 경찰강령을 정해 주민의 만족도를 극대화할 수 있는 새로운 경찰이 되겠다는 변화를 시도하고 있다. 고객만족을 이해하는데 있어 기본적인 접근방법으로 알려진 방법은 〈표 3-5〉에서와 같이 상품 또는 서비스에 대한 고객의 기대가치와 사용가치의 개념을 이용한 기대불일치모델이다. 이러한 기대가치는 공식적·비공식적 커뮤니케이션 통로를 통해 획득한 정보에 의한 것인데 주로 과거 그 상품의 사용경험, 광고, 소비자 보호단체의 분석자료, 그 상품을 사용해 본 경험이 있는 주위의 다른 소비자들부터의 조언 등을 통해서 형성되며, 실제 제품의 가치는 고객의 기대가치와 사용가치상태에 따라 고객불만족, 고객만족, 고객감동 공식처럼 형성된다.

**〈표 3-5〉 고객의 기대가치와 사용가치상태에 따른 고객만족의 유형**

| 인지가치 | = | 사용가치 | − | 기대가치 |
|---|---|---|---|---|
| (perceived value) | = | (actual value) | − | (expected value) |

53) 한상암, "행정환경변화에 따른 경찰활동전략 수립방안에 관한 연구", 「한국공안행정학회보」, 제8호, 1999, pp.133~146.

## 5. 서비스품질 제고를 위한 기법들

현재 사용되고 있는 경쟁 전략적 의미를 갖는 기법들을 소개하면 다음과 같다. 예를 들면, 총체적 품질관리경영을 도입하려 할 때에는 민간부문의 경우와는 달리 특별히 고려해야 할 사항이 있는데 공공부문의 조직을 둘렀나 모든 환경이 민간부문의 그것과는 달라 조직의 임무나 목표, 구성원의 행태, 향상된 성과에 대한 보상체계 등에서 큰 차이를 보여주고 있다.

〈표 3-6〉 서비스품질 제고를 위한 기법

| | |
|---|---|
| 총체적 품질관리 (TQM) | 고객만족을 서비스 질의 제1차적 목표로 삼고 조직구성원의 광범위한 참여하에 조직의 과정과 절차를 지속적으로 개선하여 장기적인 전략적 품질관리를 하기 위한 일련의 관리원칙 내지 관리철학을 의미한다. TQM은 품질경영으로 많이 불리기도 하며, TQM에 있어서 품질은 궁극적으로 고객만족을 의미한다. |
| 균형적 성과평가시스템 (Balanced Score Card) | BSC는 Kaplan/Norton에 의해 1992년에 성과측정의 도구(성과평가의 강화)로 제안되었다. 기업에서 기존의 성과평가방식은 일반적인 재무적인 성과를 중심으로 과거에 수행된 업무결과를 나타내는데 반해 착안하여 BSC는 고객, 내부업무처리절차, 혁신 및 학습 등 재무적인 성과가 도출되기 위해 선행되는 다양한 요인들을 미래지향적으로 사전에 평가하고 관리할 수 있는 도구로 사용·제안되었다.[54] BSC는 조직의 성과를 여러 관점에서 평가하고, 부서와 개인의 목표를 조직의 전략에 정렬시켜 성과를 극대화하는 기법이다. '전략적 성과관리'라고 불리기도 한다. |
| 지식관리시스템 (Knowledge Management System) | 지식관리시스템은 조직 내 지식자원의 가치를 극대화(혁신마인드 배양)하기 위하여 통합적인 지식관리 프로세스를 지원하는 정보기술시스템이다. 즉 직원들이 입력한 다양한 정보를 체계적으로 정리, 전사원들에게 유통시켜 업무에 활용토록 하는 정보관리 인프라로, 첨단 정보 기술의 조합을 통해 조직내에 축적되는 각종 업무지식과 노하우를 효율적으로 관리하고 이를 상호 공유할 수 있도록 하는 것이 그 목표다. |

54) 김은·정양헌, 『공공부문 BSC사례집』, (서울: 한국정보사회진흥원, 2007), p.12.

| | |
|---|---|
| 팀(team)제도 | 팀은 하나의 기술인 동시에 업무처리 방식(결제단계 축소)이다. 또는 새로운 조직구조이기도 하다. 팀제에서의 리더의 역할은 공유(후원적, 참여적)이며, 개인책임과 공동책임을 지며, 조직구조는 수평적 팀이다. 인력의 신축적, 탄력적 이용이 가능하며, 구성원의 주인의식과 참여의식을 제고하여 업무수행을 성과에 초점을 둔다. |
| 벤치마킹 (benchmarking) | 유사기능의 선도업체나 공공조직을 자기조직과 비교하여 그들의 뛰어난 운영프로세스 등을 적극적으로 받아들여 응용함으로써 부단히 경영혁신을 이루어 가는 경쟁력을 제고하는 방법이다. 벤치마킹은 타산지석(他山之石)의 지혜를 경영에서 실현하는 것이다.<br>현재 경찰은 민간경비업체들과 방범이나 범죄예방에 있어서 경쟁을 하여야 하고 검찰의 수사능력이나 세무서의 조사능력 등도 배워야 하고 외국의 선진조직들으로부터 운전면허발급시스템이나 관리의 장점을 배우는 한편, 국내 유수의 항공 · 보험사의 서비스 기법 등을 배워야 하는 입장이다. 즉 최상의 업무를 파악하는 도구이며, 개선을 안내하는 효과적인 접근방법이다. |
| 리엔지니어링 (Reengineering) | 비용, 품질, 서비스와 같은 핵심적인 경영요소를 획기적으로 향상시킬 수 있도록 경영과정과 지원시스템을 근본적으로 재설계하는 기법으로 경찰조직의 경우 복잡한 절차와 문서주의, 업무의 중복 등 비능률적 행정절차를 통합 · 간소화 하고 권한의 위임 등으로 '결재단계 재설계(민원1회 방문처리제)'의 필요성이 있다. |
| 6시그마 (Six Sigma) | 생산되는 제품 100만 개당 결함을 0.002개 이하로 생산할 수 있는 공정능력을 말한다. 이렇게 6시그마에서 시그마는 공정의 능력을 정량화한 값이다. 6시그마는 무결점을 지향하는 품질의 관점으로부터 1980년대 초 미국의 Motorola에서 창안되어 미국과 유럽, 일본 뿐만 아니라 한국에서도 주요기업에서 실시하고 있다. |
| 고객만족경영 | 고객의 요구를 신속정확하게 파악하고 그들이 기대하는 기준의 서비스를 제공하여 신뢰감을 갖게 함으로써 경쟁력을 높이려는 경영이념이다. |
| 감성경영 | 국내 대기업인 S사 경우 기업차원에서 움직임으로 회사 임원진들이 영업사원들에게 직접 양말을 신겨 주는 등 부하를 섬긴다는 의미의 서번트리더십(Servant Leadership)으로 직원들을 감동시키기 위한 내부감성 마케팅이 활발히 진행중이며, 기술에 감성을 불어 놓아 국제경쟁에서 이길 수 있다는 논리이다. |
| 감성정부 | 감성정부(Emotional Government)는 감성화를 지향하는 정부다. 국민들의 감성을 고려해서 해악을 끼치는 부정적 감성을 줄이고, 이로운 긍정적 감성을 촉진하는 정부이다. 정치의 영역은 물론 행정의 영역에서도 감성화를 추구한다. 정치영역에 속하는 제도나 법률의 제정과 국가 차원의 주요 정책 결정에서도 감성화가 고려되어야 하고, 행정의 영역에 속하는 모든 |

| | |
|---|---|
| | 정책 과정과 관리에서도 감성화가 고려되어야 한다. 감성정부의 주요 특성으로는 국민들의 감성을 고려 및 감성화를 지향하고, 관료들은 감성적 지성인을 지향하고, 행정(=정책과 관리)은 이성과 감성을 동시에 고려하여 그 동안 이성부분만을 강조하던 방식에서 이성과 감성을 동시에 강조하는 방식으로 변화해야 함을 뜻한다.[55] |
| 프로슈머 마케팅 | 고객만족의 단계를 뛰어넘어 소비자가 직접 상품의 개발을 요구함과 동시에 아이디어를 제안하고 기업이 이를 수용하는 방식을 뜻한다. |

55) 이대희, 『감성정부』, (서울: 대영문화사, 2008), pp.122~123.

# 제3편

# 총체적 품질관리(TQM)

**제4장** 품질관리의 기본사고방식

**제5장** 경찰서비스의 총체적 품질관리

**제6장** 경찰서비스 사례

**들어가며...**

1990년대 후반부터 공공부문에서는 경쟁력 강화 혹은 경영혁신의 필요성을 인식하고 기업가적 관리주의(enterpreneurial management) 기법을 행정에 도입·적용하기에 이르렀다. 그 대표적인 예로써 행정을 서비스의 관점에서 그리고 고객들의 관점에서 정의하고 경찰행정에서도 관(官)위주가 아닌 국민위주의 경찰행정 달성과 경찰조직을 고객중심으로 재편하는 방안을 강구하면서 품질관리 즉, 총체적 품질관리(Total Quality Management)와 각종 서비스 내용과 기준을 설정한 '경찰서비스헌장'제는 경찰경영혁신의 개념으로 보아야 한다.

'생각을 바꾸면 미래가 보인다'고 했다. 공공서비스에 대한 주민들의 기대치에 부응하기 위해 우리 경찰도 과거의 낡은 의식과 행태에서 벗어나 품질로 승부해야 할 때가 도래했다. 앞서 언급한 '품질에 관한 일반적인 개론'은 경찰 서비스품질론을 다루기 위한 준비를 마친 셈이다. 제3편에서는 총체적 품질관리로써 품질관리의 기본 사고방식, 경찰서비스의 총체적 품질관리, 경찰서비스의 사례에 대해 살펴본다. 특히 통합 경찰서비스 품질 구성요소를 도출해내고 경찰조직의 서비스지향성에 대한 이해를 높힌다.

# 제4장 품질관리의 기본사고방식

## 제1절 서비스는 국가경쟁력이다

시대가 변하고 문화의 교류가 일상화되고 다양성이 각광을 받으면서 고객의 취향도 사람의 수만큼 다양해지고 기대치 또한 높아졌다. 그동안 국가기관에서는 공공복리증진이라는 큰 틀에서 행정을 펼치고 있지만 국가기관은 국민에게 그다지 친근한 존재는 아니었다. 특히 우리경찰은 경무국, 치안국, 치안본부시대를 거쳐 경찰청시대를 맞이하고 있지만, 한편으로 국민들을 감시하고 억압하는 존재로, 비난과 기피대상의 이미지 또한 남아 있는 것도 현실이다. 그래서 우리 경찰은 1999년에 개혁의 전략으로 "생각을 바꾸면 미래가 보인다"는 대명제아래 국민과 함께 숨쉬고, 국민의 가슴속에 뜨겁게 파고드는 경찰, 상·하간 신뢰와 정으로 신명나게 일하는 조직으로 탈바꿈하여, 국민이 만족하는 치안서비스를 제공함으로써 국민으로부터 사랑받는 경찰상을 정립하고 국민이 자부하는 21세기 일류경찰로 도약하는 것으로 개혁의 목표를 삼았다.

'직무만족'을 꾀하고 활력이 넘치는 자세로 국민이 감동하는 치안활동을 전개함으로써 '국민만족' 치안서비스를 제공하여 기본이 바로선, 국민과 함께하는 국민의 경찰로 자리매김하는 것이다.[1] 지식정보화시대 도래와 함께 사회 전 부문이 혁명적 변화를 거듭하고 있는 이때 경찰도 예외는 아니다. 국가경쟁력을 제고시키려면 정부부문, 공공부문, 기업부문, 가계부문 등의 경쟁력이 골고루 제고되어야 하는데 그 중에 정부부문이 중추역할이 되어 공공부문의 경쟁력이 이전에 비해 많이 개선되기는 했으나 앞으로 부단한 노력을 하여 개선되어야 할 측면이 많다고 할 수 있다. 경쟁력에 대한 분석은 주로 기업, 산업, 국가수준에서 이루어져 왔다. 최근에는 EU, NAFTA, ASEAN, APEC 등의 등장과 함께 블록경쟁력 또한 새로운 분석 수준으로 주목받고 있다.[2] 우리경찰도 경쟁력 강화를

1) 경찰청, 『21세기 한국경찰의 나아갈 방향』, 2000, pp.2~3.
2) 조동성·문휘창, 『국가경쟁력 이론과 실제』, (서울: 한국경제신문사, 2006), p.259.

위해 포돌이·포순이 캐릭터 개발과 활용, 경찰서 분위기 쇄신, 지구대 리모델링, 경찰제복 및 순찰차 외향 개선 등 경찰이미지 개선을 위한 하드웨어적 변화는 많이 가져왔다. 공공부문이나 경찰의 서비스 개선노력은 직접적으로 우리나라의 국가경쟁력에 직결된다고 볼 때 중요한 것은 하드웨어적인 개선보다는 경찰관서에서 근무하는 구성원들의 사고방식의 개선 즉, 소프트웨어적인 변화가 필요하다는 것이다. 이로써 고객에 대한 대응성과 서비스 질 향상을 통해 경찰행정은 경쟁력을 확보할 수 있게 될 것이다.

## 제2절 총체적 품질관리의 논의

총체적 품질관리를 위해서는 고객과의 접점을 형성하는 일선공무원의 가치관과 태도, 그에 따른 업무의 원활한 수행을 위한 관리가 중요하며, 이를 위해서는 인사행정 관점에서의 충원, 능력발전, 규범징계 뿐만 아니라, 일선공무원들에게 동기부여(사기와 보수, 생산성 향상 등)하기 위한 조직운영 차원에서의 적극적인 지원과 관리가 있어야 함을 의미한다. 또한 품질관리 추진을 해나가는 과정과 일반적 임무수행을 하는데 있어서 일선공무원이 지녀야 할 기본 사고방식은 다음과 같다.

### 1. 품질관리의 기본 사고방식

품질관리의 기본 사고방식에는 다음과 같이 14가지가 있다.[3)]

① 최고관리자의 참여 및 의지
② 총체적품질관리 방침, 품질관리 문화의 형성
③ 고객 지향적 계획과 평가
④ 기술 중시

3) 박재홍, 『논어의 품질경영』, (서울: 한영문화사, 2007), p.217.

⑤ 인재육성과 인적 자원의 활용
⑥ 혁신과 지속적 개선의 효과
⑦ 리더십 발휘
⑧ 전원참여
⑨ 부문간 협조
⑩ 팀활동
⑪ 시스템적 접근
⑫ 과학적 관리
⑬ 공급자와의 협력 관계 증진
⑭ 장기적 관점에서의 성과의 평가

## 2. 총체적 품질관리 도입을 위한 8가지 절차

경영기법인 TQM을 행정관리기법으로 도입·적용하기 위해서는 우선 무엇보다도 다음의 8단계 중요한 절차를 정확하게 이해하는 것이 필요하다.[4)]

- 1단계 : 조직의 구성원들로 하여금 자신들의 해야 할 일을 설명하고, 고객이 누구이며, 고객이 필요한 것부터 시작하여 향상되어야 할 업무 과정에 대하여 식별하도록 한다.
- 2단계 : 업무를 수행하는 데 포함되는 단계를 기술한다(누가 무엇을 언제 하는가?
- 3단계 : 업무를 수행하는 데 가장 빈번하게 결함을 발생시키거나 일을 지연시키거나 재작업을 요하는 부분을 찾아낸다.
- 4단계 : 불분명하고 부적절한 지시명령, 빈약한 장비, 부적절한 운영절차, 조직문화의 전통 때문인지 상사에게 자신의 솔직한 의견전달의 어려움, 상호의사소통의 미비, 업무가 실수, 지연 및 재처리를 초래 하는 원인을 찾는다.
- 5단계 : 업무수행과정이 개선을 위한 소규모의 시범사례로 실험을 한다.
- 6단계 : 만약 시범사례가 성공하면, 전 조직에 변화된 작업절차를 장착한다.

---

4) 김종호, 『현대사회와 행정』, (서울: 형설출판사, 2003), p.226.

• 7단계 : 새로운 과정이 지속적으로 업무성과를 향상시키는지를 확인하기 위하여 새로운 과정이 실시되는 것을 감시 · 관리한다.
• 8단계 : 1~7단계를 반복하고 지속적으로 업무수행 성과를 향상시킨다.

## 제3절 경찰정책품질관리

### 1. 경찰정책품질관리의 의의

경찰정책품질관리란 정책실패 및 부실정책을 방지하기 위해 정책품질을 체계적으로 방지하기 위해 정책의 품질을 체계적으로 관리 · 개선하려고 총체적인 노력 및 활동을 의미한다.

### 2. 정책단계

정책형성 ➡ 정책홍보 ➡ 정책집행 ➡ 정책평가 및 피드백

#### 1) 정책형성

직 · 간접적인 이해관계자 대상 공청회 실시 정책자문회의 등 관련분야 전문가 의견 수렴

#### 2) 정책홍보

정책단계별 전략적인 홍보계획 수립 정책고객 및 이해당사자에게 정책의 내용을 정확하게 알리기 위해 홍보매뉴얼에서 정한 절차와 방식에 의한 전략적 홍보실시

### 3) 정책집행 및 평가

정책과정 및 성과에 대한 국민만족도 조사

## 3. 기본방향

### 1) 체계적인 품질관리를 통한 정책실패 및 불량정책 방지

관리대상정책을 지정하여 품질관리매뉴얼을 적용, 정책모니터링, 정책홍보 및 집행 등 정책추진 전 과정에 대한 체계적인 품질관리를 통한 불량정책을 사전 차단하고자 함.

### 2) 추진체계

관리대상 정책지정 ➡ 매뉴얼 마련 ➡ 관리카드작성 · 관리 ➡정책모니터링 ➡ 정책진도관리 ➡ 정책평가 ⇨ Feedback

### 3) 총체적 품질관리를 위한 시스템 구축

정책모니터링 시스템 구축 · 운영으로 정책추진 전 단계에 정책고객인 일반국민 및 이해관계자의 의견을 정책추진에 실시간 반영하는 등 거버넌스(Governance) 정책추진

## 4. 경찰정책품질관리 매뉴얼 점검사항

### 1) 정책형성

#### (1) 정책수립의 필요성

① 문제의 현황 및 실태는 어떠한가?

② 문제의 원인은 무엇이며, 어느 정도 시급한가?

③ 지금까지 우리 경찰은 어떻게 대응해 왔는가?

④ 국내·외 유사사례 및 참고자료에는 무엇이 있는가?

#### (2) 정책의 수립

① 정책수립 관련 의사결정 과정과 결과 및 정책목표는 무엇인가?

② 계획추진을 위한 세부내용 및 필요한 자원은 무엇인가?

③ 계획의 사전타당성을 어떻게 확보할 것인가?

④ 협의가 필요한 관계부서(기관)는 어디이며, 어떤 절차를 거쳐야 하는가?

⑤ 갈등관리 방안 및 정책영향평가 등의 결과에 대한 대응책은 무엇인가?

### 2) 정책홍보

① 홍보주체, 대상 등 전략적인 정책홍보계획은 수립되어 있는가?

경찰정책홍보는 경찰서비스의 고객인 국민에게 경찰의 책무와 활동을 올바르게 인식시키고 국민여론을 수렴해 경찰시책과 활동에 반영하기 위해 국민의 이해와 협력을 구하는 모든 활동이기 때문에 사전에 충분한 계획수립이 전제되어야 한다.

② 홍보하고자 하는 핵심메시지는 무엇인가?

국민에 대하여 경찰의 시책이나 경찰활동의 상황을 정확하게 전달하고자 함.

③ 어떤 언론매체를 통해 언제부터 어떻게 홍보할 것인가?

경찰홍보수단으로는 경찰이 직접 알리는 방법(홍보책자, 홍보전단, 공청회, 간담회 등)과 언론을 통해 간접적으로 알리는 방법이 있다.

④ 예상되는 비판논리 및 대응방안은 무엇인가?

경찰의 의도대로 홍보한다는 것은 어려운 일이다. 그렇지만 비판에 대한 겸허한 수용과 함께 건설적인 대응방안에 대한 모색이 필요하다.

### 3) 정책집행

① 정책이 계획대로 집행되고 있는지 점검(모니터링)하고 있는가?

② 집행과정에 제기된 문제점 및 대응방안은?

### 4) 정책평가 및 피드백

① 누가, 무엇을, 언제, 어떻게 평가할 것인가?

② 평가결과 및 평가결과의 시사점은?

③ 평가결과를 어떻게 활용할 것인가?[5)]

5) 대구광역시, 『2007 정책품질관리』, 자료집 참고재구성.

# 제5장 경찰서비스의 총체적 품질관리

## 제1절 경찰서비스의 총체적 품질관리

### 1. 총체적 품질관리의 개념

총체적 품질관리(Total Quality Management: TQM)란 고객만족을 서비스 질의 제1차적 목표로 삼고 조직구성원의 광범위한 참여하에 조직의 과정과 절차를 지속적으로 개선하여 장기적인 전략적 품질관리를 하기 위한 일련의 관리원칙 내지 관리철학[6)]을 의미한다. 그리고 이것은 품질향상을 위해 조직구성원의 능력신장 · 동기유발을 기도하며, 합리적 관리체제를 채택하고, 과학적 품질관리기법을 활용한다.[7)] TQM은 고객을 최우선으로 한다. 따라서 경찰은 시민이 최상의 서비스를 받을 수 있도록 최선의 노력을 하여야 한다. 얼마나 지역주민이 경찰의 서비스에 만족하고 있는가 하는 것이 경찰의 최우선 과제가 되어야 한다.[8)]

### 2. 총체적 품질관리의 주요 특성

TQM의 주요 특성을 보면 다음과 같다.[9)]

① 고객의 요구 존중 : 고객의 요구에 부응하는 품질의 달성이 최우선의 목표이다. 조직의 산출에 관한 결정을 고객이 주도한다.

② 지속적 개선 : 행동원리는 지속적 개선이다. 실책과 결점을 용납하지 않으며, 결점이

---

6) TQM의 3가지 경영철학은 '고객만족', '전사적(전직원)의 참여', '지속적 개선'이다.
7) 이영남 · 신현기, 『경찰조직관리론』, (서울: 법문사, 2004), p.389.
8) 김경태, "고객만족을 위한 경찰의 교육훈련 발전방안", 「한국공안행정학회보」, 제29호, 2007, p.23.
9) 오석홍, 『조직이론』, (서울: 박영사, 2002), pp.677～678.

없어질 때까지 개선활동을 되풀이한다. TQM에 의한 조직은 학습조직이며, 유능하고 창의적인 조직구성원에 의존하는 조직이다.

③ **집단적 노력 강조** : 계획과 문제해결의 주된 방법은 집단적 과정이다. 업무활동의 초점이 개인적 노력에서 집단적 노력으로 이동한다.

④ **신뢰관리** : 조직의 모든 계층에 걸쳐 구성원들 사이에 개방적이고 신뢰하는 관계를 설정하며, 구성원들에게 힘을 실어준다. 이를 위해 조직구조의 분권화를 강조한다.

⑤ **과학적 방법 사용** : 사실자료에 기초를 두고 과학적 품질관리기법을 활용한다.

⑥ **총체적 적용** : 조직 내 모든 사람의 모든 업무에 적용하고 조직 내 여러 기능의 조정적・연대적 관리를 강조한다.

⑦ **인간의 존중** : 조직내 인간을 존중하고 인간의 발전을 위한 투자를 강조한다.

⑧ **장기적 시간관・예방적 통제** : TQM의 시간관은 장기적이며, 통제유형은 예방적・사전적 통제이다.

⑨ **분권적 조직구조** : TQM은 조직이 산출하는 재화・용역의 부가가치를 극대화하는데 유리한 분권적 조직구조를 선호한다.

Brazelay(1992)는 전통적인 관료주의 패러다임(Bureaucratic Paradigm)으로부터 후기 관료주의 패러다임(Post-Bureaucratic Paradigm)으로의 전환을 논의하면서, 공공행정은 단순히 공익추구에서 벗어나 생산 개념에 입각하여 시민중심의 가치지향적인 결과와 질을 강조하게 되고, 임무, 서비스, 고객, 결과의 확인 등을 우선시 하고, 서비스과정의 지속적인 개선을 강조하는 반관료제적 방향으로 나가고 있다. 그리고 이러한 전환의 촉매제 역할을 수행하는 것이 바로, 총체적 품질관리(TQM)이라고 보았다. Zairi(2002)에 의하면, 4단계를 거쳐 발전되어 왔다고 설명되고 있다.[10)]

---

10) Zairi, Mohamed, Beyond TQM Implementation : the New Paradigm of TQM Sustainability, *Total Quality Management*, 13(8), 2002, p. 1164.; 강창민・정원희, "지방정부의 정책품질관리제도 적용가능성 연구", 「제주발전연구」, 제주발전연구원, 제9호, 2005, p.223.

〈표 5-1〉 TQM의 발전과정

| TQM의 발전과정 | | | |
|---|---|---|---|
| ▶ 품질통제<br>(QC : Quality Control) | ▶ 품질보증<br>(QA : Quality Assurance) | ▶ 품질관리<br>(QM : Quality Management) | ▶ 총체적 품질관리<br>(TQM : Total Quality Management) |

총체적 품질관리(TQM)는 생산성향상과 고객만족이라는 목표를 이루게 하여 조직의 성공을 보장하는 관리모형이라는 인식이 널리 퍼져 있는데, 우선 총체적 품질관리(TQM)라는 용어를 먼저 정의할 필요가 있다.[11] 총체적 품질관리(TQM: Total Quality Management)를 구성하는 세 단어를 세부적으로 살펴보면 다음과 같다.

〈표 5-2〉 총체적 품질관리 구성도

| | |
|---|---|
| 총체적<br>(Total) | 총체적이란 부분적이 아닌 전반적이고 포괄적인 의미를 담고 있다. 품질향상 노력은 조직구성원 모두에 의해 공유되어야 한다는 것이다. |
| 품질<br>(Quality) | 품질은 가장 핵심적인 요소로써 고객의 요구(기대)에 부응하는 것과 충족시키는 것으로 해석되고 있다. |
| 관리<br>(Management) | 지속적으로 품질향상이라는 목적을 달성하기 위한 수단을 의미한다.[12] 즉 조직의 능력을 개발하고 유지하는 것이다. |

전통적 경찰조직관리에 있어 품질관리는 재화나 서비스에 대한 문제점은 관찰 후 수정한다던지, 조직관리에 있어서는 개별적인 관리자와 전문가나 경찰관리자에 의한 통제와 개선, 조직구조에서는 통제와 수직적이고 집권화된 구조인 반면, 지역경찰활동에 있어 총체적 품질관리(TQM)는 기존에 이루어져 왔던 전통적 경찰활동의 개선을 위해 서비스 대상으로서의 주민을 대상으로 최상의 치안서비스 제공이라는 궁극의 목적달성을 위해 경찰활동이 이루어지는 조직과 환경의 전 범위에 대해 기본부터(zero-base) 다시 검토하

11) 오세덕 · 이명재 · 강제상 · 임영제, 『행정관리론』, (서울: 대영문화사, 2007), p.361.
12) 김상호 외, 『경찰행정학』, (서울 : 법문사, 2005), pp.610~611.

여 종합적인 수준에서 품질을 제고시킨다는 측면에 의의가 있으며,[13] 다음과 같이 설명될 수 있다.[14]

## 3. 경찰활동과 총체적 품질관리

① 기존의 경찰이 유지했던 중앙정부와 조직상부에의 충성과 복종이라는 일방적 지향은 지역사회의 주인이자 치안서비스의 궁극적 주체인 주민과 쌍방향적인 관계지향으로 전환되었고, 경찰활동은 이러한 주민의 생활의 질 향상을 공동의 목표로 하여 법규나 명령에 기반한 주민에 대해 책임지는 모습을 갖추고 있다.

② 전통적 경찰활동이 중시했던 기소나 범인검거의 목표설정에서 경찰은 주민 생활의 질 개선이라는 보다 본질적인 목표를 추구하여 양위주의 활동에서 양질의 서비스 제공이라는 경찰활동의 시각변화를 이루었다.

③ 경찰의 분권화는 주민에 대한 책임의 확보라는 정치적 중립성의 문제와 함께 일선경찰의 자발성과 창의성을 존중하는 권한강화를 의미하며, 이는 총체적 품질관리(TQM)가 시사하는 조직과 관리체계상의 분권화와 일맥상통한다.

④ 경찰활동에 있어서도 지역사회의 주인으로서 주민과 주체적 입장의 경찰이 상호 동반자적 협력관계를 구축하여 공동의 목표를 향한 총체적 협력으로써의 팀워크와 네트워크를 통해 경찰활동의 생산성을 향상시킬 수 있게 되었다. 즉 총체적 품질관리(TQM)의 품질구조는 참여확대를 향한 가치가 있는 유형의 단계를 나타내고 있다.[15]

---

13) 법을 집행하는 것을 중요한 업무로 하는 경찰활동에 TQM을 적용하는 것은 어느 정도 어려움이 있다. 그러나 보다 세밀한 관심을 가지고 살펴보면 경찰서비스에 TQM을 적용할 수 있는 분야가 있으며, 구체적으로는 시민만족에 대한 정보 수집작업의 개발, 임무수행 평가의 개선, 적극적인 봉사활동 수행, 조직의 참여적 운영정책 개발 등과 같은 분야 등이 해당된다(경찰대학, 『지역사회경찰론』, 2003, pp.78~79.

14) 황택주 · 황의장, 『지역사회와 함께하는 경찰행정』, (서울: 백산출판사, 2004), pp.90~91.

15) James E. Swiss, "Adapting Total Quality Management(TQM) to Government," *Public Administration Review*, 52(July/August), 1992, p.214.

〈표 5-3〉 전통적 경찰조직관리와 TQM 경찰조직관리의 비교

| 구 분 | 전통적 경찰조직관리 | TQM 경찰조직관리 |
|---|---|---|
| 고객의 욕구측정 | 재화와 서비스 사용자들의 욕구를 전문가와 경찰관리자들이 규정 | 고객에 초점을 두어 사용자가 원하는 것을 규명 |
| 자원의 통제 | 허용한계를 넘지 않는 실패나 무가치한 업무는 관용됨 | 실패, 무가치한 업무, 그리고 서비스의 가치를 부가시키지 않는 업무에 대한 무관용 |
| 품질관리 | 재화나 서비스에 대한 문제점은 관찰 후 수정(정해진 문제해결방식에 집착) | 문제점에 대한 예방적 관리 |
| 의사결정 | 불확실한 가정과 직감에 영향을 받는 결정 | 통계적 자료와 과학적 절차에 준거하는 결정 |
| 시계 | 예산의 회계연도에 맞추는 단기적인 계획 | 개선성과(업무향상)에 기초한 장기계획 |
| 목표수립 | 단위 부서별로 순차적인 목표설계 | 복합적인 경찰기능을 가진 팀에 의한 동시적인 목표설계 |
| 조직관리 | 개별적인 관리자와 전문가나 경찰관리자에 의한 통제와 개선 | 내·외부 관련 전 구성원들의 참여관리에 의한 팀-워크 중시 |
| 문제해결 | 컴퓨터, 자동화와 같은 단기적인 타개책 | 경찰업무의 모든 측면에 대한 지속적인 개선 |
| 조직구조 | 통제에 기초한 수직적이고 집권화된 구조 | 서비스제공에 있어 부가가치의 최대화에 중점을 두는 수평적이고 분권화된 구조 |
| 계약관계 | 단기적 결과 중시 | 지속적인 개선과 품질을 중시하는 경찰과 지역사회의 장기적인 동반자 관계 |

* 출처: D. K. Carr and L. D. Littman, *Excellence in Government : Total Quality Management in the 1990s*, (Arlington, V. A. : Cooper & Lybrand, 1990), p. 11; P.M. Whiscenand and R. Fred Ferguson, *The Managing of Police Organizations*, (New Jersey: Prentic Hall, 1996), p.201, 참조하여 재작성.

# 제2절 경찰서비스의 품질관리에 대한 배경

## 1. 경찰서비스 품질관리의 중요성

최근의 경찰청 자료에 따르면, 경찰행정조직의 자체적인 혁신 노력에도 불구하고 주민의 체감 정도가 매우 저조한 이유를 품질의 관리적 측면에서 평가하고 있다.[16] 즉, 공공서비스에 대한 주민들의 기대치는 높아져만 가고 있는 현실에서 경찰의 서비스수준은 세무, 철도 등의 여타 공공서비스에 비해 낮게 평가되는 등 주민들의 요구에 부응하지 못하고 있다는 평가이다.

경찰서비스에 대한 만족은 주민들의 자발적인 신뢰와 협조의 확보를 가능하게 하고 이는 다시 보다 만족스러운 서비스의 제공을 가능하게 하며, 경찰서비스에 대한 신뢰와 협조의 제고는 성실, 공정, 정직, 친절한 치안업무태도에서 가능하다.[17] 경찰행정조직은 자체적 평가에 대한 대응전략으로 '고품격 고객만족 치안행정'[18]으로의 혁신방향을 정립하고 세부적으로는 '신속한 처리(Speed: 속도감 있는 서비스로 고객감동)', '간소한 절차(Simple: 고객중심으로 프로세스 간소화)', '유연한 대응(Soft: 고객의 요구에 맞는 맞춤형 서비스)', '현장중심(고객접점 현장으로부터의 혁신)' 등과 같은 전략을 수립하여 경찰서비스품질 관리에 만전을 기하고 있는 것이다. 따라서 경찰서비스의 품질관리 중요성은 다음과 같다.

첫째, 경찰행정관리 및 경영에 소요되는 비용증가 없이 고객의 만족도를 높일 수 있고 궁극적으로는 소요비용의 상당부분을 감소시킬 수 있다.[19]

둘째, 고객만족 향상, 직원들의 윤리성 제고, 비용절감 등의 이점이 있고,[20] 현행 경찰

---

16) 사이버경찰청(http://www.npa.go.kr).

17) 김정헌, 송건섭, "경찰의 치안활동에 대한 신뢰결정요인 연구", 『지방정부연구』, 한국지방정부학회, 제6권 제1호, 2002, pp.159~178.

18) 치안이 구-패러다임(공급자중심)에서 신-패러다임(수요자중심)으로 변화하여 규제와 단속보다 보호와 봉사를 중시하면서 고객감성서비스, 표준화된 서비스, 전문적인 서비스기관으로 거듭남을 의미한다.

19) W. V. Rago, "Adapting Total Quality Management to Government: Another Point of View", *Public Administration Review*, 54(1), 1994, p.62 참조.

20) S. Cook, *Customer Care: How to Improve Competitiveness, Staff Motivation and Profitable in Today's Service Driven Organization*, (London: Kogan Page. 1997), p.12 참조.

서비스의 주민에 대한 서비스의 책임성과 대응성을 확보함으로서 조직의 성공적인 운영이 가능하다.[21)]

셋째, 경찰서비스 품질의 측정을 통한 탁월한 관리는 획일적인 서비스를 공급하던 공급자 위주의 형태에서 탈피하고, 다양화된 서비스를 요구하는 고객위주의 문화에 적응하기 위한 경찰서비스의 향상 및 재설계의 출발점의 측정을 가능케 하는 기능을 수행한다고 볼 수 있다.

## 2. 경찰서비스 품질의 의미

경찰서비스는 '질서경찰'과 '봉사경찰'을 통한 주민만족을 제공하는 활동이라고 할 수 있으며, 이는 주민만족을 위해 제공되는 모든 경찰활동을 의미하며, 경찰목적 달성을 위한 경찰업무의 수행과정 및 그 결과로 제공되는 서비스로 정의되고 있다.[22)] 기업(민간) 서비스 품질의 의미는 서비스를 수혜하는 고객이 기대하였던 서비스와 서비스를 수혜한 후 지각된 서비스 불일치 정도로 서비스의 우수성과 관련된 전반적인 판단이나 행동으로 볼 수 있다. 또한 소비자의 지각을 측정하는 고객지향적인 개념으로 태도와 유관한 개념이며, 특정서비스의 속성에 따른 서비스의 결과뿐만 아니라 과정에 대한 평가로 이해 할 수 있다.

그리고 경찰서비스품질 개념에 대해 Deitz(1997)는 사람들이 기대하는 이상적인 지역사회 경찰활동 경찰관들에게 기대하는 형태, 속성, 경향성과 관련된 요소들로 설명하고 있다.[23)] 이상의 제 정의를 참조하여 볼 때, 경찰서비스란 아래와 같이 정의 할 수 있다.

---

21) 김기식, "행정조직의 품질행정 도입효과와 적용수준의 영향요인", 부산대학교 대학원 박사학위논문, 1998, pp.44~46 참조.

22) 김정훈, "경찰행정의 서비스품질과 고객충성도 결정요인에 관한 연구", 박사학위논문, 경기대학교대학원, 2006, p.63.

23) A. S. Dietz, "Evaluating Community Policing : Quality Police Service and Fear of Crime", Policing: *An International Journal of Police Strategy and Management*, 20(1), 1997, pp .84~87; 김경태, "TQM 이론의 적용을 통한 지역사회 경찰활동 활성화 방안에 관한 연구", 박사학위논문, 원광대학교 대학원, 2004, p.81.

**경찰서비스품질이란?**

"경찰공무원이 적극적인 서비스마인드와 성실하고 친절하게 사전 · 사후적인 경찰활동을 전개하여 주민들도 동일하게 만족도를 느끼고 총체적으로 치안질서가 유지 되는 것"을 말한다.

그리고 경찰서비스의 품질은 경찰의 업무가 지역주민의 생명과 재산을 지키며 공공의 위험방지 등 국민들의 일상생활 및 기초적인 욕구와 밀접한 관련이 있음을 고려할 때 지역주민들에게 있어 중요한 삶의 질 관련 변수라 할 수 있다.[24]

## 3. 경찰서비스 품질의 구성요소

경찰서비스품질의 구성요소와 관련한 선행연구에서 제 요소들을 살펴봄으로써 경찰서비스품질을 구성하는 요소에 대한 이해를 도모할 수 있을 것으로 판단된다. 각 연구자에 따라 다소 상이한 구성요소를 사용하고 있다. 경찰서비스 고객만족이라는 선행연구는 조은경(1998), 김기수 · 김덕희(1999), 한국갤럽(1999), 문광식(2002), 김영환(2003), 경찰청(2004), 안정기(2006)이며, 경찰서비스품질에 SERVQUAL을 활용한 연구는 이상안(2005), 안정기(2006)이며, 이후 이병종(2006), 류지훈(2006), 김정훈(2006), 한국표준협회(2008) 등에 의해 경찰행정서비스 품질에 다양한 구성요소를 사용함을 알 수 있다. 이는 공공서비스부문에서의 주요 논의의 관점이 되었던 Parasuraman, Zeithmal & Berry(1998)에 의해 개발 · 제시된 SERVQUAL모형에 기초하고 있다. 즉, 유형성(tangibles), 신뢰성(reliability), 대응성(responsiveness), 능력(competence), 예절(courtesy), 신용도(credibility), 안전성(security), 접근가능성(access), 의사소통(communication), 고객에 대한 이해(understanding-customer)등의 10가지 범주 혹은 5가지 범주인 유형성(tangibles), 신뢰성(reliability), 대응성(responsiveness), 보증성(assurance), 공감성(empathy)을 연구자들이 원용하거나 응용 · 적용하는 등 SERVQUAL모형에서 크게 벗어나지 않음을 알 수 있다.[25] 이상의 논의를 토대로 경찰서비스 품질의 구성요소는 유형성, 신뢰성, 대응성, 보

---

24) 김정훈, "경찰행정의 서비스품질과 고객충성도 결정요인에 관한 연구", 경기대학교 대학원 박사학위논문, 2006, pp.17~18.

증성, 공감성과 공공서비스 부문에서의 높은 가치인 공정성을 추가하여 6가지로 다음과 같다. 서비스 품질에 대한 고객의 평가는 [그림 5-1]과 같다.

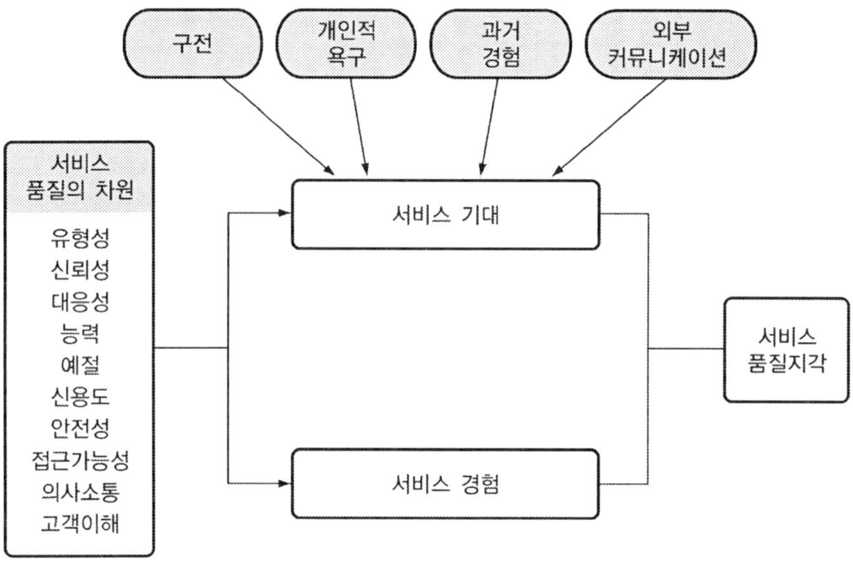


**[그림 5-1] 서비스품질에 대한 고객의 평가**

25) A. Parasuraman, V. A. Zeithaml & L. L., Berry, SERVQUAL: A multiple-Item Scale for Measuring Consumer Perceptions of Quality, *Journal of Retailing*, 64(1), 1998, pp. 12~40. 유형성은 물리적 시설이나 장비, 인적요원 등의 외관(물리적 시설, 접촉요원의 외모, 서비스 제공도구 및 설비 등), 신뢰성은 약속된 서비스를 믿고 의지할 수 있도록 정확하게 제공하는 능력(올바른 기록, 지정된 시간 안에 서비스 제공 등), 대응성은 고객을 도우려는 의지와 적절한 서비스의 제공(신속한 고객 재호출, 신속한 서비스의 제공), 능력은 서비스 수행에 필요한 적절한 지식과 기술의 보유(접촉요원의 기술과 능력 및 지식, 조사능력 등), 예절은 정중함, 사려 깊음, 정직함, 신용도는 서비스 제공자에 대한 신용, 믿음, 정직함, 안전성은 위험, 위기 등에 대한 안전도(고객의 비밀보장, 금전상의 안전, 육체의 안전), 접근가능성은 접근과 접촉의 용이성(서비스를 받는데 있어 대기시간, 고객이 편리한 시간대에 서비스 제공 능력, 서비스시설이 고객이 편리한 위치에 입지), 의사소통은 고객의 이야기를 듣고 고객에게 알려주는 능력(서비스자체의 설명, 서비스가격의 설명, 서비스 수준과 가격의 상충을 설명, 문제가 해결되리라는 확신), 고객에 대한 이해는 고객과 고객의 욕구를 알려는 노력(고객의 특별한 욕구파악, 개인적 관심의 표명, 정규적인 고객의 파악) 등으로 정의된다.

〈표 5-4〉 경찰서비스품질의 구성요소표 5-4〉 경찰서비스품질의 구성요소

| 연구자 | 구성요소 | 비 고 |
|---|---|---|
| 한국표준협회(2008) | • 결과요소(본원적서비스, 부가적서비스)<br>• 인적요소(친절성, 적극성)<br>• 절차요소(신뢰성, 적절성)<br>• 환경요소(접근성, 편리성) | 경찰행정 서비스품질 |
| 김정훈(2006) | • 과정품질(신속, 신뢰, 친절, 전문, 일관, 자발, 공감성 등)<br>• 결과품질(욕구충족성, 정확성, 호감정도)<br>• 환경품질(청결성, 접근성, 편의성 등)<br>• 사회품질(공정성 정도, 차별성 정도, 청렴성 정도) | 경찰서비스 품질 |
| 류지원(2006) | • 마음가짐(봉사정신, 고객입장의 업무처리, 고객의 애로사항 파악)<br>• 친절성(미소, 친절한 전화응대, 예의, 친절한 말투)<br>• 대응성(용모와 복장, 문의에 대한 신속한 대응, 정성어린 불평불만 처리)<br>• 신뢰성(공정한 업무처리, 민원신청의 편리성, 이해하기 쉬운 용어 사용, 고객과의 약속준수, 전문지식, 고객에 대한 업무의 융통성, 고객업무 우선 처리) | 경찰행정 서비스품질 |
| 안정기(2006) | SERVQUAL(접근용이성, 응대친절성, 이용편리성, 업무처리태도, 업무처리 편리성, 편의시설) | 경찰민원행정 서비스 고객만족 |
| 이병종(2006) | • 서비스지향성(서비스가치 지향, 서비스조직문화, 서비스조직 구성원의 의식 · 신념 · 태도)<br>• 시민권존중(존중성, 대응성), 경찰활동 공정성, 리더십, 경찰관행태 | 경찰행정 서비스품질 |
| 이상안(2005) | SERVQUAL(대응성, 보증성, 유형성, 동조성, 신뢰성) | 통합치안 서비스품질 |
| 경찰청(2004) | 친절성, 공정성, 업무수행능력, 청렴성 | 경찰서비스 고객만족 |
| 김영환(2003) | • SERVQUAL<br>• 대응성(신속한 서비스, 자발적 도움정도, 예의와 태도, 성실한 응답정도)<br>• 접근성(민원인에 대한 개별적 관심정도, 민원인 욕구에 대한 이해정도, 민원인 이익에 대한 배려정도) | 경찰서비스 고객만족 |

| | | |
|---|---|---|
| 문광식(2002) | 책임감, 친절성, 전문성, 편리성, 쾌적성, 청렴성, 대응성, 신속성 | 경찰서비스 고객만족 |
| 한국갤럽 (1999) | 업무처리의 신속성, 신청수속절차의 간편성, 업무처리의 공정성, 접대태도의 친절성, 업무처리의 적극성, 근무태도의 성실성, 설비시설의 만족도, 청소상태 분위기 만족도 | 경찰민원행정 고객만족 |
| 김기수 · 김덕희 (1999) | SERVQUAL(외형적요소, 신뢰성, 요구응대성, 확신성, 공감성) | 경찰청서비스 만족도 |
| 조은경(1998) | 책임성, 선택성, 친절성, 신뢰성 | 경찰서비스 고객만족 |

경찰서비스 구성요소 10가지 기준들을 '서비스품질 결정요인'이라 달리 표현이 가능하며 이들 10가지 기준을 6가지 범주로 통합하여 통합경찰서비스 품질의 구성요소(서비스질 결정요인)을 정리하면 다음과 같다.

① 유형성(tangibles)

물리적시설이나 장비, 인적요원 등의 외모 등을 의미한다.[26] 경찰기관은 주민들의 접근이 용이한 위치에 있어야 하며, 장비의 적절성, 강도나 절도범들이 겁을 먹을 만큼 당당하고 자신감 넘치는 복장이어야 한다.[27]

② 신뢰성(reliability)

약속한 서비스는 정확하고 믿을 만 한 과정을 통해 서비스가 제공되어 야함이 강조된다.

③ 대응성(responsiveness)

주민의 요구에 신속히 반응하는 것, 혹은 고객을 도우려는 의지와 적절하고 신속한 서비스의 제공을 의미한다.

26) A. Parasuraman, V. A. Zeithaml., & L. L., Berry(1998: 13)의 본문에서의 tangibles를 국내에서는 유형성(有形性)으로 표현하고 있으나 내용은 시설, 장비, 외모를 포함하는 내용을 담고 있다.

27) 경찰복제는 '경찰 복제에 관한 규칙'에 경찰복제, 경찰복, 경찰화, 계급장, 표지장, 장구, 그 부속물들에 관해 규정하고 있다.

④ 보증성(assurance)[28)]

능력, 예절, 신용도, 안전성 등을 포함하는 개념으로 조직구성원의 지식과 정중한 예절, 신뢰와 확신을 줄 수 있는 능력으로 설명하고 있다.

⑤ 공감성(empathy)[29)]

접근가능성, 의사소통, 고객에 대한 이해를 포함하며, 공통적으로 고객에 대한 배려와 관심을 의미한다. 또한 감정이입의 의미도 갖고 있어 다른 사람들의 가치와 문화를 인지하고 활용할 수 있는 능력을 의미한다.

⑥ 공정성(equity)

주민들은 경찰의 서비스활동에 범죄와 무질서에 대한 대처, 그리고 경찰의 권한 행사에 있어 공정하고 효과적으로 행사할 것을 기대하게 된다. 그리고 이러한 절차적 정의, 공정성의 실현은 경찰활동에 대한 주민의 이해를 더욱 증대시킨다.[30)] 여기서 공정성이란, '동등한 자에 대한 동등한 취급'을 의미하는 것으로 경찰서비스 제공에 있어, 모든 민원인들에게는 같은 양의 서비스가 제공되는 것을 의미한다. 즉 성별, 연령, 학력, 사회적 직위 등에 관계없는 공평한 처리 등 경찰공무원의 책임과 윤리가 뒷받침되는 구성요소이다.

---

28) A. Parasuraman, V. A. Zeithaml., & L. L., Berry(1998: 13)의 본문에서는 assurance는 지식, 예의, 신뢰, 신용 등 네 가지 복합된 용어인데, 선행연구에는 보증성, 확실성, 확신성 등으로 번역되고 있다. 이 연구에서는 보증성이라는 용어를 쓰고자 한다.

29) A. Parasuraman, V. A. Zeithaml., & L. L., Berry(1998: 13)의 본문에서 empathy는 감정이입 등으로 번역되고 있고 Parasuramam, Zeithaml & Berry의 원문에서는 소매점이 고객에게 제공하는 배려와 개인적 관심을 의미하고 있으므로, 이 연구에서는 가장 보편적으로 번역되고 있는 용어인 공감성으로 활용하고자 한다.

30) National Research Council, *Fairness and Effectiveness in Policing*, (Washington, DC: The National Academies Press, 2004), pp. 5~6; 이병종, "경찰서비스에 대한 시민만족도 연구", 박사학위논문, 동국대학교 대학원, 2006, pp. 56~57; 시민의 입장에서 '절차적 공정성'을 평가하는 기준은 시민의 참여, 편견 없는 중립성, 권위와 존경에 의한 시민의 가치부여, 시민들의 복지와 요구에 대한 관심 등 4가지에 의한다고 설명하고 있다.

### 112 신고자 휴대폰 위치추적과 주민의 생활안전

국민 누구나 범죄로부터 위급한 상황에 놓이거나, 생명을 위협받는 긴급한 상황에서 112에 신고하여 개인의 안전도모와 24시간 지역안전지킴이로서 경찰의 역할에 대해 고마움을 표시하곤 한다. 그러나 지난 4월 1일 밤11시경 수원시 주택가에서 발생한 20대 여성폭행살해사건의 경우 피해 여성은 112 신고를 하면 위치추적이 가능해 사건을 즉시 해결할 것으로 알고 있었을 것이다. 그러나 실상은 2009년에 '위치정보의 보호 및 이용에 관한 법률(위치정보법)'을 야당의원이 발의했지만, 인권보호와 검·경 수사권 조정의 연장선상 등의 이유로 3년째 국회에 계류하다가, 지난 24일 국회에서 '위치정보법(112 신고 전화의 위치 추적 허용)' 등 민생법안을 처리할 예정이었으나 '몸싸움 방지법'에 대한 여·야 입장차를 드러내며, 무산되어 정치권은 국민의 바램을 두 번 져버려 18대 국회 임기 내(5월 29일) 처리에 재차 기대 해야 하는 어처구니없는 상황에 놓이게 되었다. 경찰 또한 미흡한 현장대응에 질타로 수습책을 내놓는 등 부산하게 움직이고 있으며, 향후 이와 같은 실패사례가 반복되지 않도록 몇 가지 방향을 제시하면 다음과 같다. 첫째, 법·제도적인 뒷받침이 절실하다. 더 이상의 희생을 막기 위해서 1차적인 책임을 지고 있는 정치권은 경찰에게도 휴대폰 위치추적권한을 주어야 할 것이다. 소방방재청과 해양경찰청만 지정돼 있는 신고자의 위치를 추적할 수 있는 법적권한을 국립경찰에게도 주어 피해자들이 신변위협 등 다급한 상황에서 경찰의 역할을 제대로 할 수 있게 제도를 만들어 주고 질책을 해야 한다. 둘째, 112 지령실 강화로 초동조치를 확보해야 한다. 112로 신고하는 사람들은 대체적으로 범죄로부터 신변위협, 납치, 감금, 폭력 등 평소 겪지 못한 돌발 상황으로 시급성을 요한다. 이번 사건으로 112 지령실에 대한 중요성이 부각된바, 경찰은 '종합치안상황실'을 시범운영하는 등 조직쇄신을 단행하고 있다. 한편 112 지령실 요원들도 지리숙지에 밝은 우수경찰관을 배치하고 상황판단이 어려울 때는 파출소, 순찰차와의 공청(公聽)을 적극 활용하고 FTX를 통해 신고-접수-현장출동-범인검거에 만전을 기하고 인센티브 부여를 통해 사기도 높여 나가야 할 것이다. 셋째, 112 위치추적 관련 인권보호와 경찰인력 부족문제이다. 피해자의 인권도 빨리 경찰이 출동해야 보호받을 수 있다는 점이다. 물론 국민의 사생활이 침해 받지 않도록 사전·사후조치와 정기적인 감사 등 제도적인 장치를 마련해야겠지만 미국과 캐나다, 일본 등 주요 선진국에서는 휴대전화 위치추적 권한을 경찰에 부여하는 현실을 참고해야하며, 영·미 선진 경찰보다 턱없이 적은 경찰인력 부족문제와 신고출동 폭주로 현장출동이 어려운 파출소에 대해서는 112순찰차 보강 등 선진국 수준의 치안행정 구현을 위해서는 치안예산 확충이 반드시 필요한 시점이다. 넷째, 올바른 112 신고문화의 정착이다. 매년 119소방뿐만 아니라 112로 허위 장난전화 건수가 매년 1만 건이 넘는다고 한다. 이는 심각한 시민의식의 문제로 장난전화는 정말로 긴급한 상황에 처한 한 사람이 보호를 받지 못할 수 있어 보다 성숙한 시민의식과 올바른 신고문화 확립을 위한 지속적인 경찰홍보가 필요하며, 악성허위신고는 사안에 따라 즉결심판회부와 위계에 의한 공무방해로 민형사상 책임을 물어 불필요한 경찰출동을 막아야 한다. 끝으로 장기적인 관점에서 '통합지령실(센터)' 운영을 제안한다. 미국은 911로 긴급전화가 통합되어 범죄피해자의 신고가 접수되면 신고자의 위치가 전자지도에 표시되며, 출동과정에서 신고자의 위치추적이 가능한바, 자치경찰제 시행을 가정하면, 지역경찰, 소방, 지방자치단체 3자간의 '통합지령실(센터)'을 구축하여 지역의 범죄문제, 화재·구급, 안전사고 등 주민의 삶의 질에 커다란 영향을 미치는 생활안전에 최우선적인 정책을 펴나가야 할 것이다. 금번 수원시에서 발생한 20대 여성폭

행사건을 계기로 교훈을 얻는다면 경찰의 구조(Structure)와 112 지령실의 대응과정(Process)과 근무자(People)의 행태, 세 가지 수준이 결합해 '문제(과제)해결형'으로 접근해야만 참혹한 일들이 반복되지 않을 것이다. 그동안 경찰은 학교폭력 급증과 각종 범죄대응에 있어 한정된 인력과 장비, 예산상의 어려움 속에서도 국민의 시각에서 치안활동을 전개하는 '공감치안'으로 최근에 경찰혁신의 노력들이 추진력을 잃지 않도록 해야 할 것이다.

〈표 5-5〉 통합경찰서비스 품질의 구성요소

| 구성요소 | 구성요소 개념정의 및 사례 |
|---|---|
| 유형성 | 물리적환경(physical environmental) 측면의 지역경찰서비스<br>1. 나는 복장과 용모를 늘 단정하게 하는가?<br>2. 나는 근무지 시설을 청결하고 쾌적하게 하는가?<br>3. 나는 경찰장비를 늘 점검하는가? |
| 신뢰성 | 신용 있고, 정확하고 믿을만한 과정을 통해 제공되는 지역경찰서비스<br>4. 나는 지역주민들에게 민원처리시간이나 과정을 통보하는가?<br>5. 나는 지역주민들이 이해하기 쉬운 용어로 설명한다.<br>6. 나는 지역주민이 질문하면 관심을 보인다. |
| 대응성 | 민원인들의 요구에 대한 신속하게 대응하고 불평불만 처리 등에 도우려는 적극적인 의지<br>7. 나는 항상 지역주민의 신고를 기다리고 즉각 대응하는가?<br>8. 나는 지역주민들을 자발적으로 돕고 있는가?<br>9. 나는 지역주민들의 불평불만 처리에 관심을 갖고 있는가? |
| 보증성 | 지역경찰공무원의 지식과 정중한 예절, 신뢰와 확신을 줄 수 있는 능력<br>10. 나는 지역주민들에게 항상 친절하게 대하는가?<br>11. 나는 지역주민의 전화에 항상 친절하게 응대하는가?<br>12. 나는 지역경찰서비스에 대해 지역주민에게 믿음을 주는가? |
| 공감성 | 민원인에 대한 배려와 관심<br>13. 나는 지역주민의 긴급민원을 내 일처럼 처리하는가?<br>14. 나는 민원해결을 위해서 지역주민들과 협력하고자 하는가?<br>15. 나는 지역주민들의 고충을 이해하기 위해서 노력하고 있는가? |
| 공정성 | 지역경찰공무원들의 책임과 윤리가 뒷받침된 공정, 공평한 지역경찰서비스<br>16. 나는 민원을 처리할 때 접수된 순서를 지키는가?<br>17. 나는 민원인의 사회적 직위와 관계없이 처리하는가?<br>18. 나는 민원사항을 학력과 관계없이 처리하는가? |

또한 통합경찰서비스 품질의 구성요소에서 나타난 바와 같이 인지한 서비스품질 모형은 〈그림 5-2〉와 같다. 고객이 지각한 서비스와 그들이 경험한 서비스품질과 비교하는 평가과정의 결과라고 할 수 있다.

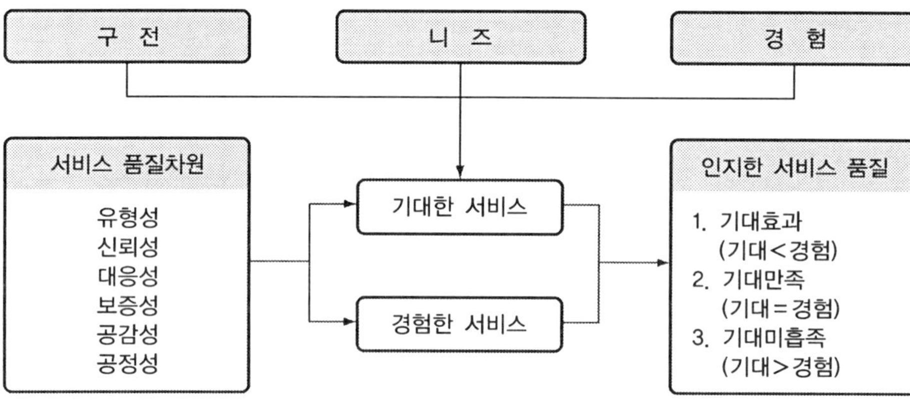


**[그림 5-2] 인지한 서비스품질 모형**

## 4. 경찰서비스 지향성

### 1) 서비스지향성의 개념

서비스지향성이 무엇인가에 대한 연구의 효시는 "경영진의 정책, 업무처리절차 및 경영목적이 내포된 철학"으로 바라본 Parkington & Schneider(1979), 그리고 서비스지향성 조사의 중요성을 언급하면서 "서비스지향성은 조직의 종사원과 고객간의 상호작용에 영향을 미치는 일련의 태도와 행위"라고 정의한 Schneider, Parkington & Buxton(1980)으로부터 출발한다.[31] 이후, Hogan & Busch(1984)는 서비스지향성 평가를 위한 지수를 개발하면서, "서비스지향성은 조직의 목표달성을 위하여 조직원 상호간의 도움을 주고 협조적이 되고자 하는 각 개인들의 태도"라고 정의하면서 다양한 직무에서 중요한 직무수행의 비-기술적인 일면으로서 규정하고 있다.[32]

---

31) B. Schneider., J. J. Parkington & V. M. Buxton, "Employee and Customer Perception of Service in Bank", *Administrative Science Quarterly*, 25(2), 1980, pp.252~267.

Lytle (1998)등은 "탁월한 서비스를 창출하고 전달하는 서비스제공 행동을 지원하고 보상하고자 하는 조직의 정책, 관행, 절차 등이 조직 전반적으로 수용되고 있는 정도"라고 하였다.[33]

이상의 제 정의를 종합해본다면, 조직의 서비스지향성이란, 고객에게 우수한 서비스를 창출하고 제공하기 위한 조직의 정책과 실행, 절차 등을 포함하는 개념으로 조직이 우수한 서비스를 제공하기 위해 얼마나 적극적인가를 나타내는 척도가 된다.[34] 그러므로 서비스지향적인 조직은 고객의 욕구를 충족시키기 위한 서비스 제공에 전략적으로 최우선 순위를 부여한다.[35]

**서비스지향성**

조직이 고객에게 탁월한 서비스를 제공하기 위한 정책, 관행, 절차 등이 조직 전반적으로 수용되고 있는 정도라고 정의한다. 즉 조직이 얼마나 고객 지향적이고 서비스지향적인 조직문화와 시스템을 갖추고 있는가는 조직원들의 서비스지향성에 지대한 영향을 미친다.

이러한 서비스지향성을 측정하는 대표적인 측정지표로 일반 서비스부문 혹은 기업의 차원에서는 시장지향성의 관점에서 측정이 시도되고, 개인차원에서는 구성원의 고객지향성 관점에서 측정이 시도되어 진다.[36] 조직의 서비스지향성 구성요소 및 측정에 관한 연구는 Hogan & Busch(1984)가 SOI(Service Orientation Index)라고 불리는 평가기준을

---

32) J, Hogan & R, Busch, "How to measure service orientation", Journal of Applied Psychology, 69(1), 1984, pp.167~173; 서현숙, "직원의 서비스지향성과 고객인지 서비스품질의 관련성에 관한 연구", 박사학위논문, 경기대학교 대학원, 2006, p.6.

33) R. S. Lytle., P. W Hom & M. P., Mokwa, "SERV*OR, A Managerial Measure of Organization Service-Orientation", *Journal of Retailing*, 74(4), 1998, pp.455～489.

34) T. Levit, "After the Sale is Over", *Havard Business Review*, 61(sep/oct), 1983, pp.87~93.

35) M. Hartline & P. A. Mason., "The Management of Customer-Contact Service Employee: An Empirical Investigation", *Journal of Marketing*, Vol. 60, 1996, pp. 52～70; 이영석, "구성원의 서비 스지향성이 경영성과에 미치는 영향에 관한 연구", 경희대학교 대학원 박사학위논문, 2002; 김상균 · 원유석, "호텔기업의 조직가치, 서비스지향성, 종업원 만족과 직무성과의 관계", 「문화관광 연구」, 한국문화관광학회, 제6권 제1호, 2004, pp.259~281; 윤성준 · 박종원 · 최동춘, "의료기관의 서비스지향성이 경영성과에 미치는 영향에 관한 연구", 「서비스경영학회지」, 서비스경영학회, 제5권 제1호, 2004, pp.135~155.

36) 이상철 · 유근환 · 장우진 · 김용덕, "지방공무원의 직무만족과 고객지향성에 관한 연구: 경상북도를 중심으로", 「한국사회와 행정연구」, 서울행정학회, 제15권 제4호, 2005, pp.97~120.

개발하는 것으로 시작되어,[37] Dienhart et al(1990)이 연구한 측정지표와,[38] Lytle et al(1998)이 개발한 SERV*OR 이 가장 대표적이다.[39]

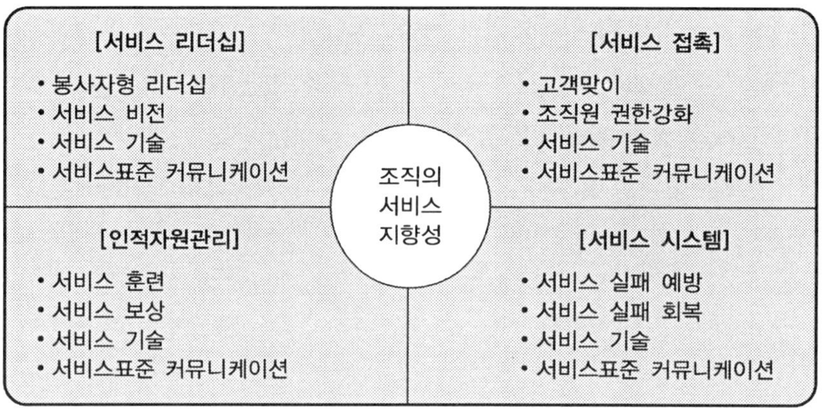


* 출처: R. S. Lytle., P. W Hom & M. P., Mokwa, "SERV*OR, A Managerial Measure of Organization Service-Orientation", *Journal of Retailing*, 74(4), 1998, p.464.

**[그림 5-3] 조직의 서비스지향성 구성도**

그러나 서비스지향성에 관한 국내외의 실증적 연구들을 살펴보면 Lytle et al(1998)의 서비스지향성 구성요소가 발표된 이후, 대부분의 선행연구들에서 서비스지향성의 척도로 SERV*OR을 사용하고 있으며, [그림 5-3]에서 설명하고 있는 SERV*OR의 4개의 차원과

---

37) J, Hogan & R, Busch, "How to measure service orientation", *Journal of Applied Psychology*, 69(1), 1984, pp. 167～173; 서현숙, "직원의 서비스지향성과 고객인지 서비스품질의 관련성에 관한 연구", 박사학위논문, 경기대학교 대학원, 2006, p.6.

38) J. R. Dienhart., M. Bm Gregorie & R. G, Downly, Service Orientation of Staurant Employee, *Paper Presentation at the 1991 Annual Conference of the Council oh Hotel, Restaurant and Institution Educators*, Huston, TX; 이재만, "여행업의 서비스지향성이 종업원의 직무만족과 성과에 미치는 영향에 관한 연구", 박사학위논문, 경기대학교 대학원, 2004, pp. 24～25; 퀵서비스의 종업원들을 표본으로 사용하여 서비스지향성 개념을 조사하였다. 연구 결과 ① 조직의 지원(경영진의 서비스교육, 서비스시스템의 설계와 권장), ② 고객초점(고객서비스 상호작용, 즐김, 만족감), ③ 압박상황에서의 서비스 등의 3개 요인을 제시하였다.

39) R. S. Lytle., P. W Hom & M. P., Mokwa, "SERV*OR, A Managerial Measure of Organization Service-Orientation", *Journal of Retailing*, 74(4), 1998, pp. 455~489; 서비스지향성의 차원을 ① 서비스리더십(봉사자형리더십, 서비스 비전), ② 서비스접촉(고객맞이, 조직원 권한강화), ③ 인적자원관리(서비스훈련, 서비스보상), ④ 서비스시스템(서비스 실패예방, 서비스실패회복, 서비스기술, 서비스 표준 커뮤니케이션) 등의 10개 차원으로 제시하였다.

10개의 세부적인 범주를 제시한 바 있다. 특히, 이들은 서비스리더십, 인적자원관리, 서비스시스템을 조직운영의 서비스지향성 개념을 구성하는 차원으로 이해하였고, 서비스접촉을 조직원의 서비스지향 구성 차원으로 소개하였다.[40)]

## 2) 경찰조직의 서비스지향성

① 경찰조직의 서비스지향성 개념

조직구성원에 대한 태도나 감정은 조직원들의 노력을 유도하고 동기를 부여하는 역할을 하게 되며, 이러한 심리적 변화 없이는 조직이 목표로 하는 변화를 이끌어내기는 결코 쉽지 않다. 그리고 조직이 수립한 전략을 실행하고자 할 때, 전략실행에 적합한 문화와 분위기가 조성되어 있지 못하다면 효과적인 전략을 실행할 수 없다. 따라서 고객이 만족할 수 있는 탁월한 서비스를 전달하기 위해서는 조직전반적인 문화나 분위기가 중요하다.

이러한 관점에서 조직의 서비스지향성은 조직풍토의 한 차원으로 이해될 수 있으며, 조직이 긍정적인 서비스풍토를 가지고 있다면 우수한 서비스를 전달하게끔 조직원들의 행동을 권장하여 유익하고, 친절하고, 신중하고 협력적인 서비스를 전개해 나갈 수 있다는 것이다. 따라서 조직의 서비스지향성이란, "탁월한 서비스를 촉진하는데 적합한 조직의 관행 및 절차나 탁월한 서비스에 대한 보상 및 지원, 기대를 하는 경영활동에 대한 직원들의 지각"으로 정의될 수 있으며,[41)] 조직의 전반적 분위기의 한 차원으로 조직의 지향성, 느낌 등을 창출하는 모든 정책, 관행, 절차 등에 의해 형성되는 것이며, 이는 직원들의 지각에 의해 잘 이해되고 평가될 수 있다.[42)]

경찰조직의 서비스지향성은 경찰조직의 전반적인 분위기의 한 차원으로 경찰조직의 정책, 관행 및 절차나 경찰서비스에 대한 보상 및 지원, 기대를 하는 경찰조직의 활동에 대하여 경찰조직에 근무하는 경찰공무원의 인식을 말한다.

---

40) 이종남, "장애인복지관의 서비스지향성이 조직효과성에 미치는 영향", 박사학위논문, 가톨릭대학교 대학원, 2006, p.19.

41) B, Schneider abd B. Bowen, "The Service Organization Human Resource Management in Crucial,", *Organizational Dynamic*, 21(4), 1993, pp. 39~52; 서현숙, "직원의 서비스지향성과 고객인지 서비스품질의 관련성에 관한 연구", 박사학위논문, 경기대학교 대학원, 2006, p.8.

42) R. S. Lytle., P. W Hom & M. P., Mokwa, "SERV*OR, A Managerial Measure of Organization Service-Orientation", *Journal of Retailing*, 74(4), 1998, pp.462~463.

② 경찰조직의 서비스지향성 구성요소

경찰조직운영의 서비스지향성 구성요소로 소매업에서의 Lytle et al(1998)에 의한 서비스지향성 4가지 구성요소 중, 경찰서비스 영역에서도 활용이 가능한 요소를 원용하여 설명하면 다음과 같다.

㉠ 서비스 리더십(service leadership)

봉사자의 태도와 행동은 조직의 서비스분위기 형성에 지속적이면서도 직접적으로 영향을 미친다.[43] 즉, 봉사자형 리더십(servant leadership) 즉, 서번트 리더십은 조직원들을 다스리려고 하기 보다는 봉사하려고 하는 리더를 말한다. 이는 효과적이고 능동적인 서비스지향성을 창출하고 유지하는데 중요하며, 서비스품질과 조직효과(성과)에 직접적인 영향을 미치는 요인이라 할 수 있다. 봉사자로서의 리더는 부하직원 그들이 임무를 분명하게 파악하고, 우수한 성과를 가져오도록 격려와 권한강화, 동기부여를 해주는 리더이다. 즉, 봉사자로서의 리더는 원리원칙과 가치에 의해 부하들을 이끄는 리더이다.[44]

㉡ 서비스비전(service vision)

조직구성원들 간에 우수한 서비스를 제공하고자 하는 조직 전반적인 열망을 조장하여 고객들에게 탁월한 서비스를 전달하는 것을 가능하게 하는 원동력으로, 서비스비전은 조직내부의 적절한 서비스행동을 위한 기반을 형성하도록 해준다.[45]

㉢ 인적자원관리(human resource management)

조직의 성과개선을 위해서는 조직원의 서비스 지향적 행동을 위한 인적자원관리(human resource management)가 중요하며[46] 특히 서비스훈련과 서비스보상이

---

43) Parasuraman, A., Zeithaml, V. A & L. L., Berry, "The Imperative for Improving Service Quality", *Sloan Management Review*, 35(summer): 1994, pp. 25~48; J. L. Heskett, W. E. Sasser, jr, and L. A. Schlesinger, *The Service Profit Chain How Leading Companies Link Profit and Growth to Loyalty, Satisfaction, and Value*, (New York: The Free Press, 1997), pp.247~250.

44) 안영진, 『품질경영론』, (서울: 박영사, 2003), p.180.

45) G. A. jr. Churchil, N. M. Ford S. W. Hertley & O. C. Walker, Jr, "The Determinants of Salesperson Performance : A Meta-Analysis", *Journal of Marketing Research*, 22, 1985, pp. 103~118; 오정훈, "서비스지향성과 고객만족의 관계에서 집단효능감, 조직몰입과 신뢰의 매개 역할", 박사학위논문, 제주대학교 대학원, 2006, p.24.

46) 강성철 외, 『새인사행정론』, (서울: 대영문화사, 2007), p.23 재인용; 근래에는 행정업무의 전문성과 복잡

중요하다. 먼저, 서비스훈련(service training)이란, 고객에게 탁월한 서비스 질과 지각가치를 전달하도록 하기 위해 조직원들에게 적절한 훈련을 실시하는 것을 말하며, 복잡한 고객의 요구사항을 충족시킬 수 있는 조직원의 능력향상을 위해 서비스기술 훈련에 대한 투자는 매우 중요하다.[47] 서비스보상(service reward)이란, 탁월한 서비스를 제공하는 조직원의 행동에 대한 보상을 의미하는 것인데, 이에 대해 Beney(1996)는 서비스와 관련된 조직원의 행동은 특정한 보상 활동이나 프로그램에 의해서 결정된다고 하였다.[48]

㉣ 서비스 시스템(service system)

일관된 서비스의 질적 확보를 통한 서비스 전달을 위해서는 서비스 창출 및 전달 시스템이 체계적으로 설계되고 잘 작용되어야 할 필요성이 높다. 이를 위해서는 먼저, 서비스실패예방(service failure prevention)과 서비스실패회복(service failure recovery), 서비스기술, 그리고 서비스품질 등이 중요한 원인이다. 서비스실패예방은 서비스 실패가 일어나지 않도록 하기 위해 미리 적극적인 노력을 하는 것을 의미하고, 서비스실패회복은 서비스실패가 발생하였을 경우, 신속하게 대처하여 고객의 불만을 감소시키는 활동을 말한다. 서비스기술은 접근성, 편의성 등과 관련하여 고객이 서비스를 보다 더 편리하게 이용할 수 있게 하는 조직의 기술기반 시스템을 말한다.[49] 그리고 서비스표준 및 커뮤니케이션(service standard & communication)은 모든 직원들에게 서비스표준에 대한 의사전달이 잘 되어지는 것을 말한다. 표준은 조직목표에 대한 달성수준을 최대화하고 서비스실패를 최소화하는데 중요하게 작용하며, 조직이 서비스실패로부터 회복할 수 있는 능력을 증대시킬 수 있는 것이다.

---

성이 증가함에 따라, 정부의 목표달성과 관련하여 전문지식과 기술을 지닌 정부인력의 중요성을 강조하기 위하여 인력(personnel)이나 인사행정(personnel administration)이라는 용어 대신 인적자원(human resource)이나 인적자원관리(human resource management)라는 용어를 사용하는 경향이 있다.

47) L. A. Schlesinger and J. L. Heskett, "The Service-Driven Service Company", *Harvard Business Review*, 69(3), 1991, pp.39~61.

48) J. W. Beney, "Internal Marketing Builds Service Quality", *Journal of Health Care Marketing*, 16(1), 1996, pp. 54~59; 서현숙, "직원의 서비스지향성과 고객인지 서비스품질의 관련성에 관한 연구", 박사학위논문, 경기대학교 대학원, 2005, p.29.

49) 이종남, "장애인복지관의 서비스지향성이 조직효과성에 미치는 영향", 박사학위논문, 가톨릭대학교 대학원, 2006, p.28.

### 3) 경찰공무원의 서비스지향성

① 경찰공무원의 서비스지향성 정의

조직의 서비스지향성은 조직의 모든 자원을 고객에게 서비스를 제공하기 보다는 새로운 규칙과 절차를 만들어 내고, 실행하는데 쏟는 방식의 서비스성향으로 대인적인 문제보다는 규칙, 절차와 시스템관리를 강조한다. 이에 반해, 조직원의 서비스지향성은 조직이 고객에게 서비스를 제공하는데 있어 고객들과 유연하고 개방적인 형태의 관여를 유지하려는 서비스성향으로 조직에서의 대인관계, 고객에 대한 관심, 규칙의 유연한 적용의 중요성을 강조하고 있다.

이러한 관점의 차이에 기반을 둔 조직원의 서비스지향성에 대한 제 정의를 살펴보면 다음과 같다. 이형주(2006)는 "고객중심적인 서비스지향성으로 조직원이 조직의 정책과 실행, 절차 등을 수용하여 고객에게 우수한 서비스를 창출하고 제공하기 위하여 적극적으로 행하는 성향"[50]으로 보고 있다. 그리고 또한 박성연(2000)은 "서비스 제공 시 조직원의 태도와 행동" 즉, 고객에게 도움을 주고 협조하려는 정신 상태에서 발현되는 일련의 태도로 정의하고 있다.[51] 그리고 서비스지향성은 Lytle et al(1998)에 의한 서비스구성 요소 중, 서비스접촉과 밀접한 관련이 있으며, 이를 체계적이고 포괄적으로 측정하기 위해서는 SERVQUAL을 이용하는 것이 바람직하다고 보았다.[52]

---

50) 이형주, "호텔종업원의 성격특성이 직무성과에 미치는 영향에 관한 연구", 박사학위논문, 경기대학교 대학원, 2006, p.68.

51) 지역경찰공무원의 서비스지향성과 유사한 개념으로 '고객지향성'은 서비스지향성의 수행정도로 이해된다. 고객지향성(Customer Orientation)이란 마케팅과 관련하여 판매자의 의식 및 태도 등과 같은 일반적 정향을 고객만족에 두고 이를 마케팅 활동에 정착시키는 것을 의미하는 것으로 "표적고객의 욕구를 파악하고 이해하며 경쟁자보다 고객들의 욕구를 보다 잘 충족시키기 위하여 판매조직의 반응을 적응시키기 위한 철학과 행동"으로 정의되기도 한다(M. R. Williams, "The Influence of Salespersons Customer Orientation on Buyer-Seller Relationship Development", *Journal of Business and Industrial Marketing*, 13(3), 1997, pp. 271～287). 그러나 공공부문에서의 고객지향성은 정부혁신의 일환으로 그 철학적 기조는 신공공관리(New Public Management)의 개념에서 출발한다고 볼 수 있다. 즉, 기존의 행정이라는 개념과 경영의 개념을 통합함으로써 공공생산과정에서의 경제적 가치를 중시하고 그 속에서 관리자의 관리방향을 모색하는 것으로 주로 산출과정에 초점을 두고, 이는 행정을 소비자적 입장이 아닌 생산자적 입장으로 변화되었음을 의미한다(김영호, "고객지향적 지방정부 구현에 관한 연구", 「대학원연구논집」, 동국대학교 대학원, 제32집, 2002, pp. 6~7). 박희서 · 오을임 · 김구는 "행정서비스의 제공을 행정기관의 편의 위주로 아닌 국민들이 원하는 내용의 서비스는 물론 그 수준도 국민의 기대에 부응함으로써 국민들의 요구에 대한 대응성과 책임성을 확보하는 것"이라 설명한 바 있다(박희서 · 오을임 · 김구, "고객지향적 행정의 구현을 위한 고객지향적 조직의 특징에 관한 연구", 「사회과학연구」, 조선대학교, 제24권, 1999, p.20).

따라서 경찰공무원의 서비스지향성은 고객중심적 서비스지향성으로 경찰조직에서 근무하는 경찰공무원들이 경찰조직의 서비스관리정책과 실행, 절차 등을 수용하여 지역주민에게 우수한 경찰서비스를 제공하기 위한 적극적인 성향을 말한다.

② 경찰공무원의 서비스지향성 구성요소

경찰공무원의 서비스지향성은 Lytle et al(1998)에 의한 서비스구성 요소 중, 서비스접촉과 밀접한 관련이 있다. 서비스접촉이란 "조직원과 고객간의 상호작용"을 말한다. 일반적으로 조직이 고객의 마음에 자신들을 인식시키는 기회인 '진실의 순간(moment of truth)'으로 설명되어지고 있으며, '서비스접점'이라는 용어로 대체되어지기도 한다. 진실의 순간, 말만 들어도 왠지 가슴이 꽉 조여드는 기분이 든다. 진실의 순간이란 말은 스칸디나비아 항공사(SAS)사장 얀 칼슨(Jan Carzon)이 제일 먼저 사용하기 시작한 용어로 우리가 한 회사, 혹은 그 회사의 직원을 처음 본 순간, 그에 대한 인상이 머릿속 깊이 박히는 때를 의미한다. 즉 고객의 '중요한 인식의 순간을 뜻하는 것이기도 하다.[53] 예를 들어 항공사의 경우, '진실의 순간'은 고객이 비행좌석 예약 및 발매시, 수화물 점검시, 탑승시, 기내식 제공시, 수화물 반환시 등에서 발생하게 된다. 이런 접촉점에 승객 수와 운항항공기 수를 곱하면 수십 만 건의 진실의 순간이 형성되기 때문에 종업원들이 고객을 어떻게 대하느냐에 따라 기업의 이미지는 긍정적 또는 부정적으로 자연스럽게 형성되어지게 된다.[54] 진실의 순간 즉,'서비스접점'이란 경찰조직의 경찰공무원이 고객과 만나는 모든 접촉점을 말하는 것으로 고객과의 대화뿐만 아니라, 전화를 통한 상담, 사이버상의 건의를 할 때도 발생한다. 고객은 진실의 순간을 통하여 그들이 평소 경찰에 대한 기대수준과 실제결과를 비교함으로써 서비스의 질을 판단하기도 한다. 따라서 인적요소간의 상호작용뿐만 아니라, 물리적 요소나 기타 유형적인 요소, 편의성 등의 무형적 요소들까지도 포함되는 개념이기도 하다. 서비스접촉은 고객맞이, 조직원 권한강화 등으로 구분되어진다.

52) 박성연, "종업원의 직무만족과 조직의 서비스지향성이 종업원의 서비스지향성에 미치는 영향에 관한 연구", 『한국마케팅저널』, 제2권 제1호, 2000, pp.97~117.

53) 박종필, 『서비스 세상을 바꾼다』, (서울: 느낌이 있는 책, 2008), pp.21~22.

54) 이상문, 『총체적품질경영과 리더십』, (서울: 형설출판사, 1998), p.172.

㉠ 고객맞이(customer treatment)

고객에 대한 조직원의 대응방법을 말하는 것으로 조직원이 고객이 원하는 바에 관심을 기울이고 친절하게 대우하는지, 진정한 고객지향적인 서비스를 제공하는지 등에 관한 것이다. 고객맞이는 아마도 고객지향적인 행정서비스부문에서의 가장 보편적인 행정주도로 고객과 서비스제공자간의 직접적인 접점상태를 개선시키는 일일 것이다.[55] Hughes(1994)에 의하면 고객지향의 목표는 대응성의 향상을 의미하는 것으로 행정가와 고객간의 상호작용의 질에 의해 설명되어 질 수 있으며, OECD 보고서를 인용하여 행정상의 포용성, 고객욕구의 충족, 접근성과 참여의 보장 등은 대응성을 향상시킬 수 있다고 보았다.[56] 관존민비적인 행정업무수행 태도에서 발생될 수 있는 관료행정의 한계를 극복시킴으로서 공무원들로 하여금 대민 봉사자로의 직분, 그리고 주민들에게 주인의식을 제고시킬 수 있는 높은 가치가 있다고 평가하였다.[57]

따라서 조직은 서비스성과에 대한 긍정적 지각이나 만족을 창출하기 위한 서비스 접촉상황에서의 고객에 대한 반응 즉, 고객서비스에 대해 지속적인 관심을 기울일 필요가 있다.[58]

㉡ 조직원 권한강화(employee empowerment)

조직의 리더가 조직의 목표를 달성하기 위하여 조직원들에게 자율성을 부여하고 동기를 유발시키며 자기효능감을 형성시키는 일이다. 즉, 권한강화란, 직무와 관련된 행동에 대해 조직원들의 즉각적인 결정을 할 수 있는 권한이 그들에게 주어져 있는 상태라고 할 수 있다.[59] 이러한 권한강화는 조직・심리차원에서 보다 적

---

55) 유해운・오창택, 『행정서비스의 혁신』, (서울: 선학사, 2002), pp.33~36: 그 밖에 고객맞이 장치들로 첫째, 행정시설의 질을 개선하는 것(안락한 의자, 프라이버시, 보호칸막이, 식수대, 화장실, 대기실에 비치한 잡지 등). 둘째, 접수창구 직원과 고객간의 대인적인 관계(공무원들이 건성으로 듣는 것이 아니라 진정으로 동감하여 경청)에 초점을 맞추는 것이다. 셋째, 행정서비스의 비개인적인 품질을 낮추어 익명성을 제거(직원들의 명찰패용 권장)하는 데 있다.

56) O. E. Hughes, *Public Management and Administration*, (New York: ST. Martin's Press., 1994), p.248.

57) 유근환, "정보기술을 통한 공공대응성 향상에 관한 연구", 박사학위논문, 상지대학교 대학원, 2002, pp.46~51.

58) 오정훈, "서비스지향성과 고객만족의 관계에서 집단효능감, 조직몰입과 신뢰의 매개 역할", 박사학위논문, 제주대학교 대학원, 2006, p.24., 서현숙, "직원의 서비스지향성과 고객인지 서비스품질의 관련성에 관한 연구", 박사학위논문, 경기대학교 대학원, 2005, p.19.

59) D. E. Bowen, E. E. Lawler Ⅲ, "The Empowerment of Service Workers : What, Why, How and

극적이고 활동적으로 임무를 수행하도록 하는 것으로 특히, 조직원들이 고객에 대한 서비스를 향상시키고 환경변화에 신속하게 대응하게 한다는 측면과[60] 서비스 질적 향상뿐만 아니라 생산의 향상 등을 통해 조직의 목적을 달성할 수 있다는 측면에서 그 중요성을 높게 평가하고 있다.[61] 특히, 고객과 직접적인 접점을 형성하는 종업원들은 고객의 요구, 불평 등을 가장 먼저 접수하게 되며, 이러한 일차 접점에서 고객의 요구 및 불평을 해소할 수 있도록 일선 조직원들에게 정해진 범주 내에서는 일일이 감독 받지 않고 업무를 처리할 수 있는 권한과 책임을 주는 것은 고객에게 신속한 서비스와 높은 만족을 제공하게 될 것이다.[62] 이러한 이유는 고객과 직접 접촉하는 직원에게 적절한 권한이 주어져 있을 경우, 관리자들은 서비스전달 과정의 많은 부분을 조직원들에게 위임하게 되며, 이로 인해 직원들은 고객의 욕구를 충족시키기 위한 의사결정에 유연성을 가질 수 있기 때문이다. 결과적으로 조직은 권한강화를 통해 고객에 대한 조직원의 대응수준을 향상시킬 수 있고 더 높은 생산성 수준을 달성하며 고객의 불평을 더 빨리 처리할 수 있게 된다. 또한 조직원을 동기부여 시킬 수 있으며, 더 높은 수준의 서비스품질을 제공할 수 있게 된다.[63]

---

When", *Sloan Management Review*, 33(3), 1992, pp.31~39.

60) 신유근, 『인간존중의 경영』, (서울: 다산출판사, 1997), pp. 23~25; 그 밖에 권한위임의 중요성에 대하여 첫째, 조직원들로 하여금 자신의 일이 조직의 성패를 좌우한다는 강한 사명의식을 갖게 하고, 둘째, 업무를 수행하는 개인의 기량을 향상시키는데 초점을 두게 하며, 셋째, 자신이 담당하고 있는 일에 대해 스스로 의사결정권을 갖게 하여 통제감을 높임으로써 무력감과 스트레스 해소를 물론 강한 업무의욕을 갖게 끔 조직원들에게 성취감을 주는 것으로 설명하고 있다.

61) C. Lashley, "Employee Empowerment in Service: A Frame Work for Analysis", *Personal Review*, Vol. 28., 1999, p.175.

62) 오정훈, "서비스지향성과 고객만족의 관계에서 집단효능감, 조직몰입과 신뢰의 매개 역할", 박사학위논문, 제주대학교 대학원, 2006, p.25.

63) R. S. Lytle., P. W Hom & M.P., Mokwa, "SERV*OR, A Managerial Measure of Organization Service-Orientation", *Journal of Retailing*, 74(4), 1998, pp.455~489.

# 제6장 경찰서비스 사례

## 제1절 경찰서비스헌장

경찰의 비권력적 역할 증가는 1998년도에 채택된 경찰서비스헌장에 잘 나타나 있다. 그 내용 중 국민이 필요하면 어디든지 바로 달려가 도와 드리겠습니다 하는 내용 등은 경찰의 비권력적 역할의 중요성을 천명한 것으로 볼 수 있다. 따라서 경찰은 범죄예방과 진압, 수사뿐만 아니라 위험과 곤경에 처한 사람을 구조하고 사회적 약자와 시민에게 사회봉사하는 역할까지 중요시하게 되었다. 탈규제가 가속화되는 시점에 경찰은 경찰서비스헌장 제정을 통해 고객 지향적 경찰서비스를 실현 중이다.

### 1. 경찰서비스헌장 제정

경찰은 정신적 · 윤리적 서비스 실천을 위해 1966년 경찰윤리헌장, 1991년 8월 1일 경찰헌장을 제정하였고, 1998년 9월 30일 경찰서비스 헌장을 각각 제정하여 경찰의 역할과 직무수행에 있어 국민에게 경찰서비스를 다짐 하고 있다. 고객만족의 방법으로 서비스제공자 스스로 서비스의 기준을 공표하고 이를 시민의 권리로 약속하고 고객에 대한 상담을 행하기 위해 청문감사관 제도 도입(1999)과 사이버경찰청 운영을 들 수 있다.

#### 1) 경찰윤리헌장의 내용

1966년 경찰윤리규범의 효시라고 할 수 있는 경찰윤리헌장이 제정 · 선포되었다. 1980년에는 새경찰신조가 제정되기도 했다.[64]

---

64) 새경찰신조(1980년 제정) 1. 우리는 새시대의 사명을 완수한다. 1. 우리는 깨끗하고 친절하게 봉사한다. 1. 우리는 공정과 소신으로 일한다. 1. 우리는 스스로 능력을 계발한다.

〈표 6-1〉 경찰윤리헌장의 내용

| |
|---|
| 우리는 국민의 생명과 재산을 보호하고 공공의 안녕과 질서를 유지하는 경찰관으로서<br>1. 우리는 헌법과 법률을 수호하고 명령에 복종하며, 각자의 맡은 바 책임과 임무를 충실히 완수한다.<br>1. 우리는 냉철한 이성과 투철한 사명감을 가지고 모든 위해와 불법과 불의에 과감하게 대결하여, 항상 청렴 · 검소한 생활로써 명리를 멀리하고 오직 양심에 따라 행동한다.<br>1. 우리는 주권을 가진 국민의 수임자로서 공공의 복리를 증진하고 국민의 자유와 권리를 존중하여 성실하게 봉사한다.<br>1. 우리는 국민의 신뢰를 명심하여 편견이나 감정에 사로잡히지 않고 공명정대하게 업무를 처리한다.<br>1. 우리는 이 모든 목표와 사명을 달성하기 위하여 끊임없이 인격과 지식의 연마에 노력할 것이며, 민주경찰의 발전에 헌신한다. |

## 2) 경찰헌장(1991)의 내용

우리는 조국광복과 함께 태어나 나라와 겨레를 위하여 충성을 다하며 오늘의 사회를 지켜온 대한민국 경찰이다.

우리는 개인의 자유와 권리를 보호하며 사회의 안녕과 질서를 유지하여 모든 국민이 편안하고 행복한 삶을 누릴 수 있도록 해야 할 영예로운 책임을 지고 있다.

이에 우리는 맡은 바 임무를 충실히 수행할 것을 굳게 다짐하여 우리가 나아갈 길을 밝혀 스스로 마음에 새기고자 한다.

〈표 6-2〉 경찰헌장의 내용

| | |
|---|---|
| 친절한 경찰 | 1. 우리는 모든 사람의 인격을 존중하고 누구에게나 따뜻하게 봉사하는 친절한 경찰이다. |
| 의로운 경찰 | 1. 우리는 정의의 이름으로 진실을 추구하며 어떠한 불의나 불법과도 타협하지 않는 의로운 경찰이다. |
| 공정한 경찰 | 1. 우리는 국민의 신뢰를 바탕으로 오직 양심에 따라 법을 집행하는 공정한 경찰이다. |
| 근면한 경찰 | 1. 우리는 건전한 상식 위에 전문지식을 갈고 닦아 맡은 일을 성실하게 수행하는 근면한 경찰이다. |
| 깨끗한 경찰 | 1. 우리는 화합과 단결 속에 항상 규율을 지키며 검소하게 생활하는 깨끗한 경찰이다. |

### 3) 경찰서비스헌장(1998)

경찰의 대민서비스 품질은 경찰 서비스 헌장에 잘 나타나 있다. 생활안전경찰서비스, 수사경찰서비스, 교통경찰서비스, 경찰민원서비스를 위한 서비스헌장을 제정하여 시행중이다. 또한 경찰서비스를 본원적 서비스, 부가적서비스, 정보서비스, 보호서비스, 자문서비스, 해결서비스, 환대서비스 등으로 나누기도 한다.[65] 기존의 경찰헌장이나 경찰윤리헌장의 경우는 선언적이고 추상적인 내용으로 구성되었다면, 1998년 공직사회개혁의 일환으로 시달된 대통령 훈령 '행정서비스 헌장제정 지침'에 따라 경찰서비스헌장이 제정되었다. 경찰서비스 헌장에서 경찰은 국민에게 제공하는 서비스 기준과 내용, 제공방법 및 절차, 잘못된 서비스에 대한 시정 및 보상조치 등을 구체화하였고 경찰의 비권력적 역할의 중요성을 강조한다.

〈표 6-3〉 경찰서비스 헌장 6개 세부 실천항목

| 우리는 국민의 생명과 재산을 보호하고 법과 질서를 수호하는 국민의 경찰로서 모든 국민이 안심하고 평온한 삶을 누릴 수 있도록 다음과 같이 실천하겠습니다.<br>1. 범죄와 사고를 철저히 예방하고 법을 어긴 행위는 단호하고 엄정하게 처리하겠습니다.<br>2. 국민이 필요하면 어디든지 바로 달려가 도와 드리겠습니다.<br>3. 모든 민원은 친절하고 신속·공정하게 처리하겠습니다.<br>4. 국민의 안전과 편의를 제일 먼저 생각하며 성실히 직무를 수행 하겠습니다.<br>5. 인권을 존중하고 권한을 남용하는 일이 없도록 하겠습니다.<br>6. 잘못된 업무처리는 즉시 확인하여 바로 잡겠습니다(즉시 문책하겠습니다. -×) |
|---|

## 2. 경찰강령의 문제점 검토[66]

① 집행가능성의 문제 : 법적 강제력이 없다는 점이다.

② 냉소주의의 문제 : 직원참여가 부족할 경우 냉소주의적으로 흐를 수 있다.

---

65) 백형조, "경찰의 치안서비스 개선방안", 『원광대학교, 경찰행정학보』, 제2집(1988), pp.109~113.

66) 양원규 외, 『경찰학총론 제대로 알기』, (서울: 백산출판사, 2009), p.153 참조. 경찰 헌장이나 경찰윤리헌장의 경우 선언적이고 추상적인 내용으로 구성되어 있고, 경찰서비스헌장은 국민에게 제공하는 서비스 기준과 제공방법이 구체화되어 있다고 하나 제정 후 10년이 지나 경찰공무원들이 직무수행과정에서 반드시 지켜야 할 사항과 필요한 자세에 대해 더욱 구체적이고 실천가능성 있는 헌장으로 수정되어야 하겠다.

③ 최소주의의 문제 : 경찰강령의 최소수준으로 움직일 가능성이 있다.

④ 비진정성의 문제 : 강령의 타율성이 문제시 된다.

⑤ 우선순위 미결정의 문제 : 곤란한 현실문제에 있어 우선순위의 문제가 발생한다.

⑥ 행위 중심적 성격의 문제 : 행위 전의 동기나 의도를 경시하는 점이 있다.

## 3. 10만 경찰 초심(初心)찾기 프로젝트

수원 중부서 112신고(오원춘) 사건으로 경찰은 땅에 떨어진 국민의 신뢰를 되찾기 위해, 온갖 조직개혁방안을 내놓지만, 그 전에 정작 해야 할 일은 조직의 구성원으로서 첫 발을 내디딜 때 가졌던 처음의 마음인 초심(初心)을 찾는 일이며, 그 해답은 '경찰헌장'정신에 잘 나타나 있다.

**〈표 6-4〉 경찰의 초심(初心)찾기와 국민들의 기대**

**[중부시론] 경찰의 '초심(初心)찾기'와 구민들의 기대**

경찰은 열악한 인력 및 예산 등의 치안자원에도 불구하고 구민에게 봉사하는 이미지로 거듭나려는 노력을 하고 있다. 전구의 각 경찰서와 지구대의 치안성과를 평가해 업무에 피드백하고 경찰관의 인사와 징계에도 외부 전문가를 참여시켜 투명성을 확보하는 등 현장중심·구민중심의 다양한 치안서비스 정책을 실시함으로써 많은 호응을 얻은바 있다. 하지만 최근 수원 살인사건과 연이어 터진 유착비리 등으로 그 동안의 경찰 성과와 경찰이미지에 부정적인 영향을 미치고 있다. 이러한 시점에 실추된 신뢰회복과 10만 경찰관의 의식변화를 유도하고 효율적 방안을 모색하기 위한 첫걸음으로 10만 경찰 '초심 찾기' 의식개혁운동이 대대적으로 전개되고 있다고 한다. 초심(初心)이란 무슨 일을 시작할 때 처음 품는 마음이고 처음에 다짐하는 마음이다. 가장 지혜로운 삶은 영원한 초심자로 살아가는 것이고, 인생의 위기는 초심을 상실할 때 찾아온다고 한다. 이 말은 개인이나 조직 모두에게 해당되는 말이며 경찰 조직도 예외는 아닐 것이다. 물론 초심을 잃지 않고 묵묵히 맡은바 소임을 다하는 경찰이 대다수 일거라 보지만, 경찰에 입문할 때 가졌던 첫 각오는 어떠했는가? 경찰은 특정직 공무원으로서 구민의 생명·신체 및 재산을 보호하고 봉사자로서 헌신적인 삶이 아닐까 한다. 모든 직업에서 일정한 윤리가 요구되고 있지만 특히 경찰은 다른 직업의 공무원들이나 직업에 비해서 높은 윤리성과 봉사정신 등 직업윤리와 더 높은 행동기준을 요구받고 있다는 점을 주지해야 할 것이다. 따라서 경찰공무원의 선발과 임용에 있어 경찰윤리에 대한 비중을 높여 나가야 하며, '경찰청공무원행동강령'도 신임교육 과정은 물론이고 재직훈련이나 직장훈련의 과정에도 일회성이 아닌 지속적인 교육실시와 확인절차도 필요하다. 또한 경찰의식변화와 조직의 혁신으로 소수의 잘못된 경찰의식, 제도, 관행타파와 서비스 제공자의 행태인 대응성과 적극적이지 못한 태도 등에 있어 끊임없는 개선을 추구해 나가야 한다. 구민의 생명과 재산을 보호하는 가장 가까운 곳에 경찰이 있다. 결구 경찰에 대한 본연의 이미지를 회복하고 구민의 신뢰를 회복하기 위해서는 개인차원의 철저한 자기반성과 조직차원의 윤리의식 제고방안을 모색하면서 지역주민이 공감하는 경찰활동을 전개해 나가야 할 것이다. 주민들의 치안만족도를 높이고, 사랑받고, 신뢰받는 경찰상을 정립해 나가기 위해 경찰입문당시의 나의 초심(初心)은 어떠했는지, 현재의 모습을 비추어 보고 앞으로의 각오를 새롭게 하기 위한 경찰의 '초심(初心)찾기' 를 계기로 구민의 마음까지 읽을 수 있는 진정한 구민의 지팡이로 거듭나길 구민들은 간절히 기대해 본다.

* 출처: 경북중부신문, 2012년 7월 31일, 15면.

# 제2절 지역경찰과 전담경찰 서비스의 비교

## 1. 지역경찰의 개념 정의

### 1) 지역경찰의 기본 개념

지역경찰은 기존의 경찰시스템에서 파출소에 근무하는 외근경찰이라는 명칭에 대한 대체용어로서 지역사회경찰활동을 실천하는 실천적 프로그램을 말한다.[67] Stipak(1994)은 "업무협동과 개인 간의 접촉을 통해 지역사회 안전을 위한 시민과 경찰의 공동책임을 증대시키는 관리전략"이라고 간략히 정의한 바 있다.[68] 지역경찰이란 선택과 집중의 원리에 따라 경찰서 관내 행정구역과 치안수요 등을 고려해 지역사회 범죄예방과 범죄에 대한 신속대응, 질서유지, 민원처리, 봉사활동 등 전반적인 치안수요를 책임지고 해결하는 경찰이라 말한다.[69]

그러나 경찰은 경찰혁신의 대안으로서 기존의 파출소 제도가 더 이상 지역실정에 적합

67) 석청호, "한국지역경찰 운영실태에 관한 연구", 「한국경찰학회보」, 제6호, 2003, p.95

68) Stipak, B., "Are you Really Doing Community Policing", *Police Chief October*, 1994, p.115.

69) 박성수, "지역경찰제의 효율성 평가", 「공공질서확립을 위한 형사사법정책모색 통합학술대회」, 2008, p.109.

한 치안질서유지와 범죄대응에 어렵다는 판단 아래 현행 지구대를 도입・운영하고 있다. 즉, 지구대는 파출소의 순찰인력 부족현상과 경찰의 현장 대응능력을 개선하고, 지역치안수요에 효율적으로 대응하기 위한 방안인 것이다. 그러므로 지구대 출범이후 지역경찰은 주로 지구대에서 근무하는 경찰로 정의하고 있다. 지역경찰은 지역주민을 경찰의 동반자로 인정하면서 경찰관을 특정지역에 배치시켜 그 지역의 봉사자로서 시민의 욕구를 충족시키고 범죄 등 지역사회 문제의 원인을 미리 파악, 근본적인 해결을 통해 지역사회의 삶의 질을 개선하기 위한 경찰활동으로 새로운 가치체계이자 새로운 패러다임이며, 동시에 새로운 철학이다.[70] 지역경찰을 넓은 의미로 볼 때는 지역경찰의 임무와 조직구성원인 지역경찰공무원까지 포함하는 개념으로 받아들일 수 있으며, 협의로 볼 때는 지역경찰의 개별 조직 단위로 '지구대경찰'로 사용되어지기도 한다.

## 2) 지역경찰서비스의 중요성

지역경찰은 순찰활동과 같이 일정한 지역에 기초를 둔 서비스이기도 하며, 지역주민의 안전과 평온을 확보하는 것을 그 임무로 한다. 지역경찰은 지역주민과 가까이에 있는 현장에서 범죄예방 등에 있어 중추적인 역할을 한다는 점과 경찰의 얼굴이 된다는 점에서 그 중요성이 있다. 세부적으로 살펴보면 다음과 같다.

① 지역경찰서비스는 지역주민들의 생명・신체 및 재산의 보호와 같이 지역을 더욱 안전한 곳으로 만들고, 활동할 수 있는 경찰활동으로 해당지역 치안에 대해 책임을 지고 경찰활동을 수행한다.

② 지역경찰서비스를 위해 담당구역내의 모든 경찰 업무의 창구역할을 수행한다. 지역주민이 하루 24시간 동안 이용가능하기 때문에 다른 공공서비스와는 차별성을 제공한다.

③ 국민소득수준의 향상과 민간경비서비스 경험이 있는 지역주민은 더 나은 치안행정을 원한다. 즉, 지구대체제 전환이후 고객지향적 행정관리를 위해 지역경찰서비스의 품질관리에 대한 조직내・외의 관심과 중요성이 고조되고 있다.

---

70) 김경태, "TQM이론의 적용을 통한 지역사회 경찰활동 활성화 방안에 관한 연구", 박사학위논문, 원광대학교 대학원, 2003, pp.35~36.

## 2. 지역경찰과 전담경찰의 서비스 내용 비교

### 1) 지역경찰과 전담경찰의 비교

지역경찰서비스의 특징과 관련하여 지역경찰의 상대적인 개념으로 전담경찰이라는 용어를 사용한다. 전담경찰에는 교통경찰, 수사경찰, 경비경찰, 정보경찰, 보안경찰, 외사경찰 등이 있다. 전담경찰은 지역경찰과 다른 경찰활동을 수행하는 경찰을 말한다.

① 교통경찰서비스

㉠ 교통경찰의 개념과 중요성

교통경찰이라 함은 도로교통에서 발생되는 모든 위해를 방지하고 제거하여 교통안전과 원활한 소통을 도모함을 목적으로 하는 경찰을 말한다. 자치경찰제 실시가 예정되어 있는 가운데 교통경찰은 그 중요성이 점점 커져가고 있다. 그 이유는 자치경찰활동의 중요 부분이 교통업무와 생활안전업무가 될 것이기 때문이다.

㉡ 교통경찰의 목적

교통경찰의 목적은 도로에서의 위험을 방지하고 교통의 안전과 원활을 실현하는데 있다. 도로교통법 제1조는 「도로에서 일어나는 교통상의 모든 위험과 장해를 방지ㆍ제거하여 안전하고 원활한 교통을 확보함을 목적으로 한다」고 규정하고 있다. 여기에서 「도로에 있어서의 위험을 방지한다」 함은 도로에 있어서의 구체적이며 직접적인 위험을 방지함을 뜻한다. 또한 「교통의 원활을 확보한다」 함은 교통이 어떠한 장애도 없이 신속하게 행해지는 것으로, 「위험방지」와 「안전」이 소극적인 반면에, 「원활의 확보」는 적극적인 면이라 할 수 있다.

㉢ 교통서비스

교통서비스란 경찰기관 내부관리와 분쟁에 관한 것이다. 교통기술은 기술과 관계되는 위험의 식별 및 보고서로서 결함이 있는 다리, 도로 표면, 위험한 범퍼 또는 커버가 대상이다. 보조서비스는 교통안전 교육부터 운전자 원조까지 포함된다. 사고조사란 교통기술에 유용한 자료를 생산하는 정보수집 과정이며, 이는 또한 법원에 유용한 자료가 된다. 교통의 흐름을 지휘하고 통제하는 것과 교통법규집

행 등으로 이루어진다.[71]

교통 활동 서비스에 있어 위반자 적발·단속의 자동차 중심에서 소통확보·사고예방의 사람중심으로 전환이 요구된다.

② 수사경찰서비스

㉠ 범죄수사의 의의

범죄수사는 형사사건에 있어서 공소제기 여부의 결정 또는 공소제기 및 이를 유지·수행하기 위한 준비단계로서, 범죄사실을 조사하고 범인 및 증거를 발견·수집·보전하는 수사기관의 일련의 활동을 의미한다. 이러한 개념규정은 형사소송법 제195조에 근거한 것으로 일반적으로 인정되고 있으나, 현실적으로 범죄혐의를 인정하기 위해서는 범죄혐의 유무에 대한 조사가 전제되어야 하며, 그러한 혐의유무에 대한 조사단계가 내사이고, 이러한 내사를 위해서는 상당한 정도의 범죄정보, 진정, 투서 등의 수사단서가 있어야 한다. 그러므로 일반적 의미의 수사실행 전 단계에서 이루어지는 내사나 수사단서의 수집 등도 넓은 의미에서 보면 수사개념에 포함된다고 할 수 있다.[72]

㉡ 수사경찰서비스

수사경찰서비스에 있어 가해자 처벌중심의 권한에서 피해자 보호 중심으로의 서비스가 요청되어 진다.

③ 경비경찰서비스

㉠ 경비경찰의 개념과 중요성

경비경찰이란 공공의 안녕이나 질서를 파괴하는 국가비상사태, 긴급한 주요사태 등이 발생하거나 발생할 우려가 있는 경우, 또는 개인이나 단체가 불법행위를 함으로써 공공의 질서를 파괴하는 경우, 이러한 상황이나 범죄를 예방, 경계, 진압하는 복합적 경찰활동이다. 경비경찰대상에는 다중진압경비, 대간첩작전경비, 혼잡경비, 중요시설경비 등 주로 사람에 의한 경우는 물론이고 풍수해 등 자연력에

71) 이병종, "경찰서비스에 대한 시민만족도 연구", 박사학위논문, 동국대대학원 2006, p.48.

72) 임창호, 『범죄수사론』, (서울: 법문사, 2004), pp.463~464.

의한 재해경비도 포함된다. 경비경찰의 중요성으로 사회공공의 안녕과 질서유지를 목적으로 하기 때문에 국가안보나 사회안보와 직접 연결되어 있다.

㉡ 경비경찰서비스

경비경찰서비스는 명령・통제의 가시적 실적 중시에서 법테두리 내에서의 대화와 설득의 보호중심으로 전환이 요청되어 진다.

④ 정보경찰서비스

㉠ 정보경찰의 개념과 필요성

정보경찰은 공공의 안녕과 질서를 위협하는 치안정보, 또는 치안정보의 배경이 되는 정치・경제・사회・문화 등이 일반적인 정보 등을 수집・분석・작성・배포하는 경찰을 말한다. 경찰법 제3조가 치안정보의 수집을 경찰의 임무로 규정하고 있으며, 경찰관직무집행법 제2조는 직무의 범위로서 치안정보의 수집・작성 및 배포를 규정하고 있어 경찰의 사물관할의 범위로서 정보활동을 포함한다. 모든 경찰관은 정보수집의 의무가 있다.

경찰에 의한 사전 정보의 수집과 분석 등 정보활동을 통해 불법폭력시위가 사전에 차단될 수 있으며, 긴급사태 발생 후, 진압 또는 검거를 위한 사후수단으로서 정보를 제공할 수도 있다.

㉡ 정보경찰서비스

일반경찰이 이미 발생한 범죄(침해성)를 대상으로 하는 반면, 정보경찰은 범죄가 발생하기 전(위태성)의 원인을 대상으로 하는 한다.

⑤ 보안경찰서비스

㉠ 보안경찰의 개념과 필요성

보안경찰은 국가안전보장을 위협하는 사항들에 대응하는 경찰로서 간첩 등 중요방첩공작수사, 중요좌익사범수사, 반국가적 불온유인물 수집 및 분석, 보안관찰, 남북교류관련 업무 등 모든 위해를 제거하는 것을 전담하는 경찰을 말한다. 국내좌익세력의 증가, 북한이탈 주민관리 등으로 보안경찰의 중요성에는 여전히 변함이 없다.

㉡ 보안경찰서비스

국가적 · 사회적 침해범죄를 그 대상으로 하는 점에서 정보경찰과 같으나, 주 대상은 대공(對共)에 관한 사항이다.

⑥ 외사경찰서비스

㉠ 외사경찰의 개념과 임무

외사경찰은 국가의 안전과 사회공공의 안녕과 질서유지 목적으로 외국인, 해외여행자, 해외동포 또는 외국과 관련된 기관 · 단체 등 외사 대상에 대하여 정보의 수집과 이들과 관련된 범죄를 예방, 단속하는 경찰활동을 말한다. 외사경찰의 임무로는 주한 외국인 또는 외국기관 · 단체가 대한민국 내에서 저지른 범죄는 물론 내국인 또는 해외교포가 외국에서 저지른 범죄, 내국인이 외국인 또는 외국기관 · 단체 등과 연계하여 저지른 범죄, 그리고 외국인이 외국에서 대한민국 또는 대한민국 국민을 대상으로 저지른 범죄 및 내국인이 국내에서 외국 · 외국인을 대상으로 저지른 범죄도 모두 외사경찰의 대상이 되며, 간첩 · 불순분자 등의 제3국을 통한 우회침투를 방지 · 색출하고 무장 · 과격분자 또는 국제범죄단체 등에 의한 테러와 납치 등 국제성 범죄에 대처하는 것도 외사경찰의 활동영역에 속한다.

㉡ 외사경찰의 중요성

세계화와 국제화, 정보화로 인하여 국제교류가 증대함으로 인하여 외사경찰의 중요성은 커져가고 있다. 세계화와 자유시장 경제체제라는 새로운 국제질서 속에서 대외무역의 증가, 새로운 국가와의 교류확대, 해외여행자의 증가, 관광객 및 외국인 노동자를 비롯한 국내체류 외국인의 증가 등 외사경찰의 중요성은 증대되고 있는 것이다.

## 2) 지역경찰의 특성

지역경찰은 경찰의 종합일선기관으로서의 특성을 갖고 있다. 세부적으로 특성을 살펴보면 다음과 같다.[73]

---

73) 손봉선, 『신경찰학개론』, (서울: 백산출판사, 2006), pp.120~121.

① 지역을 수호하는 특성을 갖고 있다.

② 지역주민과 밀착된 특성이다.

③ 지역주민에게 자신감을 심어주는 특성이다.

④ 지역경찰서비스는 범죄예방·검거의 '방범'에서 주민안전·안심확보의 '생활안전기능'을 더 강화해 나가야 한다.

### 3) 지역경찰의 업무범위

지역경찰의 업무 및 활동에 대하여 Skolnick & Bayley(1998)는 범죄예방, 도보와 순찰차량에 의한 순찰체계의 이원화에 의한 수행, 주민에 대한 경찰책임의 강화, 지역사회에 적정한 활동체계 수립 등을 들고 있으며, 경찰대학(2004)은 경찰관과 시민이 상호 동등한 동반자 관계에서 범죄자의 검거, 범죄의 예방, 사회적·물리적 무질서의 해소, 지역사회의 문제점을 발견하고 해결하는 것으로 설명하고 있다.[74)]

지역경찰의 업무범위는 국민의 생명·신체 및 권리의 보호, 법집행, 범죄통제, 질서유지, 봉사(서비스 제공)로 요약할 수 있다.

〈표 6-5〉 지역경찰활동의 업무범위

| 업무범주 | 단위업무 |
|---|---|
| 순찰활동 | • 112 순찰차량, 오토바이에 의한 순찰<br>• 지역경찰공무원 도보순찰<br>• 불심검문(대인·차량검문검색)<br>• 경찰방문[75)] 및 방범진단업무 |
| 협력범죄예방활동과 신속대응 | • 자율방범대 운영<br>• 범죄예방의 홍보활동<br>• 생활안전협의회 운영<br>• 민간경비업체와의 협력<br>• 범죄에 대한 신속대응 |

74) 성도경·곽해룡, "BSC관점에 의한 지역경찰제 성과평가", 『행정관리와 성과평가』, 2007년도 한국정부학회·한국거버넌스학회 하계공동학술대회, 2007, p.349.

75) '경찰방문'이란 경찰관이 관할 구역내의 각 가정, 상가 및 기타시설 등을 방문하여 청소년선도, 소년소녀가장 및 독거노인·장애인 등 사회적 약자 보호활동 및 안전사고방지 등의 지도·상담·홍보 등을 행하며 민원사항을 청취하고, 필요시 주민의 협조를 받아 방범진단을 하는 예방경찰활동을 말하며, '방범진단'

| | |
|---|---|
| 사회질서유지활동 | • 생활주변의 불법행위 등 기초질서 위반사범단속<br>• 주취자 처리<br>• 청소년보호대책위원회운영 및 유관기관단체와의 협조<br>• 소년선도보호 및 보도에 관한업무<br>• 소년범죄의 수사처리<br>• 가정폭력사범 처리<br>• 비행소년 및 불량소년의 지도단속<br>• 화재 · 폭발물 · 풍수해 처리 등 각종 안전사고예방 및 지도<br>• 교통사고의 처리, 교통지도 · 단속<br>• 소재수사(기소중지자, 도로교통법 등 행정법규 위반자) |
| 유해환경 관리활동 | • 소년유해환경에 대한 실태파악 및 지도단속<br>• 미성년보호법 및 아동복지법 위반사범 관리<br>• 공연장 및 소년오락 시설관리<br>• 풍속사범 및 윤락행위 지도단속<br>• 총포 · 화약류 점검<br>• 사격장 및 지도단속과 설치허가에 관한 업무<br>• 매장물 및 표류품 업무<br>• 무허가건물관리<br>• 전당포허가 및 관리<br>• 복표발행, 현상 기타 사행행위단속<br>• 신용조사업 관리<br>• 기타금품모집 단속에 관한 업무 |
| 지역봉사활동 및 기타 업무 | • 미아 · 가출인 처리, 유실물 찾아주기<br>• 교통 · 지리정보의 제공<br>• 독거노인 보호활동<br>• 인명구조 등 주민 위급상황 해결 업무<br>• 각종 사건 · 사고현장에서의 초동조치<br>• 지역봉사활동<br>• 기타 지역사회문제 발견 및 해결 업무 등 |

* 출처: 허용훈 · 문유석, "성공적 지역경찰활동을 위한 경찰과 지역사회간의 협력관계에 관한 연구", 「동북아 도시거버넌스의 발전과제」, 2006년도 한국지방정부학회 추계학술대회, 2006, pp.345~346과 「2005 지역경찰업무매뉴얼」을 참고하여 재작성.

---

은 범죄예방 및 안전사고방지를 위하여 관내 주택, 고층빌딩, 금융기관 등 현금다액취급업소 및 상가 · 여성운영업소 등에 대하여 방범시설 및 안전설비의 설치상황, 자위방범역량 등을 점검하여 미비점을 보완하도록 지도하거나 경찰력 운용상의 문제점을 보완하는 활동을 말한다.

성공적인 지구대 경찰활동의 임무수행을 위해서는 우선적으로 경찰활동 업무범위 파악의 필요성이 제기된다. 오늘날 많은 국가에서는 전통적 기능 위에 현대적 기능, 특히 봉사기능을 더 중시하고 있다.[76] 복지행정이 강하게 요구되는 오늘날, 경찰에게는 좁은 의미의 소극적인 위험방지를 위한 명령 · 강제나 범인의 체포 · 수사와 같은 법집행적인 임무뿐만 아니라, 적극적인 서비스 활동을 통해 지역주민 곁으로 다가가 그들의 문제를 적극 해결해 주는 봉사하는 역할이 요구된다.[77]

**한국경찰에 있어서 서비스영역으로의 경찰임무 확대 의미**

오늘날 많은 선진국에서 진행되고 있는 행정개혁의 일환으로 영미법계 사회에 존재해 오던 경찰의 역할로의 접근이라는 측면과 동시에, 최근에 경제성장 · 과학기술발전 · 사회구조의 변화에 따르는 파생적인 임무로 볼 수 있다.[78] 경찰서비스를 광의로 볼때 전통적인 법집행과 질서유지, 현대적 기능인 고객만족 치안행정 구현을 위한 대민봉사 영역까지를 업무범위로 볼 수 있다.

### 4) 지역경찰과 전통적 경찰의 비교

지역경찰에 대한 폭넓은 이해를 돕기 위하여 전통적 경찰활동과 지역경찰활동을 상호 비교하면 다음 〈표 6-6〉과 같다. 이러한 비교의 필요성은 경찰의 역할 및 업무의 흐름을 통해 지역사회경찰활동의 활성화에도 도움이 될 것이기 때문이다. 〈표 6-6〉을 통해 확인할 수 있듯이 전통적인 경찰활동은 경고, 위협, 상요 등의 방향으로 전술을 활용하고, 사건발생이후 서비스요청에 대응하는 대응체계로써 성격상 사후적 반응적인 특성을 갖는다. 반면에, 지역경찰은 권유와 모집, 초대, 그리고 격려를 향해서 유연한 전술을 활용하고, 법집행(law enforcement)과 질서유지(order maintenance)등과 같은 본질적인 업무를 기반으로 대민봉사의 중요성이 강조되는 사전적 혹은 예방적인 특징을 갖는다고 요약할 수 있다.

---

76) 정진환, 『경찰행정론』, (서울: 대영문화사, 2006), pp.248~249.

77) 급부행정적 서비스는 강제력이 아닌 계몽 · 지도 · 봉사 등을 통하여 경찰직무를 수행하는 것으로 교통정보나 지리정보의 제공, 인명구조와 같은 각종 보호의 제공, 어린이 교통안전교육, 미아, 가출인 찾아주기, 순찰활동을 통한 범죄의 예방활동 등 각종 서비스 활동을 말한다(경찰대학, 『경찰학개론』, 1998, p.23.

78) 최선우, 『경찰과 커뮤니티』, (서울: 대왕사, 2003), p.104.

이 3가지 각각의 역할 내에 경찰(연극배우)에 의해 수행될 수 있는 활동(연기)의 범위가 정해진다. 그리고 이 3가지 역할은 경찰관 개인의 행태와 경찰관서 운용방법, 리더십의 실현방법으로 규정한다.[79] 이와 같이 각 지역경찰은 지역주민의 규모, 지역적 특성, 교통망, 문제의 상이성 등 다양한 방식에 따라 지역주민에 대한 서비스형태를 정해야 한다. 즉, 지역경찰은 형식주의적이고 관료주의적이며, 직업적인 경찰업무 대신에 보다 인간주의적인 경찰에 대한 요구를 충족하고,[80] 단순히 국민의 불만을 조사하고 처리하는 것에 국한된 경찰의 업무가 아니라, 개인과 사회의 복지를 그 목적으로 하는 봉사의 긍정적인 철학에 귀착된 결과이다.[81]

**〈표 6-6〉 전통적 경찰활동과 지역경찰활동 비교**

| 구 분 | 전통적 경찰활동 | 지역사회경찰 활동 |
|---|---|---|
| 경찰은 누구인가? | 법집행을 담당하는 정부기관 | • 경찰이 대중이고 대중이 곧 경찰<br>• 범죄문제를 중심으로 지역사회에 대해 관심을 갖도록 고용된 사람 |
| 경찰활동의 주체? | 경찰 | 경찰과 지역주민(지역사회의 범죄예방을 위한 활동에 경찰뿐만 아니라 경찰의 파트너로서 지역주민 참여) |
| 지역주민 참여형태? | 수동적 · 소극적 참여 | 능동적 · 자발적 참여 |
| 경찰과 다른 공공기관과의 관계? | 우선순위로 인한 갈등관계 | 다른 부서와의 협력관계(경찰은 삶의 질을 향상시키는데 책임 있는 여러 부서 중 하나) |
| 경찰의 역할 및 업무는? | • 범죄 해결의 우선<br>• 주로 사건을 목표로 업무수행 | • 범죄뿐만 아니라 그와 관련된 포괄적인 지역문제 해결<br>• 대민서비스 업무 |
| 최우선적으로 해결해야 하는 범죄? | 피해액이 큰 재산범죄와 강력범죄 | 지역사회가 가장 최우선적으로 해결하여야 한다고 보는 것 |

79) 이상안, 『사회질서론』, (서울: 대명출판사, 2002), p.510.

80) P. K. Manning, Police Working : *The Social Organization of Policing*, (Cambridge, Mass.: The MIT Press, 1979), p.395.

81) O. W. Wilson, *Police Administration*, (New York: McGraw-Hill Book Co., 1977), p.8.

| | | |
|---|---|---|
| 무엇을 경찰이 다룰 것인가? | 범죄사건 | 시민의 문제와 우려사항 |
| 경찰의 업무성과 측정기준? | 수사율, 체포율, 범죄발생률 | 범죄와 지역의 무질서 제거 정도 |
| 경찰의 효과성 판단 기준? | 범죄신고에 대한 대응시간 | 시민과의 협력 |
| 경찰책임성? | 경직되고 집권화된 구조 | 분권화된 구조 |
| 서비스요청에 대한 경찰의 인식? | 해야 할 경찰의 업무가 없을 때만 처리 | 중요한 기능이며 훌륭한 기회 |
| 직업경찰제도란? | 중요범죄에 대한 빠르고 효과적인 대응 | 지역사회의 긴밀한 유대관계 유지 |
| 가장 중요한 정보는? | 범죄에 대한 정보 | 범죄자에 대한 정보 |
| 경찰 책임의 본질은? | • 중앙집권적 : 규칙과 규정에 의해 다스려지고,<br>• 정책지향적 : 법에 대한 책임이 있는 것 | 지역사회의 필요에 적절히 대응 |
| 경찰 본부의 역할은? | 필요한 규칙과 정책 제공 | 조직의 가치를 일선 경찰에 교육 |
| 대-언론반의 책임은? | 일선 경찰관들을 기자로부터 해방시켜 본연의 업무에 집중하도록 도와줌 | 지역사회와 적절히 의사소통하는 채널로 활용 |
| 기소를 무엇으로 보는가? | 중요한 목표 | 많은 수단중의 하나 |

* 출처: Hunter et al, *Police-Communication Relations and the Administration of Justice*, (Upper Saddle River, N.J.: Prentice-Hall, 2000): 64; 김상호 외, 『경찰학개론』, (서울 : 법문사, 2005), p. 507, 성도경 · 곽해룡, "BSC관점에 의한 지역경찰제 성과평가", 「행정관리와 성과평가」, 2007년도 한국정부학회 · 한국거버넌스학회 하계공동학술대회, p.350을 참고하여 재작성.

그리고 분권화, 주민들과의 적절한 상호교류 및 협력, 제도화된 감독과 업무수행에 필요한 훈련을 통하여 시민과의 관계를 재정립하고, 상하계급의 경찰관들 사이의 관계를 재정립할 수 있는 새로운 패러다임으로의 전환이라 할 수 있다.[82] 이상과 같은 전통적 경찰활동과의 비교에 따른 지역사회경찰활동의 제 특성은 공공부문의 탈관료적인 새로운 패러다임의 전환과도 일맥상통한다.

82) 노호래, "한국의 지역사회 경찰활동에 관한 연구", 박사학위논문, 동국대학교 대학원, 1999, p.13.

## 5) 지역경찰서비스의 유형

지역경찰제 시스템은 2004년 12월 31일 기존의 파출소가 지구대・파출소 체제로 개편되었고, 2006년 4월 20일 지역경찰시스템 개선으로 도시지역 지구대가 분할되고 농어촌지역 파출소가 확대되어 현재의 3개 유형으로 구분되었다. 즉, 경찰서 관할구역을 인구・면적・범죄율 등 치안수요, 주민생활권, 교통망 등 지역실정을 종합적으로 고려하여 3~5개 권역으로 나누고, 권역별로 '순찰지구대'를 편성・운영하는 방식으로 기본형(도시형), 농촌형, 특수형 등으로 유형화된다.

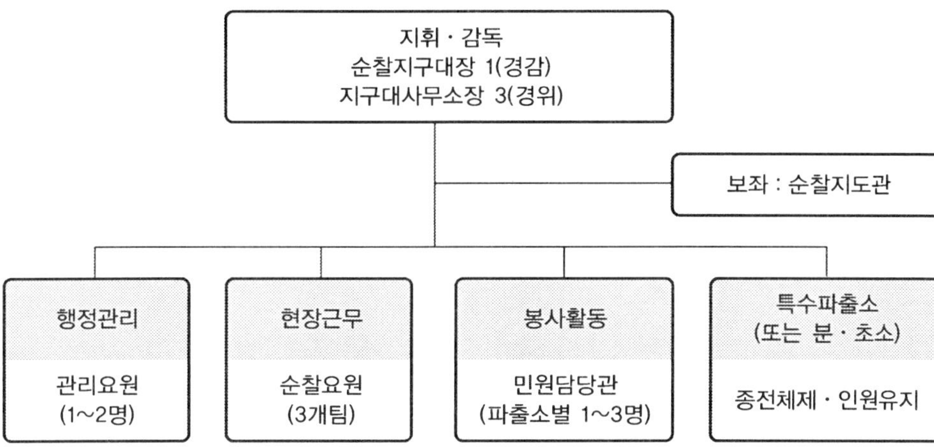


* 자료: 경찰청, 「지역경찰업무 매뉴얼」, 2005.

**[그림 6-1] 지구대의 기본편제**

① 기본형(도시형)

기존의 도시지역 파출소 3~5개를 1개 지구대로 편성, 파출소에 민원담당관 1~4명 배치하여 주민에게 치안 관련 서비스를 제공하고, 통합된 파출소 인력을 순찰반으로 편성하여 지구대사무소에서 집중 운영함으로써, 외근인력의 기동성과 지역성을 구분하고 집중시켜 지역경찰활동을 전문화하는 것이다.[83] 결국, 지역경찰을 순찰지구대

83) 지역경찰공무원의 담당업무 일람에 의하면 지구대장은 지구대 총괄・감독, 관리, 사무소장은 해당 근무시간대 권역내 근무자 근무상황감독, 권역내 각종 사건・사고발생시 현장지휘 및 조치, 담당구역 지역경찰활동 및 협력활동(자율방범대 순회관리), 관리요원은 권역별 범죄분석・대책 등 기획, 관서운영경비 관련

체제로 전면 개편하여 모든 파출소를 편입시키고, 지역경찰을 전문화시킨다.[84] 지구대는 2008년 10월 현재 813개로 지난 8월에 비해 13개소를 줄이는 대신 파출소를 늘리는 등 치안수요와 도시특성에 탄력적으로 대응해 나가고 있다. 급격한 사회변화와 인구의 도시집중이 가중되면서 새로운 치안서비스에 대한 수요가 경찰대응시스템에 근본적 변화를 가하고 있는데 그 중심이 기본형(도시형)지구대이다.

② 농촌형

지구대를 설치하되 파출소제를 유지하는 상태로 지역경찰 활동을 강화하는 형태이다. 파출소에 파출소장(사무소장이 겸직) 및 민원담당관(1~2명)을 배치하고 파출소별 현지 직무교양 및 근무교대를 실시하며 일시적 치안공백을 방지하는데 목적을 두고, 치안공동생산을 위한 주민참여의 통로로 치안자치센터를 운영한다.

③ 특수형

원격지, 특수 치안수요지역 등에 기존 파출소를 그대로 유지하되 관할 인구・면적, 출동거리・시간 등을 고려하여 선택적으로 운영할 수 있도록 고안된 형태이다.

지구대장 아래 각 팀장별 담당업무를 살펴보면 다음과 같다.

- 제1팀장 : 경무, 장비, 통신 기타 2・3팀장이 담당업무에 속하지 않는 업무를 수행
- 제2팀장 : 생활안전, 수사, 형사업무를 수행
- 제3팀장 : 경비, 교통, 정보, 보안, 외사업무를 담당하고 있어 전담경찰이 하고 있는 업무까지도 지구대에서 초기적 대응을 하고 있어 종합일선기관의 성격을 갖는 것이다. 주민과 끊임없는 대면접촉을 통하여 행정의 이념을 실생활에서 구현하고 있는 일선관료들로 구성되어 있는 기관이기 때문에, 이 기관의 성공적인 정책집행 여부는 결국 일선관료들에게 달려 있으며, 행정의 최종적인 산출물에 대한 주민만족도와 정부의 생산성을 결정짓는 중요한 변수가 된다.[85]

---

업무, 기타 행정업무 수행, 순찰요원은 권역별 범죄분석・대책 등 기획, 관서운영경비 관련업무, 기타 행정업무, 지구대장 지정근무, 민원담당관은 경찰민원 등 서비스 업무 수행, 소재수사, 초동조치, 치안모니터링, 청사환경정비, 자율방범대 관리 등의 업무를 수행한다(경찰청, 『지역경찰업무매뉴얼』, 2005.

84) 박동균, "농촌지역 순찰지구대 운영에 대한 평가", 「도시행정학보」, 39(3), 2005, p.285.

85) 김용철 외, 『지방정부와 혁신정책』, (서울: 대영문화사, 2007), pp.173~174.

## 3. 수요자 중심의 치안환경 분석

전국 경찰관서 국민만족도 조사(경찰청)를 보면, 경찰행정에 대한 국민만족도가 2005년 52.3점, 2006년 54.2점으로 저조한 것으로 나타났다. 저조한 원인으로 국민의 기대수준과 치안서비스 품질간의 격차도 한 요인으로 작용하고 있다. 이는 민간기업의 수준을 경험한 국민들의 기대수준은 지속적으로 상승하고 있는 데에 반해 경찰의 서비스 수준은 세무・철도・보건 등 여타 공공서비스에 비해서도 낮게 평가 되는 등 국민요구에 부응하지 못하고 있다고 할 수 있다.

**경찰서비스에 대한 주요 고객만족도 조사결과**

- 정부부처 주요정책 국민만족도 조사 〈국무조정실〉
  - 2005년(19개 청) 민원서비스 만족도 52.3점(19위)
  - 2006년(21개 청) 일반국민 54.2(7위), 전문가 64.3(14위) → 종합 58.2(9위)
- 국가고객만족도(NCSI) 조사 〈생산성본부・조선일보〉
  - 2005년 57점, 2006년 64점(서비스 수준은 10등급 중 5등급)
- 전국 경찰관서 국민만족도 조사 〈경찰청〉
  - 2005년 66.1점, 2006년 68.9점
- 전국 경찰관서 국민만족도 조사 〈한국표준협회〉
  - 2008년 69.9점(경북지방경찰청), 전국평균 65.1점
- 국가고객만족도 조사 〈한국표준협회〉
  - 2010년 248개 기업・기관 중 235위
- 민원행정서비스 만족도 조사 〈국무총리실〉
  - 2010년 청단위 기관 20개 중 16위

최근 서비스품질과 관련하여 일선 행정서비스기관에 대해 정부의 관심으로 매년 공공기관과 민간기관을 대상으로 서비스품질을 평가해 우수기관을 발표하고 있다.[86] 2008년 경우 지난 5~8월 지방경찰청별 치안서비스이용자를 대상으로 설문 및 인터넷 패널조사 방식으로 진행된 평가에서 경북지방경찰청은 69.9점을 받아 1위를 차지하였으며, 전국평

86) 한국표준협회가 한국갤럽을 통해 주민이 공감하는 현장위주의 치안활동과 불법, 무질서를 없애기 위한 37개 플랜, 경북경찰 어젠다 5를 시행해 주민위주의 치안행정을 펼치고 있다는 점을 높이 평가 받았다(조선일보, 2008 9, 24일자, 14면, 『경북경찰 서비스품질 1위 주민위주의 치안행정 주효』).

균은 65.1점이었다. 따라서 동일한 경찰서비스를 제공하는 경찰기관 사이에 상대적 성과와 관련하여 경쟁을 유도하는 등 주민이 만족할 수 있는 경찰서비스 품질의 지속적인 관리를 위해서 경찰 서비스의 품질에 대한 심층적인 연구가 요구된다.

한국경찰조직은 중앙집권적 국가경찰로 행정안전부 소속으로 중앙의 경찰청을 중심으로 지방경찰청, 경찰서로 이어지는 상명하복의 계층제를 이루고 있으며, 같은 조직 내에서는 분업의 원리에 따라 기능이 구분되어 진다. 또한 헌법 및 정부조직법, 경찰법, 경찰공무원법, 경찰관직무집행법 등에 그 기초를 두고 있으며, 2012년 10월 현재 16개의 시・도경찰청과 239개 경찰서, 813개의 지구대가 있다.

현재 국가경찰의 지역구분에 따르면, 지구대를 대도시형(1급지), 중소도시형(1급지, 2급지), 농촌형(3급지)으로 분류 할 수 있다. 특히, 대도시형은 인구의 증가로 각종 사회문제가 대두되고 이에 따라서 복잡한 치안수요가 제기되면서 도시의 여러 가지 특성과 관련한 다양한 범죄양상에 대응하여야 한다.

## 4. 국민만족 경찰활동과 성과에 기반한 조직운영

### 1) 국민(고객)만족 경찰활동의 개념

경찰공무원이 적극적인 서비스마인드와 성실하고 친절하게 사전・사후적인 경찰활동을 전개하여 주민들도 동일하게 만족도를 느끼고 총체적인 치안질서가 유지되는 것을 말한다.

### 2) 국민(고객)만족 개념 도입배경

행정에 고객지향이라는 새로운 패러다임을 도입하여 서비스 공급자인 정부(관료)중심에서 서비스의 대상이 되고 있는 고객, 즉 시민의 입장에서 시민을 중심으로 한 서비스를 제공함으로써 서비스의 질과 효과를 제고시키고자 함.

| 조직관리 : 명령・통제(실적중시) ➡ 자율・참여(국민만족 성과중시) |
|---|

### 3) 경찰의 비전과 목표

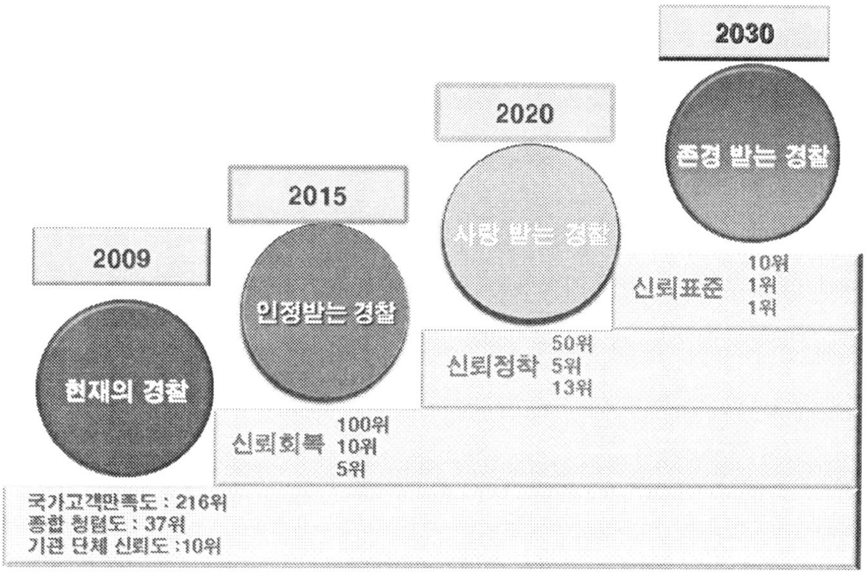


* 출처: 2010경찰백서, p.387.

[그림 6-2] 경찰의 비전과 목표

### 4) 치안성과평가의 개념

치안성과평가제도는 치안행정의 조직구성원의 목표달성 정도를 평가하는 것으로 성과관리에 있어서 핵심적인 하부시스템이다. 성과를 객관적으로 평가하여 그 결과에 따라 관서, 부서, 개인에게 공정한 보상을 함으로써 '일한대로 보상받는' 성과주의 문화를 확산시키기 위해 도입된 제도이다. 일부에서는 평가를 받는 것에 대한 거부감을 가지는 경우가 많다. 그러나 경쟁이 없는 곳에서는 경쟁력이 길러지지 않는다.

#### (1) 치안성과평가의 목적

① 핵심역량과 경쟁우위요소의 확보 및 실행방안의 구축

② 팀장의 효율적인 팀원관리 도모

③ 자기책임(self-responsibility)에 근거한 직무수행 가능

④ 성과와 보상과의 연계 강화

### (2) 치안 성과평가 요소(경찰서)

① 주민만족도, 지방청 핵심지표, 경찰서 자율과제, 지휘관 가점, 주요 비위 감점 등

② 측정내용 : 온라인 민원처리 만족도・신속도, 성과지표이외의 업무성과를 정성적으로 평가, 청렴도 평가(대상: 민원인, 경찰관)

## 5) 경찰생산성 흐름도

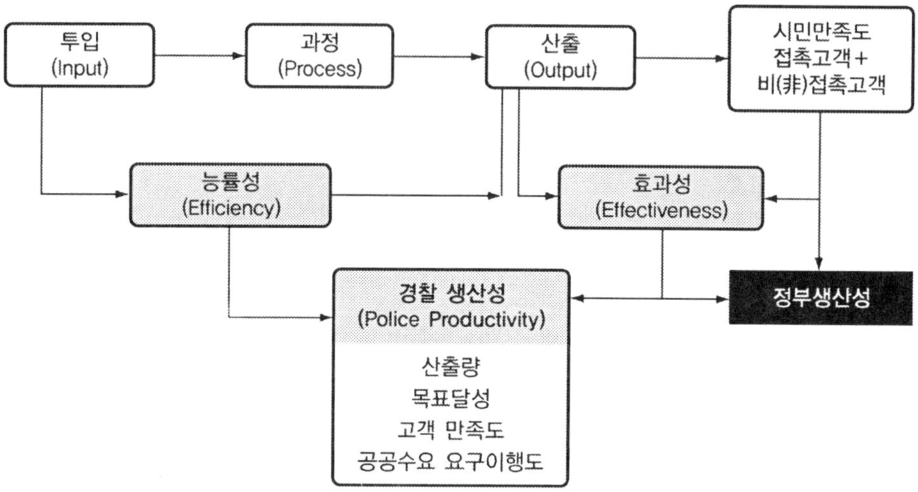


[그림 6-3] 경찰생산성 흐름도

# 제4편

# 경찰서비스의 차원별 품질관리



**들어가며...**

고객(시민)의 경찰서비스 요구수준은 사람의 수만큼이나 점차로 까다로워지고 기대치 또한 높아졌다. 이러한 환경 속에서 경찰에게 과거에 비해 여러 가지 다른 사고방식과 대응전략이 요구되어진다. 이제는 경찰서비스의 품질관리를 위해서 차원별 대응해 나가야 한다.

구체적으로 서비스시스템 차원의 품질관리로는 사례중심의 학습정보 축적 및 활용과 경찰서비스 전략의 명확화, 인적자원관리 차원의 품질관리로 는 경찰서비스 품질교육훈련 및 권한이양과 평생교육의 중요성, 서비스리더십차원 품질관리로는 경찰조직의 서비스정착, 바람직한 리더십, 서비스 접촉차원의 품질관리로는 유형성, 신뢰성, 대응성, 보증성, 공감성, 공정성별 관리책 모색과 경찰의 변화관리를 통해서 품질이 좋아져야 경찰서비스의 총체적품질이 향상 될 것이다. 더불어 경찰서비스 품질에 대한 새로운 인식과 실천 또한 중요하다 하겠다.

따라서 제3편에서는 차원별서비스로 서비스시스템 차원, 인적자원관리 차원, 서비스리더십 차원, 서비스 접촉 차원별로 품질관리에 대해 다루고 있다.

# 제7장 서비스시스템 차원 품질관리

## 제1절 사례중심의 학습정보 축적 및 활용

경찰조직운영의 서비스시스템은 일관성을 갖춘 경찰서비스의 유지를 위한 서비스 창출 및 전달시스템의 체계적 설계를 강조하기 위한 것이다.

'서비스시스템' 차원에서의 경찰서비스 실패 및 예방을 위한 사례중심의 학습정보 축적 및 활용이다. 앞서 살펴본 바와 같이 경찰서비스에 대한 국민 만족도는 많이 개선되었다고 하나 여전히 여타 공공서비스에 비해 낮은 것이 사실이다. 국민의 기대에 걸 맞는 고객만족 경찰행정을 실현하기 위해서는 '고객의 소리(VOC: Voice of Customer)'를 적시에 정확하게 분석하여 경찰정책에 환류 · 반영하는 것이 중요한 문제로 대두된다. 이를 위해 '고객만족 모니터센터'를 구축(07. 6)하고 여론조사와 고객만족도 조사를 자체적으로 실시하고 있으나 보다 확대하여 지방청과 각 경찰서에서도 이와 같은 노력이 병행되어야 할 것이다. 고객만족만을 위한 교육이 아니라 문제 해결형 교육이 되어야 하며 고객응대 기본 매너 외에도 전화 응대요령, 특히 경찰에 대한 불만 고객 응대에 대한 교육과 학습을 통한 현장중심의 고객만족 역량 강화가 필요하다. 또한 주요경찰업무인 형사, 교통, 생활안전, 경비, 경무 등에 서비스 실패 사례에 대한 분석과 예방을 위한 품질관리방안이 모색되어 진다.[1)]

그리고 경찰서비스의 표준화[2)] 및 이에 대한 숙지, 그리고 경찰관련 조직과 개인 상호간의 원활한 커뮤니케이션 구축의 필연성이 강조되어진다. 경찰조직이 경쟁력을 지속적으로 유지하기 방법은 항상 공 · 사 부문 경쟁자보다 빠르게 배우는 능력을 갖는 것이다.

---

1) [부록] 주요 경찰업무와 품질관리방안 참조.

2) 경찰서비스의 표준화란, 경찰서비스의 수준을 규명하는 것으로 보고, 표준화를 통해 대중에게 보다 많은 정보를 제공할 수 있으며, 대중에게 권한을 부여하고, 고객으로서의 권리를 확대시킨다. 그리고 일관성, 속도, 양질의 서비스를 향상시킬 수 있으며, 조사 · 측정의 기본적인 자료를 제공하고, 성공에 따른 보상을 가능케 한다(L. Gaster, *Quality in Public Service*, (Philadelphia: Open University Press, 1995), p.99.

## 제2절 경찰서비스 전략의 명확화

지식정보화 · 세계화 · 다양화의 물결 속에서 국민들의 안전에 대한 욕구는 급격히 높아지고 있어 경찰의 기본 책무이자 존재이유인'범죄와 사고로부터 국민의 생명과 재산을 안전하게 지키고 사회공공의 안녕과 질서유지'에 충실한 것은 물론 국민의 손과 발이 되어 국민을 편안하게 하는 경찰이 바로 선진 일류경찰로 우리 경찰이 도약해야 하는 근본적인 전략인 것이다.'보다 신속하게, 더욱 친절하게, 가장 공정하게, 국민을 정성껏 섬기는 자세'야 말로 경찰이 새롭게 달라지겠다는 시대의 흐름이자 조직변화의 표상인 것이다. 경찰서비스의 질적 수준을 측정 · 평가하고, 경찰서비스 전략을 보다 명확할 필요가 있다. 그 실천의 예로 선언적인 경찰서비스 헌장을 보다 구체적이고 실천적 · 서비스 지향적으로 바꾸는 실용적인 자세가 필요하다. 이에 따른 경찰공무원을 대상으로 교육을 실시하고, 경찰공무원들은 실무에서 교육받은 내용을 실천해야 한다. 경찰서비스에 대한 관련 조직 및 구성원들 간의 원활한 커뮤니케이션을 통해, 새로운 경찰서비스품질 방향을 설정하고 표준화된 서비스시스템을 갖추어야 할 것이다.

# 제8장 인적자원관리 차원 품질관리

## 제1절 경찰서비스품질 교육훈련 및 권한이양

'인적자원관리' 차원에서는 대상과 내용에 따른 적절한 교육훈련과 자기개발 관리, 그리고 포상을 통한 적극적 관리, 그리고 경찰 공무원들 간의 갈등관리가 적절하게 이루어져야 한다. 즉, 인적자원관리는 인적자원을 효과적으로 관리하면 조직의 효과성에 절대적으로 이바지함으로써 조직의 경쟁적 이점의 원천으로 활용할 수 있는 전략적 관점을 제공하여 준다.

경찰서비스 조직차원에서의 교육훈련,[3] 자기개발, 보상 및 평가 그리고 이를 통한 갈등관리 등이 적극적으로 이루어져야 할 필요성이 있다.[4] 특히, 교육훈련과 관련하여서는 경찰이 당면하고 있는 환경변화에 대한 면밀한 분석, 그리고 경찰교육훈련의 이념과 기본방향 등에 대한 논의를 통해 한정된 고학력의 양질화된 경찰서비스 인력으로 경찰서비스 활동에 유효적절하게 대처해나갈 수 있는 지속적인 교육훈련방향의 설정이 필요하다.[5]

---

3) 경찰청 자료에 따르면, '경찰 교육훈련'은 경찰관이 직무수행상 필요한 지식과 기술을 습득하고 가치관과 태도를 발전적으로 형성・보충하여 주어진 책무를 보다 민주적이고 능률적으로 수행할 수 있도록 하는 체계적인 과정을 말한다. 신임・보수교육 및 각종 전문화 교육을 실시하고 있으며, 각급 경찰관서별로 월 1회 이상 소속 직원에 대한 무궁화포럼 등 직장교육을 실시하고 있으며, 현장에서의 범인제압능력과 체력향상을 위해 연 9회 사격훈련과 월2회 이상 체력단련 활동을 실시하고 있다. 그리고 국・내외 교육기관에 위탁교육은 물론, 지방경찰청 단위에서는 '지방경찰학교'를 설치하여 지역실정에 맞는 전문화 교육을 실시하고 있다. 또한 2006년도에는 급속히 변화하는 치안환경에 능동적・탄력적으로 대응하기 위하여 실무사례 중심의 참여식・토론식 교육을 확대・운영하고 있으며, 총경, 경정 등 관서장 및 일선 지휘관을 대상으로 집중적인 혁신교육을 실시하고 BPR・뉴패러다임 등 과제별 전문가 양성교육을 실시하고 있다(경찰청, 『2007 경찰백서』, 2007, pp.371~372.

4) 박성식, "인적자원의 개발과 관리에 관한 연구", 「논문집」, 금오공과대학교, 제19집, 1998, p.403; 박우순, 『현대조직론』, (서울: 법문사, 2000), pp.175~179; R. S. Lytle, Hom & Mokwa(1998)의 경우에는 서비스 훈련과 서비스보상을 핵심적인 요소로 보기도 한다(R. S. Lytle, & P. W Hom & M. P., Mokwa, SERV*OR, A Managerial Measure of Organization Service-Orientation, *Journal of Retailing*, 1998, 74(4), pp. 455~489); 권경득・임정빈, "지방정부 조직성과의 결정요인에 관한 연구", 「지방자치발전 및 행정혁신」, 한국지방자치학회, 2001년도 동계학술세미나, 2002, p.246.

실제적으로 하나의 새로운 조직관리전략이 도입되고 시행됨에 있어 가장 중요한 것이 교육훈련이다. TQM은 업무수행과정에 있어서 패러다임의 변화를 시도하고 있기 때문에 TQM이 조직문화 속으로 융화되기 위해서는 지속적인 개선활동이 필요하고 교육훈련 방법에 대해서는 우선적으로 TQM 전반에 관한 이해가 중요하다.[6] 교육훈련은 일선경찰공무원 뿐만 아니라 중간관리자, 최고관리자를 대상으로도 실시하여야 한다. 중간관리자도 부하직원을 리드하고 지휘하기 위해서는 품질에 관한 교육과 훈련이 필요하기 때문이다. 이러한 교육훈련 뿐만 아니라 그들의 문제 발생시 그 자리에서 즉각 처리 할 수 있도록 일정 범위 내에서 재량권[7]을 부여하는 것도 고객과의 계속적인 유대관계를 위해서 필요하다. 고객이 문제해결을 즉각 요구하거나 특정 정보를 얻고자 할 때 상위 여러 단계를 거쳐 해결된다면 어떤 고객이 경찰을 믿고 협조할 수 있을 것인가? 즉 일선경찰공무원에게 현장에서 문제발생이 이를 해결할 수 있는 권한이 주어짐과 동시에 정보를 필요로 할 때 즉각 접근할 수 있는 채널이 확보되어 있어야 한다. 즉 전체 구성원의 품질개선능력과 품질의식을 높이기 위해서는 무엇보다도 품질관리 교육과 직무수행의 근본이 되는 인간성 개발 교육이 필요하다.

## 제2절 경찰평생교육의 중요성

자기개발의 경우, 평생교육의 중요성과 더불어 이의 중요성이 점점 강조되고 있으며,[8] 자기개발의 의욕과 자세를 갖추지 못한 조직원이 존재하는 조직은 성장은 물론이고 발전도 할 수 없다.[9] 더욱이 질 좋은 경찰서비스를 생산하고 전달하기 위해서는 생산과 전달

5) 한상암, "지역사회 경찰활동의 활성화를 위한 교육훈련체제 개선방향", 『원광대 · 계명대 경찰행정학과 합동학술세미나 자료집』, 2003, pp. 22～23; 김경태, "TQM이론의 적용을 통한 지역사회 경찰활동 활성화 방안에 관한 연구", 박사학위논문, 원광대학교 대학원, 2004, p.178.

6) 김경태, "고객만족을 위한 경찰의 교육훈련 발전방안", 『한국공안행정학회보』, 제29호, 2007, p.24.

7) 일선관료는 시민과 직접적으로 접촉하여 직무를 수행하므로 상당한 재량권을 가진 관료라고 정의된다. 즉 일선관료인 경찰은 업무집행에 있어서 실질적인 재량권을 행사함으로써 경찰서비스의 수혜자인 시민들에게 큰 영향을 미친다. 이러한 재량권은 경찰정책의 분배와 규제를 결정하는데 크게 작용하기 때문이다.

8) 김종재 · 박성수, 『인적자원관리』, (서울: 법문사, 1999), p.262.

과정에 참여하는 경찰공무원들 모두의 역량과 에너지가 참여과정을 통하여 반영될 때 실현될 수 있다. 또한 변화하는 경찰서비스 환경과 고객들의 요구에 신속히 대응할 수 있는 유연성을 확보하여야 하고, 직장과의 일체감, 직장목표와 개인목표와의 조화, 주인의식, 동료간・부서간의 적극적인 협력을 유도하기 위해서는 경찰조직의 교육훈련 프로그램의 반복과 함께 개인 잠재력의 개발을 유도할 수 있는 관리책이 수반되어져야 한다.[10] 또한 경찰서비스조직 차원에서의 인적자원관리와 관련하여 우수한 서비스에 대한 평가와 보상이 연계되지 않은 경우에는 경찰 공무원들 간의 새로운 갈등을 야기 시킬 수 있어, 평가와 보상에 대해 경찰공무원들 못지않게 조직적 차원에서 관심을 가지고 관리하여야 한다.[11] 기존에 논의되어지던 현금 혹은 비현금인센티브의 결과론적인 평가와 보상에 초점을 맞춘 관리가 아닌, 인센티브를 제공하는 조직 내의 절차와 과정 및 조직과의 커뮤니케이션 과정까지도 충분한 검토 및 개선을 통해 적극적인 관리가 이루어져야 할 필요성이 있다. 또한 경찰재직자를 위해 경찰관련학과 및 이와 동등한 학과에 편입학을 통해 경찰공무원의 평생교육지원방안이 강구되어야 할 것이다.

9) 강정대・황호영, 『현대 인적자원관리』, (서울: 박영사, 1998), p.273.

10) 오세덕・여운환, 『현대행정관리론』, (서울: 동림사, 2000), pp.376~377 참조.

11) R. Robbins, *Organization Theory : The Structure and Design of Organization*, (Prentic-Hall, Inc., Englewood Cliffs: New Jersey, 1983), p.305.

# 제9장 서비스리더십 차원 품질관리

## 제1절 리더십

### 1. 리더십의 개념

리더십(leadership)이란 말 그대로 리더(leader)와 십(ship)의 합성어로써 이는 결국 리더(선장)가 배를 목적지까지 무사히 도달할 수 있도록 항해하는 동안 부하(선원)에게 영향력을 행사하는 과정을 의미한다. 즉 리더십은 조직목표의 달성을 위하여 구성원이 적극적으로 행동하도록 동기를 부여하고 영향력을 미치는 관리자의 쇄신적 · 창의적 능력(기술)을 말한다. 리더십(leadership)은 지도력 · 지도성으로 번역되며, 이러한 리더십은 고전적 조직이론에서는 구성원을 합리적 · 경제적 인간으로 가정하였기에 중요시되지 않았으나, 신고전적 조직이론에서는 구성원을 사회심리적 욕구충족을 중시하는 사회적 인간으로 가정하였기에 리더십의 중요성이 인식되기 시작했다.

### 2. 리더십의 구성요소와 특징

#### 1) 구성요소

리더십의 구성요소는 리더, 추종자, 상황과 의사소통이며, 이들은 서로 밀접한 상호관련성을 가지고 있다.

① 리더(leader) : 리더는 리더십의 기능을 수행하는 구성요소의 제1차적인 책임자이며, 리더십 수행상의 주체라 할 수 있다.

② 추종자(follower) : 추종자(부하)는 리더와는 주종(主從)관계를 이루면서 한편으로는 조직의 목표달성을 위해서 다른 추종자를 적절히 통솔 해 나가야 한다. 항상 위대한

리더의 업적의 절반은 추종자의 몫이다.

③ 상황(situation) : 상황은 리더나 부하에게 주어진 임무나 환경, 그리고 리더와 집단이외의 것으로 집단(팀) 및 조직의 목표달성에 영향을 주는 제요소를 말한다.

④ 의사소통(communication) : 의사소통이란 조직의 목표달성을 위해 조직내의 개인이나 집단 간에 의견과 정보를 교환하는 것을 말한다. 어떤 조직이나 집단 내에서 원활한 의사소통이 잘 이루어지느냐 그렇지 않느냐의 여부에 따라 리더십의 효과가 좌우되게 된다.

### 2) 특징

① 부하와의 상호관계 : 리더십은 지도자가 일방적으로 발휘할 수 있는 것이 아니며, 부하와 추종자와의 관계에서만 존재할 수 있고, 부하는 상관의 권력 및 영향력에 변동을 초래할 수 있다.

② 영향력을 미치는 과정 : 리더십은 다른 사람들에게 영향력을 미치는 과정이다.

③ 직무중심적 행태와 인간중심적 행태 : 리더십은 직무수행과 목표달성에 보다 중점을 두거나 또는 조직구성원의 만족이나 인간관계에 보다 중점을 둘 수도 있다.

④ 목표지향성 : 리더십은 목표를 설정하고 그 목표달성을 지향하는 과정이다.

⑤ 변수의 상호의존성 : 리더십은 지도자・부하 및 상황 등과 관련되는 변수가 상호의존성을 가지면서 작용하는 과정이다.

⑥ 동태적・신축적・가변적 성격 : 리더십은 상황에 따라 가변적(可變的)이며, 동태적・신축적 성격을 띠고 있다.[12)]

## 3. 리더십의 변천과정

조직체란 공동목표를 가진 사람들의 상호관계적 단체이며, 이러한 공동 목표달성에 공헌하기 위해서는 조직구성원들의 협동심을 최대한 발휘할 수 있는 효과적인 리더십이 필

12) 양원규외, 전게서, p.222.

요하다. 리더십 이론의 변천과정을 살펴보면, 일반적으로 1940년 후반이전에는 리더십에 관한 특성이론(trait theory)이, 1940년 후반에서 1960년대 후반까지는 리더십 행위이론(behavioral theory))이, 그리고 1960년도 후반에서 1980년대 전반까지는 리더십 상황이론(situation theory)이, 그리고 1980년대 초 이후에는 변혁적 리더십과 같은 새로운 형태의 리더십 이론이 중심이 되었다. 이러한 이론의 발전과정을 정리하면 <표 9-1>과 같다.[13]

<표 9-1> 리더십 이론의 변천과정

| 접근방법 | 기 간 | 내 용 | 대표적 학자 |
|---|---|---|---|
| 특성이론 | 1940년 후반 이전 | 리더십 능력은 타고난다. 리더십을 선천적 자질로 간주함. | Stogdill, Barnard, Yukl |
| 행동이론 | 1940년후반~ 1960년 전반 | 리더십 유형은 리더의 행동에 따라 달라진다. "어떤 사람이냐" 에서 "무엇을 하는 사람이냐" 로 연구의 관심이 이동 | Ohio주립대학 Michigan 대학 Blake와 Mouton |
| 상황이론 상황적합적 이론 | 1960년 후반~1980년 전반 | 리더십 유형은 상황에 따라 달라진다. 상황에 따라 다양한 리더십 유형이 요구된다. | Fiedler, Hersey와 Blanchard, Kerr와 Jermier, House |
| 변혁적, 비전적, 카리스마 리더십 | 1980년 초반이후 | 리더는 비전으로 강한 정서적 반응을 이끌어내야 한다. | Burns, Bass Sashikin, Conge와 Kanungo |

* 출처: Bass(1988), 참고재작성.

## 1) 특성이론(trait theory)

리더십의 특성(자질)이론은 리더십을 연구하였던 초기 심리학자들에 의해 지지되었던 것으로 리더와 비(非)리더를 구별하는 특성을 찾아내는데 초점을 맞춘 것이다.

초창기의 리더십을 연구한 학자들은 역사상 위대한 인물들이 영향력을 행사하는 리더가 된 이유를 관심 있게 연구한 결과, 리더들이 보통사람보다 우수한 자질을 지니고 있기 때문이라는 사실을 발견하게 되었다. 이러한 자질로 인해 리더가 된다는 주장을 리더십

13) 김광주・김용태외, 『글로벌리더십』, (경산: 경일대출판부, 2011), p.29.

의 위인열전(偉人列傳)이론 이론이라고 부르기도 한다. 이렇게 리더가 될 수 있는 고유한 자질 혹은 특성이 존재한다는 전제에서 그 특성을 찾아내려고 하는 리더십의 자질이론은 종래 리더십 연구의 주류가 되었다.

자질론에 의하면, 리더가 고유한 개인적 특성만 가지고 있으면 상황이나 환경이 바뀌더라도 항상 리더가 될 수 있으며, 개인의 특성에 따라 리더의 자격이 있는 사람과 그렇지 못한 사람이 구별되므로 리더십의 개발은 고유한 리더십 특성을 가지고 있는 사람에게만 해당된다는 것이다.

자질론의 지지자들은 리더가 구비하고 있는 공통적인 특성을 설명하고 있다. 리더의 특성으로 신체적 특성(신장 등), 지적인 특성(지능, 통찰력 등), 성격(지구력, 열성 등), 사회적 특성, 과업과 관련된 지식 등에 연구의 초점을 두었다. 즉 특성이론은 지도자와 추종자는 다른 속성을 갖고 있으리라 전제한다. 리더십이란 지도자 개인이 가지고 있는 몇 가지 자질 및 특성에 따라서 발휘된다고 본다. 즉『리더는 태어나는 것이지 만들어지는 것이 아니다』와 같은 경우로 본다. 이처럼 어떤 특성과 자질을 가진 자는 어떤 시・공간속에서도 지도자가 될 수 있다는 것이다.

이러한 맥락에서 Stogdill(1974)은 리더의 특성으로 신체적 특성(활동력, 정력), 사회적 배경(교육정도, 사회적 지위), 지능・능력(지식, 기술), 인격・성격(적응, 공격성, 자기주장, 지배성, 정서의 안정, 통제력, 독립성. 비동조성, 독창성, 창조성, 자신감), 일에 관계하는 특징(성취욕구, 책임욕구, 과업지향), 사회적 특징(관리능력, 사회성・대인관계)등으로 요약하고 있다.

그러나 자질이론의 주창자들은 리더가 구비해야 할 공통적인 특성을 일반화하는 데는 실패 하였다. 또 비교적 일관성 있는 결과로 나타난 리더의 지능, 자신감, 감수성 등의 특성이 집단이나 과업과 같은 다른 요인과 함께 고려해 볼 때 효과적인 리더십의 요인으로 그 영향력이 적다는 것이 밝혀졌다.

리더 개인의 특성에만 초점을 맞추다 보면 리더십 상황에서 실제 나타나는 리더의 행동을 밝혀 주지 못하고 누가 리더가 될 수 있는가를 설명할 수 있으나 하급자의 행동에 영향력을 행사하는 과정에서 리더의 행위모형을 제시해 주지는 못한다. 이와 같은 사실로 인해 자질 이론은 불신을 가져오게 했는데 Stogdill(1974)은 리더의 특성과 리더십의 효과를 결부시켜서 연구한 결과 지도자의 특성들은 독자적으로 작용하는 것이 아니라 하나의 조합을 이루면서 상황마다 효과적 리더십 자질을 형성한다고 주장하고 있다. 즉 종래의 자질이론은 각각의 자질이 유효성을 결정하는 데 단독적으로 작용한다고 봄으로써 인격변수를 개별적으로 취급하는 한계를 극복하기 위해 상황이론에서 고려할 변수로 시도한 것이라고 볼 수 있다.

자질론은 두 가지 측면에서 비판을 받고 있는데 첫째는, 인격의 측정치에 대한 신뢰성의 문제로서 리더의 실제 행위를 관찰하는 것이 타당하다는 점이다. 즉 리더가 어떤 사람이냐 보다 그가 무엇을 하느냐가 부각되고 있다는 점이다. 둘째는 상황에 관한 점으로, 즉 누가 효과적인 리더가 되는 것인가를 결정하는 상황적 배경에 대한 탐구가 필요하다는 점이다. 따라서 자질이론은 그 의미의 복잡성과 특징상의 어려운 점에서 결과적으로 불신을 가져오게 되었다(박영이, 2009: 9-11).

Stogdill(1974)이 제시한 연구자에 따른 리더의 특성을 살펴보면 〈표 9-2〉와 같다.

〈표 9-2〉 리더의 특성

| 연구자 | 리더의 주요특성 |
|---|---|
| Tayor | 명석한 두뇌, 고등교육, 특수한 기술적 지식, 기지, 정력, 용기, 성실, 건강 |
| Tead | 육체적 정신적 에너지, 목적의식과 지시능력, 정열, 친근감과 우호심, 품성, 기술적 우월성, 결단성, 지능, 교수능력, 신념 |
| Urwick | 용기, 마음의 유연성, 지식, 성실 |
| Bamard | 활동성과 인내력(지구력), 결단력, 설득력, 책임감, 지적능력 |
| Gibb | 정력, 자신감, 지성, 웅변, 시종 일관적 자세, 인간성에 대한 통찰력 |
| Stogdill | 사회성, 공격성, 창조성, 지능, 활동성(정력), 성취욕구 |
| Davis | 이성, 사회적 성숙성과 원만성, 내적 동기부여, 인간관계적 태도 |
| Ghiselli | 능력, 인적특성, 동기부여 |
| Katz | 전문지식, 기술적 능력, 협동적 노력, 확보능력, 인간적 능력, 개념적 능력 |
| Merriam | 상징의 조작력 및 조직화 능력 |
| Reybum | 건강, 성실, 지능, 근면, 경력, 분석력, 판단력, 열의, 관찰력 |
| Yukl | 자기확신, 주도성, 성숙, 실용주의, 인내력, 솔선수범, 적절한 위험 감수성 |
| Locke | 정직, 독립성, 자기 확신, 활동성, 야망, 노력, 끈기, 일에 대한 열정, 집중력, 능력, 비전, 실천성, 능력에 대한 존경, 공정한 보상 |

* 출처: Stogdill(1974).

### 2) 행태이론(behavioral theory)

리더의 특성을 찾아내지 못한 연구자들은 리더의 행위에 어떤 보편성이 있는가에 관심을 갖게 되었는데, 즉 리더가 어떻게 행동하는가 하는 관점에서 리더의 행동유형을 밝히려는 경향으로 연구가 이루어지게 되었다. 이에 다양한 리더십의 행태론이 대두되었다고 할 수 있다.

리더십의 행태론을 좀 더 구체적으로 살펴보면 첫째, 권위형 리더십(authoritative leadership)이 있다. 권위형 리더십에는 의사결정을 하는데 있어 집단 참여가 최소한이며 지시적 성향이 매우 높다. 이런 유형은 중앙집권화 되어 있고, 의사결정의 권한이 보다 낮은 직위의 사람에게 위임되지 않는 조직에서 자주 사용된다.

둘째, 민주형 리더십(democratic leadership)이다. 민주형 리더십에서는 집단이 의사결정에 참여한다. 리더는 어떤 주제에 대해 구성원과 의논하고 전체 구성원에 의해 중요한 결정을 수행한다. 이러한 유형에서 리더는 전체 구성원으로부터 해결방안을 찾은 뒤에 마지막 결정을 내린다. 이 유형의 장점은 고용인들에게 일하는 것과 의사결정기술을 배우는 기회를 주며 격려하는 것이다. 대부분의 사람들에게 이러한 참여는 개인적 관여, 일에 대한 관심을 증진시키고 결과적으로 직업만족도를 증진시키게 된다.

구성원들에게 의해 내려진 결정이 더 효율적인 경우가 있는데 그 까닭은 집단의 다양한 구성원이 리더가 경험하지 못한 상황에 대한 정보를 가지고 있을 수 있기 때문이다. 이 유형의 큰 단점은 효율성의 결여에 있다. 그것을 보통 혼자 결정하는 것보다 집단에 의한 결정이 보다 많은 시간을 필요로 하기 때문이다.

셋째, 자유방임형 리더십(laissez-faire leadership)은 리더의 존재가치가 미미하여 집단에 영향을 거의 또는 전혀 미치려 하지 않는 리더십 유형이다. 집단 구성원들은 각자 자신의 목표를 가지며 활동(업무)을 결정하므로 목표가 다양하고 큰 업무를 수행하는 데 어렵거나 불가능하게 된다.

자유방임형 리더십에는 리더가 집단에 미치는 영향력이 너무 약하기 때문에 리더로서 모든 사람들이 일하도록 하는 데 기술적으로 실패하는 경우도 있다. 어떤 경우에는 집단 내에서 리더에 반대하는 공개적인 일이 발생하고 이는 자유방임적인 상황을 초래한다. 리더로 인정되는 사람이 없는 집단도 이 범주에 포함된다.

넷째, 종업원 중심적이고 직무 중심적 리더십(work-centered leadership)이다. 특히 기업조직에서 의미 있는 리더십 유형에 대한 연구를 한 결과 가장 성과가 높은 리더들은 하급자의 인간적 측면과 높은 성과목표를 가진 효율적인 집단을 구축하기 위한 노력에 일차적인 관심을 집중하는 사람이라는 사실을 이 유형은 중시하고 있다(박영이, 2009: 12-13).

행태이론은 리더십 행태의 분석에 필요한 이론의 발전에 기여하였으며, 행태론적 연구의 예로는 미시간(Michigan)대학의 연구와 오하이오(ohio)대학의 연구, Blake와 Mouton의 관리격자(managerial grid)연구 등이 있다.

### 3) 상황이론(situational theory)

리더십의 상황이론에 따르면, 리더십의 자질론이 주장하는 효과적인 리더십의 일정한 속성은 존재하지 않으며, 효과적인 리더십은 지도자, 추종자, 상황간의 함수관계에 달려 있다. 즉 아래의 등식에 나타나는 바와 같이 상황에 따라 지도자의 속성뿐만 아니라 추종자들의 속성까지 잘 배합되어야 리더십의 효과를 낼 수 있는 것이다.

$$\text{Leadership} = f(\text{leader, follower, situation})$$

위대한 지도자가 나타나는 시대, 장소, 환경 등을 상관적 변수로 하는 상황(환경)이론은 지도자가 긴장, 대변동, 시대 당면 문제를 해결할 수 있는 능력(기능, 기술을 포함하는 개념)을 가짐으로써 지도자가 될 수 있는 것이라 가정한다. 개개의 상황이 지도자를 결정하는 큰 역할을 한다고 보고, 개개의 상황이 적합한 리더십의 자질을 결정해주는, 일련의 조건을 이루며, 이것들이 특정한 개인의 능력을 향상시키고, 지도자로서 상응한 인성(personality)을 형성해 나가는 것이라고 주장한다.

집단이나 조직의 구성원과 장비, 임무, 규범, 자연, 조건, 문화적 구조와 구성원의 성격구조에 이르기까지 광범위한 내용을 환경적 또는 상황적 조건으로 생각한다. 어떠한 경우에나, 환경 또는 상황을 중심으로 한 연구방법은 상황 구성 요소의 몇 가지를 조합, 연관시켜 보고, 그 상황에 가장 적합한 리더십을 발견하려고 하는 이론이다.

대표적인 연구로 우연성 모델을 들 수 있다. 이 연구방법은 상황적 요소를 전부 분석하여, 적용하고자 하는데 어려움이 있을 뿐만 아니라 모든 요소가 분석된다 할지라도, 이것만으로 리더십을 완전히 이해, 설명할 수는 없다. 그러므로 때로는 전쟁인 위기가 영웅을 낳는다는 속된 통념은 별다른 인물이 아닌 사람도 리더십을 획득할 수 있는 기회를 얻을 수 있는 것으로 생각하고, 지도자의 개인적 탁월한 우수성을 경시하는 수도 있다. 나아가 이와 같은 이론적 전제는 특정의 지도자를 의도적으로 과소평가하는 수단적 방법으로까지 오용될 수 있는 연구방법의 불완전성을 내포하기도 한다.

그러나 인간의 존재는 사회적 환경과 무관하다고 할 수 없을 뿐만 아니라, 시대와 사회적 요구는 지도자가 성취하여야 할 주요 목표가 아닐 수 없다. 이와 같은 환경적 요인을 중요시한 경우, 집단 목표의 성질, 집단의 구성 특성, 구성원의 태도나 욕구, 외부환경으로부터 집단에게 준 기대 등이 있고, 집단내의 대인관계의 구조, 집단 내에서 생성해 온 구성원들의 태도 및 가치관 등을 들 수 있다.

권위주의 리더십이 민주화의 시대에 효력이 없는 이유도 리더십과 추종자의 상황이 어울리지 않기 때문이다. 따라서 업무의 성격과 리더십 유형을 잘 맞추는 것이 조직의 효율성을 제고시킬 수 있는 방법이다(김광주, 2009: 89). 오늘날 상황이론은 리더십의 효율성을 결정하는 데 리더의 속성과 행태뿐만 아니라 상황적 요인의 작용이 중요하다는 것을 강조하는 이론이라고 말할 수 있다(오석홍, 2009: 559).

리더십의 상황이론에는 Fiedler의 리더십의 상황연구와 Hersey and Blanchard의 리더십의 생애주기이론(Life Cycle Theory of Leadership)이 대표적이다.

이상의 이론을 통해 우리는 어떤 상황 하에서도 통용 될 수 있는 유일한 리더십은 존재하지 않는 다는 점을 알 수 있다. 즉 리더십은 지도자(leader), 추종자(follower) 및 환경을 구성하고 있는 기타의 상황적 변수에 의존하므로 리더로서 성공하고자 하는 자는 추종자와 상황변수에 대해 보다 신중한 배려를 하여야 한다.

# 제2절 리더십의 유형

## 1. 리더십의 유형

### 1) 권위형 · 민주형 · 자유방임형

어느 조직이든지 우수한 서비스를 제공하기 위해서는 그것을 지속적으로 추진할 수 있도록 도와주는 리더십과 조직문화 풍토가 뒷받침 되어야 한다. 리더십에 관한 연구가 시작되면서부터 리더십의 유형은 다양하게 분류되어 왔다. 리더십 유형론의 짜임새 있는 발전은 행태이론과 더불어 진행되었으며, 리더십의 행태가 임무수행과 조직의 필요에 지향된 것인가 아니면 추종자의 만족과 인간관계에 지향된 것인가를 기준으로 삼아 권위형, 민주형, 자유방임형으로 구분한다.

이러한 유형론을 적용한 초기적 연구의 대표적인 예는 르윈(K. Lewin), 리피트(R. Lippitt), 화이트(R. White)가 행한 연구이며, 그들은 민주형이 가장 이상적인 리더십 유

〈표 9-3〉 리더십 유형

| | 권위형 계열 | 민주형 계열 |
|---|---|---|
| i | 생산중심형 | 직원중심형 |
| ii | 상관중심적인 유형 | 부하중심적 유형 |
| iii | 선도형 | 배려형 |
| iv | 면밀한 감독형 | 일반적인 감독형 |
| v | 자의형 | 설득형 |
| vi | 리더중심형 | 집단중심형 |
| vii | 권위형 | 참여형 |
| viii | 독재형 | 민주형 |
| ix | 임무중심형 | 정서형 |
| x | 임무지향형 | 인간관계지향형 |
| xi | 지시형 | 지지형 |

* 출처 : 오석홍, 조직이론(2009).

형이라는 결론을 내린 바 있다(오석홍, 2009: 569-570). 리더십의 유형(style)은 리더의 성격·상황 및 조직이 추구하는 목표 등의 요소에 의해 다양하게 분류되고 있으나 가장 많이 소개되고 있는 리더십 유형은 〈표 9-3〉과 같다.

상기 내용을 간단히 정리하면, 민주형 리더십은 실현 가능하고 정당한 것이면 추종자들에게 조언을 구하고 배려하고, 설득하면서 참여시킨다. 권위형 리더십은 의사결정권이 리더에게 집중되어 있고, 명령과 지시를 하며 임무지향에 중심을 둔다. 자유방임형은 추종자에게 의사결정권을 맡기고 감독은 거의 하지 않는 전형적인 사교형의 조직형태이다.

## 2) 거래적 리더십과 변혁적 리더십

Burns(1978)는 전통적 리더십과 새로운 리더십의 개념을 각각 거래적 리더십과 변혁적 리더십(transformational leadership theory)이라고 하였다. 그는 거래적 리더십을 기존의 리더십 개념을 포함하는 것으로 리더와 구성원 간에 거래적 동기부여가 일어나는 것으로 보았다. 거래적 리더는 자기가 가지고 있는 가치를 구성원의 것과 교환하여 빨리 거래이익을 취하고자 부하에게 접근하는 리더십으로 리더가 구성원들의 노력과 봉사에 대한 보상을 그들에게 제공함으로써 그들을 동작화 시키는 것이라고 하였다.

반면, 변혁적 리더십은 리더와 구성원간의 욕구수준을 높이는 관계를 형성하는 것을 의미한다. Bass(1988)는 변혁적 리더십을 구성원들로 하여금 특정한 목표의 중요성이나 목표달성을 위한 방법에 관한 인식을 증가시켜, 조직 전체의 이익을 위해 개인적인 이해관계를 초월하도록 유도할 뿐만 아니라 구성원의 상위수준의 욕구를 자극하여 이를 충족시켜 줌으로서 결과적으로 기대이상의 성과를 도출할 수 있도록 동기화시키는 것이라고 정의하였다.

또한, 변혁적 리더십은 감정 및 가치관이나 상징적인 행태의 중요성과 어떠한 사건을 부하의 입장에서 의미 있게 만드는 리더의 역할을 강조한다. 그 결과 변혁적 리더십은 추종자에게 자긍심을 심어주고, 개인적 차원에서 부하를 존중한다는 것을 보여 주며, 창조적인 사고를 할 수 있는 분위기를 마련해 주고, 추종자에게 영감을 제공함으로써 기대이상의 성과를 이끌어 낼 수 있다(이종수외, 2010: 363).

기존의 리더십 이론을 대신하여 새롭게 등장한 변혁적 리더십은 조직의 변화와 혁신을 위한 창의적 사고 및 행동의 증진을 강조함에 따라 리더십 연구자들로부터 주목을 받고 있다(Bass, 1995). 한편 변혁적 리더십을 발휘하는 리더는 추종자에게 새로운 관점과 상황에 대한 인식을 확대하기 위해 지적 자극을 주고, 추종자를 목적달성을 위한 수단이 아니라 지원, 코칭, 경험을 제공하는 대상으로 생각하기 때문에 개인을 배려하려 한다(김광웅, 2009: 143).

변혁적 리더십의 특징은 〈표 9-4〉와 같다.

〈표 9-4〉 변혁적 리더십의 특징

| | |
|---|---|
| 카리스마 | 변혁적 리더는 부하들에게 비전과 사명감을 제공하고, 자긍심을 고취시키며, 부하들로부터 존경과 신뢰를 받음.<br>개인의 이익보다 다른 사람이나 조직의 이익을 더 중시하는 카리스마적 기질을 가진 리더. |
| 개별적 배려 | 부하들에게 개별적 관심을 보여주고, 부하들을 독립적인 존재로 대우하며, 각자에게 맞는 적절한 임무를 부여하고 지도·조언해 줌. |
| 지적 자극 | 종래의 전통적 사고 및 행동양식을 탈피하게 하며, 이해력과 합리성을 드높이며, 사려 깊은 합리적인 문제해결을 하도록 촉진. |

* 출처: Bass(1988).

## 제3절 경찰리더십

관리자는 한 사람의 인간이며 또한 직장 내에서 인간관계를 적극적으로 형성해가야 하기 때문에 리더로서의 자격인 리더십(leadership)이 있어야 한다. 단순한 지식이라든가 기능과는 달리 그 사람이 갖는 고유의 특성과도 깊이 관계된 것으로 획일적으로 논하여야 할 것은 아니다. 리더십은 지도자가 일방적으로 발휘할 수 있는 것이 아니라 부하 또는 주변사람들과의 관계에서 존재하는 것이며, 이들과의 상호작용에 의하여 리더의 능력과 차이가 나게 된다.[14]

---

14) 경찰대학, 경찰경무론, (서울: 경찰청, 2003). p.36.

경찰리더십이란 경찰의 조직목표를 성취하기 위해서 경찰조직의 구성원과 집단을 조정하고 바람직한 방향으로 인도하고 지도하는 일련의 기술을 의미한다. 즉 경찰리더십은 경찰공무원들이 자발적으로 경찰조직의 목표를 달성하도록 하는 대열에 참여하게 하는 것이다.[15]

리더십은 목표와 방향의 설정, 인적자원의 배치와 동기부여 등의 속성을 가지고 있다.[16] 바람직한 경찰리더십을 찾기 위해 군주로서의 리더와 봉사자로서의 리더를 먼저 비교하고 경찰에 있어 리더십[17]인 봉사자로서 리더와 유사한 서번트 리더십에 대해 설명하고자 한다.

## 1. 군주와 봉사자 리더의 비교

〈표 9-5〉에서는 군주와 봉사자로서의 리더를 비교하였다. 어떤 상황에서는 군주로서의 리더가 적절하고, 또 다른 상황에서는 봉사자로서의 리더가 적합할 수도 있다. 그러나 현실적으로 경찰조직에서 군주의 리더로서의 모든 특성과 봉사자로서의 특성을 모두 갖

〈표 9-5〉 군주와 봉사자로서의 리더 비교

| 군주로서의 리더 | 봉사자로서의 리더 |
|---|---|
| 1. 독재주의자 | 1. 원리, 원칙에 입각 |
| 2. 단기에 집착 | 2. 장단기에 집착 |
| 3. 보스 | 3. 비전 제시 |
| 4. 모든 것을 관장 | 4. 권한 이양 |
| 5. 정보를 혼자 독식 | 5. 정보 공유 |
| 6. 명령조 | 6. 상황에 따라 적절히 처리 |
| 7. 모든일(문제)을 혼자 해결하려고 함 | 7. 부하가 스스로 해결하도록 동기부여 |
| 8. 상벌에 의해 통솔함 | 8. 존경과 신뢰로 통솔함 |

* 출처: 안영진, 『경영품질론』, (서울: 박영사, 2007), p.193. 참고재작성.

15) 신현기, 『경찰조직론』, (서울: 법문사, 2007), p.261.

16) 이해영, 전게서. p.292.

17) 경찰에 있어 리더십은 권력구조 때문에 권위적인 리더십으로 보이는 경향이 있으나 오늘날 치안환경의 급격한 변화와 공급자중심의 경찰활동의 한계 등으로 권위적인 유형의 리더십보다는 민주적 리더십이 더 한층 요구되고 있다.

춘 리더는 찾기가 쉽지 않다. 왜냐하면 경찰은 엄격한 법집행과 질서유지를 위해서는 경찰강제와 같은 계층제요소가 필요하며, 긴 안목에서 보면 공공부문의 서비스 경쟁을 경찰도 의식하지 않을 수 없는 상황이 전개되기 때문이다.

첫째, 경찰관들의 직무만족을 강화시켜 경찰조직에의 활력을 기하기 위한 '변혁적 리더십(transformational leadership)'을 확보해야 한다. 이는 지도자가 부하들의 흥미와 사고영역을 넓히고 새로운 방향으로 조직을 움직이려는 리더십이다. 변혁적 지도자에게 요구되는 자질은 비전, 권한부여, 카리스마, 상징, 지적 자극, 성실성 등이다.

둘째, 경찰지휘관은 공・사생활에 청렴성을 유지하여야 하며, 업무수행에서 모범된 행동을 보여 경찰관의 표본이 됨을 고려한 '경찰지휘관의 언행일치와 솔선수범 자세'가 중요하다. 인사를 비롯한 모든 업무를 공정하고 합리적으로 처리하여 맡은바 임무를 충실히 수행하는 사람이 제대로 평가를 받을 수 있도록 해야 한다.

셋째, 경찰관들의 자율적 태도와 기업가적 자세, 칭찬과 보상을 연계할 수 있는 '전략적 리더십' 등으로의 방향 설정과 재직 중 끊임없는 연수강화 등 교육과 훈련을 통해 경찰서비스품질의 제고를 위한 경찰서비스 조직지원관리가 이루어져야 할 것이다.[18)]

넷째, 직무에 능통하고 책임감을 구현해야 한다. 경찰은 그동안의 잘못된 관행과 타성에 젖은 안이한 자세에서 탈피해 스스로 시민이 원하는 것을 찾아서 일하는 풍토를 조성하기 위해 부단히 노력하는 전문경찰이 되어야 한다. 업무를 처리하는 순간순간이 자신과 경찰조직의 미래를 좌우하는 결정적인 순간이며, 부하에게 독자적으로 임무를 수행하도록 기회를 제공하고 그들의 결정에 책임을 지는 것이 필요하다.

## 2. 서번트 리더십

리더십이란 우리말로 하면 지도력이다. 실제로 우리사회에서 리더십이 있다고 칭송받는 이들은 자석처럼 끌어당기는 남다른 친화력이라는 힘을 가지고 있다. 새로운 시대는 새로운 리더십이 요구된다. 그렇다면 21세기는 어떤 리더십이 요구되는 사회일까. 로버

18) 김경태, "TQM이론의 적용을 통한 지역사회 경찰활동 활성화 방안에 관한 연구", 박사학위논문, 원광대학교 대학원, 2004, pp.186~189 참조.

트 그린리프(Robert Greenleaf)는 주저 없이 서번트 리더십(servant leadership)이라고 말한다. 서번트(servant)란 우리말로 옮기면 하인, 머슴, 종(從)등의 뜻이 될 것이고, '서번트 리더십'이란 쉽게 생각하면 섬기는 리더십이 될 것이다.

공직사회에서도 국민을 섬기는 정치를 하겠다고 선언한 바와 같이 경찰관리자는 하부직원들에게 요구하기 전에 그들이 원하는 바가 무엇인지 먼저 살피는 리더가 되어야 한다. 이는 내부직원만족이 고객만족을 위한 첫걸음이기 때문이다. 또한 섬김의 정신은 자신이 몸담고 있는 기관, 사회를 향한 섬김, 국민(시민)을 위하는 섬김까지 포함된다.[19)]

그동안 우리경찰은 계층제의 원리, 지시명령과 복종의 원리, 통솔범위의 원리, 엄격한 법집행과 질서유지를 위해 내부구성원뿐만 아니라 외부구성원에 대해서도 통제관리에 많은 힘을 쏟아 온 것이 사실이다. 이제는 시대흐름에 맞게 서번트 리더십을 발휘할 때이다. 21세기 리더십의 새로운 패러다임인 서번트 리더십의 특징은 다음과 같다.[20)]

첫째, 서번트 리더는 설득과 대화로 과업을 수행한다.

둘째, 서번트 리더는 자신을 서번트(하인 또는 머슴, 종) 또는 지원자(supporter)로 인식한다.

셋째, 서번트 리더는 조직구성원을 성장하도록 몰입하게 한다.

넷째, 서번트 리더는 항상 학습하는 태도를 견지한다.

다섯째, 서번트 리더는 감정이입적 경청자이다.

여섯째, 서번트 리더는 신뢰의 관계를 아주 중요하게 생각한다.

일곱째, 서번트 리더는 자신의 꿈을 개념화하여 조직구성원들에게 비전을 제시하는 특징을 지니고 있다.

여덟째, 서번트 리더는 도덕적 권위, 양심이 리더십의 핵심이다.

## 3. 지식정보화시대의 리더십

탭스코트(Don Tapscott)에 의하면, 정보화 사회는 단순한 지식 또는 정보사회의 차원

---

19) 강주헌 역, 『서번트리더십 원전』, (서울: 도서출판참솔, 2006), pp.394~395.

20) 김재득, 『리더십』, (서울: 대영문화사, 2008), p.182.

을 넘어선 네트워크화된 지능 시대이기 때문에 리더나 리더십 또한 상호연계성을 필요로 한다.[21] 따라서 지식정보화시대의 리더십 특징을 살펴보면 다음과 같다.

첫째, 정보화사회처럼 예측불가능한 시대의 리더십은 특정 상관이 아닌 여러 가지 통합적인 요소를 바탕으로 하고 있기 때문에 상호연계적 리더십을 체득하는 것이 개인의 책임이자 기회이다.

둘째, 조직구성원 각자가 공유된 비전을 가져야 하고 조직구성원 모두는 지속적인 개선을 위한 학습의지를 가져야 한다.

셋째, 상호 연계된 리더십을 형성하고 발휘하는 데 최고관리자의 지원과 격려, 관심이 필수적이다.

넷째, 조직은 상호 연계된 리더십의 발휘를 통해 다양한 조직구성원들의 역량이 효과적으로 결합되어야만 창조적 사고를 발휘할 수 있으며, 바람직한 경찰조직문화를 형성할 수 있다.

다섯째, 조직구성원 모두가 리더로서의 기능을 수행해야 하는 네트워크화된 지능 시대에 적절하고 효과적으로 기술을 사용하는 것은 조직구성원들의 창의력을 자극하고, 조직구성원과 조직에 대한 문제의식을 갖게 하는 변화관리의 원동력이다.

## 4. 최근의 리더십이론

최근의 새로운 리더십의 경향을 살펴보면 전통적인 리더십에 해당하는 특성이론, 행태이론, Fiedler(1967)의 상황이론에 이어, Burns(1978)의 변혁적 리더십이 발표되고, Bass에 의해 정교화 되면서 이에 대한 연구가 촉발되고, 1980년대 이후 감성 리더십, 도덕적 리더십, 서번트 리더십, 경청의 리더십, 여성 리더십 등의 새로운 이론들이 계속 등장하고 있다.

### (1) 감성 리더십

감성 리더십(emotional leadership)이란, 자신과 상대의 감성에 대한 이해를 바탕으로

21) 유홍림, 『리더십』, (서울: 대영문화사, 1999), pp.266~267.

한 관계형성 및 유지를 통해 상대로부터 공감을 얻어내고 공감을 받은 자들이 열정을 바쳐 업무에 몰입하게 함으로써 높은 성과창출을 가능하게 하는 리더십을 말한다. 조직적인 측면에서는 신명하게 일할 수 있는 조직문화를 형성할 수 있는 기반으로 만들어 주고, 조직구성원들은 열정을 바쳐 담당업무에 몰입하게 함으로써 높은 성과창출을 가능케 하는 것이다.

감성적 리더십의 본질은 자기 자신에 대한 철저한 통찰에서 출발한다. 스스로에게 정직할 때 구성원들을 진실하게 배려하고 대할 수 있기 때문이다. 특히 소크라테스의 '너 자신을 알라' 등의 명언들은 자기인식에 대한 중요성을 일깨워 주는 말들이다(배정훈, 2010: 159-163).

2001 '감성의 바이러스를 퍼뜨려라' 라는 저자 정진홍 박사는 디지털 시대의 변화하는 추세를 감성으로 표현했다. 그의 연구에 의하면 눈의 확장으로서의 신문, 귀의 확장으로서의 라디오 등 과거 아날로그 시대의 미디어로는 인간이 갖고 있는 오감(五感)을 제대로 전달할 수 없었다고 한다. 반면에 디지털시대의 미디어 등장은 사운드, 이미지, 텍스트, 데이터 등 다양한 요소가 복합적으로 어우러져 오감을 자유자재로 섞어서 전달하는 것이 가능해졌기 때문에 아날로그 시대가 감성 분할의 시대였다면 디지털 시대의 감성 융합의 시대라는 것이다. 비유하자면 아날로그는 오감 즉 따로국밥 같은 것이고, 디지털은 오감 즉 감성의 섞어찌개 같은 이라고 했다. 결국 감성 융합의 디지털 시대에는 더더욱 감성이 주목될 수밖에 없다(김재득, 2008: 121-122). 최근 통신시장에서도 스마트폰이 기존 기기를 대체하는 형태인데 이 역시 감성적인 부문 즉, 손으로 터치하면서 TV, 컴퓨터, 미디어 매체의 융합체로서 기능과 역할을 하고 있다.

### (2) 도덕적 리더십

도덕적 리더십(ethical leader)은 새로운 리더십이라기보다는 예나 지금이나 윤리적 요구가 필연적인 상황에서 리더가 갖추어야 할 수양이다. 여기에서는 노자(老子)의 무위자연(無爲自然)과 한국사회의 리더십 부재를 살펴보고자 한다. 사람은 만물과 마찬가지로 공허하고, 무형하고, 고요하고, 온화하고, 무위자연한 도(道)로부터 덕을 부여받아 생겨났으므로 사람의 덕 곧 본성은 순박한 것이다. 그러나 인위적인 문명사회로 변하여 감으로써 순박한 인간의 본성이 쇠퇴하여 사사로워지고 욕망이 커져서 혼란에 빠지게 되었다.

노자는 '다섯 가지 빛깔은 사람의 눈을 멀게 하고, 다섯 가지 맛은 사람의 입맛을 버리게 하고, 말 타고 사냥하는 것은 사람의 마음을 미치게 만든다. 얻기 어려운 재화는 사람의 행동을 방해 한다' 라고 함으로써 사람은 문명에 의해 순박한 인간의 본성이 사악해 지는 것이라고 본다. 따라서 그는 인위적인 문명을 버리고 본래 인간의 순박함으로 돌아 갈 것을 역설했다. 성인은 욕망을 버리고 얻기 어려운 재화를 귀하게 여기지 않고, 배우지 아니함을 배우고, 뭇 사람이 지니는 본래의 바탕으로 돌아간다고 하고, 욕망이 없어야만 소박한 음식도 달게 먹고 되고, 허름한 옷도 아름답게 여기게 되고, 누추한 거처도 편안하게 여길 수 있다고 했다. 자연스런 욕구를 벗어난 욕망을 버려야 한다는 것이다(조철옥, 2005: 231). 신문지상에 정치인과 각종 기업 스캔들, 공직자의 비리 등으로 빠지지 않고 채워지고 있으며, 정부 개각 때는 장관후보자들이 부동산 투기의혹, 세금탈루, 논문 표절 등 3가지 요소에 들지 못하면 후보감이 되지 못한다(?)고 할 만큼 후보자들이 줄줄이 낙마하여 행정 공백과 공직사회의 기강해이 등의 부작용이 속출하고 있다.

한편 영미국가의 솔선수범의 모습과 자부심의 이면에는 '노블리스 오블리제(noblesse oblige)' 란 사회적 지위에 상응하는 도덕적 의무와 책임을 다하고 있다. 즉, 정당하게 대접받기 위해서는 명예(노블리스)만큼 의무(오블리제)를 다해야 하며, 이러한 사상은 계층간의 대립해결수단으로 역할을 했다. 결론은 도덕성이 결여된 리더십은 크게는 체제붕괴, 작게는 개인 신상의 중대한 잘못된 변화를 초래한다.

### (3) 경청의 리더십

경청(傾聽)의 사전적 의미는 귀를 기울여 주의해서 듣는 것을 말한다. 그러나 보통 사람들은 남의 이야기를 잘 안 듣는 것이 일반적 특징이며, 훌륭한 리더는 언제나 상대에게 귀 기울여 들음으로써 지혜를 발휘한다. 귀가 둘이고 입이 하나인 것은 많이 듣고 적게 말하기 위함이며, 아라비아 속담에 '듣고 있으면 내가 이득을 얻고, 말하고 있으면 남이 이득을 얻는다' 고 했다. 상대방이 이야기 할 때는 우선 듣는 연습부터 잘 해야 한다.

입만 열었다 하면 그칠 줄 모르는 사람, 짧게 한다고 1분만 시간 달라고 하면 5분을 넘는 사람, 본론은 어디가고 서론만을 가지고 계속 토론하는 사람, 토론 중에 상대방의 끼어들어 상대방의 말을 끊는 사람, 책임을 지겠다고 말로만 하는 사람 등 늘 말이 앞서 낭패를 겪는 사람들을 흔히 보게 된다. 어떻게 보면 리더십의 원천은 소통일런지 모른다.

소통이 잘되기 하기 위해서는 우선 상대방의 마음을 잘 듣는 경청이 우선이다. 잘 듣는다는 것은 상대방의 의사를 확인하는 것이고, 그 사람의 마음을 읽고, 그 사람의 입장이 되기 위한 것이다. 일상생활 대화 중 "상대방이 내 말을 끝까지 들어보고 이야기 하라니까?" 라고 이야기 하는 경우 의사소통의 부재가 가져오는 말일 것이다.

그렇다면 청(聽)자를 부수별로 풀이해보면 耳(귀 이)+王(임금 왕)+十(열 십)+目(눈 목)+一 (날 일)+心(마음 심)으로 이루어진 글자로 사람의 신체기능 중 귀(耳)가 제일 왕(王)이며, 말을 들을 때는 열 개(十)의 눈(目)을 가지고 하나의 마음 즉 일심(一心)으로 들으라는 뜻을 내포하고 있다. 귀를 활용하는 지혜로써 1:2:3화법이 있는데 한 번 말하고, 두 번 듣고, 세 번 맞장구(예 네에, 그렇지요, 정말이요, 맞습니다, 맞구요 등)를 침으로써 효과적인 리더십을 발휘할 수 있다.

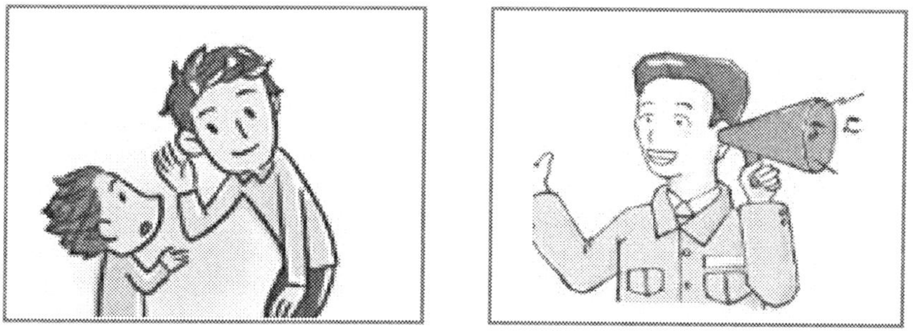

[그림 9-1] 경청하기

1977년 UCLA에서 조직행동론을 박사학위를 받은 마셜 골드스미스는 360도 맞춤형 피드백 평가프로그램을 창안하면서 리더십 컨설턴트로 이름을 날린 그에 의하면, 리더의 공통적인 가장 큰 문제 중의 하나는 지나치게 자기중심적인 태도이다. '내가 하면 반드시 성공한다'는 미신의 함정(superstition trap)에 빠지기 쉽다. 과거 한국 민항기가 산에 부딪혀 추락한 적이 있었는데 그때 부기장이 충돌 위험성을 알았지만, 기장의 자기 확신이 너무 강해서 그냥 넘어간 사례에서 보듯이, 지나친 자기 확신(self-confidence)과 자기중심적 태도(too much ego)라고 했다(조선일보, 2011. 2. 12일자).

### (4) 여성 리더십

여성 리더십(feminine leadership)은 산업화의 여파로 여성의 사회경제 활동의 꾸준한 참여로 남성전유물이었던 직업영역에 점차 여성 리더들이 활약하면서 이에 대한 관심도가 높아가고 있다. 이미 공무원채용 시험에서 여풍(女風)현상을 넘어 여초(女超)현상을 걱정해야 할 처지이다. 여성 리더십은 남성적이고 가부장적인 리더십의 비효율성이 제기되면서 대안적 리더십으로 특유의 감성을 기반으로 섬세하고 부드러우며, 공사 구분 등 남성 리더와는 다른 인간중심의 리더십을 특징으로 하고 있다. 여성 리더는 여성만이 갖는 모성애에 기반한 감성을 바탕으로 관계에 중점을 두고 조직원 모두에 대한 관심과 배려로 정서적 안정을 이끌어 낼 수 있는 장점을 가지고 있다.

세계적으로 여성이 대부호가 될 수는 있지만 훌륭한 경영인이 되기는 힘들다는 말도 있듯이 우리나라에서도 훌륭한 여성 경영인은 손에 꼽을 정도이다. 여성 기업의 대표적인 CEO 애경의 장영신 회장에 대해 살펴보고자 한다. 장영신 회장은 1970년 애경유지 사장이던 남편의 급작스러운 죽음으로 애경을 넘겨받아 2개였던 계열사를 13개로 성장시키는 등 갖가지 힘든 상황에서도 내실 있는 애경그룹을 키워냈다. 그런 의미에서 장영신 회장은 우리나라 여성의 경영능력에 대한 가능성을 보여준 상징적인 존재라 할 만하다. 그녀는 좋은 제품과 건전한 기업이 소비자의 이익과 사회 발전에 기여한다는 원칙 아래 '윤리경영'을 강화하고 있다. 글로벌 기업으로 거듭나기 위해서는 양질의 제품과 경영의 투명성으로 소비자와 투자자의 신뢰를 얻을 수 있는 윤리경영이 필수적이라는 판단에서이다.

특히 애경그룹은 계열사별 독립경영과 책임경영을 통해 윤리경영을 실천하고, 체계적인 내부관리 시스템을 통해 부정을 미연에 방지하는 데 역점을 두고 있다.

장영신 회장은 평소에 "흑자를 내지 않으면 살아남을 수 없다"고 강조해 여장부다운 면모를 보였다. 이 같은 경영철학 덕분에 IMF외환위기 때도 흑자를 내어 당시 여대생들에게 '가장 존경하는 여성 경영인'으로 선정되었고, 2003년에는 여성 CEO들이 뽑은 '가장 닮고 싶은 여성 CEO'에 선정되기도 하였다.

정확한 판단력과 과감한 투자 전략에서도 여장부다운 대담함은 그대로 드러난다. 장영신 회장이 경영에 나선 것은 애경유지의 창업주인 남편이 타계하면서부터였다. 화학을 전공한 그녀는 단순한 비누 제조업보다는 화학 쪽에 자연히 더 많은 식견을 가지고 있었다. 당시 시대 상황에서 비누산업은 한계가 있지만 본격적인 화학공업은 그 가능성의 끝이 없다고 판단, 미래 지표를 화학에 두었고 이 판단은 적중하였다.

장영신 회장은 가히 '화학공업계의 선두주자'로 불릴 만큼 엄청난 성장을 일궈냈다. 창업 이래 생활용품과 유통 그리고 화학 분야의 외길을 걸어오면서 섣부른 확장을 하지 않아 내용이 알차고 견실하다. 그룹의 리더가 여성이기 때문에 그만큼 조심스럽게 걸어온 바람직한 결과일 것이다. 대부분의 한국인들은 애경이 생산해낸 각종 생활용품과 화장품 속에서 살고 있다. 비누, 치약, 주방세제, 세탁세제, 샴푸, 다양한 화장품에 이르기까지 씻고 바르는 각종 제품을 만들어내는 기업이 애경이다. 애경의 기업 설립정신은 바로 여기에서 출발하고 있는 것이다. 1950년대 그 어려웠던 시절에 건실한 뿌리를 내린 애경은 이제 중견그룹으로 성장해 고객의 생활에 유용한 생활필수품 생산에서 휴대전화, 자동차 부품까지 생활에 바탕이 되는 제품의 원료 및 소재를 만들어내고 있으며, 좋은 제품을 고객과 연결하고 고객의 생활을 여유롭고 풍요롭게 하는 유통 분야까지 사업을 확장하고 있다. 기업경영의 캐치프레이즈인 '더욱 아름다운 인간, 더욱 깨끗한 환경, 더욱 편리한 생활'을 추구하며, 소비자의 신뢰 속에 국가 경제에 기여하는 기업으로 오늘날 면면히 이어오고 있다.

여성 리더십에 자주 등장하는 인물로는 영국의 대처수상, 미국의 힐러리, 오프라 윈프리, 테레사 수녀, 한국의 신사임당, 성장과 국가, 상생과 국민통합을 강조하며, 제18대 대통령으로 당선 한국최초의 여성대통령인 박근혜 리더십, 최근 드라마로는 대장금, 2004년 아테네 올림픽에서 명승부를 펼쳤던 여자핸드볼 국가대표팀의 "우리 생애 최고의 순간" 등이 있다.

## 제4절 경찰조직의 서비스리더십 강화

어느 조직이든지 간에 우수한 서비스를 제공하기 위해서는 그것을 지속적으로 추진할 수 있도록 도와주는 리더십과 조직문화 풍토가 뒷받침 되어야 한다. 먼저 서비스리더십 차원에서는 보다 우수한 경찰서비스를 제공하고자 하는 조직의 리더로부터의 인식 및 조직전반에 걸친 서비스리더십 정착이 요구된다. 경찰에 있어서 리더십은 특수한 계급조직과 권력구조 때문에 권위적인 리더십으로 단순하게 보이는 경향이 있다. 그러나 오늘날 경찰조직 내부에는 치안환경의 급속한 변화와 경찰에 대한 국민의 다양한 욕구 때문에 권위주의적인 유형의 리더십보다 오히려 민주적 리더십이 더 한층 요구되고 있다. 경찰조직의 다음과 같은 성질을 참고하여 서비스리더십을 강화해 나가야 한다.[22)]

첫째, 매우 강한 유대감의 존재이다. 이것이 없다면 경찰조직은 동기부여에 부심하게 될 것이다.

둘째, 상사입장에서 부하를, 부하입장에서 상사를 볼 때 신뢰할 수 있는 부하이고, 신뢰할 만한 상사이어야 한다.

셋째, 매력있는 간부를 보다 많이 육성하고 경찰직원의 능력과 의식의 향상과 평균화의 문제라고 할 수 있다.

즉 어느 조직이건 간에 경쟁력을 갖춘 우수한 서비스를 제공하기 위해서는 그것을 지속적으로 추진할 수 있도록 하는 리더십이 뒷받침되어야 한다.

---

22) 이영남 · 신현기, 『경찰조직관리론』, (서울: 법문사, 2003), pp.469~470.

# 제10장 서비스접촉 차원 품질관리

## 제1절 서비스접촉 차원 관리책

경찰공무원의 서비스지향성을 구성하는 하위요인들의 구성도 순서를 보면 보증성, 신뢰성, 공감성, 대응성, 유형성, 공정성 순으로 나타났으며, 경찰공무원의 서비스접촉 차원별로 적극적인 관리책이 마련되어져야 하며, 항상 점검을 통한 관리가 이루어져야 한다.[23] 이들 경찰서비스 품질의 구성요소에 대한 보장 제도를 도입함으로써 경찰서비스 만족에서 이상적인 활력소가 될 수 있음 또한 검토되어야 한다.[24]

〈표 10-1〉 경찰공무원 서비스접촉 차원 관리

| 구 분 | 서비스접촉 차원별 관리 |
|---|---|
| 유형성 | 경찰공무원이 갖추어야 할 외양 즉, 복장과 외양의 호감도, 시설 등 환경을 의미한다. |
| 신뢰성 | 대체적으로 경찰공무원의 자체적인 관리패턴을 강조하기 보다는 경찰공무원의 업무수행과정에서 갖추어야 하는 양식에 초점이 맞추어진다. |
| 대응성 | 경찰공무원의 자발성을 특히 강조한다. 즉, 고객을 도우려는 자발적인 의지는 고객과의 매 접점에서 고객이 요구하는 경찰서비스를 제공할 수 있는 관건이 되기 때문이다.<br>※ 주의 : 경찰서비스의 경우 재량권이 제한되어 있는 서비스활동이므로 규범적이고 타당한 범위 내에서의 서비스활동이 요구되어진다. |

23) 안정기(2006)는 경찰민원행정서비스의 고객만족 포트폴리오 분석을 통해 「긴급개선분야 - 개선유지분야 - 개선권장분야 - 현상유지분야」 등으로 구분하여 유형성, 신뢰성, 대응성, 보증성, 공감성, 공정성 등의 각 차원과 관련한 분석을 실시한 바 있다. 분석 결과, 「긴급개선분야」로서는 신청 안내, 고객의견의 적극적 청취, 주말민원처리, 불만사항의 적극적 시정 자세, 한곳에서의 민원처리, 시설의 청결성 확보 등으로 분석되었다. 그리고 「개선유지분야」로서는 접촉정도, 창구민원 친절, 이용기기의 편리성확보, 기간 내의 민원 처리, 민원처리 기간 통지 등으로 분석된 바 있다. 안정기, "경찰민원행정서비스의 고객만족 영향요인에 관한 연구", 박사학위논문, 동신대학교 대학원, 2006, p. 96.

24) 이병종, "경찰서비스에 대한 시민만족도 연구", 박사학위논문, 동국대학교 대학원, 2005, p.161 참조.

| | |
|---|---|
| 보증성 | 경찰공무원의 서비스활동에 있어 친절한 언행과 태도 및 우호적인 태도, 그리고 관련 서비스에 대한 자발적이고 상세한 설명력을 요구한다. |
| 공감성 | 경찰공무원의 서비스활동에 있어 고객과의 원활한 의사소통을 통해 고객과의 상호작용에서 발생할 수 있는 문제점들의 해결에 대한 즉각적인 반응, 그리고 고객의 요구사항과 욕구 해결이 요구된다. |
| 공정성 | '동등한 자에 대한 동등한 취급'을 의미하므로 모든 고객들에게 동등한 대우를 하고 동등한 양의 서비스를 제공한다는 것은 어떠한 기준에서 정의하느냐에 따라 다소 차이가 있을 수 있다. 또한 고객의 욕구측면에서 바라본다면 더더욱 그 차이는 분명해질 것이다. |

따라서 경찰서비스는 표준화된 절차와 방법이 요구되어지며, 이를 실천하여야 하는 경찰공무원들의 실천의지가 매우 강조되어진다.

## 제2절 경찰서비스 품질의 개선활동

품질이란 지속적인 개념이 아니라 시시각각 변화하며 개인에 따른 변화와 차이가 존재하는 개념임을 주지하여 볼 때, 경찰서비스품질의 지속적인 관리가 이루어져야 하겠다. 이를 위해서는 먼저, 평가하고자 하는 바람직한 경찰서비스품질에 대한 명확한 정의가 이루어져야 한다. 그리고 이후에 측정과 평가단계를 거치게 되며, 측정된 자료와 피드-백을 잘 활용함으로써 조직은 환경에 대한 대응력을 높일 수 있으므로 그 결과는 항상 환류 되어져야 한다.[25] 특히, 경찰서비스품질 측정에 있어 민간서비스의 서비스품질 측정방법과는 다른 방법으로 측정되어야 필요성이 있으며,[26] 계량적인 지표와 함께 질적인 지표의 활용, 그리고 내・외부 고객에 의한 평가를 통해 경찰서비스에 내재한 차이를 최소할 수 있는 방안이 적극 검토되어야 한다.[27] 또한 측정된 자료의 적절한 활용

25) K. Albrecht. & R. Zemke, *Service America*, (Dow Jones-Irwin : Homewood, Ill., 1985); 김성혁(역), 『고객제일주의』, (서울: 신세대, 1991), p.193.

26) 김정훈, "경찰행정의 서비스품질과 고객충성도 결정요인에 관한 연구", 박사학위논문, 경기대학교 대학원, 2006, p.108.

을 모색하고 데이터의 수집과 관련하여 표본의 수, 자료의 대상, 통계처리 방법, 자료조사방법 및 서비스과정의 모니터링, 그리고 특정시점에서의 한 번 만이 아닌 지속적인 조사를 통해 체계적인 경찰서비스품질 개선활동에 반영하는 전략적 관리활동이 고려되어져야 한다.

27) Parasuraman, A., Zeithaml, V. A. & L. L., Berry, *Delivering Quality Service-Balancing Customer Perceptions and Expectations*, (New York: The Free Press, 1990), p.46.

# 제5편

# 경찰서비스의 품질관리 구축방안



**들어가며...**

경찰조직은 엄정한 법집행과 질서유지 못지않게 대민 서비스기관으로써의 성실한 임무수행을 요구받고 있다. 경찰서비스 품질관리는 단순한 조직운영 기법이 아니라 새로운 경찰조직문화의 재창조와 고객 지향적 경찰행정체제를 구축하는 것을 의미한다.

선진일류경찰로 도약하기 위해 경찰이 새롭게 달라져야 한다. 기본에 충실한 경찰, 현장에 강한 경찰, 국민의 가슴을 파고드는 따뜻한 경찰, 불의와 타협하지 않는 깨끗한 경찰, '보비아저씨'불리는 영국경찰상처럼 우리 경찰도 새로운 한국 경찰의 표상(表象)을 만들어 나가야 한다. 이를 위해서는 경찰이 먼저 변해야 한다. 변화의 과정은 총체적 품질관리의 재설계로 경찰비전의 뚜렷한 제시, 구체적인 기술체계의 확립과 차원별 서비스(제도)의 재정비, 경찰조직문화의 재창조 등이 요구되어진다.

제4편에서는 경찰서비스의 품질관리 구축방안으로 경찰조직문화의 재창조, 총체적 품질관리의 재설계, 경찰의 품질관리 향상방안에 대해 다룬다.

# 제11장 경찰조직문화 재창조

## 제1절 품질지향적 경찰조직문화

경찰문화는 경찰조직, 경찰인, 경찰환경까지 고려한 거시적 개념으로 파악하고, 경찰조직문화란 경찰조직에만 국한되는 상대적으로 미시적 개념으로 파악하는 것이라 할 수 있다.[1] 조철옥(2003)은 경찰(조직)문화에 부정적인 견해를 제시하고 있다. 즉 사법경찰의 우월의식, 폐쇄적인 단합문화, 보안 지상주의, 패배주의, 냉소주의의 5가지 특성을 지적하고 있다.[2] 황창연(2003)은 행정조직에서 "조직문화 및 하위문화의 비교"라는 연구에서 행정조직 중에서 산림청, 국세청, 경찰청, 철도청, 중소기업청 공무원을 대상으로 설문조사를 실시하여, 현재의 조직문화가 기관별로 모두 집단주의적이라고 평가하고, 그 중에서 경찰청이 가장 집단주의적이라고 평가하였으며, 또한 6개 기관이 현재의 조직문화가 권위주의적 조직문화라고 평가하고 그 중에서 경찰청이 가장 권위주의적이라고 평가하였다.[3]

김상호(2004)는 우리나라의 경찰문화의 특징으로 일반시민들에 대한 불신과 의심 및 잠재적인 위험을 기준으로 한, 사람과 상황에 대한 평가, 강제적 권위의 행사와 우월한 지위의 유지, 남성예찬, 복지부동적 정향, 법집행 역할에 대한 강조, 시민들과의 편가르기식 태도, 동료집단에 충성 그리고 비밀주 비밀주의 등을 지적하고 있다.[4] 위에서 살펴본 바와 같이 우리나라의 경찰문화에 대한 평가 역시 외국의 경찰문화에 대한 평가와 마찬가지로 지극히 부정적이다. 이렇게 경찰문화가 부정적으로 나타나는 것에 대해 그 이유가 경찰조직의 본질적 속성과 경찰의 임무에 연유하는 것인지, 경찰공무원의 인성 및 행태가 주요 요인인지, 아니면 경찰환경의 문제인지 아니면 경찰문화를 보는 시각이 경

1) 양원규 · 김용태, "경찰문화의 특징에 관한 고찰", 「한국자치경찰학회보」, 제4권 제1호, 2007, pp.197~207.
2) 조철옥, 『경찰행정론』, (서울: 대영문화사, 2003), pp.232~235.
3) 황창연, "행정조직에서 조직문화 및 하위문화비교", 「한국행정학회보」, 제37권 제1호 2003, pp.46~55.
4) 김상호, "경찰문화에 대한 이론적 고찰", 「한국공안행정학회보」, 2004, pp.3~4.

직되어 나타나는 것인지에 대한 보다 우리나라 경찰문화에 대한 심도 있는 연구가 요구된다 할 것이다.

우리나라 경찰조직 문화는 유연하거나 여성적이지 못하고 경직되고 남성위주로 발전해 왔다. 상향지향적인 경찰에서 국민에게 정성을 다하는 경찰로 거듭나기 위해서는 지역별·단위별 조직구조개편이 이루어져야 한다. 주민중심의 서비스에 보다 역점을 두고 기구 개편 작업과 지구대·파출소의 이원화된 명칭도 통일되어져야 하며, 현재 자치경찰제 도입을 위한 정책방향의 제시도 이러한 맥락이다.

국가경쟁력 제고와 고객만족을 높이기 위해서는 경찰관의 의식구조와 태도가 중요할 것 같다. 조직구성원의 인식전환이 이루어져야 하고 과거의 속박으로부터 자유롭고 그릇된 관행을 개선하고, 기득권에 대한 기대를 버리는 것 등의 노력이 필요하다.[5] 상명하복(上命下服)의 경직된 조직문화도 유연성을 부여하고, 최고의 품질을 고객에게 제공하기 위해 유형적인 경찰서비스헌장제와 같은 요소의 강화와 함께 무형적인 품질요소인 경찰경영이념, 가치관, 규범 등을 공유하는 품질 지향적 경찰문화가 형성되어야 한다.

## 제2절 경찰공무원의 의식개혁

행정관리자들이 일반적으로 조직은 질을 향상시키는 데 많은 비용이 수반되는 것으로 오해하고 있으며 이것은 서비스의 질과 생산성에 관한 잘못된 인식에서 비롯된 것이라고 주장하고 있다. 그릇된 인식을 갖게 하는 이유는 서비스의 질과 생산성의 개념이 서로 다르기 때문이다. 즉 서비스 질은 고객만족과 고객의 효용을 강조하는 반면에, 생산성은 일반적으로 비용절감을 수반하는 자원의 능률적인 활용에 관심을 두기 때문이다. 그러나 서비스질의 향상이 생산성을 저하시키고 비용을 증가시킨다는 믿음은 현실적으로 실증적인 근거를 제시하지 못하고 있다. [6] 이와 같이 행정관리자들이 공공부문에서 혁신에 대하여 왜곡된 시각을 갖고 있으면 고객지향의 행정은 실현되기 어렵다. 따라서 고객지

5) 정우열외, 『경찰조직관리론』, (서울: 형설출판사, 2009), p.381.
6) 박우서, 『현대조직론』(서울: 법문사, 1996), p.542

향의 행정의 성공은 경찰관리자의 의식개혁을 전제로 한다. 또한 고객지향의 행정은 일선공무원에 의해 완성된다. 일선공무원은 행정관리자와 다른 특성을 갖고 있는데 첫째, 일선관료도 정책결정의 역할을 한다. 둘째, 일선관료는 시민권에 큰 영향을 준다. 셋째, 일선관료는 사회통제기능을 한다. 넷째, 일선공무원은 국민의 특성을 대변한다.[7] 이와같이 경찰관리자 뿐만 아니라 일선경찰공무원이 시민의 안전하고 편안한 삶에 미치는 영향은 지대하므로 경찰공무원의 의식개혁이 선행적으로 이루어져야 한다.

## 제3절 경찰의 변화관리

현대와 같은 변화・변혁의 시대에는 어느 분야에서나 생존하고 변화를 창조하기 위해서는 먼저 변화하지 않으면 안 된다. 변화관리(Change Management)란 환경 변화에 따라서 조직 관리 방침을 유연하게 변화시켜야 한다는 이론인데, 경찰기관도 예외는 아니다.

TQM 등 서비스품질 관리기법들은 새로운 변화를 요구한다. 그런데 일반적으로 사람들은 변화를 싫어해 무사안일과 저항사이에서 갈등하기도 한다. 특히 행정조직은 특성상 정부가 바뀔 때마다 또는 최고 지휘부 변경에 따라 기존방침도 일순간에 중단하고 새로운 목표달성을 위해 새로운 길을 가기도 한다. 대개 변화에 대해 사람들은 다섯 가지의 반응을 보인다.[8]

첫 번째는 변화에 대해 저항하는 것이다. 변화를 잘 이해하지 못하거나, 변화가 이익보다는 해를 끼치고, 전혀 불필요하고, 익숙한 기존의 방법과 너무 다르다고 느낄 때 사람들은 저항한다.

두 번째는 변화를 무시하는 것이다. 변화가 그들이 행하여 온 일 등에 대해 영향을 별로 끼치지 않는다고 생각하는 경우에 사람들은 변화를 무시해 버린다.

세 번째는 새로운 변화를 수용하여 받아들인다는 것이다. 변화가 필요하다고 느끼거나

7) 김광주, "고객지향의 자치행정체제 구축방안", 경일대 산업연구 제6권 제2호, 2000, pp.63~64.
8) 안영진, 전게서, pp.171~172.

또는 그들에게 변화가 이익을 준다고 느끼는 경우에 사람들은 변화를 기꺼이 수용하려고 한다. 그러나 새로운 변화를 수용하는 것이 반드시 새로운 변화를 도입하는 데 적극적으로 참여하는 것과는 다르다.

네 번째는 새로운 변화를 수용에서 더 나아가 적극적으로 찬성한다. 새로운 변화를 격려하고 정말로 필요하다고 강하게 느끼는 경우이다.

다섯 번째는 변화를 요구하는 것이다. 이것은 오히려 변화를 적극적으로 조직체에 알리고, 권장하는 것이다.

그런데 문제가 되는 것은 저항과 무시이다. 조직체는 이런 사람들을 설득 시켜야 한다. 설득하는 좋은 방법은 변화를 가져오기 전에 그들을 의사결정과정에 참여시켜 이 변화가 최고관리자부터 일선경찰공무원에 이르기까지 모두 좋다는 신념을 심어줘야 한다. 또한 경찰은 변화관리에 있어 법집행기관으로써 권력성과 공적사명 때문에 '양질의 서비스행정'을 요구받으며, 보다 강한 윤리적 통제를 받기도 한다.

〈표 11-1〉 변화관리 잘 한 사람이 살아남는다.

인간은 태어나서 죽는 것이다(Birth → Death). B와 D사이에 수많은 C가 존재한다. Change(변화)에 대해 이야기 하고자 한다.

• 솔개가 장수하는 비결

솔개는 약 40세가 되면 발톱이 노화해 제대로 사냥할 수 없게 되고, 부리도 길게 자라 구부려져 먹기도 힘들며, 깃털은 두꺼워져 날기가 힘들게 된다. 이때 솔개는 산 정상으로 날아 올라가 먼저 부리로 바위를 쪼아 부리가 빠지게 해 새 부리가 나오게 한다고 한다. 그리고 새로 돋은 부리로 발톱을 하나 하나 뽑아낸 후 새로 발톱이 돋아나게 하고, 마지막으로 날개의 깃털을 하나 하나 뽑아내 새로운 날개를 만들어 낸다고 한다. 이 모든 과정에는 약 반년 정도 걸리며, 이 인고의 시간을 잘 견뎌낸 솔개는 완전히 새로운 모습으로 변신해 최고 70세까지 장수하게 된다.

• 유일하게 변하지 않는 것이 이 세상이 변한다는 것

일의 패러다임의 변화 중 시장성(marketability)은 높은 직함의 획득에 연연하던 행태가 퇴조하고 고용시장에서의 나의 고용경쟁력이 중요시되는 패턴을 의미한다. 여기서 시장(market)이라는 개념은 '취업이라는 것은 내가 가진 노동력을 시장을 통해 그것을 필요로 하는 사람에게 제공하기 위한 거래행위'라고 풀이할 수 있다. 지금 시장에서 무엇인가를 팔아 재화로 바꿔야 한다면 '나는 무엇을 팔 것인가'를 고민해봐야 한다. 즉 '내가 갖고 있는 것은 무엇인가'나의 경험 · 지식 · 기술 · 인맥 등 내가 가진 모든 것, 다시 말해 시장에서 거래할 만한 나의 자산을 샅샅이 찾아 강화할 필요가 있다.

세계최고 부자인 빌 게이츠는 한 인터뷰에서 이렇게 말했다. "나는 힘이 강자도 아니고 두뇌가 뛰어난 천재도 아닙니다. 다만 날마다 새롭게 변화했을 뿐입니다. 이것이 나의 성공 비결입니다."

변화, 그것은 우리가 경쟁에서 이길 수 있는 큰 힘이 되는 것이다!

* 출처: 국방일보, 『인생은 B to D다』, 2009년 4월 24일자, 7면.

# 제12장 총체적 품질관리체계의 재설계

총체적 품질관리의 재설계를 위해서는 비전의 뚜렷한 제시와 구체적인 기술체계의 확립과 서비스차원별(제도) 재정비, 경찰조직문화의 재창조가 요구되어진다. 이러한 특징으로부터 TQM의 재설계를 위한 전제를 정리해 보면 다음과 같다. 첫째, 고객중심 또는 현장중심 관점에서 업무를 처리하도록 유도한다. 둘째, 조직구성원의 열정적인 참여와 팀워크를 이끌어 내는 조직 관리를 한다. 셋째, 지속적이고 끊임없는 서비스의 개선이 요구된다.

## 제1절 고객 지향

고객지향적인 행정은 조직의 모든 기능이 고객위주로 설계되고, 고객의 입장에서 작동되고, 고객에 의해 평가되어야 하며, 관료주의적이고 행정편의주의적인 전통적 행정에서 벗어나, 민간기업의 고객만족 경영개념을 행정에 도입하여 국가경영차원에서 행정서비스의 질을 높여 나가는 것이다.[9)]

고객지향의 첫 단계는 고객의 확인이다. 고객의 개념에는 내부고객인 서비스를 생산하고 제공하는 조직구성원을 포함하고 있는데, 내부고객이 만족하지 못하는 상태에서는 외부 고객인 시민들에게 질 좋은 봉사를 할 수가 없음은 당연하다. 고객의 확인 다음 단계는 고객의 기대와 요구하는 것이 무엇인가를 찾아내어 고객만족 극대화를 실현하는 것이 고객지향의 경찰서비스이다.

고객이 품질을 평가하는 주체라는 고객중심의 인식이 퍼짐에 따라 품질의 현대적 정의는 고객의 기대의 충족으로 이어지는 고객만족을 초과하여 고객감동실현에 모아지고 있

9) 박용우, "고객지향적 행정: 행정서비스를 중심으로", 「한국행정논집」, 98하계학술대회 발표논문집. 1998, p.444.

다. 품질의 정의에서 언급한 학자인 데밍, 주란, 크로스비 같은 품질의 선구자들은 한결같이 고객중심을 강조하고 있으며, 사기업뿐만 아니라 공공부문에서도 고객만족에 큰 비중을 두고 있는 현실이다. 공공부문인 경찰은 경찰서비스의 대상인 고객(시민)의 요구와 필요에 부응하고 고객이 품질의 최종결정자이기 때문에 고객의 요구와 의견을 적극적으로 수용해 나가야 한다. 즉 고객이 조직에서 가장 중요하며 일선공무원은 다음으로 중요하고 관리층은 이들 일선공무원을 위해 존재한다는 것이다.[10)]

## 제2절 참여와 팀워크

총체적 품질관리의 재설계를 위해서는 조직구성원의 열정적인 참여와 팀워크(Teamwork)를 이끌어 내는 조직관리가 요구된다. 조직의 모든 계층 및 부서의 참여는 총체적 품질관리를 성공적으로 실행하는 데 필요한 중요한 요소이다. 모든 조직구성원들이 적극적으로 참여함으로써 최고관리자, 중간관리자, 일선공무원 모두의 노력과 팀워크가 필요하다. 팀워크는 의사소통의 장벽을 서서히 무너뜨리고 변화의 발판을 마련해준다. 또한 의사소통은 품질관리 과정이라는 블록을 쌓아가는 데 없어서는 안 될 시멘트와 같고 의사소통은 양방향으로 이루어져야 한다. 최고관리자들은 중간관리자가 스펀지와 같아서 정보를 받아들이기만 하고 내 놓지는 않는다고 말한다.[11)] 따라서 우리 조직(부서)에는 의사소통에 문제가 없는지 살펴보아야 한다. 참여와 팀워크는 품질개선을 함께 이루어나가고 인본주의를 지향하는 경찰경영에 실제적인 기회를 제공한다.

경찰서비스의 총체적 품질관리체계의 재설계를 위해서 접근해야 할 단계는 다음과 같다.

첫째는 시작단계로써 조직 구성원의 인식변화 즉, 서비스제공기관으로써의 공감대가 널리 형성되어 있어야 한다.

둘째는 조직의 변화단계로써 서비스를 실천하려는 구체적인 실행계획을 세워야 한다.

셋째는 구체적인 실행계획에 따라 이를 실행에 옮기는 확장 단계이다.

10) 오세덕 · 이명재 외, 『행정관리론』, (서울: 대영문화사, 2008), p.365.

11) 김동원 · 윤재영, 전게서, p.46.

넷째는 변화된 경찰서비스의 구체적 방안들을 정착시키는 통합의 단계로 나가야 한다.

다섯째는 경찰서비스 자세 및 태도를 새롭게 변모시키며, 나아가 경찰경영의 새로운 패러다임으로써 가치창출과 경쟁에서 살아남을 수 있는 변화관리의 조정단계이다. 그러나 이러한 시행단계는 짧게는 3년에서 5년 정도가 걸릴 것이나 1단계의 소요시간에 대한 전제조건은 없다고 할 수 있다.

## 제3절 지속적인 개선

지속적인 개선은 환경의 변화에 따라 고객의 요구 및 기대에 적극 부응하면서 점점 나아지려고 끊임없이 개선하려는 노력이자 경찰경영철학이라고 할 수 있다. 특히 지속적인 개선은 소수의 잘못된 경찰의식, 제도, 관행의 경찰조직문화 측면과 서비스 접근성, 서비스제공자의 행태인 대응성과 친절성, 적극적이지 못한 태도 등에 있어서 끊임없는 개선을 추구한다. 왜냐하면 총체적 품질관리는 단편적인 과정이 아니라 체계적인 과정이라는 점에서 기인하기 때문이다.

고객의 요구사항을 확인하고 점검함으로써 경찰기관은 개선이 필요한 부분들을 샅샅이 찾아내어 품질을 업데이트하여 지속적인 개선 주기의 토대를 마련해야 한다. 지속적인 개선은 경찰조직의 상관이나, 동료, 일선공무원에 이르기 까지 경찰활동과정에서 고객의 기대수준 사이의 차이(gap)를 줄여 나가는 체계적인 접근이 필요하다. 기업의 생산현장에서 수율(收率)을 높이기 위해 공정 하나 하나를 개선해 나가며, 불량품은 다음 공정으로 넘기지 않듯이 모든 조직은 이러한 개선과정과 관리방식을 통하여 필요에 맞게 변형시켜 성과를 관리하고 있다. 경찰은 고객만족과 효과성, 효율성의 목표달성을 위해 조직구성원들의 변화에 대한 중요성을 인식하고, 변화의 장애물을 극복하고 업무수행과정(절차)의 지속적인 개선이 요구되어 진다.

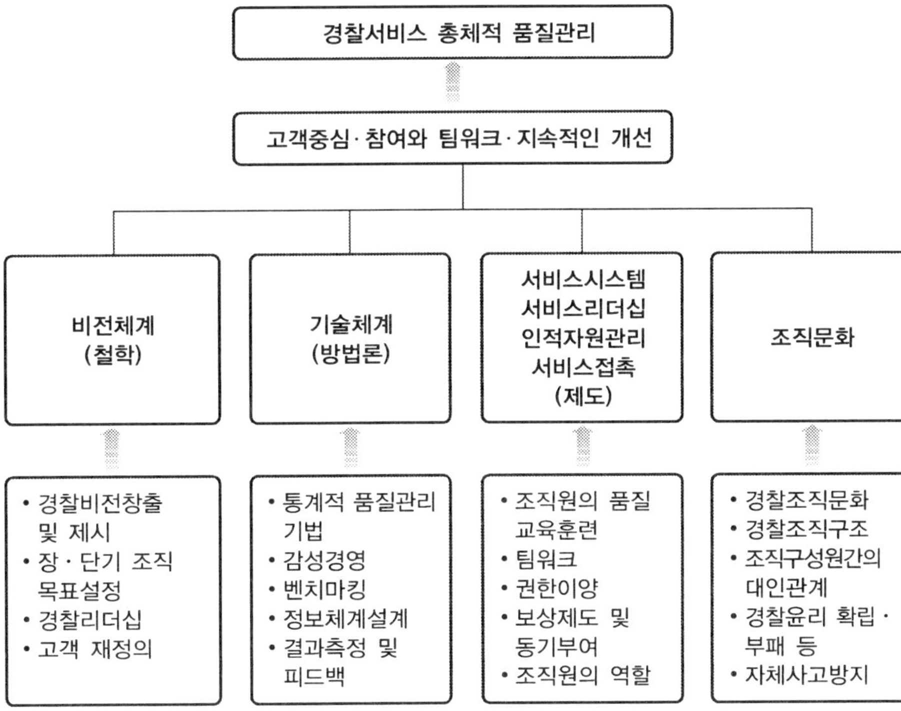


**[그림 12-1] 총체적 품질관리체계의 재설계**

[그림 12-1]을 바탕으로 아래와 같이 정책적 시사점을 제시해 준다.

첫째, 경찰조직을 운영하는데 있어 서비스중심 기관으로 개선해야 한다. 우수한 서비스의 일관성 확보를 위해 경찰조직운영기준을 지역주민의 의견수렴, 문제가 발생하지 않도록 사전 예방적 조치, 확실한 경찰서비스헌장 이행의 준수, 문제해결팀 구성, 불법과 무질서의 사전 차단, 경찰서비스 매뉴얼 인지 등을 통해 경찰서비스의 품질을 총체적으로 높이는 노력과 현장중심의 봉사하는 전문기관으로 자리매김해 나가야 한다.

둘째, 경찰공무원의 서비스의식을 제고해야 한다. 경찰서비스 공급자이면서 전달자인 경찰공무원은 개인의 서비스의식의 변화를 통해 지역주민과 접촉하는 과정에서 주민을 섬기는 봉사정신을 발휘해야 한다. 즉 권위적 리더십을 버리고 서번트 리더십(servant leadership)을 새롭게 정립해 나가야 한다. 또한 변화를 통해 커뮤니케이션 활성화를 도모하고 '119구조대'처럼 국민들로부터 사랑과 신뢰받는 '112경찰대'[12]가 되어야 한다.

12) 필자는 119하면 소방을 떠올리듯이 경찰활동조직체로 순찰지구대, 지구대, 파출소, 치안센터 등 다양하게

셋째, 양질의 경찰서비스를 위해 현장경찰인력을 확충해야 한다. 경찰은 관할구역이 넓어진 전체지역을 대표하는 경찰관서로써 적합하지 않다는 지역주민들의 의견도 많았다.[13] 경찰인력 중 30%에 이르는 전의경감축문제와 지구대체제에서 파출소제로 회귀, 국민들의 안전욕구 증가와 불법폭력시위, 무질서 등으로 이에 대응하는 사회간접자본(SOC)으로서 경찰의 역할을 재인식할 때이다. 인구가 증가하는 자치단체를 중심으로 하루빨리 경찰인력을 점차 선진국 경찰 수준으로 확충해 나가는 노력이 필요하다. 결국 이러한 경찰의 애로사항 등을 해결해 나가면서 지역주민, 더 나아가 지역사회 관계를 개선하기 위한 다양한 노력들이 병행되어야 서비스의 공급자인 경찰과 수요자인 고객만족을 가져 다 줄 것이며, 선진 일류경찰을 향한 기반이 마련 될 것이다.

---

불리던 혼선을 피하고 범죄 신고는 112에 착안하여 '112경찰대'로 제안하고자 한다.

13) 경찰청, 『경찰백서』, 2008, p.61.

# 제13장 경찰서비스의 품질관리 향상방안

## 제1절 품질관리를 위한 모형개발

경찰서비스 품질관리를 위해서는 앞에서도 살펴보았듯이 경찰서비스 품질구성요소와 함께 경찰서비스 품질관리를 위한 구성경로의 확인이 중요하다 할 것이다. 따라서 경찰서비스 품질관리를 위한 모형개발의 당위성이 제기되며 이러한 모형개발을 통해 보다 실천적인 경찰서비스 제공하는 데 있어 단초 역할을 한다고 할 것이다.

고객이 만족할 수 있는 서비스품질을 제공하기 위해서는 서비스제공에 필요한 절차, 기술, 장비 등을 정비하는 등, 고객의 욕구를 충족시키기 위한 서비스 제공을 최우선의 전략으로 선정하게 된다. 서비스지향성은 고객에게 우수한 서비스를 창출하고 제공하기 위한 조직의 정책과 실행, 절차를 포함하는 개념으로 우수한 서비스를 제공하기 위해 얼마나 적극적인가를 나타내는 척도로서,[14] 서비스 성공에 전략적으로 최우선 순위를 부여하고 서비스의 가치창출을 위해 조직원들의 인식에 영향을 미친다. 즉, 재정적 유인, 일반적 지원, 개발적 경험(공식적·비공식적 훈련과 개발), 승진, 직무의 자율성, 공정성, 의사결정에의 참여 등과 같은 조직의 서비스 지향성에 의해 영향을 받는다고 볼 수 있다.[15]

조직이 얼마나 고객지향적이고 서비스지향적인 조직문화와 시스템을 갖추고 있는가는

---

14) L. L. Monty, R. S. Lytle and S. Bobek, "Service Orientation in Transitional Markets : Does It Matter?", *European Journal of Marketing*, 34(3), 2000, pp. 279～298; T. Levit, "After the Sale is Over", *Havard Business Review*, 61(sep/oct), 1983, pp.87～93.

15) R. Abraham, "The Impact of Emotional Dissonance on Organizational Commitment and Intention to Turnover, *The Journal of Psychology*, 133(4), 1999, pp.441～456; R. A. Guzzo, K. A, Noonan, & E. Elron, Expatriate Managers and the Psychological Contract, *Journal of Applied Psychology*, 79(4), 1994, pp.617~626; S. J. Wayne, L. M. Shore & R. C. Liden, "Perceived Organizational Support & Leader-Member Exchange: A Social Exchange Perspective", *Academy of Management Journal*, 40(1), 1997, pp.82~111., 조주은, "항공사의 서비스지향성이 조직지원 인식, 조직성과에 미치는 영향", 박사학위 논문, 세종대학교 대학원, 2005, p.60.

조직원들의 서비스지향성에 지대한 영향을 미친다. 즉, 조직의 서비스지향성이 증가할수록 조직구성원은 조직지원에 대한 인식이 높아지고 성과의 향상 및 나태한 근무 태도가 감소하게 된다.[16] 그리고 이는 직무에 대한 만족수준이나 조직몰입도 긍정적인 영향을 미치게 됨으로써 고객의 만족수준을 증가시킬 수 있는 서비스를 창출하게 된다.[17] 서비스의 비분리성과 이질성 등과 같은 제 특성은 서비스에 대한 고객과의 관계에서 접점을 형성하는 조직구성원들의 역할과 태도는 더욱더 부각되어가는 추세이다. 따라서 고객과 접점을 형성하는 조직구성원들의 지원과 관리 정도는 조직의 효과성은 물론 생산성과도 밀접한 관계를 갖는다.[18] 즉, 조직지원의 인식 정도는 고객이 인지하는 서비스의 질에 유의한 영향력을 갖는데,[19] 이는 조직구성원들이 조직 및 관리자부터의 대우 정도에 따라 고객을 대우하기 때문이다.[20]

고객의 욕구와 선호를 좇아 반응하는 서비스 조직은 고객이 원하는 바를 충족시키기 위해 내부고객인 조직구성원들의 만족도 제고를 위한 적극적인 활동을 필연화하고, 조직의 서비스지향성에 만족한 직원들은 조직에 대한 무한한 책임감을 바탕으로 우수한 서비스 활동을 실천하게 된다.[21]

그리고 고객과 대면적 접촉이 이루어지는 조직원들이 이러한 조직문화와 시스템을 올바르게 이해하고, 조직에 만족하는 정도가 우수할수록 조직의 목적을 위해 더 열심히 노력할 수 있는 동기를 부여하게 됨으로써 서비스의 질이 향상될 것이며, 궁극적으로는 외

---

16) L. Rhodes, R. Eisenberger & S. Armeli, "Affective Commitment to the Organizational: The Contribution of Perceived Organizational Support", *Journal of Applied Psychology*, 86, 2002, pp. 825~836.

17) B. Babin and J. Boles, "The Effect Perceived Co-Worker Involvement and Supervisor Support on Service Provider Role Stress, Performance and Job Satisfaction", *Journal of Retailing*, 72(1), 1996, pp.57~75.

18) 곽원섭 · 이종구, "고객접점 종업원에 대한 조직지원과 서비스수행의 관계, 「한국심리학회지: 산업 및 조직」, 한국산업 및 조직심리학회, 제14권 제2호, 2001, pp.96~97.

19) S. J. Bell & B. Menguc, "The Employee Organization Relationship, Organizational Citizenship Behaviors, and Superior Service Quality", *Journal of Retailing*, 78(2), 2002, pp.131~146.

20) B. Berkely & A. Gupta, "Identifying the Information Requirements to Deliver Quality Service", *International Journal of Service Industry Management*, 6, 1995, pp.16~35; 김대복, "변혁적 · 거래적 리더십, 조직지원과 직무성과간의 관계에서 자기유능감의 매개효과에 대한 연구", 박사학위 논문, 경성대학교 대학원, 2004, p.38.

21) T. O. Jones & W. E. Sasser jr, "Why Satisfaction Customer Defect", *Harvard Business Review*, 73(Nov-Dec), 1995, pp.88~99; L. L. Monty, R. S. Lytle and S. Bobek, "Service Orientation in Transitional Markets: Does It Matter?", *European Journal of Marketing*, 34(3), 2000, pp.279~298.

부고객이 인지하는 서비스의 질은 높은 평가를 받게 될 것이다. 경찰서비스 품질관리를 위한 이론적 모형을 다음 [그림 13-1]과 같이 제시할 수 있다.

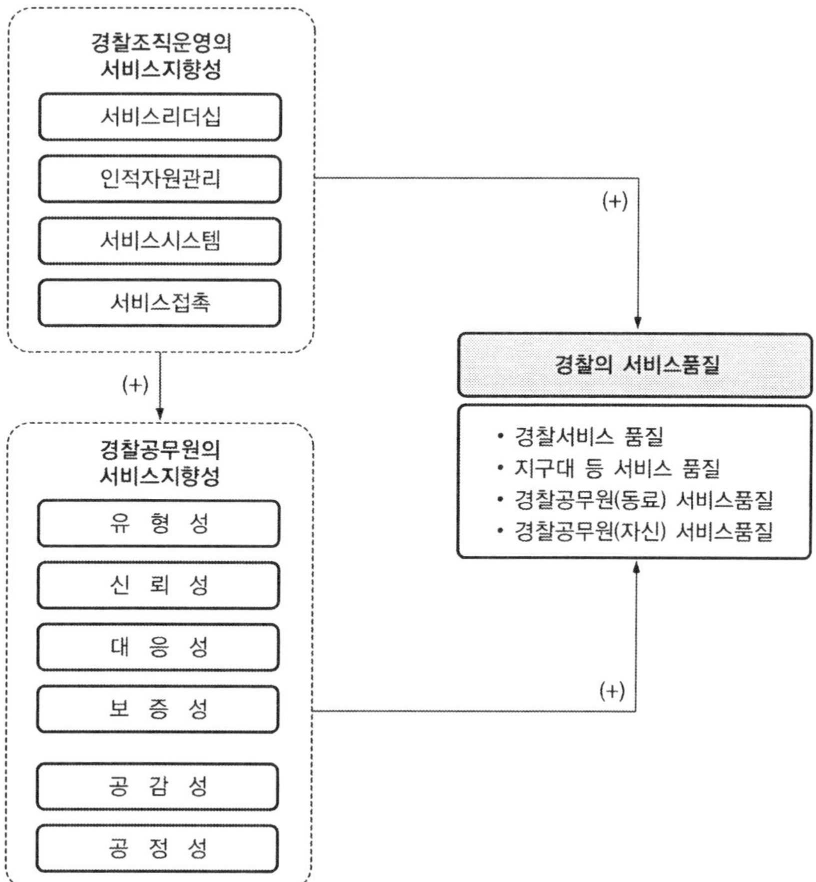


**[그림 13-1] 경찰서비스의 품질관리를 위한 이론적 모형**

## 제2절 경찰서비스의 품질관리 향상을 위한 「H5+3SH」

경찰청은 경찰서비스 품질향상을 통한 고객 체감 치안행정을 구현을 위해 2007년 3월 교보생명과 교류협력 약정을 체결하고 서비스 수준을 우수 민간기업 수준으로 향상시키는 노력을 펴고 있다. 경찰청은 '고객만족 모니터실'을 개소하고 치안고객만족지수를 개발하고 전 경찰관서에 실질적인 CS교육 및 컨설팅 등을 진행하여 고객 체감 만족도를 높이고, 고객만족 전담부서(06.7) 및 '고객만족 치안행정 전략'을 추진(06.11)을 하고 있다. 그렇지만 아직까지 성과에 연연하기 보다는 경찰의 서비스품질관리를 도입・적용・향상시켜 나가기 위해서는 반드시 고려해야 할 사항과 실행전략을 제시하면 다음과 같다.

### 1. 고객만족 경찰행정의 성과

- 절도사건 피해조사 One-Stop 처리제 : 소요시간 280시간 → 100시간
- 고소・고발사건 책임수사제(즉일조사 등) : 이송・장기사건 90%↓
- 운전면허증 재교부 절차개선 : 재발급 소요시간 15일 → 7일 이내
- 원스톱 사실 확인원 파출소까지 확대 발급(사실 확인(6종) : 사건사고・도난신고・도난해지・변사・교통사고)
- 도서지역(487개)에 찾아가는 수사민원 서비스 제공
- 적극적인 도움이 필요한 독거노인 안전확인 서비스 등의 시책을 펴고 있다.
- 관서별 CS리더, CS서포터 등 촉진그룹을 구성하여 자율적 CS혁신활동 정착을 도모하는 등 종합적인 추진체계 구축
- 고객만족 모니터실 설치・운영(07.4)으로 조사 설계 및 통계분석, 전문모니터 요원 26명 등 고객만족도・전화친절도・Call-back 조사 및 치안정책모니터링 수행 등의 성과를 올리고 있다.

## 2. 경찰서비스의 품질관리 「H5+3SH」

### 1) 경찰서 조직

경찰서비스 품질관리와 향상을 위한 「H5+3SH」, [그림 13-2]를 보면 우리나라 경찰의 조직은 권한과 책임을 경찰청(중앙경찰)이 모두 가지고 있는 중앙집권적인 국가행정조직으로 일원화되어 있다. 경찰청은 치안에 관한 사무를 관장하기 위하여 행정안전부장관 소속하에 설치되는 외청이다. 현행법은 국가의 경찰조직만을 인정하고 있으므로 경찰관청은 경찰청장을 중앙관청으로 하여 지방경찰청장 · 경찰서장을 하부조직으로 하는 계층제적 구조를 형성하고 있다. 경찰서에는 사무분장을 하기 위하여 청문감사관과 5과(경무과 · 생활안전과 · 수사과 · 경비교통과 · 정보보안과)를 둔다. 다만, 지역별 특성에 따라 4과, 6과 혹은 8과를 설치하고 있다.[22)]

### 2) High-Quality(H5)

① High Vision : 경찰목표 달성을 위한 구체적인 비전의 제시

② High Knowledge : 경찰활동을 위한 전문적인 법률지식의 축적

③ High Skill : 경찰업무의 능숙한 처리를 위한 기술(융통성)발휘

④ High Culture : 경찰문화를 재창조하여 변화하는 경찰상 정립

⑤ High Feedback : 피드백을 잘 활용함으로써 환경에 대한 대응력을 높힘

### 3) 경찰서비스의 차원별 품질관리(3SH)

경찰서비스 품질관리 향상을 위해서는 서비스리더십 차원, 서비스시스템 차원, 서비스 접촉 차원, 인적자원관리 차원별로 품질관리가 행해져야 한다.[23)] 또한 경찰은 공공질서와 안전보장과 치안서비스 공동생산을 경찰조직만으로는 감당할 수 없다. 따라서 내적으로는 경찰조직구성원의 신뢰와 지지를 바탕으로 외적으로 조직 · 기관 · 단체와 지역사회 시민들과 상호협력관계를 유지 · 발전시켜 나감으로써 경찰서비스 품질관리 향상을 꾀할

22) 경찰청과그소속기관직제 시행규칙 제49조 참조.

23) 자세한 내용은 제3편 경찰서비스의 차원별 품질관리를 참조.

수 있을 것이다.

서비스산업이 날로 성장하고 중대되는 현실에 경찰조직은 과거의 안일하고 형식적인 방법으로 주민을 대하던 방식에서 벗어나 주민을 고객으로 인식하고 한 발 앞서 철저한 서비스정신을 바탕으로 고객의 마음을 사로잡아 공공서비스 분야에서 우위를 점할 수 있다면, 이것이 곧 경쟁력 확보요, 고객지향적 경찰체제가 구축을 의미한다.

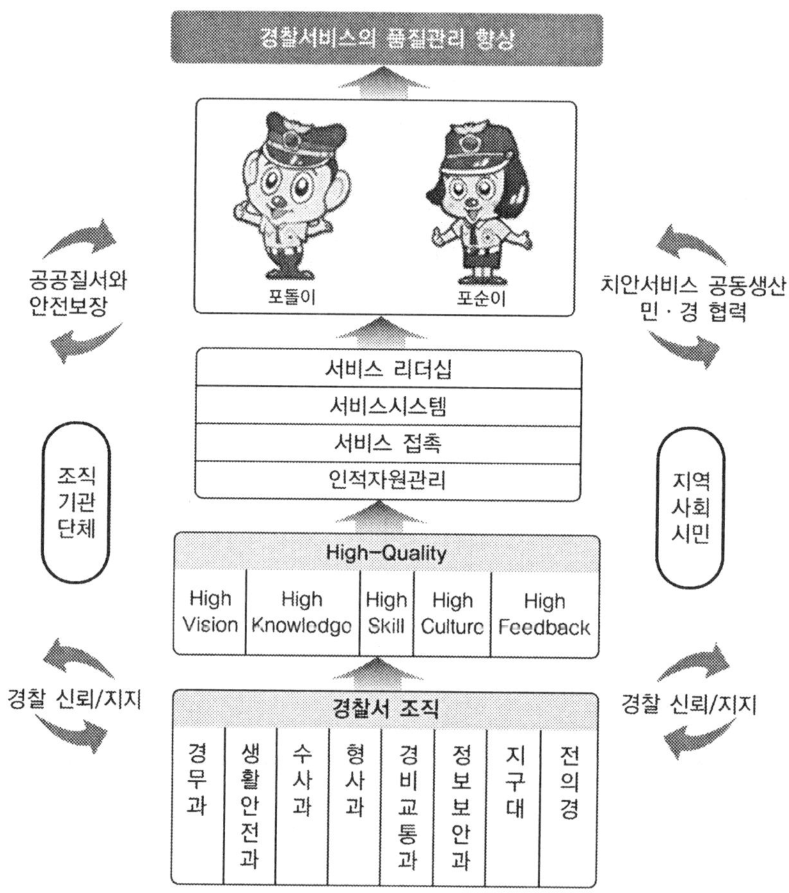


[그림 13-2] 경찰서비스의 품질관리 향상을 위한 「H5+3SH」

# 제6편

# 경찰개혁론

제14장 행정개혁

제15장 경찰제도의 개혁

**들어가며...**

경찰은 권력기관이 아니라 고객만족의 서비스 기관으로 거듭나기 위해 꾸준히 노력한 결과 경찰행정 국민만족도가 꾸준히 상승하고 있다. 한편으로 경찰혁신 선도 과제를 정하여 불합리한 행태 및 관행타파, 국민인권보호, 사회적 약자보호, 부정부패 척결, 인사투명성과 공정성의 제고, 사기진작, 경찰이미지 개선을 시행중이나 단시간에 모두 해결할 수 없다.

행정서비스헌장제만 하더라도 90년대 초부터 행정서비스의 질적 향상과 정부개혁의 일환으로 미국 · 영국 등 선진국을 중심으로 시작되었으나 경찰청에는 1998년 9월 30일 경찰서비스헌장을 제공 · 공포하였고, 1999년부터는 각급 경찰관서에서도 지역실정에 맞는 서비스헌장을 제정, 실천하고 있다. 10년이 지난 지금 실질적으로 경찰서비스헌장제가 완전히 뿌리내렸다고 할 수 있을까? 경찰헌장이나 경찰윤리헌장보다는 국민 곁에 더욱 가까이 다가서려는 사항과 경찰공무원들이 직무수행과정에서 반드시 지켜야 할 내용을 담고 있지만 공공서비스 자체가 일반국민과의 계약인 만큼 향후 여론을 수렴하고 유관기관과의 상호협력을 통하여 형평성과 실천지향적인 서비스를 제공해야 한다.

행정시스템에 경쟁 · 성과 · 품질개념이 도입되는 것도 결국 서비스 질의 개선(Improving Service Quality)에 있음을 잘 새겨야 한다.

제6편에서는 행정개혁 전반에 대한 내용을 살펴보고 경찰제도의 개혁 방향에 대한 내용을 다루고자 한다.

# 제14장 행정개혁

## 제1절 행정개혁의 의의

### 1. 행정개혁의 개념

행정개혁(행정개혁: administration reform)이란 행정을 현재 상태로부터 보다 나은 상태 · 방향으로 유도하려는 의도적 · 계획적 변동을 의미한다. 따라서 행정개혁은 행정조직의 구조변동과 새로운 정책 · 기술 · 방법의 채택 · 적용뿐만 아니라 행정인의 가치관 · 신념 · 태도를 변화시켜 개인발전과 조직발전을 통합시키려는 것이다. 또한 행정개혁이란 행정체계의 변동대응능력을 증진시키고, 행정의 효율성[1]의 향상을 위한 새로운 아이디어를 창안하여 실천에 옮기는 것이다.

결국 행정개혁은 행정체제 그 내부로부터 끊임없이 혁신하여, 낡은 구조를 끊임없이 파괴하고, 새로운 구조를 만들어 내는 창조적 파괴(Creative Destruction)과정으로 표현할 수 있다. 국가경쟁력과 세계화라는 키워드가 중시되고 있는 무한경쟁의 시대를 맞이하여 국가 전반의 경쟁력을 총체적으로 관리하고 선도해야 하는 행정개혁의 중요성과 필요성이 강화되고 있는 추세이다.[2]

### 2. 행정개혁의 성격

① 기술성(技術性)과 정치성 : 행정개혁은 기술적 성격과 아울러 고도의 정치적 성격을 띠고 있다. 행정개혁의 목적 · 대상이나 성공 여부는 정치적 환경이나 정치적 지지에

---

1) 효율성이란 효과성(effectiveness)과 능률성(efficiency)을 합친 가장 폭넓은 개념으로 사용되고 있다. 즉, 보다 적은 비용으로 보다 많은 목표달성을 추구하는 것을 말한다. 우리나라 경찰조직은 중앙집권적 국가경찰조직으로서 일원화되어 있으며, 계층제적 조직 구조를 통해 경찰행정의 효율성을 확보하고 있다.

2) 김정렬, "발전국가의 위기와 행정개혁의진로", 『한국행정연구』, 제15권 제2호, 2006, p.97.

의하여 크게 영향을 받으며, 권력투쟁・타협과 양보・방해전술이 전개되는 과정이라 할 수 있다.

② 계획적 변동과 저항 : 행정개혁은 현상을 인위적으로 타파하여 보다 바람직한 방향으로의 변화를 모색하기에 저항이 불가피하게 수반된다.

③ 계속적 과정 : 행정개혁은 일시적・즉흥적 개혁이 아니라 사회변동에 따른 문제해결을 위한 계속적 과정이다.

④ 동태적・행동지향적 성격 : 행정개혁은 불확실성・위험과 예측가능성의 제약 등으로 특징 지워지는 미래와 관련되며, 복잡한 환경적 요인이 작용하는 가운데 개혁전략이 문제되는 동태적(動態的)・행동 지향적 과정이다.

## 3. 행정개혁의 필요성과 동기

행정개혁의 필요성과 동기는 각국의 상황에 따라 다르다.

① 정치이념의 변동과 권력투쟁의 작용 : 중앙정부(최고관리층)의 정치이념, 철학이나 기관장, 기본정책의 변동과 정치・행정의 권력투쟁은 행정개혁을 촉진하게 된다.

② 정부역할과 행정수요의 변동 : 행정환경의 변동에 따른 정부역할과 인구구조의 변화인 여성의 사회적 진출증가, 청소년비행・범죄, 노인층 인구의 증가, 다문화 가구의 증가 및 고객구조의 변화 등 행정수요의 변동은 행정개혁을 촉진한다.

③ 조직확대 경향과 관료이익의 추구 : 행정조직의 확대・비대화 및 관료들의 국민전체의 이익보다 자신들의 이익 추구화 현상은 행정개혁을 촉한다.

④ 행정기능의중복방지와공공부문의축소 : 비능률을 제거(미국의 Hoover위원회)와 정부의 규제나 간섭의 범위가 줄어들 때 공공부문은 축소되고 그에 따른 행정기구도 줄여야 하므로 행정개혁이 요구된다.

# 제2절 행정개혁의 접근방법

## 1. 구조적 접근방법

공식적 · 합리적 조직에 중점을 두는 전통적인 접근방법으로서 기구 · 직제(職制)의 간소화와 기능중복의 제거, 행정사무의 적절한 배분과 권한 · 책임의 명확화, 집권화 또는 분권화의 확대, 의사소통체계의 개선 등을 통하여 행정을 개혁하려는 접근방법이다. 특히 통솔범위 · 계층제 · 조정 · 명령통일 등의 조직 원리를 적용시키는 데 주력하는 접근방법이다.

## 2. 관리적 · 기술적 접근방법

행정이 수행되는 과정에 치중하면서 관리기술 · 장비 · 수단을 개선하고 관리과학 · 운영연구(OR) · 체제분석(SA) · EDPS 등을 활용함으로써 행정성과의 향상을 도모하는 접근방법이며 계량화 모형에 주로 의존하고 있다.

## 3. 인간적 · 행태적 접근방법

인간관계적 · 행태적 접근방법이란 행정인의 가치관 · 신념 · 태도를 인위적으로 조직적 전략이나 실험실훈련 등에 의하여 변혁시켜 행정체제 전체의 개혁을 도모하려는 접근방법이다.

## 4. 종합적 접근방법

구조적 접근방법과 관리적 · 기술적 접근방법 및 인간관계적 · 행태적 접근방법은 상호보완적 성격을 지닌다. 따라서 행정개혁에 있어서는 행정조직 · 행정인 · 행정환경을 중심으로 하면서 특히 정치적 · 사회적 요인을 우선적으로 고려해야 할 것이며, 행정체제의 여러 측면을 종합적으로 고려해야 할 것이다.[3)]

## 제3절 행정개혁의 과정

### 1. 행정개혁의 필요성 인식

행정개혁은 먼저 그 필요성이 인식에서 시작된다. 행정개혁의 필요성의 인식에 있어서 객관적 요인은 행정개혁의 필요성 및 동기이며, 주관적 요인은 행정개혁의 주체가 개혁목표를 인정하는 것을 말한다.

### 2. 개혁안의 준비 및 결정

개혁담당자와 개혁안 연구의 참여자 범위가 결정되면 개혁범위와 개혁수준 및 개 혁 전략을 결정하게 된다.

### 3. 개혁안의 시행

개혁안의 시행에는 법령안의 기초, 새로운 규정 · 편람의 작성, 예산 · 인사조치, 관계 공무원의 훈련 등이 요구되며, 세부적인 집행계획도 수립하여 개혁을 시행한다.

3) 양원규외, 전게서, 2009, pp.333~336.

### 4. 개혁의 평가

개혁의 평가결과를 환류(還流: feedback)하여 다음의 행정개혁에 반영하도록 한다.

## 제4절 행정개혁의 저항과 극복방안

행정개혁은 현상의 인위적 변동이므로 저항이 나타나며 이를 극복해야 행정개혁은 기대한 성과를 거둘 수 있다. 이때 저항(抵抗)이란 현실적 · 가상적변화로부터 자기 자신을 방어하려는 행태를 말한다.

### 1. 저항의 원인

① 기득권의 침해 : 기득권을 가진 관료나 이익집단 및 이해당사자는 행정개혁에 의한 기득권 침해에 저항한다.

② 피(彼)개혁자의 능력부족 : 개혁의 대상자들이 개혁에 수반되는 새로운 지식과 기술이 부족할 경우 이에 저항한다.

③ 개혁내용의 불명확성 : 개혁의 내용이 불명확할 경우 개혁에 대한 신뢰감의 결여 · 불안감 · 무관심 등으로 비협조적 · 소극적이거나 저항한다.

④ 비공식적 인간관계의 과소평가 : 개혁이 피개혁자가 소속하고 있는 비공식집단의 인간관계 · 규범 · 관례 등과 조화되지 않을 경우 저항이 나타난다.

⑤ 관료제의 경직성과 보수적 경향 : 관료제의 병리인 경직성과 보수성으로 저항이 나타난다.

⑥ 참여부족과 국민의 무관심 : 개혁이 일부 소수의 사람이나 집단에 의해 폐쇄적으로 수행되거나 여론의 지지가 부족할 경우 저항이 나타난다. 이외에도 정치적 · 사회적 요인, 이익단체 · 압력단체에 의한 저항 등이 있다.

## 2. 저항의 극복방안

### 1) 강제적 전략

강제적 전략은 개혁추진자(상급자)가 강압적 권력에 의해 제재·위협·계서적 권위(階序的 權威)를 일방적으로 행사하는 전략이다.

이는 계서적 권한에 의한 명령·물리적 제재나 기타 신분상의 불이익의 위협·의식적인 긴장조성, 권력구조의 일방적 개편 등의 방법이 사용된다. 이 전략은 오늘날에 있어 바람직하지 못한 저항의 극복방법이라는 것이 일반적인 견해이다.

### 2) 규범적 전략

규범적 전략은 적절한 상징조작과 사회적·심리적 지원을 통해 자발적 협력과 개혁의 수용을 유도하는 전략이다. 이는 개혁지도자의 권위를 높임 으로써 개혁의 수용을 촉진하고, 의사전달과 참여의 촉진, 조직전체의 목적 추구에 대한 사명감 고취, 개인의 중요성 인정 및 자기존경의 욕구충족, 충 분한 시간을 주어 불만·긴장의 해소, 개혁의 가치와 기존 가치의 양립성 강조, 집단토론과 교육훈련의 실시·자기개발의 촉진 등의 방법이 사용된다.

### 3) 공리적·기술적 전략

공리적·기술적 전략은 개혁으로 인한 손실을 보상하거나 또는 개혁과정의 기술적 요인을 조정하는 전략이다. 이는 해당자들이 불이익을 받지 않는다는 인사이동계획의 수립과 제시, 경제적손실의 보상, 개혁의 일반적인 가치와 이익의 실증(實證), 개혁시기의 조정, 개혁과정의 적응성 제고, 개혁방법과 기술의 융통성 있는 수정 등의 방법이 사용된다.

# 제15장 경찰제도의 개혁

## 제1절 경찰개혁의 방향

### 1. 경찰개혁의 의의

경찰개혁은 행정개혁의 개념을 원용(援用)하여 경찰에 적용한 하위개념으로 파악할 수 있다. 경찰개혁이란 국가발전의 적극적인 목표를 향해 경찰행정체계를 개선하면서, 새로운 가치를 지향하고 새로운 환경에 능동적으로 대처하기 위하여 구조·절차·방법 등을 개선시키려는 의도적인 변혁과정이라고 정의할 수 있다.[4)]

2012년 경찰청은 '국민신뢰확보'라는 경찰비전을 제시하고 이를 달성하기 위해 국가와 국민을 위한 경찰, 3가지 혁신전략 즉 i ) 공명정대, ii ) 소통·화합, iii) 공감치안을 추구하고 있다.[5)]

이러한 경찰개혁배경으로는 i ) 지방화, 분권화, 세계화, 정보화 등 급변하는 치안환경에 부응하고, 국민으로부터 신뢰와 사랑을 받는 경찰상 정립을 위하여 패러다임의 전환이 필요하고, ii ) 경찰개혁은 생존전략이며, 변화하지 않는 조직은 도태하며, iii) 구(舊)시대적이고 불합리한 낡은 의식·제도·관행을 탈피하여 경찰 전체를 완전히 바꾸어가는 총체적인 변혁이 모색되고 있기 때문이다.[6)]

### 2. 경찰개혁의 목표

경찰개혁의 궁극적인 목표는 경찰제도 및 경찰활동의 개선을 통해 국민으로부터 신뢰

4) 이황우, 전게서. p.530.

5) 경찰백서, (서울: 경찰청, 2011), p.15.

6) 경찰공제회, 『경찰실무종합』, (서울: 경찰공제회, 2007), pp.417~421.

와 사랑을 받는 경찰상 정립과 경찰공무원의 직무만족과 이를 통한 양질의 경찰서비스를 제공함으로서 국민만족도 향상을 꾀하는데 있다.

이러한 목표를 가지고 경찰조직의 기본틀 재정립, 미래지향적 경찰운영체제구축, 경찰 사기진작 방안 추진, 경찰조직문화 쇄신을 통한 대국민 이미지제고, 중·장기경찰발전 기반 구축, 자치경찰제 실시 등 국정과제의 추진 등을 전략방향으로 잡아야 한다.

## 3. 경찰개혁의 필요성

조직이 머물러 있다면 그 조직은 이미 죽은 조직이라 해도 과언이 아니다. 경찰청에서도 혁신함으로써 그 경찰조직은 새로운 생기를 찾고 새롭게 도약할 수 있는 것이다. 참여정부 시절 경찰청에서도 경찰혁신위원회와 경찰혁신기획단을 만들어 활발하게 경찰조직에 대한 혁신이 이루어졌는데 경찰개혁의 필요성은 다음과 같다.

첫째, 과학기술의 발달과 급격한 사회변동으로 인한 시대적 요청이다. 특히 사이버공간, IT기술, Network화, 정보의 자원화와 공유, 사이버범죄·테러의 등장, 집권형 구조에서 다극화 구조인 거버넌스화, 폐쇄형 사회의 몰락이 경찰개혁에 과학기술의 도입을 촉구하고 있다.

둘째, 국민의식 수준 향상에 따른 요청이다. 과거 산업사회에서 정보화 사회로의 전환은 국민의식의 향상을 가져옴으로써 참여와 정보공개 등 행정통제가 강화되었다.

셋째, 고객지향적 경찰서비스의 요청이다. 과거 획일적인 경찰서비스가 아닌 다양한 맞춤형 경찰서비스의 제공이 요구되면서 고객구조의 변화가 일어나고 있다.

넷째, 중앙정부의 새로운 철학적 가치추구로 인하여 정치이념이 변화되면서 경찰개혁의 필요성이 강조되고 있다.

다섯째, 경찰행정에 대한 새로운 수요발생과 기관장의 변동으로 경찰개혁이 요구되고 있다.[7)]

---

7) 임창호, 『경찰학의 이해』, (서울: 대왕사, 2004), p.340.

# 제2절 경찰개혁의 전략적 접근방법

경찰개혁은 먼저 경찰조직의 내부적 · 외부적 개혁이 있고, 이론적 근거에 기반하여 공직 윤리적 접근방법과 구조 과정적 접근방법을 통한 경찰개혁으로 구분하기도 한다. 특히 공직 윤리적 접근방법은 사람의 개혁에 중점을 둔 것이며, 구조 과정적 접근방법은 조직의 개혁에 중점을 두는 접근방법이다.[8)]

## 1. 경찰개혁의 전략과 기법

경찰개혁이 전략은 변화방향으로서 i) 관(官)중심 · 상급기관 주도에서 국민과 전 경찰공무원의 참여로, ii) 위에서 이끌어 가는 변화에서 아래에서 밀고 나가는 변화방식으로 즉, 아래로부터 자율실천과 위로부터의 변화를 함께 추구하며, iii) 일시적 · 전시적(展示的)행사에서 단계적으로 내실있는 추진과 지속적인 변화의 유발로 나아가며 iv) 국민이 만족하는 가시적 혁신성과 창출을 추구하고자 한다. 개혁이 기법으로는 먼저 경찰조직의 효율화를 위한 조직진단이 이루어져야 하며, 계층구조, 조직규모, 지휘계층 등의 최적여부를 진단하여 개혁을 추진하여야 할 것이다.

## 2. 내부적 개혁과 외부적 개혁

### 1) 내부적 개혁

첫째, 현장에 강한 경찰, 고객중심의 경찰서비스의 개선과 정착이다.

둘째, 과거의 낡은 의식 · 제도 · 관행을 과감히 타파해야 한다.

---

8) 공직윤리적 접근방법은 인간중심 접근방법으로서 의식행태(자율, 창의, 책임)규범가치(인권, 평등, 질서, 공익, 정의, 봉사), 경찰문화(신뢰, 경쟁, 도덕성)을 하위개념으로 하고 있으며, 구조과정적 접근방법은 직무중심 접근법으로서 기능재조정(권한과 책임의 명확화, 집권과 분권), 기술적 접근(처리절차, 업무량, 정보화), 과정적 접근(토론, 협조, 정보교류, 의사소통), 감축관리(기구와 기능의 축소, 예산재배분)을 하위개념으로 하고 있다. 이황우, 전게서, p.534.

셋째, 자율·창의·책임의 개혁, 즉, 경찰이념의 선진화이다.

넷째, 경찰공무원 사기앙양방법[9] 모색 및 자긍심 고취이다.

다섯째, 경찰서비스의 품질개념·경쟁력개념·치안지수[10]개념 도입을 통해 경찰서비스 품질을 제고해야 한다.

여섯째, 성과와 효율성 중심의 업무혁신과 고객지향적인 경찰문화를 재창조해야 한다.

### 2) 외부적 개혁

외부적 개혁으로는 수사권 독립과 자치경찰제의 도입 등을 들 수 있다.

## 3. 운영체제

### 1) 미래발전과

경찰청 기획조정관실(미래발전과)은 다년간에 걸쳐 미래 경찰의 선진적 발전방안에 대해 지속적으로 연구하여 정책으로 연결시켜 왔다. 과거 '혁신기획단'의 방대한 자료와 추진과제를 관리하고 있어 경찰개혁 추진에 핵심적인 역할을 담당하게 되었는데, 특히 인사정의 실현과 직급구조 개선 등 핵심과제에 대해 연구하고 각 국·관의 추진상황을 면밀하게 점검하고 관리하는 역할을 담당하였다.

### 2) 추진동력 T/F

국가와 국민을 위한 경찰로 거듭나기 위해서는 기존의 방식과 차별화된 추진동력이 요구된다. 추진동력 T/F는 마중물로서 개혁을 추진하고 개혁의 방향을 주도하는 구심체 역할을 담당하였다. 일선 현장경찰관으로만 임시T/F조직을 구성함으로써 일선의 의견을 가

---

9) 사기의 앙양방법으로는 인간의 자율성 존중, 경찰관 개인의 기본적 인권존중, 기회의 평등성 보장, 정당한 보상과 위험수당의 현실화, 인사상 불이익이나 처분시 불만, 갈등을 해결할 수 있는 통로의 마련, 고충처리제도, 표창제도, 공무원제안제도 등이 있다.

10) '치안지수'란, 국민들이 평가한 각종 범죄 및 교통위험에 대한 불안수준, 범죄간 상대적 중요도 등을 기초로 산출한 지표를 말한다.

감 없이 전달하였으며, 본청의 정책을 일선 현장에 전파하는 통로역할을 수행하였다.

### 3) 제언 평가그룹

현장경찰관이 정책결정과정에 직접 참여할 수 있도록 정책제언 그룹을 구성하여 현장 경찰관들은 평상시 근무하면서 개선이 필요하다고 생각해왔던 사항이나 신규 추진중인 정책에 대해 온・오프라인 상으로 의견을 개진할 수 있으며, 주요 정책의 선정, 경찰청 인사위원회의 개최 등에 참관단 자격으로 직접 참석하였는데 그것에서 그치지 않고 평가 업무도 수행함으로써 현실적으로 일익(一翼)을 담당하게 되었다.

## 제3절 주요 경찰개혁의 성과 및 과제

### 1. 혁신의 성과

#### 1) 업무혁신분야

대대적인 직급조정(3년간 10,364명) 및 순찰지구대 창설, 고소사건 즉일조사제, 단순 물적피해 교통사고 처리방법 개선, 직위공무제, 다면평가제 도입 등이 이루어졌다.

#### 2) 자치경찰 추진분야

경찰혁신위원회에서는 정부혁신지방분권위 등과 긴밀히 협의・조정하여 제주자치경찰 출범(06. 7)하고 전국적 자치경찰제 실시를 위한 준비를 계속 추진하고 있다. 이명박 정부에서는 광역단위의 자치경찰제를 공약으로 하고 있다.

#### 3) 수사제도 개선분야

불합리한 수사관행 및 절차개선을 위한 긴급체포의 남용 방지 및 체포영장의 의무화하였으며, 범죄피해아동 비디오 진술녹화제 도입 및 범죄피해자 전담기구 신설로 종전 피의자 중심의 처벌위주에서 피해자 중심의 보호위주 수사체제로 전환하였으며, 수사권 현실화를 위한 수사구조 전반에 대한 심도 있는 연구를 병행하고 있다.

## 2. 한국 경찰의 과제

'과제'란 당면한 문제를 스스로 풀어가야 할 가치지향적 활동영역이다. 이 같은 활동이 중단되거나 방치된다면 하루가 다르게 변화하는 시대에 적응하지 못하고 퇴보할 수 밖에 없다. 끊임없이 변화하는 대내외 상황에 그 시대에 존재하는 국가나 개인도 적절히 대응하며 변화해야만 살아남는다는 이치를 깨달은 아놀드 토인비(Arnold J. Toynbee)가 변화하는 상황을 도전으로 여기고 이에 응전 또는 대응을 하여야 한다는 유명한 '도전과 응전(challenge and response)'이라는 논리를 제시하였다.[11] 공공재(public good)로써 성격을 지니고 있는 경찰은 각종 위험방지와 범죄예방, 국민의 자유, 권리 보호를 위한 경찰활동은 주・야 24시간 쉬지 않고 계속되고 있다. 그럼에도 불구하고 국민이 체감하는 치안상태의 개선, 근무행태와 경찰이미지의 개선, 경찰관의 자질향상, 책임성과 자유 재량권에 따르는 문제 등은 우리가 의식하고 있는 과제들이다. 물론 경찰활동이 명령・강제의 행정작용으로 이해되어 왔으며, 규제적 측면이 강하다고 하나, 탈(脫) 규제사회에서 보다 나은 서비스를 바라는 국민의 기대와 요구에 대응하고 고품질의 경찰서비스를 제공하기 위해서는 더 많은 노력이 필요하다. 이미 기업부문에서는 세계시장경제에서 살아남기 위해서 신경영기법의 도입과 끊임없는 창조경영과 자기혁신을 추구해 왔으며, 이러한 변화관리는 일종의 생활화되어 있는 생존전략이라 할 수 있다. 이는 끊임없는 변화관리 없이는 어떤 기업도 시장에서 생존할 수 없기 때문이다. 경찰조직은 시민에 대한 더 나은 서비스 제공을 위해 모든 활동에 정성을 다하고 고객인 국민을 섬기고, 그들의 기대수준에 맞추어, 고객만족이라는 목표를 명확히 해야 한다. 또한 경찰조직구성원의 광범위한 참여하에 조직의 과정・절차 및 행태를 지속적으로 개선하여 경찰서비스의 질적 향상을 꾀하여야 한다. 이는 곧 고품격 경찰행정의 선진화를 앞당기는 길이기도 하다.

---

11) 정진환, 『경찰행정론』, (서울: 대영문화사, 2006), pp.558~559.

## 3. 국민중심 경찰활동을 위한 맞춤형 공감치안 방안
(Customized Community Policing Solutions for Citizen- centerd Police Activities)

위기관리이론과 실천, 제8권 제3호(2012.6)

# 국민중심 경찰활동을 위한 맞춤형 공감치안 방안

김용태* · 박동균**

국민의 가장 가까운 곳에서 봉사하는 형사사법기관인 경찰조직은 고객만족을 목표로 치안서비스를 전개한다. 치안서비스의 궁극적인 고객인 국민의 요구에 대한 대응성과 서비스의 질을 향상시킬 수 있도록 조직을 관리, 운용해 나가야 할 것을 강하게 요구받고 있다. 최근 경찰은 과거의 권위주의적이며 군림하는 이미지에서 국민에게 봉사하는 이미지로 거듭나려는 노력으로서 지역경찰제의 실시와 현장중심 · 국민중심의 다양한 치안서비스 정책을 실시함으로써 많은 호응을 얻고 있다. 그러나 최근의 경찰 성과를 반감할 수원 20대 여성 살인사건으로 인한 112신고 늑장대응, 일부 경찰관들의 인권침해, 현장에서의 불친절, 음주운전, 금품 수수 등 비위 사실은 경찰이미지에 부정적인 영향을 미치고 있다.

이러한 경찰이미지 형성에 부정적 요소와 경찰에 대한 국민의 기대와 요구는 급변하는 사회 환경과 시대 흐름에 맞추어 상호작용을 통하여 다양하고 광범위하게 변화해 나갈 필요성이 제기된다.

이 연구는 경찰신뢰의 위기, 도덕성의 위기 상황을 극복하고 국민중심 경찰활동이 새로운 조직문화로 자리 잡을 수 있도록 맞춤형 공감치안 방안을 모색해 보고자 한다. 이 연구에서 도출한 방안으로서 첫째, 주민소통 및 고객지향적 치안 서비스 중심기관으로 변화 둘째, 현장중심 경찰활동 셋째, 맞춤형 공감치안시책 발굴로 성과에 기반한 조직운영 넷째, 협력치안의 강화와 경찰조직혁신 등을 제시하였다.

주제어 : 국민중심 경찰활동, 치안서비스, 공감치안, 경찰조직혁신, 협력치안

## Ⅰ. 서 론

전 세계 어느 나라를 가 봐도 우리나라처럼 안전한 곳은 없다. 특히 도시의 밤거리는

---

* 경북대학교 외래교수, 주저자

** 대구한의대학교 교수, 교신저자, 위기관리이론과 실천, 제8권 제3호(2012. 6)에 게재된 논문임.

더욱 그렇다. 이는 우리 사회가 매우 안전한 치안을 유지하고 있다는 것이다. 이러한 이면에는 공공의 안녕과 질서유지를 위해 불철주야 노력하는 10만 여명의 경찰관이 있기 때문이다. 이와 같은 높은 수준의 치안에 비해서 경찰 서비스의 가장 직접적인 소비자인 국민들이 피부로 느끼는 치안 서비스와 경찰에 대한 인식은 긍정적이지 못한 편이다. 한 가지 예로 경찰에 대한 국민의 인식은 2010년 국무총리실에서 실시한 민원만족도 평가에서 20개 외청 중 16위에 머무르고 있다. 이렇게 한국 경찰에 대한 부정적인 이미지는 10만 경찰관 중 일부 경찰관에 의해서 발생되는 비리와 의무위반 행태에 기인하는 바가 크다. 하지만 대다수의 경찰관은 열악한 근무환경에도 불구하고, 자신의 맡은 바 소임을 묵묵하게 충실히 수행하고 있다. 경찰이라는 업무의 특수성에 비추어 부패와 부조리 문제는 반드시 해결되어야 할 과제이다.

최근 흥미로운 사실은 우리나라 10대 청소년들을 대상으로 한 직업선호도 조사에서 경찰공무원이라는 직업이 최상위권을 차지하고 있다는 보도이다. 실제로 거의 모든 대학에서 경찰행정학과가 수험생들에게 매우 인기 있는 학과로 자리매김하고 있고, 입학성적도 매우 높다. 또한 경찰관 채용경쟁률이 100대 1의 경쟁률을 넘길 때도 많다. 이렇게 젊은 청소년들이 경찰직을 선호하고 있고, 실제로 최근 10여년간 많은 젊은이들이 경찰직에 투입되어 일선현장에서 치안서비스를 펼치고 있다(대구신문. 2012. 1. 21).

우리가 살고 있는 현대사회는 세계화와 지방화, 지식정보화 시대를 동시에 추구하고 있다. 이러한 사회적 변화 속에서 각종 행정은 물론 경찰활동에서도 커다란 변화를 가져오고 있다. 오늘날의 경찰은 종래의 능률성이나 효과성 차원을 넘어 경찰 경영차원에서 고객만족을 목표로 고객인 국민의 요구에 대한 대응성과 서비스의 질을 향상시킬 수 있도록 조직을 관리, 운용해 나가야 할 것을 강하게 요구받고 있다(신현기・박동균 외, 2011: 34).

이러한 배경에는 경찰에 대한 부정적인 이미지와 국민들의 불신・불만은 치안서비스 만족도 조사에서도 드러나고 있다. 시민사회의 성숙으로 국민들은 경찰행정을 서비스의 한 분야로 인식하기 시작하였으며, 기대 수준은 일반 기업보다 더 높은 것이 현실이다. 경찰에 대한 국민만족도 저조의 원인 가운데 국민의 기대수준과 치안서비스 품질간의 격차도 한 요인이다. 이는 민간기업의 서비스 수준을 경험한 국민들의 기대 수준은 지속적으로 상승하고 있는데 반해 경찰의 서비스 수준은 여타 공공서비스에 비해 저평가 되는 등 국민의 요구에 부응하지 못하고 있기 때문이다(경찰청, 2007: 37).

규제와 단속 위주의 경찰업무 특성은 차치하더라도, 일제강점기에서부터 광복 후에는 정권유지 · 강화의 첨병부대로 악용되면서 각인된 부정적인 이미지와 설상가상 격으로 일부 경찰관들의 인권침해, 현장에서의 불친절 등 경찰업무와 관련된 불만, 음주운전, 금품수수 등의 비위사실은 국민들로부터 신뢰를 받기 위해 노력하는 대다수 경찰관들의 헌신적인 노고와 희생을 순식간에 수포로 만들고 있다(경찰청, 2011: 13). 따라서 경찰은 2011년 2월 대국민 신뢰를 회복하고 국민의 기대에 부응하는 선진경찰상을 정립하기 위해 종래의 지시형 의사전달을 지양하고 하의 상달식 의사전달을 하여 현장중심의 의견을 수렴하여 치안정책에 반영해 나가기 위한'국민과 함께하는 워크숍'개최한 바 있다. 따라서 경찰조직에도 "고객지향"이라는 새로운 패러다임을 도입하여 서비스 공급자인 경찰(관료)중심에서 서비스 대상이 되고 있는 고객, 즉 국민의 입장에서 국민을 중심으로 한 경찰 서비스를 제공함으로써 서비스의 질을 높이려는 노력들이 전개되고 있는데, 경찰청은 '미래비전 2015' 선포와 함께 법질서 확립, 안정사회 정착, 고객중심 치안행정, 치안인프라 확충, 프로경찰 육성 등 핵심 5대전략을 추진 중에 있다.

또한, 2012년 2월부터는 '국민중심 경찰활동' 현장 우수시책을 공모하고 현장 확인 결과를 모니터링 하는 등 국민중심 경찰활동이 현장에서부터 시작과 함께 실효성과 지속가능성 등에 나아가 조직문화로 자리 잡을 수 있도록 변화를 모색하고 있다.

치안서비스의 출발점은 서비스 제공자가 서비스 수혜자를 배려하려는 긍정적인 사고에서 출발한다. 긍정적인 성향은 서비스의 질과 연결되며, 이는 성과와 결부된다. 기본에 충실한 국민의 경찰이면서도 변화된 환경에 적응적으로 협력하여 생산적인 관계와 성과를 창출해야 하는 어려움이 상존하고 있지만 국민중심 경찰활동을 위한 맞춤형 공감치안 방안을 제시하는 데 연구의 목적이 있다.

이러한 이 연구의 목적을 달성하기 위해 경찰내부자료, 경찰청의 보도자료, 경찰백서 및 선행연구 등 2차 자료를 활용하여 분석하는 기술적 접근방법과 함께 국민중심 경찰활동 워크  에 참여하여 의견개진의 경험과 연구의 문제의식에 대한 근거를 바탕으로 공감치안 방안을 모색하고자 한다.

# II. 기초논의

## 1. 국민중심 경찰활동의 개념

경찰의 임무는 국민의 생명·신체 및 재산의 보호와 공공의 안녕과 질서유지(경찰법 제3조)이고 직무의 범위는 범죄의 예방·진압 및 수사, 경비·요인경호 및 대간첩작전수행, 치안정보의 수집·작성 및 배포, 교통단속과 위해의 방지, 기타 공공의 안녕과 질서유지(경찰관직무집행법 제2조)로 되어 있다.

경찰은 공공질서의 유지와 국민의 생명과 재산의 보호 및 사회적 요구에 대응하는 공공재라고 볼 수 있으며, 치안행정에서 경찰의 역할과 활동이 궁극적으로 지향하는 바는 국민의 요구에 적극적으로 대응하는 것이라 할 수 있다(조동운, 2010: 1). 이는 경찰서비스를 광의로 볼 때, 전통적인 법집행과 질서유지, 현대적 서비스 기능인 고객만족 치안행정 구현을 위한 대민봉사 영역까지를 업무 범위로 볼 수 있다.

또한 경찰의 직무집행에는 권력적 강제작용이 따른다. 권력적 강제작용을 통한 법집행의 표면에는 항상 이해관계가 얽힐 여가가 많아 다양한 유혹과 부적절한 관계로부터 자유롭지 못하며, 직무집행 대상으로부터 포획당할 가능성에 취약한 개인이기도 하다. 경찰은 법집행기관으로서 권력성과 공적사명 때문에 양질의 서비스를 요구받으며, 보다 강한 윤리적 통제를 받는다(박영주, 2007: 127-128). 오늘날 국가의 권력 작용 수단으로서의 경찰개념에서 봉사경찰 개념으로 중심축이 옮겨감에 따라 국민중심의 논리가 지배적인 가치로 자리 잡고 있다.

국민중심 경찰활동이란 "일선의 최접점인 지역주민의 목소리가 치안정책에 반영되도록 경찰공무원이 적극적인 서비스마인드와 성실하고 친절하게 사전, 사후적인 경찰활동을 전개하여 국민(고객)들도 동일하게 만족도를 느끼고, 총체적으로 치안질서가 유지되는 경찰활동"으로 정의할 수 있다. 이러한 경찰의 국민중심 경찰활동과 고객만족개념 도입배경에는 산업사회(생산자 중심)에서 지식정보화사회(소비자 중심)로 전환을 들 수 있으며, 고객개념의 정부부문 등장배경은 신공공관리론의 영향이 크다고 할 수 있다. 신공공관리[1]는 전통적인 행정에 대한 대안으로서 시민위주의 행정관리방식 및 시장기능과 정

1) 신공공관리의 주요 속성으로는 첫째, 신공공관리는 개혁과 변화를 지향한다. 둘째, 신공공관리는 간접적이고 촉진적 역할을 강조한다. 셋째, 신공공관리는 고객지향적이다. 넷째, 신공공관리는 성과평가를 토대로

보통신에 기반을 둔 행정관리방식을 말하며, 신공공관리의 등장은 낮은 수준에 머물고 있는 정부부문의 성과에 기인하며, 미국, 영국 등 선진국에서 관료제적이고 고전적 행정을 대신할 새로운 패러다임으로 대두되었다고 볼 수 있다.

경찰행정에서 고객은 민원인에 한정하지 않고, 경찰 서비스를 생산, 전달, 수혜과정에 관련된 모든 주체들을 포함하는 개념으로 이해한다(경찰청, 2007: 6).

내부고객인 경찰공무원은 통제나 관리의 대상이 아니고 성과와 품질관리 향상을 위한 주체라는 인식이 요구된다. 내부고객만족 우선이 우선시 되어야 경찰서비스 대상자인 외부고객을 만족 시킬 수 있다는 논리이다. 경찰고객 분류와 특성에 있어 직접고객과 간접고객은 서비스가 미치는 영향의 경로에 따른 분류이며, 오늘날 변화하는 치안환경 하에서 고객만족을 위한 다각적인 일환으로 '국민', '시민', '주민'이라는 용어와 함께 '고객'이라는 용어를 사용하기에 이르렀다.

## 2. 현대 경찰활동의 패러다임

현대사회에서는 '범죄로부터 안심하고 생활할 수 있는 사회'를 구현하는 것이 중요한 화두 중의 하나로 등장하고 있다. 오늘날은 지식정보화를 맞이하여 시민의 최우선 욕구가 '풍요에서 안정'으로 바뀌어 국가의 기능 중 '안전서비스'가 제일의 과제로 대두되고 있는 시점이다. 이에 따라 선진국들은 시민생활의 안전을 보장하기 위해 범죄에 대한 시민불안의 해소, 불법· 무질서 추방으로 쾌적한 생활환경의 조성, 사이버세계의 완벽한 치안유지, 사회공존의 질서와 평화 유지 등에 각별한 관심을 기울이고 있다(전대양 외, 2011: 277).

우리나라는 국립경찰이 창설된 이후 구 패러다임 경찰활동의 주된 임무가 공공의 질서유지와 범죄예방과 검거에 중점을 두고, 범죄와 무질서의 통제자로 관료제에 의한 명령과 통제에 둔 능률성을 추구하였다면, 1999년에는 경찰개혁 100일 작전을 실시하였는데, 그 중에서 봉사경찰 활동에 많은 역점을 두었고, 2003년에는 '선택과 집중'에 의한 경찰력의 효율적인 운영을 위해 지역사회 안전 확보를 최우선 임무로 하는 경찰조직형태로서 지역경찰제를 실시하였다. 이러한 신패러다임은 지역사회 경찰활동(Community Policing)

---

한다. 다섯째, 신공공관리는 정보화를 기반으로 한다(김광주, 2009: 55-56).

과 같은 서비스 제공기능을 우선으로 하고 조직을 탈관료화 즉, 애드호크라시(adhocracy) 하여 신축성을 유지하면서 민·관 협력치안과 자율과 참여에 기반한 국민중심의 성과중시 방향으로 경찰활동의 패러다임 변화를 나타내고 있다. 이와 같이 경찰은 국민들의 가장 가까운 곳에서 범죄를 예방하고, 수사와 범인체포를 하는 법집행 형사사법기관이다. 따라서 경찰이라는 직업은 항상 위험성, 돌발성, 긴박성, 스트레스 등 다른 직업에 비해 특수한 성격을 가지고 있다. 최근 경찰활동의 변화로 주목할 만 한 것으로 파출소단위로 동네주민에게 적용가능한 자율과제를 시행중에 있으며, 이러한 성공적 과제를 확산시켜 나아가 국민중심 경찰활동을 위한 다양한 현장우수시책의 발굴[2)]과 확산에 중점을 두고 있다. 〈표 1〉은 경찰활동의 패러다임 변화인데 구패러다임(공급자 중심)에서 신패러다임(수요자 중심)으로 변화하여 고객감동서비스, 표준화된 서비스, 전문화된 서비스 기관으로 거듭남을 의미한다.

**〈표 1〉 경찰활동의 패러다임 변화**

| 구 분 | 구패러다임 | 신패러다임 |
|---|---|---|
| 국가운영 | 통치Government) | 협치(Governance) |
| 국민에 대한 인식 | 단속과 규제의 대상(잠재적 범죄자) | 보호, 봉사의 대상(잠재적 피해자) |
| 경찰과 시민관계 | 대립관계 | 공존(공감)관계 |
| 경찰의 주된 임무 | • 법집행, 질서유지<br>• 범죄척결자(Crime Fighter) | • 서비스 제공<br>• 문제해결사(Problem Solver) |
| 치안활동의 주체 | 범죄와 무질서의 통제자(경찰의 몫) | 민,관 협력치안(치안서비스 공동생산) |
| 조직관리 | 명령, 통제(가시적 실적중시) | 자율, 참여(국민중심, 성과중시) |
| 행정체제 | • 중앙집권적 권위적, 독점적<br>• 일방적 행정<br>• 내부절차중시 | • 지방분권적, 인본주의적<br>• 경쟁적 쌍방향 행정<br>• 고객의 소리, 고객접점 중시 |

2) 주민과의 대화창구 민관공동협의회 운영(대구북부서), 고객감동 방문민원 치안서비스 고객지원센터 운영(강원강릉서), 전국최초 주민설문조사를 통한 공감치안구현(경북영천서), 관리에서 경영을 주민중심경찰활동(경남양산서), 안전한 동네만들기 프로젝트, 동네한바퀴 순찰체험프로그램(서울강북서), 학생눈높이에 맞춘 꿈나래 순회교육팀 학교폭력 예방교육(인천삼산서), 파출소내 주민문화 사랑방 운영으로 주민만족제고(경기수원서부), 대규모비닐하우스단지 농로명 주소제 시행(경북포항남부), 전국최초미제사건전담수사팀신설·운영(대전청수사과), 스마트폰 어플리케이션(서울 구로서), 진(眞)경찰체험교실운영(부산진서), 주민과 함께하는 교통문화 개선운동추진교통안전마을지정·운영(전북청 경비교통), 어린이 안전퀴즈 골든벨(울산중부서)등 을 발굴하여 시책 확산 검토중에 있다.

# Ⅲ. 국민중심 경찰활동의 저해요인

## 1. 전형적인 상의하달 조직문화

최학봉(2003: 376-379)은 경찰조직문화의 특성으로 보수성, 권위주의, 비밀주의, 냉소주의 등을 지적하였고, 신형기 · 이영남(2003)은 권위주의, 기관편의적 법규행정, 명령만능주의, 관행우선주의, 연고주의, 형식적 능률주의, 관존민비의 행정문화와 행태, 무사안일주의, 비밀주의, 폐쇄주의 의식과 허구적 공복관, 규제만능을 그리고 황택주(2002: 199-200)는 충성과 냉소주의를 각각 경찰조직문화의 주요 특징으로 지적하였다.

국민중심 경찰활동의 저해요인으로 우선 전형적인 상의하달의 경찰조직문화를 들 수 있다. 경찰행정의 특수성으로 지적되어지는 위험성, 돌발성, 기동성, 권력성, 조직성, 정치성, 고립성, 보수성과 같은 요소들(이황우, 2003: 28-33)과 경찰 계층제, 명령통일 및 전문화의 원리, 통솔범위의 원리 등과 같은 경찰조직의 원리를 고려하더라도 국민중심 경찰활동의 저해요인으로는 먼저, 경찰조직의 상의하달 조직구조에서 오는 폐쇄성, 보수성, 경직성 등으로 말미암아 조직내부소통은 물론이고 국민과의 소통이 부족했다는 점을 들 수 있다.

경찰관료의 계서주의는 권위주의가 행정에 나타나는 형태로서 대민관계에 있어서는 관인지배주의나 관존민비의 형태로 나타난다(신현기, 2005: 100). 현재 학교 및 대학, 군대조직 등 관료제의 형태를 띠지 않은 조직은 없다. 이런 경향과 추세를 보아 관료제는 가까운 장래 우리가 발견할 수 있는 어떠한 조직보다도 우수하다고 주장하는 학자도 있지만(정우일외, 2011: 78),

경찰 관료제는 상의하달식 조직문화로 인한 계급중심제가 갖는 기계적인 형태의 반복적인 업무, 정형화된 규칙과 규제들, 중앙집권적 권한과 계층간 직무의 명확한 구분, 명령계통에 따라 순응하는 의사결정과 특히 권위주의 문화에 기인하여 경찰현장의 의견을 반영과 조직내 자유로운 토론을 어렵게 하는 요인으로 작용하고 있다.

## 2. 경찰활동의 방향성 부족

지역주민이 원하는 경찰활동이 무엇인지? 지역경찰은 이를 정확히 진단하고 경찰대응체제를 마련해 나가야 하는 데 경찰은 실적위주의 결과에 치중하여 시민들로부터 공감받는 경찰활동을 이끌어내지 못하였다. 전 세계 어느 나라를 가도 우리나라처럼 안전한 곳은 없다고 한다. 이와 같이 높은 수준의 치안에 비해서 경찰서비스의 가장 직접적인 소비자인 국민들이 피부로 느끼는 치안서비스와 경찰에 대한 인식은 긍정적이지 못하다. 즉 체감치안이 낮다는 의미로 경찰활동의 방향성 부족을 지적할 수 있다. 한 가지 예로 경찰에 대한 국민의 인식은 2010년 국무총리실에서 실시한 민원만족도 평가에서 20개 외청 중 16위에 머무르고 있다. 불철주야 지역민의 안전을 위한 경찰활동을 펼치는데도 이러한 한국경찰에 대한 부정적인 이미지의 여러 요인 중 10만 경찰관 중 일부 경찰관에 의해서 발생되는 비리와 의무위반 행태에 기인하는 바가 크다고 할 수 있다. 따라서 경찰은 범죄예방은 물론 위험방지(관리), 기관단체 신뢰도와 청렴도, 고객만족도를 높일 수 있는 포괄적이고 세밀한 치안서비스를 일관성을 가지고 펼쳐 나가야 하며, 조직쇄신을 통해 국민에게 신뢰받는 경찰의 미래를 이끌어 갈 새로운 정체성(Identity)을 찾아야 한다.

### 3. 경찰에 대한 인식부족

현대 치안행정에 있어서 경찰의 역할과 활동은 주로 사회공동체에서 발생되는 다양한 문제의 전문적 해결자로서 "사회적으로 공공의 질서를 유지하고, 각종 위해와 범죄로부터 국민개개인의 생명과 재산을 보호하고, 다양한 사회적 구원을 응원하는 공공서비스 또는 공공재"로 규정하고 있다(이상안, 2005: 97). 오늘날 범죄예방을 위한 경찰활동은 범죄인지 능력과 범인검거 능력을 향상시켜 범죄를 신속하게 해결하는 것을 목표로 하였던 전통적(법집행)인 경찰활동으로부터 지역사회 공동체의 모든 분야와 협력하여 범죄발생을 예방하고 범죄로부터 피해를 줄이는 것을 목표로 하는 지역사회 경찰활동으로의 전환기에 서 있다(조동운, 2010: 3). 정부조직구조 안에서 경찰은 늘 하위에 있었기 때문에 독립성이나 정치적 중립성을 유지하기 어려웠다. 그래서 정치적인 영향력을 배제할 수 없는 상황이었기 때문에 주체적인 제도개혁이 불가능했다는 주장이 가능하다(김보환, 2005: 21).

또한 경찰직무에 대한 사명감과 책임의식, 섬김의 리더십과 서비스정신, 입직경로의 다양화에서 오는 이질적인 요소들, 간간이 터져 나오는 경찰부패의 연결고리들, 경찰고위

층의 노블리스 오블리제, 경찰중간관리자의 책임의식, 현장경찰관의 사명의식 회복이 절실한 시점이다.

### 4. 경찰과 시민사회와의 신뢰미약

경찰직은 외부적으로 직업의 안정성, 경쟁률, 구직난을 고려하면 젊은이들 사이에 매력적인 전문직으로 떠오른 지 오래이다. 내부적으로는 경찰조직을 지구대체에서 파출소로 전환하는 등 주민들의 요구에 부응하는 24시간 안전지킴이로서의 역할을 다해오고 있는 반면 그동안의 성과를 반감할 경찰수뇌부가 연루된 비리 등의 소식들은 경찰이미지에 부정적인 영향을 미치고 있어, 일방향이 아닌, 고객지향적이고 주민의 원하는 방향으로 경찰정책의 패러다임의 전환이 요구된다. 권위적, 독점적, 일방적 행정에서 인본주의적, 경쟁적 쌍방향 행정으로 전환과 고객의 소리에 항상 귀를 기울이며, 더 낮은 자세로 고객의 접점을 중시하는 치안서비스 제공으로 시민사회와의 신뢰관계를 회복해야 한다. 경찰조직은 여타 공무원과는 달리 몇몇 경찰관들의 유착비리에도 국민들의 정서가 용납되지 않는 이유를 잘 되새겨야 할 것이다. 한 번 신뢰가 깨지면 회복하기가 어려운 점을 간과해서는 안 될 것이다.

## Ⅳ. 국민중심 맞춤형 공감치안 방안

치안 서비스가 국민들에게 만족할 만한 수준에 이르지 못하고 있는 바, 경찰청에서의 고객중심적 경찰미래비전과 목표를 통해 대국민 신뢰를 회복하고 국민의 기대에 부응하기 위한 국민중심 경찰활동이 새로운 경찰문화로 자리 잡을 수 있도록 맞춤형 공감치안 방안을 제시하고자 한다.

### 1. 주민소통 강화 및 고객지향적 치안서비스 중심기관으로 변화

국민들이 바라는 것은 범죄로부터 불안에 떨지 않고 안전하게 생업에 종사에 하는 것이다. 경찰조직은 준군대식 엄격한 권위와 위계질서에 기초한 조직구조가 필요한 것이 아니라, 시민과 사회의 각 주요 부문들과 연계되어 원활한 의사소통이 이루어질 수 있는 네트워크의 구축이 필수적이다(김양현, 2011: 20). 이를 위해서는 우선 첫째, 주민의 요구를 상시 모니터링하고 치안정책에 반영하고 직접소통을 강화해 고객지향적 치안서비스 중심기관으로 변화해야 한다. 즉 SNS 등 뉴 미디어를 통한 치안정보 서비스를 제공하는 등 지역주민의 의견수렴, 문제가 발생하지 않도록 사전 예방적 조치, 확실한 경찰서비스현장 이행의 준수, 문제해결팀 구성, 불법과 무질서의 사전 차단, 치안서비스의 매뉴얼 인지 등을 통해 치안서비스의 품질을 총체적으로 높이는 노력과 현장중심의 봉사하는 전문기관으로 자리매김해 나가야 한다. 고객지향성을 증진시키기 위해서는 경찰내부의 조직문화 변화를 통하여 분권화와 권한의 위임, 다계층적인 조직구조를 개편하고 구성원들 사이의 상호신뢰와 참여확대, 목표와 과업을 명확히 하여 성과를 높임으로서 고객지향성을 향상시킬 수 있을 것이다(박주상, 2009: 200).

또한 경찰공무원의 서비스의식을 제고해야 한다. 경찰서비스 공급자이면서 전달자인 경찰공무원은 개인의 서비스의식의 변화를 통해 지역주민과 접촉하는 과정에서 주민을 섬기는 봉사정신을 발휘해야 한다. 즉 권위적 리더십을 버리고 서번트 리더십(servant leadership)을 새롭게 정립해 나가야 한다. 또한 변화를 통해 커뮤니케이션 활성화를 도모하고 '119구조대'처럼 국민들로부터 사랑과 신뢰받는 '112경찰대'가 되어야 한다.

둘째, 경찰의사전달의 변화 노력이 필요하다. 경찰조직은 일반적으로 권위적이고 강압적인 상·하관계, 융통성의 결여, 폐쇄성 등으로 필요이상의 일방적인 하향적인 의사전달이 대부분을 차지하고 있는 반면 수평적 의사전달과 상향적 의사전달은 크게 활성화되어 있지 못하고 있다(양원규, 2010: 166). 소통은 일방적인 지시와 권위주의를 탈피하고 경청과 설득의 자세를 견지함으로써 달성될 수 있다. 소통을 통해 대내적으로는 각종 불신과 마찰을 해소하고 하나가 됨으로써 시너지효과를 거둘 수 있고, 대외적으로는 정책의 수립·실천·평가 전 과정에 걸쳐 국민 참여를 확대하고 소통채널을 다각화하여 '쌍방향 치안'의 내실화를 도모할 수 있는 조직경쟁력과 치안성과를 좌우할 핵심요소가 될 것이다. 이는 경찰과 시민은 대립관계라는 인식에서 벗어날 수 있는 계기가 되어 국민의 필요와 욕구를 적극적으로 수렴하여 국민의 시각에서 치안활동을 전개하는 '공감치안'을 전개해 나가야 할 것이다(경찰청, 2011: 16-17). Souryal도 효과적인 경찰의사전달을 위해 7가지의 노력이 시도되어야 한다고 주장하였다.[3)] 하의상달식 의사전달을 통해 현장

중심의 치안행정을 펼쳐 나가야 한다.

셋째, 고객만족센터와 고객만족강사의 확대운영이다. 경찰활동이 행정편의주의적 발상에서 벗어나기 위해서 치안의 승부처가 현장이므로 해답도 현장 중심형 고객만족 센터와 고객만족 강사를 확대해 나가야 한다. 국민들의 요구를 제대로 파악하기 위해서는 고객만족센터 확대 운영해 나가야 하며, 고객의 관점에서 문제를 진단하고 조직변화를 이끌어 내며 치안만족도를 높이기 위해 고객만족강사를 점차 양성해 나가야 한다. 2009년 이후 경찰청에는 63명의 고객만족강사가 활동 중인데, 각 경찰서마다 1명에도 미치지 못하고 있는바, 고객만족강사는 파출소 직원들이 매일 아침 교대시간에 한 자리에 모여 5분 동안 먼저 인사하기, 칭찬하기, 감사하기 등을 실천함으로써 조직 내 의사소통과 내부만족도를 높이는 계기가 되고 있다. 그러한 사례로 경찰청에서는 2011.4. 22일에 현장경찰관들의 직무수행 중 국민들에게 감동을 선사한 우수사례들을 모아 발표하는 "감동치안 Festival"을 처음으로 도입하였다. 개최목적은 일선 치안현장에서 실제로 적용할 수 있고 모두가 공감하는 우수사례를 발굴, 공유함으로써 전 경찰관이 고객만족에 대한 인식전환의 계기로 삼기 위해 고객만족 우수사례 경진대회를 처음 도입하였는데 본선진출 무심코 폐기되던 경찰보관 유실물을 소외계층에게 지원하여 자원의 재활용 및 사회기부에 경찰이 자발적으로 참여한 사례(경기 의정부), 360개 유치원 · 초등학교에서 어린이의 눈높이에 맞는 '짱구, 콩순이' 캐릭터를 활용한 유괴 · 성폭행 역할극을 통해 아동범죄 예방효과를 높인 사례(인천 생활안전), 칭찬릴레이, 우수경찰관 선발 등 자율적인 직장문화를 형성하여 직원의 내부만족도를 높이고 이를 통해 절도예방실적을 높인 사례(충북 청주 흥덕) 등 12건의 잔잔하지만 큰 감동을 주는 사연들이 포함되어 '감동치안'을 다지는 시간을 가졌다. 이는 경찰활동의 지향점이 치안서비스의 수요자인 국민이 되어야 하며, 고객

---

3) i ) 경찰관은 평가를 위한 경찰절차와 표준의 제시, 경찰기관의 목표 · 정책의 형성, 직무집행에 교육을 받아야 한다. ii ) 경찰업무와 관련 있는 논쟁의 여지가 있는 문제와 오해들을 해결하여야 하고, 현대사회에 있어서의 경찰의 역할을 명백히 하여야 한다. iii) 개인적인 의사소통을 통해서 뿐만 아니라 사람과 직접 대면하여 참신한 아이디어를 제시하도록 권유하여야 한다. iv) 지역사회에 기관의 목표, 기관의 발전상황 그리고 기관의 이미지를 계속 알려서 경찰관에게 동기를 부여하여야 한다. v ) 경찰간부들 뿐만 아니라 일반직원들을 결속시켜야 한다. vi) 경찰관으로 하여금 의견을 제시하도록 자극시켜야 하고, 경찰조직의 성공과 실패에 대하여 그들의 평가를 구해야 한다. vii) 어려움에 처한 경찰관들이 불평을 토로하는 것을 용이하게 하여야 하고 그러한 불평의 제거를 위해 노력하여야 한다(Sam S. Souryal, 1981: 53-54; 이황우, 2003: 201-203).

만족을 체질화하는 전환점이 되고 경찰구성원들 사이에 긍정적인 상호관계를 형성하기 위한 수평적, 하의상달형 의사를 적극 반영해 나가야 할 것이다.

## 2. 현장중심 경찰활동

현장중심 경찰활동의 방법 개선안으로 첫째, 위기관리 컨트롤 타워로서 '112종합상황실'을 강화해 나가야 한다. 최근 수원에서 경찰 112에 신고한 여성이 참혹히 살해된 사건은 우리 경찰의 무능, 무성의, 부정직함이 종합적으로 나타난 부끄러운 사건이다. 112 지령실은 긴박한 상황에서도 침착하고 적실성 있게 위기상황에 대처해야 한다. 경찰은 사건발생이후 112 지령실을 '112종합상황실' 로 확대 개편하여 기존의 대응체계 문제점을 토대로 근무형태 변화와 일선경찰경험이 풍부한 베테랑 경찰관을 전환 배치하는 등 112 신고 대응체제에 대폭적인 손질을 가하고 있다. 한편 지난 5월 2일 경찰에 위치정보 조회권한을 부여하는 내용의 '위치정보법(위치정보의 보호 및 이용에 관한 법률)' 개정안이 국회 본회의를 통과하여 5월 14일 공포, 6개월 후인 11월 15일 시행예정으로, 법이 시행되면 긴급구조 상황에서 경찰의 위치정보조회가 가능하게 되었다. 개정 위치 정보법에 따른 경찰의 정보 조회범위는 위급상황에서 제한적으로만 가능하며, 위치정보의 오남용을 방지하기 위한 다양한 통제장치로는 먼저 112신고가 걸려온 경우에만 위치정보조회가 가능하며, 경찰이 위치정보를 조회할 경우에는 위치정보주체에게 의무적으로 통보토록 하였다 또한 개인위치정보를 긴급구조 목적 외 사용할 경우 5년 이하의 징역 또는 5천만원 이하의 벌금에 처하도록 하고 있다(동법 제39조 제5호). 11월 15일 개정 위치정보법이 시행될 때까지 경찰의 위치정보조회의 법적 공백을 보완하기 위해 우선 112·119·신고자간 3자 통화 시스템을 전 지방경찰청에 확대운영 중에 있고 초등학생에게 제한적으로 서비스 중인 '원터치 SOS'를 12월 전국으로 확대할 예정이다. 나아가 경찰현장대응력을 강화책으로 경찰인력과 장비의 확대는 필수적이며, 경찰예산도 점차 늘려나가야 한다.

둘째, 지역경찰의 전문화와 사회적 약자보호에 적극 나서야 한다. 지역경찰조직의 관리방식이 획일적인 파출소 제도 보다는 지역실정을 고려하여 권역별로 지구대중심형으로 하고 여타 파출소를 지원하는 새로운 지역경찰관리 방식으로 전환하는 것이 바람직할 것이며(김광주 · 김용태, 2011: 19), 지구대 · 파출소의 팀장역할을 강화하고 우범지역 순찰강화는 물론 여성 · 어린이 · 장애인 등 사회적 약자 보호에 적극 나서야 한다. 최근 아동성폭력 사건은 아이들이 다니는 학교가 더 이상의 안전지대가 아님을 나타내는 충격적인 일로서 지역경찰은 등 · 하교 시간에 학교주변 순찰을 강화하는 등 학교보안관, 아동안전지킴이 집 등과 유대를 더욱 강화할 필요가 있다.

### 3. 맞춤형 공감치안시책 발굴로 성과에 기반한 조직운영

이제 경찰은 지역주민이 원하는 경찰활동을 정확히 진단하고 맞춤형 치안시책을 공동발굴하여 추진하고 시행해 나가야 한다. 예를 들어 인접 3개서가 치안문제 발생시 공동대응을 통해 규모의 경제를 이룰 수 있어 주민의 기대와 경찰의 성과를 이뤄 낼 수 있는 좋은 방안이 될  것이다. 이를 통해 경찰은 업무성과를 되돌아보고, 국민의 입장에서 무엇을 잘했고, 무엇이 부족한지, 면밀히 분석, 평가하여 경찰업무추진방향을 재설정해야 한다. 그동안 경찰은 실적주의나 상부지침에 의해 업무수행을 해나갔다면, 이제는 성과에 대한 이해를 바탕으로 공공부문에서 성과측정(performance measurement)은 조직의 사명(목표)과 직결되어 있어야 하고, 향상이 가능한 영역에 사용되어야 하며, 그 측정대상을 주로 고객요구의 만족과 생산성 등이다. 성과를 객관적으로 평가하여 그 결과에 따라 관서, 부서, 개인에게 공정한 보상(S, A, B, C 등급)을 함으로써 '일한 대로 보상받는' 성과주의 문화를 확산시키기 위해 도입된 제도이다. 모든 조직구성원들이 적극적으로 참여함으로써 최고관리자, 중간관리자, 일선공무원 모두의 노력과 팀워크가 필요하다. 팀워크는 의사소통의 장벽을 서서히 무너뜨리고 변화의 발판을 마련해준다. 또한 의사소통은 품질관리 과정이라는 블록을 쌓아가는 데 없어서는 안 될 시멘트와 같고 의사소통은 양방향으로 이루어져야 한다. 최고관리자들은 중간관리자가 스펀지와 같아서 정보를 받아들이기만 하고 내 놓지는 않는다고 말한다(김동원 · 윤재영, 2005: 46).

성과에 기반한 조직운영을 위해서는 우선적으로 경찰서 치안성과 평가요소를 살펴볼 필요성이 있다. 첫째는 주민만족도로서 고객지향적 경찰활동을 의미한다. 둘째는 지방경찰청의 핵심지표가 설정되어 있으며, 셋째는 경찰서별 자율치안시책[4]을 말한다. 자율적

4) '경찰서 자율시책'이란 각 경찰서에서 지역실정에 맞게 주민중심의 치안시책을 선정하여 국민중심의 경찰

으로 파출소별로 주민을 위한 치안서비스 제공을 위해 과제를 발굴하여 시행하는 것을 의미한다. 넷째는 지휘관 가점이 있으며, 다섯째는 주요 비위 감점사항으로 자체사고 발생시 필수 감점 실시한다. 측정내용으로는 온라인 민원처리 만족도 신속도, 성과 지표 이외의 업무성과를 정성적으로 평가하고 청렴도 평가(대상: 민원인, 경찰관)도 실시한다. 자율치안 평가항목은 적합성, 적시성, 난이도, 효과성이 있으며, 치안성과평가[5]의 주요 사례를 경북지방경찰청의 예를 들어보면, 주요 인사 및 외국인 VIP 신변보호팀 운영으로서 신변보호대 편성 및 수행경호 기법교육으로 완벽경호로 경찰위상 정립(경주서). 가스검침원 활용, 주택가 안심 알리미 시행(포항남부서), 신속한 범인검거를 위한 Yes Call 운영: 범인택시에 GPS를 활용한 최근 거리 전자호출시스템으로 택시차량에 일괄문자전송 방식이다(구미서), 대학가 원룸 치안대책과 외국인 자율방범운용(경산서) 등을 들 수 있다.

이와 같이 주민만족도 제고와 고객지향적 경찰활동을 위해서는 맞춤형 치안시책을 적극 발굴하여 성과에 기반한 조직운영을 해 나가야 한다.

## 4. 협력치안 강화와 경찰조직 혁신

증가하는 각종 범죄들에 대하여 강력하고 적실성 있는 국가의 대응이 필요하다. 그러기 위해서는 이를 담당하는 경찰력의 보충이 절실히 요구된다. 하지만 경찰력의 증강은 다른 정부조직과의 형평성과 국가예산의 조정 등의 재정문제로 단기간에 손쉽게 해결할 수 있는 문제가 아니다. 미국이나 영국, 독일, 일본 등 주요 선진국들은 이와 같이 급증하는 범죄문제에 경찰력을 증원할 수 없는 현실을 해결하기 위해 다양한 정책들을 개발하여 사용하고 있다. 예를 들어, 상황적인 범죄예방, 이웃감시, 다기관의 동반자 관계, 공동체안전, 지역사회경찰활동, 공공법집행조직과 민간경비 조직간의 협력[6]과 제휴 등의

---

활동을 추진하는 대책을 의미한다. 경찰서별로 추진과제에 대하여 "평가점수(척도)"를 매우 적합 100점, 적합 90점, 보통 80점, 부적합 70점, 매우 부적합 60점을 "치안정책평가단"이 점수를 자유롭고, 공정하게 평가를 실시함. 실시시기는 2011년 상반기(3월), 하반기(11월) 2차례 실시한다.

5) 지역경찰 '치안성과평가' 방법은 지역경찰 근무실적(50%), 112 만족도(30%), 업무추진 성과(20%)를 종합한 점수로 상・하반기별로 실시한다.

6) 미국과 같은 선진국들은 경찰과 민간경비 상호간에 발생하는 여러 문제를 양자가 서로 협조하며 다양한 방법을 통해 해결해 왔다. 특히, 지방자치의 전통이 강하고 민간경비의 역사가 오래된 국가들은 획일적인

용어를 탄생시키며, 부족한 경찰력의 한계를 극복하기 위한 다양한 정책 프로그램을 활용하고 있는 것이다.

우리나라에서도 경찰력의 부족을 보완하기 위한 다양한 형태의 협력치안이 이루어지고 있으나 실질적인 효과는 미약하다(박동균·박기범, 2012: 253-254). 지역치안에 대해 주민의 지원을 얻고 주민을 만족시키는 경찰활동을 위해서는 경찰조직혁신을 통한 인력운용의 효율성 제고와 지역주민과의 협력치안이 무엇보다 중요하다. 그동안 경찰은 관 주도의 사고방식과 낡은 관행들을 무비판적으로 답습해온 행태를 보여 왔었다. 그러나 현재 경찰은 '찾아가는 치안설명회'를 통해 각 경찰서 단위마다의 중점 치안대책을 지역주민들에게 설명하고 협조를 구하는 등 예전과는 다른 협력치안의 중요성을 깊이 인식하고 있다.

기온이 1℃ 올라갈 때마다 파출소 신고전화가 증가한다는 어느 파출소장의 하소연은 그만큼 경찰활동의 어려움에 대한 반증이 아닐까 한다. 경찰에 대한 이해와 High-Quality를 통해 국민중심 경찰활동을 전개해 나가는데 활용해야 할 것이다.

1) High-Vision : 경찰미래를 이끌어갈 구체적인 비전의 제시
2) High-Knowledge : 경찰활동을 위한 전문적인 법률지식의 축적
3) High-Skill : 경찰업무의 능숙한 처리를 위한 기술(융통성)발휘
4) High-Culture : 경찰문화를 재창조하여 변화하는 경찰상 정립
5) High-Feedback : 피드백을 잘 활용함으로써 환경에 대한 대응력을 높임

## Ⅳ. 결론 및 정책적 시사점

최근 수원에서 경찰 112에 신고한 20대 여성이 참혹하게 살해된 사건은 이러한 범죄예방교육이 무색함을 보여주는 어이없는 사건이다. 피해여성이 겪었을 참담한 고통과 두려

---

프로그램이 아닌 지역사회의 실정에 맞는 다양한 프로그램을 활용했으며, 여러 단계의 협의기구를 적절히 활용하여 서로간의 현안문제 해결 및 이해증진을 위해 노력해 왔다. 선진 각국의 상황을 종합적으로 볼 때, 가장 기본적인 특징으로 경찰과 민간경비가 서로의 존재에 대한 긍정적 인식을 바탕으로 실질적인 협력방안에 대한 논의들이 이루어지고 있음을 알 수 있다. 이는 상호관계가 사회 안전망을 이루는 주체성을 가지고 시민의 안전욕구를 충족시키는 '동반자 관계'라는 기본인식이 자리하고 있다는 것을 알 수 있다. 우리의 경찰과 민간경비의 관계도 이제는 파트너십의 관계로 나가야 할 것이다(박동균, 2011).

움을 생각하면 가슴이 너무 아프다. 이 사건은 우리 경찰의 무능, 무성의, 부정직함이 종합적으로 나타난 부끄러운 사건이다. 이런 실패사례가 다시는 없어야 한다. 현재 경찰청에서는 현장 중심, 국민 중심의 다양한 치안 서비스 정책을 실시함으로써 많은 호응을 얻고 있다. 전국의 각 경찰서와 지구대의 치안성과를 평가하여 업무에 피드백하고, 경찰관의 인사와 징계에 외부 전문가를 참여시켜 투명성을 확보하며, 수사의 공정성 및 인권확보를 위해 수사관 교체요청제, 수사경과제, 수사이의 신청제 등 진정성있는 자구노력을 진행하고 있다.

이 연구는 국민중심 경찰활동을 위한 맞춤형 공감치안 방안 모색에 연구목적을 두고 있으며, 이러한 국민중심 경찰활동을 위한 맞춤형 공감치안 방안을 요약하면 다음과 같다.

첫째, 전형적인 상의하달 조직문화에서 오는 폐쇄성, 보수성, 경직성을 타파하고 소통을 강화해 고객지향적 치안서비스 중심기관으로 변화를 도모하고, 경찰의사전달의 변화노력의 일환으로 소통을 통해 대내적으로는 각종 불신과 마찰 해소와 대외적으로는 정책의 수립・실천・평가 전 과정에 걸쳐 국민 참여를 확대하고 소통채널을 다각화하여 '쌍방향 치안'의 내실화 도모와 고객만족센터와 고객만족 강사를 확대 운영해 나가야 한다.

둘째, 위기관리 컨트롤 타워로서 '112 종합상황실'을 강화해 나가고, 지역경찰의 전문화와 사회적 약자보호에 모든 치안역량을 결집해 나가야 할 것이다. 2012년 수원 112 여성살인사건은 대한민국을 뒤흔든 참혹한 사건이었다. 최근 우리사회에서 발생하는 범죄는 잔인화, 흉폭화하고 있어 범죄에 대하여 강력하고 적실성 있는 국가의 대응을 위해서는 경찰력의 보충이 절실히 요청된다.

셋째, 국민중심 경찰활동을 위해서는 맞춤형 치안시책 발굴과 조직구성원의 열정적인 참여와 팀워크를 이끌어 내는 조직관리가 요구된다. 조직의 모든 계층 및 부서의 참여는 국민중심 경찰활동을 성공적으로 실행하는 데 필요한 중요한 요소이다. 따라서 우리 조직(부서)에는 의사소통에 문제가 없는지 살펴보아야 한다. 참여와 팀워크는 품질개선을 함께 이루어나가고 인본주의를 지향하는 경찰경영에 실제적인 기회를 제공한다.

넷째, 지속적인 경찰의식변화와 조직의 혁신으로 소수의 잘못된 경찰의식, 제도, 관행의 경찰조직문화 측면과 서비스 접근성, 서비스제공자의 행태인 대응성과 친절성, 적극적이지 못한 태도 등에 있어서 끊임없는 개선을 추구한다. 왜냐하면 국민중심 경찰활동은 단편적인 과정이 아니라 체계적인 과정이라는 점에서 기인하기 때문이다.

변화하는 치안환경에 대응하기 위해 경찰조직은 지역주민이 공감하는 경찰활동 전개를 통해 주민만족도 높이고, 사랑받고, 신뢰받는 경찰상을 확립하기 위해 나가야 한다. 조직 차원의 뒷받침 못지않게 경찰윤리 확립을 이행하면서 인권의식의 체질화와 더불어 지역사회와의 협력치안체제를 더욱 강화해 국민이 원하는 바를 헤아려 실천하는 치안의 가장 든든한 버팀목이 되어야 할 것이다. 수원 20대 여성살인 사건을 계기로 많은 교훈을 얻었다. 실패한 사례를 통해 반드시 얻어야 할 교훈이 있다. 적절한 해결책을 마련하여 동일한 실수를 하지 않는 것이다. 지금의 위기를 기회로 삼아 고칠 제도나 시스템은 반드시 고쳐야 한다.

치열해지는 국가간의 경쟁과 급속한 사회변화에 따른 새로운 치안 환경에 신속하고 적극적으로 대응하기 위해서는 민간 부문에 못지않게 공공 부문의 생산성을 높이고 효율적인 조직을 유지하는 것이 필요한 시대가 되었다. 따라서 치안업무 중 공공적인 성격이 강하면서 핵심적인 업무에 경찰력을 집중하고, 그 이외의 부분은 과감하게 민간에 권한을 위임하거나 이양함으로써 효율적인 치안 서비스를 실현해야 할 것이다.

## 참고문헌


경찰청. 2007-2011 경찰백서.

경찰청. 2007. 치안고객응대 매뉴얼.

경찰청. 2005. 지역경찰업무 매뉴얼.

김광주 · 김용태. 2010. 지역경찰조직의 효과성 분석. 한국치안행정학회 동계학술세미나 발표 논문집. 75-97.

김광주 · 김용태. 2011. 지역경찰조직의 효과성에 대한 인식분석. 한국치안행정논집, 7(4): 1-23

김경태. 2008. 치안서비스 제고를 위한 경찰 활동. 한국콘텐츠학회 논문지, 8(11): 263-270.

김보환. 2005. 한국경찰의 패러다임 변화와 역사기록의 쟁점 및 과제. 한국경찰학회보. 11(2): 1-24.

김양현. 2011. 경찰과 시민의 갈등관리 개선방안. 한국경찰학회보. 13(4): 4-23.

김용태. 2010. 경찰서비스 품질관리론. 서울: 도서출판 영민.

김통원 · 윤재영. 2005. 사회복지 서비스품질관리. 서울: 신정출판사.

박동균. 2008. 한국 위기관리 시스템의 효율화 방안 -미국과 일본의 사례를 중심으로. 한국경찰연구. 7(1), 175-210.

박동균. 2011 a. 미국경찰과 민간경비의 상호협력 사례분석 및 시사점. 한국지방자치학회 학술세미나 발표논문집.

박동균. 2011 b. 농산물절도의 범죄예방전략 - 경상북도의 사례를 중심으로, 한국경찰학회보 13(3): 25-41.

박동균 · 박기범. 2012. 일본 민간경비 산업의 동향 및 특징. 대한지방자치학회 춘계학술대회 논문집. 253-266.

박성수. 2011. 조직-공중관계성과 경찰이미지. 한국경찰학회보 13(4): 93-114.

박영주. 2007. 경찰윤리와 반부패 거버넌스. 한국거버넌스학회/광주 · 전남지방자치학회. 동계학술대회 발표논문집.

박주상. 2009. 경찰의 조직문화가 고객지향성에 미치는 영향에 관한 연구. 대한지방자치학회 하계학술대회 논문집. 187-202. 신현기 · 이영남. (2003), 「경찰인사관리론」, 법문사.

신현기. 2007. 경찰조직론. 서울: 법문사.

양원규. 2010. 경찰조직관리론. 서울: 백산출판사.

오세덕 · 이명재 외. 2008. 행정관리론. 서울: 대영문화사.

이황우. 2003. 경찰행정학(3판). 서울: 법문사

정우열 · 박동균 · 손능수. (2007), "지역경찰의 직무만족 요인에 관한 인식분석과 함의," 「한국행정논집」 19(1): 125-149.

정우일외. 2011. 공공조직론. 서울: 박영사.

전대양외. 2011. 새현대사회와 범죄. 서울: 형설출판사.

조동운. 2010. 치안행정에서 경찰의 역할과 활동. 한국행정학회 하계학술대회 발표 논문집.

대구신문. 2012. 한국경찰의 비전과 과제. 대구논단. 1.16 :23.

________. 2012. 112와 경찰의 개혁. 대구논단. 4.22: 23.

중부신문. 2011. 국민이 만족하는 치안서비스 조건. 중부시론. 3.22: 15.

최학봉. 2003. 경찰의 조직문화와 직무만족간의 관련성에 관한 이론적 고찰. 한국경찰학회보. 6: 367-385.

최학봉. 2005. 경찰의 사기관리에 관한 실증적 연구: 조직문화를 중심으로. 한국공안행정학회보. 20: 505-531.

황창연. 2003. 행정조직에서 조직문화 및 하위문화의 비교. 한국행정학보. 37(1): 37-58.

황택주. 2002. 지역사회와 경찰문화에 대한 연구. 지역사회개발연구. 27(1): 187-208.

Adams, J. S. 1963. Toward on Understanding of Inequity. *Journal of Abnormal and Social Psychology*. 67: 422-436.

Adams, J. S. 1965. Inequity in Social Exchange. In Berkowitz, L.(Ed). *Advances in Experimental Social Psychology*. 2: 267-299.

Beatty, R. C., & Schier, C. E. 1981. *Personal Administration: An Experimental Skill-Building*

*Approach*, 2nd ed. Addison-Wesley.

Folger, R., & Konovsky, M. A. 1989. Effects of Procedural and Distributive Justice on Reactions to Pay Raise Decisions. *Academy of Management Journal*. 32: 115-130.

Greenberg, J., & Lind, E. A. (2000). The Personal of Organizational Justice: From Conceptualization to Implication to Application. In Cooper, C. L. & Locke, E. A.(Eds). *Industrial and Organizational Psychology*, Blackwell.

Greenberg, J. 1990. Organizational Justice: Yesterday, today, and tomorrow. *Journal o Management*. 16: 399-432.

Herzberg, F., Mausner, B., & Snyderman, B. S. (1976). *The motivation to work*, New York: Wiley.

Homans, G. C. 1961. *Social behavior: Its Elementary forms*, New York: Harcourt, Brace and World.

Hulin, C. L., & Smith, P. 1965. A Linear Model of Job Satisfaction. *Journal of Applied Psychology*. 2: 211-216.

Konovsky, M. A., & Pugh, S. D. 1994. Citizenship Behavior and Social Exchange. *Academy of Management Journal*. 73: 656-669.

Leventhal, G. S. 1980. What should be done with equity theory?. In Gerger, K. G., Greenberg, M. S. & Willis, R. H.(Eds). *Social exchange: Advances in theory and research*, New York: Plenum Press.

## 4. 한국 경찰행정의 쟁점과 발전방향(Issue and Development Direction of the Korea Police Administration)

한국치안행정논집, 제7권 2호(2010.8)

# 한국 경찰행정의 쟁점과 발전방향

정우열* · 김용태**

이 연구는 한국 경찰행정에 있어서 주요 이슈들을 고찰해 보고 정책과제를 모색하는데 목적이 있다. 논의의 대상인 경찰행정의 이슈는 경찰행정학을 주된 연구대상으로 하는 4대 학술지의 내용을 중심으로 분석기준을 설정하였다. 한국 경찰행정의 주요 이슈에 대한 분석내용은 수사권조정문제, 경찰조직, 경찰인사, 경찰예산, 경찰복지 등 크게 5개 분야로 대분류하였으며, 이를 다시 경찰조직은 전 · 의경제도의 존폐 문제, 경찰대학 폐지, 지구대, 자치경찰제 등으로, 경찰인사는 다면평가와 근속승진으로 중분류하였다. 이와 같은 이슈들에 대한 정책과제는 다음과 같다.

첫째, 경찰 수사권을 조정하기 위해서는 그 전제로 선진 외국과 같이 실질적인 자치경찰제를 통해 경찰의 권한분산이 선행될 수 있도록 해야 한다. 둘째, 전 · 의경제도의 존속과 지구대 제도의 획기적 개편 등 경찰조직 개편에 대한 보다 신중한 접근을 통하여 치안정책집행의 오류를 최소화 한다. 셋째, 경찰평가제도와 관련하여 평가자와 평가대상자를 확대실시하고 평가요소를 다양화하며 다면평가의 결과를 적극화하고 평가의 공정성과 객관성을 높일 수 있는 제도적 장치를 마련해야 한다. 넷째, 치안서비스의 질을 높이기 위해 경찰예산의 지속적인 투자가 이루어질 수 있도록 정책당국자의 적극적인 배려가 있어야 한다. 마지막으로, 공상경찰관이 최소화될 수 있도록 근무조건 등 경찰복지에 적극적인 관심을 가져야 한다.

주제어: 한국 경찰행정, 이슈, 학술지, 분석기준, 정책과제

## Ⅰ. 서 론

이슈(issue)[1]는 참을 수없이 오랫동안 문제가 해결되지 않으므로 유사한 문제를 지닌

* 경운대학교 경찰행정학과 교수, 주저자

** 경일대학교 행정학과 특임교수, 교신저자. 한국치안행정논집. 제7권제2호(2010.8)에 게재된 논문임.

1) 최봉기(2009: 140)는 이슈(issue)와 관련하여 이슈(issue)는 일반적으로 쟁점이라고 하며, 「문제」, 「의제」

개인들이 함께 대처하고자 할 때 발생하게 된다(김병진, 1989: 79). 경찰행정에 있어서도 사회의 다양한 문제들이 발생하고 있으며, 이를 해결하기 위한 여러 가지 방법과 대책들이 논의되고 있다. 오늘날 치안행정 환경이 복잡다양하고 참여자들 또한 다양한 가치관과 정보지식을 지니고 있기 때문에 쟁점이 되는 주제들이 크게 증가하고 있는 실정이다.

특히 치안정책결정과정에 있어서도 참여자가 복잡·다양해짐에 따라 그와 관련된 다양한 이슈들이 제기되고 있다. 이러한 이슈의 과정은 부정적인 과정이기보다는 해결을 위한 사회적 토론의 과정이며, 정부가 공식의제로 채택하기 위한 절차이기도 하다(박성복·이종열, 2002: 174). 이슈는 문제의 성격이나 해결방법에 대해 의견일치를 보기 힘든 경우가 대부분이다. 이러한 쟁점이 대중에게 확산되려면 촉발장치의 작용이 있어서 유사한 사건들이 꼬리를 물고 일어날 때 크게 부각된다. 이러한 다양한 이슈에 대한 논의를 통하여 정부는 이슈를 해결하기 위하여 관심을 갖고 해결책을 모색하기 위한 행동을 취하게 된다.

1948년 정부수립 후 최근까지 우리나라 경찰은 대내외적 혼란과 갈등에도 불구하고 내부적 개선노력이 지속적으로 이루어짐으로써 비교적 안정적인 운영방식을 견지해 왔다. 그러나 최근 접어들어 세계사적 환경변화는 물론이고 국내적으로 경찰을 둘러싼 환경이 급변하고 있는 실정이다(김충남, 2005). 한국 경찰행정과 관련하여 현 정부에 있어서도 경찰조직의 분권화와 정치적 중립성, 독자적인 수사권 확보 등 수많은 이슈들이 존재하고 있으며, 정부당국자들도 이러한 문제들에 대한 해법을 모색하기 위하여 다양한 노력들을 경주하고 있다. 따라서 연구자는 그동안 한국 경찰행정에 있어서 이슈가 되고 있는 쟁점들을 정리해 보고 그에 대한 해결방안을 모색해 보는 것은 중요한 의미가 있을 것으로 판단하게 되었다. 본 연구는 경찰행정의 이슈들을 살펴보기 위하여 경찰행정학 분류기준에 따라 경찰조직, 수사 및 경비, 인사, 예산, 복지 등으로 대분류해 보고, 또한 경찰행정학의 연구정향(orientation of study)을 파악하기 위해 경찰행정학 관련 학술지를 통하여 분석기준을 도출하였다. 분석에 사용된 학술지는 경찰행정학의 전문학술지인 한국공안행정학회보, 한국경찰학회보, 한국경찰연구, 한국치안행정논집 등 4가지 종류이며,

---

등과 같은 맥락에서는 논제로 표현해야 한다고 주장하고 있다. 두 개 이상의 집단들 간의 갈등으로는 수사권조정과정에서의 검찰과 경찰 간의 갈등과 경찰예산을 둘러싼 경찰청과 기획재정부간의 갈등이 있다. 대체적으로 경찰내부의 갈등으로 승진, 후생복지 등은 조직내부의 정책결정의 문제이기도 하다.

이들 학회지는 경찰학의 시대적 변화와 주제별 연구동향분석에 적절하다고 판단된다. 본 연구는 향후 경찰행정학 분야의 연구 방향을 제공해 줄 뿐 아니라 보다 정치한 후속 연구를 촉발하고자 하는데 의미가 있다. 본 연구에서 경찰행정 분야의 이슈와 관련해서는 해방이후 한국사회에서 꾸준하게 논의되어 온 자치경찰제, 정치적 중립성, 수사권조정문제 논의와 함께 최근 한국 경찰행정의 주요이슈 중에서 새롭게 부각되는 야간집회 개정논의, 전・의경제도의 폐지, 경찰대학의 존폐문제, 지구제의 획일적 시행에 따른 문제점, 다면평가제도, 경찰관 승급조정 문제, 경장계급 폐지문제, 경찰예산 운용의 비효율성, 경찰후생・복지 등 이라고 할 수 있다.[2)]

## II. 자료수집 및 분석기준

### 1. 자료수집

본 연구는 한국 경찰행정의 이슈와 정책과제를 모색하는데 목적이 있다. 연구자는 학술지분석을 통하여 경찰행정의 논쟁거리를 도출하고 그에 따른 발전방안을 모색하였다. 학술지는 학자들 간에 학술정보를 교환하기 위한 정기간행물로서 기초과학의 발전에 중요한 역할을 하며(이가종, 1996: 98), 학문의 시대사적 변화를 알아볼 수 있는 소중한 자료이다.[3)] 분석에 사용된 학술지는 경찰행정학의 전문학술지인 한국공안행정학회보, 한국경찰학회보, 한국경찰연구, 한국치안행정논집 등 4 가지 종류이다.

### 2. 분석기준

전문학술지를 통하여 살펴본 분석기준은 경찰행정학 연구의 경향이다. 경찰행정학의 분류는 경찰행정의 대분류기준인 수사, 조직, 인사, 예산, 복지 등이다. 이러한 분류는 행정학의 분류가 조직, 인사, 재무, 복지 등으로 나누는 것과 같은 기준이다. 경찰행정학은

---

2) 이윤호・김순석(2008)은 한국경찰의 당면과제로 경찰대학의 운영 개선에 대한 각계각층의 요구 문제, 전・의경제도의 폐지와 총액 인건비제도 도입 등을 들고 있다.

3) 본 연구에서 학술지 분석은 다양한 내용들 가운데 학술지 속에서 주된 이슈로서 연구되고 있는 학문의 분야로 국한하였다.

행정학의 한 분류에 속하기 때문이다. 대분류 기준에 따라 수사권조정, 경찰조직, 경찰인사, 경찰예산, 경찰복지 등으로 나누고, 다시 학문 영역별로 이슈들을 도출하였다. 이를테면, 경찰조직에서는 전・의경 제도, 경찰대학, 지구대, 자치경찰제 등을, 그리고 경찰인사와 관련해서는 다면평가제도, 근속승진 등의 이슈들을 분류기준으로 하였다.

**〈표 1〉 경찰행정학의 연구의 영역별 분포** 단위: 편수(%)

| 구 분 | 총 논문편수 | 조직 | 인사 | 예산 | 복지 | 수사 | 총계 |
|---|---|---|---|---|---|---|---|
| 한국경찰학회보 (2000–2010) | 233 | 28 | 15 | 1 | 3 | 9 | 56 |
| 한국공안행정학회보 (2000–2009)[4] | 278 | 19 | 11 | 1 | 3 | 6 | 40 |
| 한국경찰연구 (2002–2010) | 129 | 13 | 2 | 1 | 2 | 3 | 21 |
| 한국치안행정논집 (2004–2010) | 119 | 9 | 5 | 0 | 1 | 3 | 18 |
| | 759 | 69 | 33 | 3 | 9 | 21 | 135 |

〈표 1〉에서 보면 한국경찰학회보 조직분야에서 있어 지역사회경찰활동 논문은 5편, 지역경찰제(지구대)관련 논문은 6편이며, 자치경찰관련 논문은 8편으로 주종을 이루고 있으며, 수사경과제가 7편, 수사권 조정이 2편으로 그 뒤를 잇고 있다. 집회시위관련 논문은 7편을 차지하고 있으며, 그 외 각종 범죄와 관련된 논문은 11편으로 나타났다. 한국공안행정학회보는 총 논문편수에서 보듯이 가장 왕성한 학회활동을 하고 있으며, 조직분야에서 지역사회경활동이 10편으로 주된 관심사가 되었으며, 자치경찰관련 5편, 지역경찰제 관련 8편이며, 복지 분야의 삶의 질 관련이 3편을 차지하고 있다. 인사 분야의 인력과 교육훈련 등이 11편이었다. 그 외 집회시위관련이 7편이었으며, 특히 각종 범죄와 범죄가 관련 논문이 29편으로 여타 논문과의 차별성이 부각되었다. 한국경찰연구학회의 한국경찰연구는 학회의 출발에 비해 논문 수가 많은 편은 아니나 초기에 자치경찰관련 논문이 11편으로 상대적으로 여타 영역에 비해 많은 비중을 차지하고 있으며, 수사권 독립이

4) 한국공안행정학회보 2010년도 게재물은 학회 홈페이지에 게재되지 않은 관계로 본 연구에서는 제외하였음. 또한 주제선정과 관련하여 4개 경찰관련 학회보외에 경찰행정학과 관련 교수단 20여명의 자문을 구하여 주제선정에 대한 자문을 구하였음을 밝혀 둔다..

4편이고, 범죄관련 논문이 12편으로 상기 논문과 유사하게 많은 비중을 차지하고 있다. 마지막으로 한국치안행정논집은 수도권학회에 비해 출발이 가장 늦은 학회지만 최근 들어 년 4회 학술세미나와 학회보 발간을 통해 학회지로서의 면모를 갖추고 있는바 경찰, 민간경비, 소방, 군 관련 논문이 주종을 이루고 있다. 이와 같은 연구 성과물에도 불구하고 반면에 중요한 연구주제이지만 경찰예산분야가 잘 연구되지 않고 있다. 그러한 이유로는 경찰 재무관련 전문가 부족 등의 원인이 있을 수 있으며, 정보화 시대에 필요한 주제와 여성경찰, 이명박 정부 들어 북한에 대한 시각변화를 가져 온 보안경찰의 활동과 다문화 시대에 걸맞는 경찰활동 연구논문의 다양성이 요구된다. 최근의 활발한 논의 주제는 자치경찰제에 도입(제주자치경찰제 포함)과 중단에 대한 연구와 이어 2003년 지역경찰제 전환에 따른 지구대제도에서 파출소체제로의 회귀에 따른 문제, 헌재의 위헌판결 이후의 집회・시위관련 연구, 계속 줄다리기 중인 검・경 수사권 조정문제 등이 중요하게 다루어지고 있다.

## Ⅲ. 한국 경찰행정의 이슈

한국 경찰행정의 이슈를 살펴보기 위하여 전통적인 분류방법인 수사, 조직, 자치경찰, 인사, 예산, 복지 등으로 대분류하고 각각의 쟁점이 되는 사항들에 대하여 고찰하였다. 즉 한국 경찰행정과 관련하여 해방이후 한국사회에서 지속적으로 논의되어 온 자치경찰제, 정치적 중립성, 수사권조정 논의와 함께 근자에 이슈가 되고 있는 집시법, 전・의경제도, 경찰대학, 지구대, 다면평가제도, 경찰관 승급, 경장계급 폐지, 경찰예산, 경찰후생 및 복지 등을 중심으로 고찰하고자 한다.[5)]

### 1. 수사권조정

먼저 수사권이란 수사기관에서 범죄와 범인을 밝혀내기 위해 법적으로 부여받은 권한을 의미한다. 즉, 범인을 체포하여 구속하거나 고소・고발사건을 조사하고 혐의 유무를

5) 이윤호・김순석(2008)은 한국경찰의 당면과제로 경찰대학의 운영 개선에 대한 각계각층의 요구 문제, 전・의경제도의 폐지와 총액 인건비제도 도입 등을 들고 있다.

밝히는 과정에서 검사나 경찰(사법경찰)이 행사할 수 있는 모든 법적인 권한을 수사권이라고 한다.

수사권조정 문제는 16대 노무현 대통령은 대선 공약과 참여정부 국정과제에서, "실질적인 자치경찰제 도입을 통한 권한분산을 조건으로, 일부 민생치안범죄에 한해 검사의 사법적 통제를 받는 전제하에서 경찰 수사의 독자성을 인정"하겠다고 천명함에 따라 본격화되었다.

수사권조정 논의의 기본방향은 첫째, 자치경찰제 도입을 전제로 민생치안범죄에 대한 경찰수사의 독자성을 보장하고 둘째, 경찰수사의 독자성 확대에 따른 국민의 인권침해 방지 및 경찰수사의 적법성 확보를 위해 준사법기관인 검사의 수사지휘를 통한 사법적 통제 장치는 유지에 있다. 수사권조정 논의를 하는 이유는 수사과정에서 국민들의 인권을 최대한 보장하고 수사의 적법성을 더욱 확실히 확보하고자 함이고, 지금까지 수사과정상 국민들에게 불편함을 주었거나 불필요한 수사절차를 없애고 줄여 나가는데 있다. 노무현 후보 공약과 참여정부 국정과제에서 수사권 조정의 기본방향을 보면, "먼저 자치경찰제를 도입하여 경찰의 권한을 분산시키고, 그런 다음에 모든 사건이 아니라 "일부 민생치안범죄"에 한정하여, "검사의 사법적 통제를 받는 전제"하에서 경찰에 수사권을 부여하는 방안을 추진하겠다는 것이다. 2005년 후반기에 검찰과 경찰 간에 수사권을 둘러싼 논쟁이 가열되었다.[6] 경찰의 수사권 독립에 대해 경찰은 독립적인 수사를 책임질 수 있을 만큼 역량이 강화되었다고 주장하는 반면 검찰은 경찰조직이 기형적으로 비대해질 수 있다며 이에 반대하고 있다.

문제가 되고 있는 법조항은 「검사는 범죄의 혐의가 있다고 사료하는 때에는 범인, 범죄사실과 증거를 수사하여야 한다」, 「사법경찰관은 검사의 지휘를 받아 수사를 하여야 한다」 고 규정되어 있는 형사소송법 제195조와 제196조이다. 현재 범죄가 발생하면 피해자가 경찰 또는 검찰에 고발을 하고, 신고 된 범죄는 경찰 조사과에서 조사를 받는 절차를 밟게 된다. 경찰이 조사한 자료를 검찰에 송부하면 검찰은 이를 바탕으로 고발할 것인지, 유예할 것인지를 판단하고 자체적인 판단에 따라 직접 조사에 착수하거나 경찰에 심층조사를 의뢰한다. 사실상 현장조사는 경찰이 하고 있지만 경찰을 지휘하고 감독

6) 수사권 조정과 관련해서는 www.agendanet.co.kr(검색일: 2010년 6월 1일)을 참조해서 정리한 것이다.

하는 것은 검찰인 셈이다. 업무 흐름상 검찰이 경찰의 상위 조직인 것처럼 보이지만 법률적으로 검찰과 경찰은 각기 다른 부처의 관리 아래 있는 별개의 조직이다. 검찰은 법무부의 지휘를 받고 경찰은 행정안전부의 지휘를 받는다. 이처럼 법률적 지위와 역할 상 동등한 위치에 있음에도 현실적으로 상명하복(上命下服)의 입장에 놓인 두 조직이기 때문에 그간 수사권을 비롯한 여러 문제가 끊이지 않았던 것이다.

검찰과 경찰이 충돌할 여지가 있는 부분에 대해 2004년 9월 검찰과 경찰의 실무대표로 구성된 '수사권조정협의체'가 발족되었고 학계 등 외부전문가들을 포함한 '수사권조정 자문위원회'를 통해서도 논의가 계속되었다. 그러나 뚜렷한 합의점은 여전히 찾아지지 않고 있다. 2006년 9월 노무현 대통령이 공약으로 내걸었던 검・경찰 간 수사권 조정 작업이 수개월째 제자리걸음을 하면서 사실상 중단되었다. 현재와 같은 검찰의 수사권 독점 구조에는 두 가지 문제점이 있다. 첫째, 현실과 법조문 사이의 괴리가 그것이다. 형사소송법 195조 및 196조에 의거, 수사권은 검찰의 고유권한으로 규정되어 있으나, 실제 형사사건의 97% 이상이 경찰의 수사를 받고 있다. 이 같은 괴리는 경찰의 초동수사권 제한 등으로 이어져, 수사현장에서의 신속한 의사결정을 저해하고 궁극적인 사건해결의 발목을 잡고 늘어진다. 둘째, 현재의 검・경 관계가 구조적으로 어그러져 있다는 점이다. 검찰은 법무부에 소속되어 있으며 경찰은 행정안전부의 하부기관인 바, 검찰과 경찰 간의 상명하복 구조는 헌법에 명시되어 있는 삼권분립의 원칙에 부합하지 않는다.

## 2. 경찰조직

### 1) 전·의경제도

현행 전투경찰은 1970년 12월 31일 공표, 시행된 전투경찰대설치법에 의해 운영되고 있다. 전투경찰대는 간첩 및 무장공비의 침투 저지 및 포착, 섬멸 등 대간첩작전과 기타 치안보조에 목적을 두고 있다. 전투경찰순경은 충원방식에 따라 병역법 제24조에 따라 육군훈련소로 입영하는 현역병 중에서 전환되는 '작전전투경찰순경'과 제25조에 따라 경찰에 지원하여 선발과정을 거쳐 기초군사교육을 마친 후 전환되는'의무전투경찰순경'이 있다. 전자를'전경', 후자를'의경'이라고 한다. 이 둘을 통칭하여'전・의경'이라 한다.

이러한 전・의경제는 2009년부터 2011년까지 인원을 동결하다 2012년 폐지된다. 과거

2004년 이래에도 폐지를 검토하였으나, 인원수를 감축한 것일 뿐 계속 유지되어 왔다. 그러나 복무기간의 단축으로 이제는 확실시 되고 있다. 줄어든 인력의 3분의 1을 직업 경찰관으로 임용하고 있으며, 매년 60~70여 개의 중대를 해체하고 있다. 정부가 전·의경 제도 폐지 문제와 관련, 전·의경 정원을 2011년까지 현재의 60% 수준으로 줄이는 선까지는 결론을 냈지만 2012년 이후 운영 여부에 대해서는 1년 가까이 혼선을 거듭하고 있다.

경찰청 관계자는 "2012년 이후 문제에 대해서는 상황을 종합적으로 고려해 전·의경 제도를 완전히 폐지할지, 인력을 다시 조정할지 등을 결정할 계획"이라며 2012년 전·의경 폐지 방침이 사실상 보류됐음을 분명하게 했다. 반면 국방부는 "2012년에는 전·의경 제도를 폐지한다는 기본 입장에 변함이 없다"고 재확인했다. 국방부 관계자는 "지난 9월 국무총리실에서 관련 부처 장관들과 전의경제 폐지 또는 보류 문제를 협의했으나 2009년 수준으로 3년간 배정하되 2012년 이후부터는 폐지키로 결론이 났다"면서 "다만 경찰청은 전·의경제 존속을 지속적으로 요구하고 있다"고 설명했다. 이에 대해 총리실 관계자는 "당시 2011년까지 전·의경을 감축한다는 것에는 합의했지만 2012년 이후 문제에 대해서는 어떠한 결론도 내리지 못했고 추후 방침도 정해진 것이 없다"며 전·의경 폐지 문제가 아직 '미결' 상태임을 강조했다. 앞서 전·의경 제도 폐지 방안은 노무현 정권부터 추진됐지만 현 정부는 시행 여부를 두고 고심을 거듭해왔다.[7)]

노무현 정부는 작년 7월 '2년 빨리, 5년 더 일하는 사회 만들기 전략'(2+5전략)을 내놓고 "2012년까지 전·의경 제도를 완전 폐지하고 정원의 30%를 경찰관으로 충원할 계획"이라고 발표한 바 있다. 원래 계획에 따르면 전·의경 충원은 해마다 줄고 빈자리에 정규 경찰관이 투입돼 올해 3만7천440명인 전·의경이 2013년에는 한 명도 남지 않고 경찰관 1만4천75명으로 대체되는 것이었다. 그러나 정부는 치안 인력 부족에 대한 우려와 1조원에 달하는 막대한 예산이 소요된다는 지적에 따라 수정안을 논의해 왔다. 그 결과 정부는 2009년부터 2011년까지 3년간 매년 전·의경 1만2천480명을 배정해 2011년에 병력을 2만3천여 명 수준으로 맞추기로 한 것이다. 이렇게 되면 경찰관은 내년 2천106명이 새로 투입되고 2010년 1천260명, 2011년에는 92명이 더 늘어 2011년까지 총 3천458

---

7) http://news.chosun.com/site/data/html_dir/2008/11/11/2008111101390.html(검색일: 2010년 6월 1일).

명이 전·의경을 대신해 배정되지만 이후의 상황은 여전히 불투명한 상황이다.[8] 1970년 12월에 제정된 '전투경찰대설치법'에 따라 도입된 전투경찰은 과거 군사정권 하에서는 정권안보의 방패막이로 활용되었고, 국민적 지지 기반에 정통성을 갖추었다고 자부하는 국민의 정부 이후에도 여전히 전투경찰은 시위진압 등 시국치안에 활용되고 있는 실정이다. 민주주의의 발전과정에 있는 현시점에서 전투경찰제도의 폐지내지 감축에 대하여 각기 상이한 목소리가 점차 커지고 있다. 2007년 2월 5일 정부가 발표한 병역제도 개선방안에 따르면 2012년부터 현역병 입영 대상자가 전·의경으로 근무하는 대체복무제도는 폐지된다. 전·의경이 맡고 있는 시위진압 등의 임무는 정규인력(직업 경찰)으로 대체한다는 방침이다.

### 2) 경찰대학

경찰대학은 국가치안부문에 종사할 경찰간부가 될 자에게 학술을 연마하고 심신을 단련시키기 위한 교육훈련과 치안에 관한 이론 및 정책연구에 관한 사무를 관장하는 교육기관이다. 경찰대학은 경찰간부 양성을 위해 1979년 12월 28일 제정·공포된 '경찰대학설치법'에 의해 설립되었으며, 1981년 3월 9일 제1기생 입학 후 2010년 현재 30기생이 입학하는 동안 많은 변화와 발전을 거듭하여 왔다.[9] 법학과와 행정학과 등 2개 학과를 개설하고 있는 경찰대학은 졸업 시 법학사, 행정학사 등의 학위를 수여하는 일반대학이면서 동시에 정예 경찰 간부를 양성하는 경찰교육기관이라는 두 가지 성격을 갖고 있다. 그럼에도 불구하고 경찰대학의 폐지 문제와 관련하여 경찰조직내부뿐만 아니라 학계와 정계 등에서 지속적으로 논의되어 왔다.

### 3) 지구대

지구대는 지역사회의 범죄와 두려움 및 무질서를 제거하기 위하여 경찰과 지역사회가 상호작용관계를 통하여 치안행정의 효율화를 기하는 제도이다(박해룡·정우열·장철영, 2009: 213). 또한 지구대 제도의 도입은 기존 파출소체제의 문제점에서 찾고 있다. 첫째,

---

8) http://news.chosun.com/site/data/html_dir/2008/11/11/2008111101390.html(검색일: 2010년 6월 1일).

9) 경찰대학은 1985년 제1기 졸업생을 배출한 이래 2010년 3월 현재 2,873명의 졸업생이 배출되어 경찰업무의 핵심 역할을 수행하고 경찰인력 고급화로 보다 나은 치안서비스를 제공, 민주적이며 봉사하는 경찰상 정립에 크게 기여하였다.

과도한 경찰력의 분산과 현장대응력의 취약성이다. 특히, 농·어촌의 경우 인력의 부족으로 야간이나 심야에 경찰관 1명이 파출소를 지키고 순찰도 1명이 함으로써 피습의 위험성 등으로 순찰활동이 급격히 위축되었다. 또한 도시지역도 행정구역별 동 단위 위주로 파출소가 운영되어 경력의 분산, 집단폭력이나 공권력 도전행위에 대해 효과적으로 대처하지 못하는 문제점이 있었다. 둘째, 규제와 봉사업무의 동시수행으로 인한 대국민 신뢰 저하이다. 셋째, 기능별 파출소 의존현상 심화이다. 넷째. 공무원의 주5일 40시간 근무제가 실시됨에 따라 경찰인력의 효율적인 운용대책이 필요했으며, 경감급 승진적체 해소도 한 요인으로 작용했다.

지난 2003년에 도입된 지구대체제가 집단화, 흉포화 된 범죄대응력에는 장점이 있으나, 경북과 같은 도·농 복합지역의 경우 넓은 관할구역 탓에 신고출동 지연 등 주민들의 체감치안이 약화되었다는 문제점이 지속적으로 제기되면서, 대부분의 지구대가 다시 파출소 체제로의 전면 전환하기에 이르렀다.

#### 4) 자치경찰제

자치경찰제는 국가경찰제도에 반하는 의미로써 지방자치단체에서 지역주민에게 치안서비스를 제공하는 제도로 정의해 볼 수 있다. 이러한 맥락에서 이운주(1998: 13)에 의하면 자치경찰제란 권한과 책임의 소재에 따른 경찰제도 분류방법으로써 지방자치단체가 설립하여 관리하는 경찰이라고 정의하고 있다. 또한 이상원(2003: 196)은 자치경찰을 경찰행정의 지방자치를 의미하는 것으로서 국가경찰과는 별개의 조직으로서 지역의 특성에 따라 지역주민을 위하여 법 집행 및 치안서비스를 제공하는 것을 목적으로 지방자치단체가 자주적으로 운영하는 경찰제도로 정의하고 있다. 이러한 자치경찰은 국가경찰로부터 분리되어 운영됨으로써 지역주민의 선호와 기대 및 지역 환경에 적합한 치안 서비스의 제공과 더불어 직접적인 통제에 놓이게 되어 민주적인 경찰업무를 수행할 수 있다는 점에서 중요한 가치를 지닌다고 할 수 있다. 보다 구체적으로 자치경찰제는 경찰행정의 분권화와 민주화 그리고 경찰의 정치적 중립성 확보를 기본이념으로 하고 있다(박해룡·정우열·장철영, 2009).

현재 우리나라 자치경찰제 도입문제는 행정안전부, 광역자치단체간의 단일안을 마련하는 데 많은 차이점을 보여주고 있고, 광역행정구역 개편문제 등에 맞물려 결론에 도달하기에는 너무나 험난한 상태에 놓여 있으며, MB정부에서도 자치경찰제를 100대 국정과제로 선정했으나 도입단위의 문제에 부딪혀 잠수상태에 머물러 있는 실정이다(신현기, 2010: 31). 지역주민들의 삶의 질 향상이라는 차원에서 경찰-주민과의 협력관계를 중시하는 지역사회 경찰활동(community policing)을 적극 실행하고자 경찰조직의 분권화차원에서 지속적으로 지역경찰제를 손질하고 있지만 경찰분권화에 대한 논의만 있을 뿐이다.

한편 제주자치경찰은 2003년 참여정부가 지방분권의 핵심정책과제로 선정한 이후 2006년 2월 21일 「제주특별자치도 설치 및 국제자유도시 조성을 위한 특별법」의 공포와 함께 제주자치경찰제의 시행을 법적으로 확정하고 동년 5월 제주자치경찰과 관련된 기구 · 정원 · 인사 및 운영 등의 자치도 조례를 제정하고 국가공무원 38명을 제주자치경찰에 특별임용 하였으며 동년 6월 제주특별자치도법 시행령과 경찰법, 경찰공무원법, 도로교통법, 경범죄처벌법 등 부수법률을 개정하여 동년 7월 1일 제주자치경찰이 법적으로 발족하게 되었다.

그리고 2006년 10월에는 제주자치경찰 신임순경 45명을 추가로 선발하여 국가경찰 신임교육을 전담하는 중앙경찰학교에 위탁교육을 실시하였으며, 이후 관서실습, 제주인력개발원 및 지구대 등에서 자체교육을 실시하였고 2006년 12월 국가와의 공동사무 업무협약을 체결하여 2007년 3월 1일 실질적으로 자치경찰업무를 시작하였다(송민헌, 2008: 43). 제주특별자치도 자치경찰의 사무는 법률상 고유 사무로 특별사법경찰관리 사무(관광 · 환경 · 산림 등 17개 분야 위반사범 수사)와 교통안전시설에 관한 사무(횡단보도 · 신호기 등 교통안전시설의 신설, 이전, 폐지 등 심의) 등을 들 수 있고, 제주특별자치도와 제주특별자치도 지방경찰청 간의 사무분담 및 사무수행 방법에 관한 업무협약 체결에 따라 제주국제공항 내 교통관리 및 관광객 보호, 주요 관광지 관광객보호 및 위법사범 예방 · 단속, 한라산 등산객 보호 및 자연보호, 단체 관광객 등 수송안전 활동, 지역 문화행사 등의 경비 및 교통관리, 민속5일장 질서유지 및 교통관리 등의 업무를 수행하고 있다.[10)]

2006년 7월 1일 제주특별자치도에 자치경찰제가 도입된 이래 그 동안 제주국제공항에서 교통질서와 호객행위 등이 완전히 근절되었으며 그 밖에 산지천 일대 등 관광지에서

10) 제주특별자치도 자치경찰단 홈페이지(http://www.jeju.go.kr/contents/depart.php?silkuk=10).

의 기초질서가 자치경찰을 통해 몰라보게 달라졌다는 평가도 나와 있다. 그럼에도 불구하고 제주자치경찰제에 대해 여러 곳에서 이른바 흉내만 낸 자치경찰 혹은 무늬만 자치경찰이라는 비판이 쏟아지곤 했다. 말하자면 자치경찰제의 도입은 필요한 것이지만 현재 제주자치경찰제의 모습과 같아서는 안 된다는 것이며 특히 국가경찰이 등한시 해왔던 부분에 대해 이른바 틈새치안으로 임무를 수행하는 개념으로는 자치경찰제도가 결코 성공하기 어렵다는 의견들이 여기저기서 터져 나오고 있는 실정이다. 무엇보다 주민의 요구에 부응하고 우리나라 실정에 알맞은 민생치안을 실현한다는 총론적 입장에서는 자치경찰제의 도입 자체가 국민들로부터 긍정적인 평가를 받고 있는게 사실이다. 그러나 각론으로 들어가서 보면 제주자치경찰제의 경우 인력이나 예산 그리고 권한 면에서 한없이 부족해 제주특별자치도에서 고유의 도입취지를 제대로 살려내지 못하고 있는 실정이다.[11)]

## 3. 경찰인사

### 1) 다면평가 제도

다면평가제(360-degree appraisal)는 근무성적평정에 피평정자 본인, 상관, 부하, 동료, 프로젝트 팀 구성원, 고객, 제화・용역공급자 등이 참여하는 집단평정방법이다(오석홍, 2000: 397). 1999년 5월 24일 신설된 공무원 임용령 제35조의 4는 「임용권자 또는 임용제청권자는 소속공무원을 승진심사를 거쳐 승진임용하거나 승진임용제청하고자 하는 때에는 승진심사대상공무원과 동일하거나 하위계급의 공무원 또는 업무와 관련된 민원인 등이 평가를 실시하여 그 결과를 반영할 수 있다」고 규정하고 있다. 다면평가제의 도입 및 실시는 그동안 중앙정부 및 지방정부 차원, 그리고 민간기업 차원에서 많은 연구가 진행되어 왔다. 경찰조직 역시 2003년부터 합리적인 인사운영을 위해 다면평가제를 도입하여 운영하고 있다(경찰청, 2006). 그러나 현행 경찰조직에서 실시하고 있는 다면평가제도는 일부계급에 한정되어 있고, 승진의 한 종류인 심사승진에 활용하고 있다. 이러한 현재의 운영은 아직 미비한 수준이고, 다면평가제도의 본질을 잘 활용하기 위해서는 승진에만 적용하기 보다는 보직이나 교육에 확대할 필요가 있다(이황우・전은주, 2008: 267).

---

11) http://app.yonhapnews/YNA/Basic/Article/Print/YIBW_showArticl...(검색일: 2010. 05. 30)

### 2) 근속승진

근속승진이란 근무기간충족이라는 요건만 심사하는 것으로서 근무기간만이 승진결정 기준이 되는 것으로서, 행정직의 경우 근속승진제는 9급에서 8급(7년), 8급에서 7급(8년)으로 승진할 때 적용한다(오석홍, 2000: 237).

현행 경찰 승진제도 중 해당계급에서 일정기간 재직한 경우 경장·경사·경위로 근속승진을 할 수 있으나 경감 이상은 근속승진 규정이 없다. 이와 같은 경찰 승진제도에 있어서 조직 내 사기 저하 및 과도한 승진경쟁으로 인하여 조직 결속력이 저해되고 승진비리 등 경찰조직의 발전을 저해하는 문제점이 발생하고 있다. 따라서 장기 근속자에 대한 업무능력과 경험을 인정하여 경찰의 근속승진대상 범위를 확대함으로써 경찰 개개인의 직무충실도를 높이고 경찰 조직의 일체감 및 효율성 증대를 통하여 국민에 대한 공공서비스의 질을 높여주어야 한다는 주장이 제기되고 있다.

## 4. 경찰예산

경찰예산은 국민을 위해 수행하는 여러 가지 행정 서비스 중 국민의 생명과 재산을 보호하는 치안활동에 소요되는 경비라는 점에서 다른 행정 예산보다도 중요하다고 할 수 있으며, 특히, '생활 안전'등 범죄의 예방과 진압, 수사 활동을 통해 사회공공의 안녕과 질서유지를 위한 사회간접자본으로서의 성격을 지닌다고 볼 수 있다. 따라서 치안서비스의 질을 높이기 위해 경찰예산의 지속적인 투자가 요청되고 있다. 경찰예산은 꾸준한 증가하여 2009년의 경우 2000년과 비교하면 약 2배가량 증가한 7조 2,746억 원이다. 그렇지만 2005년 이후부터 경찰예산의 증가율이 정부예산의 증가율에 미치지 못하고 있어, 이에 대한 정책적 배려가 절실한 실정이다.

〈표 2〉 경찰예산과 정부예산 증감추이 (단위: 억원)

| 구 분 | | 05년 | 06년 | 07년 | 08년 | 09년 |
|---|---|---|---|---|---|---|
| 경찰예산 | 금액 | 5조 8,234 | 6조 2,512 | 6조 5,985 | 6조 9,684 | 7조 2,746 |
| | 증감 | 7.3% | 7.3% | 5.6% | 5.6% | 4.4% |
| 정부예산 | 금액 | 134조3,704 | 145조 7,027 | 163조 3,600 | 175조 9,852 | 203조 5,497 |
| | 증감 | 13.5% | 8.4% | 12.1% | 7.7% | 15.7% |
| 경찰예산비율 | | 4.4% | 4.3% | 4.0% | 4.0% | 3.6% |

경찰예산은 인건비를 비롯한 대부분의 경비가 '일반회계'로 편성되어 있으며, 운전면허 관리단과 경찰병원 경비는 '책임운영기관특별회계'로 편성되고, 제주자치경찰 이전경비와 도시지역 광역교통정보시스템 구축 경비는 '국가균형발전특별회계'로 편성하고 2009년 경찰예산의 총규모를 살펴보면, 일반회계가 7조 729억 원, 책임운영기관 특별회계가 1,428억 원, 국가균형발전특별회계가 320억 원, 혁신도시건설특별회계가 269억 원이다. 일반회계는 인건비, 기본경비, 주요사업비로 구분되는데, 기본급・수당・복리후생비・성과상여금 등 '인건비'가 '09년 전체 예산의 70.2%를 차지하고 있다. 그 다음으로 각급 관서의 업무처리를 위해 기본적으로 소요되는 경비로 경상적 경비(여비, 공공요금)와 기준성 경비(과 운영비 등) 등 '기본경비'가 3,376억 원(5.2%), 인건비와 기본사업비를 제외한 예산사업 추진에 소요되는 경비인 '주요 사업비'가 1조 5,825억 원(23.6%)이다(강용길 외, 2010: 348). 일반회계를 기준으로 보았을 때 인건비와 기본경비를 합친 경직성 경비가 세출에 차지하는 비중이 약 76%에 달한다. 반면, 주요 사업비는 전체 예산 중 23.6%를 차지하는 데 급증하는 치안수요를 고려한다면 위와 같은 경직성 경비의 과다로 인해 경찰의 과학화와 경찰공무원들의 사기관리에 적당한 예산을 배정하지 못하는 문제가 발생하며, 예산의 탄력적 운영과 함께 성과주의 예산 운영에도 커다란 지장을 초래할 수밖에 없다(이황우외, 2009: 295).

## 5. 경찰복지

우리나라는 외국경찰에 비해 충분하지 않은 경찰력을 유지하고 있으며, 그 직무에 있어서 위험성과 돌발성, 야간 및 공휴일 근무, 비상근무 등으로 인해 과로에 시달리고 있는 실정이다. 특히 경범죄에서 강력범죄에 이르기까지 다양한 업무를 수행하면서 직무의 특성상 위험에 크게 노출되어 있다. 문민정부이후 국가인권 관련 기관이 많이 생겨나 국민들의 인권은 크게 향상된 반면에 공권력은 현저히 약화되어 주취자들이 지구대에서의 음주소란 및 행패, 기물파괴, 자해소동, 경찰관 폭행을 비롯해 공무집행 방해 등이 일상화되어 뉴스거리가 되고 있다. 이러한 배경에는 한국인의 잘못된 음주문화 행태에도 문제가 있지만 법제도상 주취자 처리의 어려움과  범죄자로 인해 사망하는 사례, 과로로 인한 순직, 음주운전 단속 등 교통법규위반 및 치안유지 활동 중에 부상을 당하는 공상자가 지속적으로 증가하고 있다. 손해보험협회에 따르면 "국민의 안전을 위한 업무수행 중 연간 1,600여명의 경찰이 사상하는 현실에 대해 우려스럽다"며 경찰업무에 대한 존중과 함께 경찰에 대한 국민들의 보다 깊은 관심과 애정이 필요하다고 강조했다. 한편 지난 2005년부터 2009년까지 경찰청 순직·공상경찰 발생현황에 따르면 공상자는 2005년 1,187명에서 매년 늘어 2009년에는 1,574명으로 크게 늘었다. 최근 5년간 발생한 공상자는 총 7,013명으로 발생 원인별로는 안전사고가 41.4%로 가장 많았으며, 범인피격(28.1%), 교통사고(23.9%) 순 이었다[12].

## IV. 한국 경찰행정의 발전방향

### 1. 검·경간의 수사권조정을 위한 협업

검·경간의 갈등이 증폭되고 있는 수사권조정 문제를 해결하기 위해서는 검찰은 앞으로 경찰과 충분한 논의를 통해, 국민들의 전폭적인 지지를 받고 양 기관 모두 납득할 수 있는 방안을 마련해야 하고, 경찰의 요구사항을 적극 수용하여 일부 민생치안범죄에 대한 경찰수사의 독자성과 자율성을 최대한 보장할 수 있는 방안을 도출해야 한다. 또한 수사권 독립이라는 구호에 현혹되지 말고 정확한 실상을 살펴서 어느 제도가 국민의 인권과 권익을 진실로 보호하는 제도인지를 규명해 내어야 한다. 결국 수사권은 본질적으로 국민의 생명·재산·기본권을 제약하는 것이므로 사법적 통제가 많으면 많을수록, 법률전문가가가 개입하는 것이 개입하지 않는 것 보다 훨씬 국민의 권익을 충실하게 보호할 수 있게 된다. 경찰 수사권을 조정하기 위해서는 그 전제로 선진 외국과 마찬가지로 실질적인 자치경찰제를 통해 경찰의 권한분산이 선행되어야 한다.

한편 각 지방자치단체장 소속하에 자치경찰을 설치하여 이들로 하여금 국민 생활과 밀접한 범죄들을 수사하도록 하는 등 중앙집권적인 경찰권을 지방자치단체에 대폭 이양함으로써 경찰의 비대화를 방지해야 한다. 현재 경찰에서 수사권조정의 기본이념으로 주장하고 있는 "자율과 분권"의 원리를 실천하기 위해서도, 경찰권을 도지사·시장·군수 등

12) http://www.asiae.co.kr/news/view.htm?idxno=2010021111182778424(검색일: 2010. 06.7).

지방자치단체장에게 분산하는 실질적인 자치경찰제가 반드시 선행되어야 한다.

## 2. 경찰조직의 개편을 위한 보다 신중한 접근

### 1) 전·의경제도의 존속

노무현 정부는 작년 7월 '2년 빨리, 5년 더 일하는 사회 만들기 전략'(2+5전략)을 내놓고 "2012년까지 전·의경 제도를 완전 폐지하고 정원의 30%를 경찰관으로 충원할 계획"이라고 발표한 바 있다. 현재 전·의경 정원은 5만명 가량이지만 실제 대체복무 인원은 4만3,000명 선이다. 정부 방침은 이들을 2008년부터 연차적으로 20%씩 줄여 2012년에는 완전히 폐지한다는 것이다. 감축과 동시에 매년 3,000여명의 정규인력을 충원해 2012년 이후에는 현재 정원의 30%인 1만5,000명의 경찰조직으로 재구성한다는 계획이다. 당장 예산 확보가 문제다. 1만5,000명의 경찰인력을 유지하려면 경찰 직급 가운데 가장 낮은 순경(연봉 2,800만원 수준)을 기준으로 해도 해마다 대략 4,000억 원 이상이 필요하다. 경찰청 관계자는 "전·의경 폐지에 따른 소요예산을 경찰 자체적으로 충당할 방법은 없다"며 "기획예산처 등 관련부처와 협의를 해야 한다"고 말했다. 전·의경을 대체할 조직을 어떻게 꾸릴 지에 대해서도 경찰청은 뾰족한 방법이 없는 상태다. 경비나 교통 분야의 인력을 충원할 수는 있지만 조직 확대는 경찰조직법 등 관련법규에 저촉될 수 있기 때문에 상당히 신중한 입장이다.

정부는 또 전·의경 폐지 이유로 대간첩 작전 등의 수행을 위한 당초 목적과 달리 시위진압에 활용되는 등 도입취지가 퇴색됐다는 점을 들고 있다. 하지만 경찰청은 전·의경이 시위진압이라는 치안기능을 충실히 담당하고 있다는 현실을 무시할 수 없다는 입장이다. 경찰청이 병역제도 개선안이 나온 직후 집회시위 대책팀을 전·의경 폐지 대책팀으로 바꾼 것도 그만큼 전·의경의 집회 관련 업무가 중요하다는 방증이다. 대체복무제를 무리하게 폐지해 치안질서를 위태롭게 한다는 지적도 있다. 사회복무제를 도입하고 있는 대만도 현재 우리의 대체복무제와 마찬가지로 병역 의무자를 경찰·소방·사법행정 관광 등의 공공 질서유지 기능에 투입하고 있다. 하지만 병역 의무자를 시위진압에 내몰아 국민과 충돌하게 만드는 전·의경 제도는 신성해야 할 국방의무의 이미지를 훼손한다는 주장도 제기되고 있다.

### 2) 지구대제도 개편

지구대제도의 개편이다. 파출소 체제 전환・확대에 따른 가장 큰 문제는 인력과 장비의 분산에 따른 문제이다. 경찰청에서 발표한 자료에 따르면 4조 2교대를 기본으로 읍・면 단위에 파출소를 신설하거나 현행 지구대 체제를 파출소로 전환할 경우 필요한 신규 인력은 약 4,849명이며, 전국 단위로 확대할 경우에는 총 6,063명의 신규인력이 필요한 것으로 나타났다(서울신문, 2009. 10. 17). 지구대제도에서도 인원 보강 없이 시행착오를 겪었으며, 인력증원의 문제는 경찰의 한정된 예산의 확대를 의미해 인건비, 관서운영경비 등이 추가로 발생해 예산확보 없이 무리한 파출소 전환은 또 다른 불신을 초래 할 따름이다. 따라서 파출소 체제에서 지구대제도로 다시 파출소 전환에 따른 선결과제는 관할면적, 치안수요(범죄발생 건수, 범죄의 두려움 및 피해조사, 신고출동 거리, 유동인구와 고정인구 비율 등)와 지역의 특성들, 즉 아파트・주택밀집지역, 유흥가 등 상가 밀집지역, 공장 등의 분포도를 따져 경찰인력과 장비 여건 등을 면밀한 검토 후 문제지향적 경찰활동, 지역사회 지향적 경찰활동이 효과적으로 이루어 져야 할 것이다. 지구대제도를 극복할 파출소 전환의 선결과제는 적정인력의 보강이다. 우리나라 경찰 1인당 담당인구는 507명으로 선진외국과 비교해 경찰인력이 여전히 부족한 것으로 나타났다. 국민의 안전욕구에 부응하고 변화하는 치안수용 대응하기 위해서는 적정 수준의 인력 확충이 반드시 필요하다(경찰백서, 2009: 318).

경찰지휘부는 지역경찰조직의 개편에 대한 보다 신중한 접근을 통하여 치안정책 집행으로 오류를 최소화하여야 한다.

### 3) 자치경찰제 도입단위

자치경찰제 도입 단위를 광역자치단체로 할 것인가, 아니면 기초자치단체로 할 것인가에 대한 논의는 다음과 같은 쟁점과 밀접한 관련이 있다(양영철, 2008: 204~207).

① 자치경찰의 사무범위

자치경찰사무를 광역적인 사무까지 포함할 것인가, 아니면 지역에서 발생하는 사무에 한정할 것인가에 따라서 도입단위가 잘라지게 된다. 자치경찰사무를 범죄 수사, 정보, 외사, 보안 등의 사무가 대상이 되면 자치경찰은 광역자치단체에 도입되어야 한다(심익섭, 1999; 한귀연, 2003: 261; 문성호, 2004: 107).

② 자치단체사무 처리의 완결성

자치경찰사무의 완결성이란 사무 처리를 수행하는 데 해당 자치단체에서 완결할 수 있는 사무냐 여부도 자치경찰 도입 단위를 결정하는 데 주요한 변수가 될 수 있다. 해당 사무가 여러 지역에 연계되어 있어 그 사무를 어느 자치단체가 혼자 처리하기가 곤란하거나 조정이 필요한 경우는 완결성이 부족한 사무다. 그러나 사무 자체가 지역에 한정되어 나타나기 때문에 업무 자체가 단순하고 지역적 특성이 있어 지역의 다양성에 맞게 처리하는 것이 바람직한 사무도 있다.

③ 자치경찰 서비스 업무의 형평성

자치경찰이 수행하는 치안 서비스가 지역에 따라서 질적・양적 편차를 인정할 수 있는지도 도입단위에 영향을 미친다. 즉 다양성 인정 여부다. 우리나라 시・도지사들이 광역자치단체에 자치경찰을 도입해야 한다고 주장하는 중요한 이유의 하나로 극심한 지초자치단체 간의 행・재정적 차이를 들고 있다. 행・재정이 풍부한 곳은 자치경찰관과 장비의 확보가 용이하기 때문에 자치경찰 서비스가 충분하게 이루어질 것이고 그와 반대로 재정이 빈곤한 자치단체는 자치경찰 서비스가 빈곤할 수밖에 없다.

④ 보충성의 원칙 적용 여부

보충성의 원칙은 지방자치단체와 국가 또는 지방자치단체 간 사무 배분의 원칙 중에서 가장 중요한 원칙으로서 개인에게 좀 더 가까이 있는 공동체가 그 구성원의 복리를 증진시키기는 것이 원칙이고 그럴 수가 없는 경우에 한해 비로소 먼 거리에 있는 공동체가 그 사무의 관할권을 갖게 되는 것을 말한다. 보충성의 원칙에 의하면 자치경찰의 사무 배분은 주민과 가장 가까운 기초자치단체에 우선 배분하고 배분된 사무 중에 기초자치단체의 능력이나 사무의 성격상 기초자치단체에서 할 수 없는 것은 차상위 자치단체인 광역자치단체로 배분하여 보충하여야 한다는 것이다. 물론 광역자치단체에서 할 수 없는 사무는 국가로 배분한다.

### 3. 경찰인사의 합리화

경찰조직에서는 인사평가 과정에 상사·동료·부하를 참여시켜 상사에 의한 일면적 평가를 보완하고 그 결과를 승진·보직인사 등에 반영하여 공정·투명한 인사시스템을 구축하기 위해서 다면평가가 도입되었다(경찰청, 2009). 참여정부의 대표적인 인사혁신 과제인 다면평가제를 정착시켜 인사에 대한 공감대를 보다 높이려는 노력의 대표적인 사례이다. 이러한 다면평자제도는 전자인사관리시스템(e-사람)을 통한 평가를 진행함으로써 평가자의 익명성을 보장하고 신뢰성 있는 평과결과를 도출하고자 한다. 또한 본인의 평가결과도 인사관리시스템(PPSS)으로 직접 확인할 수 있어 자기성찰과 개인 발전에 기여하고 나아가 치안경쟁력 제고에도 일익을 담당하게 되었다. 또한 2005년부터는 경무관과 총경 등 승진심사에서 배점항목(총점 100점 중 10점으로 다면평가 점수가 활용되면서 명실상부한 인사 평가시스템으로 자리 잡아 공정한 인사행정에 기여(경찰청, 2009: 327), 하고 있으나 이러한 취지로 도입된 다면평가제도는 아직까지 전면적으로 실시되지 못하고 일부 계급에만 제한적으로 실시되고 있다. 다면평가의 실시 대상으로는 총경이상 전원과 승진소요연수를 경과한 경정·경감에 대하여는 본청에서 시행하고 있고, 경위는 소속기관 자율에 맡겨 실시하고 있다. 평가자는 전 계급에서 하고 있지만 평가대상자는 총경이상, 경정과 경감, 경위에만 한정되고 있다. 향후 다면평가제도가 보다 효율적으로 운영되기 위해서는 평가자와 평가대상자를 확대실시하고 평가요소를 다양화하며 다면평가의 결과활용을 강화하고 평가의 공정성과 객관성을 높일 수 있는 제도적 장치를 마련해야 한다(이황우·전은주, 2008: 284).

한편 일반 공무원은 6급 이하가 4단계 인데 반해, 경찰은 순경에서 6급 경감까지 5단계의 계급구조를 가지고 있어 승진 소요기간이 타 공무원에 비해 많아 불이익을 초래하므로 근속승진으로 형평성 차원에서 볼 때, 경감까지 근속승진이 절대적으로 필요한 실정이다. 특히 경찰공무원의 경우 하위직이 많은 기형적인 구조는 상대적으로 6급인 경감이 부족하다. 경찰조직은 실무능력과 경력을 고루 갖춘 순경 입직자의 실무팀장급 경감이 많아야 한다. 특히 대도시 경찰서 현실은 특정 20대 후반, 30대의 시험승진으로 대부분 배치되어 있어, 40~50대 직원과의 괴리현상으로 순경 입직자의 실무팀장급 경감 진출이 요청되고 있다. 조직 내에서 업무만 열심히 하면 시험공부를 하지 않아도, 실무팀장급 경감승진 기회의 폭이 넓어야 경찰에 대한 사명감을 가지고 직무에 충실하게 된다. 또한 경찰의 우수인재 유입을 위해서는 7급 경위까지의 근속승진으로는 유인책이 되지 못하고, 6급 경감까지 근속승진이 이루어지게 함으로써 경찰공무원의 사기진작과 함께 젊은 인재의 경찰공무원의 유인이 용이해질 것이다. 이를 위하여 경감까지 근속승진으로 직급 구조 개선이 이루어져야 하는데, 경찰의 하위직 85%를, 일반 공무원 56%(44%는 6급 이상)로 낮추려면 6급 경감까지 승진해야 근속승진의 취지를 살릴 수 있고, 숙련된 경위급의 경감 승진 기회 제공과 직급구조 개선에 기여하게 된다. 따라서 소수의 인원이 혜택을 보는 직급 상향 조정보다는, 혜택의 폭이 넓은 근속승진으로 순경 입직자의 동기부여와 조직의 활력을 도모하게 된다.

다른 한편 공무원의 9등급보다 많은 11등급의 기형적 구조를 가지고 있는 경찰직급 조정문제는 경위이하 경찰관은 전체 인력의 94.4%를, 경정이하 경찰관이 99.5%를 차지하는 등 다른 부처에 비해 매우 심한 첨탑형 구조를 가지고 있어 승진적체로 인한 조직원들의 사기가 저하되어 적정한 계급구조의 개선이 요구(경찰백서, 2009: 318)되고 있지만 경장, 경사 통합이라는 일방통행 식 조치보다 기초부터 내부의견 수렴절차를 거쳐 시행해야 일선경찰공무원의 오해를 풀어 나가야 할 것이다. 분명한 것은 하위직경찰관들이 절대 다수를 차지하고 있는 인력구조도 우리나라의 타 행정기관과 외국 경찰의 사례를 참고하여, 정상적인 인력구조로 개편할 필요가 있다.

## 4. 경찰예산 운용의 효율화

우리 경찰은 도시화의 진전에 따른 인구의 도시집중 현상과 농촌지역의 과소현상에도 불구하고 치안수요를 고려하지 않은 획일적인 구조를 유지하고 있으며, 인력・예산・장비의 기계적 편성과 배분이 오늘날 경찰조직관리 분야의 경영이념이 강하게 요구되고 있는 현실 하에서 합당한 구조와 체계를 갖추고 있는지를 검토해 보아야 한다(강용길 외, 2010: 349). 경찰예산의 결정요인 연구에 의하면 범죄발생, 교통사고발생, 시위발생 등과 같은 경찰수요 변수의 유의성은 각 요인에 대한 분석과 전체분석에서도 유의성이 없어 경찰예산을 결정할 때 경찰수요에 대한 철저한 분석을 하지 않고 예산이 결정됨을 알 수 있으며, 경찰예산이 경찰공무원의 증가와 경찰공무원에 대한 보수가 매년 상향조정되므로 경찰예산이 점증적인 성격을 있는 것으로 나타났다(김진동, 2009: 63~86). 경찰기획입안자는 장기적 안목에서 경찰예산이 과학적으로 편성되도록 하는 한편 정부를 상대로 경찰예산 증액에 힘써 나가야 할 것이다. 경찰예산의 문제는 정부예산처럼 충분히 늘릴 수 있다면 문제는 해결되나 그것이 불가능하다면 가용한 예산을 어떻게 사용하느냐의 기획문제가 대두된다고 하겠다(이영남, 2008: 265). 가용예산을 활용하는 방안으로는 기본적 경비가 70%이상 차지하는 현실에서 30%도 채 되지 않은 예산을 가지고 경찰조직발전을 위해 사용해야하는 애로점 해결을 위해서는 기존 70% 이상 되는 기준경비를 줄이는 방안이다. 즉 사회 환경의 급격한 변화에 따른 범죄의 사회적 비용 측정에 대한 연구, 구태의연한 교육 방법으로 인한 낭비, 장비를 현대화 하면서 인력이나 능률성과 효과성 측면에서 재평가 작업을 해야 한다. 중・장기발전계획과 단기계획을 세워 주요 사업비에 관한 예산을 적절한 수준으로 배정해 사용해야 한다.

## 5. 공상경찰관 처우 개선

경찰공무원들은 일반 공무원들에 비해 육체적 증상과 정신적 증상도 육체적・심리적 탈진상태에 이르고 있는 등  거의 대다수가 만성적인 스트레스에 시달리고 있다(이상열, 2005: 73). 우리나라 순직경찰공무원들에게 2006년 3월 24일 법률 제7907호로 「위험직무관련순직공무원의 보상에 관한 법률(순직공무원보상법)」이 공포되어 시행에 들어갔다. 본 법률로 시행으로 재직기간 20년 이상의 경우 유족연금이 현행 보수월액의 65%로 올라가고 유족연금이 지급되지 않았던 20년 미만자 유족에게도 보수월액의 55%를 지급받게 되었다. 그러나 개정된 2005년 개정된 국가배상법의 경우도 일정한 한계를 지니고 있는데 순직경찰공무원과 마찬가지로 2005년 이전에 공상을 입은 경찰공무원의 경우는 소급처리 되지 않는다는 조항이 붙어 있으며, 본 법안의 가장 큰 한계는 크게 다치거나 뇌출혈과 같은 중병이 생겨 3년 동안 경찰본업으로 복귀하지 못할 경우 해당경찰관은 직권면직된다. 이 경우 3년간 치료는 국가에서 책임지지만 그 이후의 치료비는 본인부담으로 해당자가 면직된 이후 장애인 및 국가유공자로 지정될 경우 장애연금과 국가유공자연금을 받게 되지만 치료비가 부족할 경우 본인 부담이 발생하게 된다(신현기・이상열, 2008: 3~26). 공상경찰관 발생의 예방을 위해 우선적으로 경찰조직에서 근무조건 개선을 통해 교통사고, 음주운전 단속 과정상 개선방안을 모색해 나가야 하며, 과도한 업무량을 줄이기 위한 업무량의 적정화추진, 지구대·파출소에서의 주취자 난동 시 관할 지정병원을 정해 격리 수용하는 방안이 필요하다. 이외에도 예산확보를 통한 경찰인력의 점진적 증원을 통한 사기제고, 한 곳뿐인 경찰병원의 지방분원 설치방안, 경찰관의 건전한 여가선용과 쉼터제공을 위해 경찰수련원을 전국 해안지역인 다섯 곳 외에 내륙에도 증설할 필요가 있으며, 야간·교대근무 등 경찰업무 특성상 육아부담이 큰 현실을 감안하여, 여성 및 맞벌이 직원들이 경찰 직무에 전념할 수 있도록 직장보육시설 확대가 필요하다. 경찰은 위험한 직무환경에 노출되어 순직·공상비율이 일반공무원에 비해 높은 점을 고려하여 경찰공무원의 특성을 반영한 차별화된 후생·복지운영이 요구된다.

## V. 결 론

그 동안 한국경찰 만큼 수많은 역경과 파란만장한 과거 경험을 가진 조직도 흔하지 않다. 우리 경찰은 해방과 더불어 군정경찰로 출범하여 6.25동란기에는 국토방위에 동참하여 구국경찰 또는 건국경찰로서 기능을 수행해 왔을 뿐만 아니라 정국안정과 고도경제성장과정에서 커다란 기여를 해왔다. 그러나 한국경찰은 정치적 상황에 따라서는 정권과 유착되어 시위 군중을 진압하는데 집중함으로써 한국경찰사에 커다란 오점을 남기기도 하였다(정우열, 2004). 이와 같이 한국경찰은 오랜 역사적 과정을 겪으면서 쟁점과 이슈를 가져왔다.

이명박 정부의 출범과 함께 나타난 다양한 정치·경제·사회·문화 등의 변화는 한국경찰행정학에 있어서 많은 이슈들을 가져왔으며, 이러한 쟁점들은 세계화와 지방화, 지식정보화, 고령화, 다문화사회 진입 등 우리 사회양상과 접목되면서 더욱더 심화되는 경향을 보이고 있다. 그러나 아직까지 이러한 쟁점들이 합의에 도달되거나 해결책을 모색한 것은 없다. 다만 지금 현 시점에서 한국경찰행정의 학문적 정향을 파악해 봄으로써 연구 과제를 도출하는데 그 의의를 찾고자 하였다. 현재의 상황에서 지금까지 제시한 이슈들을 해결하는데 수년이 걸리거나 영원히 해결되지 못하는 난제로 남을 수도 있다. 많은 빈도수를 차지하는 주제는 그 시대의 흐름 및 관심을 반영하는 것으로 판단 할 수 있겠지만 지나친 주제의 편중은 결국 한국 경찰행정학의 발전을 저해할 수 있어 이슈 해결을 위한 실무분야의 전문가들의 공동연구와 연구자들간의 협업, 타학문과의 공동연구 활성화가 필요하겠다(이상원, 2007: 223). 관련학자들의 전문분야별 토의를 통해 경찰학 연구가 소홀했던 분야인 예산, 복지, 교통, 외사, 정보화시대에 필요한 주제와 여성경찰, 남북 상황 변화에 따른 보안경찰의 활동과 다문화 시대에 걸맞는 경찰활동 연구논문 분야 등에 대해 이론과 실증연구를 상호 분담하여 진행하는 것이 여러 측면에서 학계에 기여하는 바가 클 것이다. 경찰행정학이 존재하는 한 끊임없는 이념적 논쟁과 방법론적 논쟁거리에 그칠 수도 있다. 그럼에도 불구하고 한국 경찰학관련 학자, 실무자, 연구자들은 지금 현 시점에서도 다양한 시각에서 연구와 업무에 있어서 그 해결책을 모색하기 위한 많은 고민거리를 가지고 있다. 따라서 경찰행정학자의 관점에서는 이러한 것들이 이론적이든 실천적이든 간에 그 해결책을 모색하기 위하여 보다 심도 있는 후속적 연구노력이 필요할 것이다. 그럼에도 불구하고 본 연구의 한계는 분석내용을 대분류와 중분류 기준에 따르다 보니 최근 주요이슈인 야간집회 허용에 따른 경찰의 대응과 시민의 반응, 지역경찰조직인 지구대에서 파출소제도로 전환에 따른 양 제도의 효과성 분석 등 연구문제의 항목을 최소화하여 세부적인 쟁점들을 심도있게 다루지 못한 점이 정책과제로 남게 되었다. 그러므로 향후 연구에서는 이를 보완하여 보다 심도 있는 연구를 수행하고자 한다.

## 참고문헌

강용길외. (2010). 「경찰학개론」. 서울: 경찰공제회.
경찰청. (2004).「2004 경찰백서」. 경찰청.
______. (2006). 「2006 경찰백서」. 경찰청.
______. (2009). 「2009 경찰백서」. 경찰청.
김병진. (1989). 「정책학개론」. 서울: 박영사.
김성호 · 안영훈 · 이효. (1998). 자치경찰제의 준거틀과 모형설계. 한국지방행정연구원.
김용태. (2010). 「경찰서비스 품질관리론」. 서울: 영민출판사.
김진동.(2009). 경찰예산의 결정요인에 관한 연구. 「한국경찰연구」. 8(4): 63-86.
김충남. (2005). 한국경찰의 발전방향과 과제. 한국공안행정학회. 「한국공안행정학회보」. 20: 151-183.

남재성. (2010). 지역경찰제의 효율적 운영방안. 한국치안행정학회. 춘계학술세미나. 17-34.

문성호. (2004). 자치경찰제 도입의 쟁점과 방향. 정책과 지식. 제143호. 서울대학교 행정대학원 한국정책지식센터.

박성복 · 이종열. (2002). 「정책학강의」. 서울: 대영문화사.

박해룡 · 정우열 · 장철영. (2009). 「경찰조직관리론」. 대구: 형설출판사.

송민헌. (2008). 우리나라 자치경찰제 도입 및 제도 정착에 관한 고찰. 「석사학위논문」. 한양대학교 행정대학원.

신영호. (2007). 집시법 제5조 「경찰학연구」. 7(3): 57-69.

신현기. (2008). 순직 · 공상경찰관의 보상제도에 관한 연구. 한국경찰연구학회. 「한국경찰연구」. 7(4): 3-26.

______. (2010). 자치경찰제 도입의 현황과 과제. 한국행정학회. 「공공안전행정연구회」. 31-56.

신현기 · 안영훈. (2008). 제주자치경찰의 인력확보 대책에 관한 고찰. 한국경찰연구학회. 「한국경찰연구」. 7(1): 3-32.

심익섭. (1999). 미래지향적 지방자치경찰제도의 도입 방안. 한국지방자치학회. 「한국지방자치학회보」. 11(4): 23-40.

오석홍. (2000). 「인사행정론」. 서울: 박영사.

오영기. (2007). 제주특별자치도 자치경찰 발전방안에 관한 연구. 「석사학위논문」. 제주대학교 행정대학원.

이기우. (1998). 지방자치경찰제도의 개선 방안. 「지방자치학회보」. 10(1).

이상열. (2005). 한국경찰공무원의 삶의 질 제고방안에 관한 연구. 한국경찰연구학회. 「한국경찰연구」. 4(1): 49-74.

이상원 외. (2003), 한국경찰의 지방경찰위원회 도입에 관한 연구. 한국민간경비학회. 「한국민간경비학회보」. 제2호.

이상원 · 이승철. (2007). 한국경찰학 연구의 경향분석. 한국공안행정학회. 「한국공안행정학회보」. 28: 198-228

이영남. (2008). 「경찰행정학」. 서울: 대영문화사.

이운주. (1998). 「경찰학개론」. 용인: 경찰대학.

이윤호 · 김순석. (2008). 한국경찰이 당면한 도전적 상황과 그 대응방안. 한국경찰학회. 「한국경찰학회보」. 10(1): 207-233.

이황우 · 주성진. (2009). 한국경찰예산의 문제점과 개선과제. 한국공안행정학회. 「한국공안행정학회보」. 35. 295-325.

임준태. (2008). 바람직한 경찰인사행정의 모색. 한국경찰연구학회. 「한국경찰연구」. 7(3): 3-31.

정우열. (2004). 한국경찰조직 기구의 변천과정에 관한 연구. 한국행정사학회. 「한국행정사학지」. 14. 199-214.

최봉기. (2004). 「정책학」. 서울: 박영사.
한귀연. (2003). 지방자치경찰제도의 도입 방안에 관한 연구. 「법제연구」. 제24 호.
「한국일보」. (2010). 집시법 개정안 여야 격돌. 6. 25: 3.
James E. Anderson. (1984). *Public Policy Making* 3rd ed., (New York: Holt, Rineharts and Winston, Inc.,). 44-53.
www.Jejusi.go.kr

## 5. 치안인프라 확충의 논리와 과제[13)]

# 치안인프라 확충의 논리와 과제

– 사회안전망 업그레이드를 위한 치안인프라 확충의 논리와 과제 –

## Ⅰ. '치안투자' 확대의 필요성

□ 치안은 사회간접자본(SOC)으로서 국민 삶의 질과 직결된 핵심서비스

ㅇ 범죄와 사고로부터 국민의 생명과 재산을 지키고, 서민・빈곤층을 비롯한 사회적 약자보호에 앞장서는 복지정책의 성격까지 내포

※ 노령화, 양극화 추세가 심화되어 감에 따라 분배와 복지 등 경제민주화에 대한 기대감이 높아지는 가운데, 범죄피해자의 상당 비율도 저소득 계층에서 발생

ㅇ 원칙 중심의 법집행을 통해 경제발전을 견인하고, 사회전반에 '신뢰'를 증진시킴으로써 갈등 해소와 통합에 기여하는 국가경쟁력의 핵심요소

※ OECD 평균수준 법질서 유지 時 매년 1% 추가 경제성장 가능('07년, KDI)

ㅇ 국민생활 최접점에서 이뤄지는 업무 속성상, 치안유지 활동의 적정성과 전문성 그 자체가 정부 신뢰의 바로미터로 작용

※ 오원춘 사건으로 국민 불신 가중 / 방치된 학교폭력이 정부에 대한 공분 야기

□ 하지만, 그동안 치안자원에 대한 투자는 답보상태를 거듭

ㅇ 5대 범죄・112신고건수 등 주요 치안수요는 급증하고 있는 반면, 인력・예산・장비 등 제반 인프라는 턱없이 부족한 상황

※ 미국의 경우 대선기간(1992～2008년) 中 치안・안전정책은 항상 핵심정책으로 자리매김, 우리나라의 경우 치안 관련 공약은 14대부터 17대까지 大選 핵심공약에서 제외

13) 2012 경찰청 내부자료

- 특히, 최근 국민의 안전욕구가 급상승하면서 치안서비스의 양적 · 질적 수준에 대한 기대감이 과거에 비해 한층 더 높아지는 실정
  ※ △국민의 63.2%가 범죄위험으로 인해 불안하다고 여기고, 46.6%는 5년 전에 비해 더 위험해졌다고 응답 △범죄발생을 사회의 주된 불안요인(2위)으로 인식('10.11, 통계청)

○ 선진국일수록 치안의 중요성을 인식하고, 적극적인 투자와 함께 MIU(제복입은 공무원)에 대한 충분한 지원과 보상을 당연시하는 문화가 형성
  ※ 프랑스 시라크 前대통령은 '범죄와의 전쟁'을 공약으로 제시, 당선 이후 '03~'07년까지 5년간 56억 유로(한화 6조 7천억)를 투입하고 경찰인력을 13,500명 증원

> 우리나라가 '20-50 클럽'에 진입할 정도로 국가의 절대규모가 커진 만큼, 국민의 체감안전도와 국가성숙도를 동반 상승시키기 위해서는 치안에 대한 투자가 긴요

## II. 치안인프라 확충의 방향

□ 치안자원은 글로벌 수준의 치안경쟁력을 확보하고, 국민 개개인의 삶의 질을 뒷받침하는 핵심기반이라는 공감대 형성

○ 안정된 치안은 국민의 기본권과 안전을 지키고, 법질서 수준 향상 유도
- 이는 범죄 · 무질서 등으로 인한 사회적 손실비용을 줄이는 한편, 국가 이미지와 신인도 향상을 통해 대외투자 활성화 견인
  ※ △경제위기 극복 △청년 일자리 창출 등 국가 경제발전에도 중추적 역할 담당

○ 아울러, 치안에 대한 투자 확대는 '사회안전망 강화 → 치안서비스의 질(質) 향상 → 국민만족'이라는 선순환 효과를 창출

□ 치안을 책임지고 있는 경찰이 당당하게 일하고, 바람직한 역할을 최대한 수행할 수 있도록 인력・예산・법제 등 제반 인프라를 업그레이드

○ 〈인력・예산〉 급증하는 치안수요에 부응할 수 있도록 △경찰인력을 증원하고, 민생치안・사회적 약자보호 등을 중심으로 △치안예산 증액

- 잦은 휴일・야간 근무와 돌발적인 비상근무 등 위험하고 스트레스가 심한 경찰의 직무특성을 반영하여 △보수・수당 현실화 병행 추진

○ 〈직급구조〉 조직의 역동성과 업무 효율성을 저해하고 경찰 전체의 사기를 떨어뜨리는 첨탑형 직급체계를 항아리형으로 개선

○ 〈법・제도적 기반〉 現 수사구조의 문제점을 근본적으로 개선하고, 국민에게 제대로 된 수사서비스를 제공하기 위해 △수사구조개혁 추진

- 위급상황 時 긴급출입・조사와 적법한 직무수행에 대한 손실보상이 가능하도록 「경찰관직무집행법」 개정

※ △도로교통법(DMB시청제한) △경비업법(민간조사제) 등 개정 병행

# Ⅲ. 주요 정책과제

## 경찰 인력 증원이 시급합니다

■ **필요성**

○ 5대 범죄·112 신고건수 등 치안수요는 급증하고 있는 반면, 경찰인력 증원은 '07년 이후 762명(0.79%)으로 답보상태

※ 5대범죄 18.5%, 112신고 59.8%, 교통사고 4.8% 증가('07년 대비 '11년 기준)

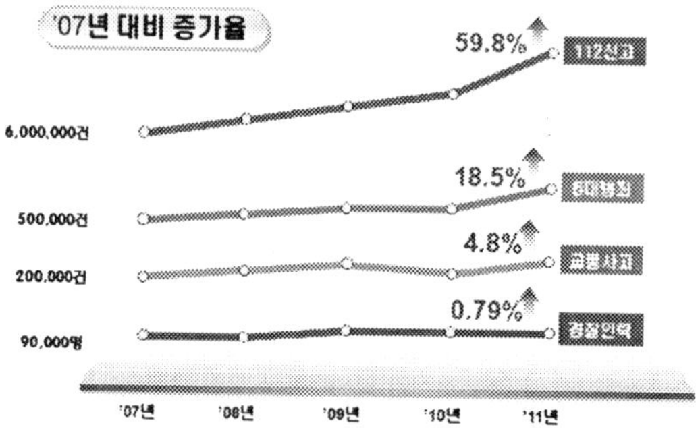


○ 한국경찰의 1인당 담당인구는 501명으로 주요 선진국에 비해 과다

※ 주요국 경찰관 1인당 담당인구 : 佛 300, 美 354, 英 380, 濠 395, 日 494

○ 선진 외국에 비해 낮은 공권력에 대한 존중도 및 법질서 준수도가 주취폭력, 불법 집회·시위 등으로 顯出되어 경찰력 부족현상 더욱 심화

▸ 일본에 비해 고소·고발 66.7배, 집회시위 12.5배, 주취자처리 7배 등 치안수요 양적·질적차이 현저

▸ 국민의 62.8%가 '우리사회에 법이 잘 지켜지지 않는다'고 인식하고 있으며, 그 이유로 가장 많은 인원(34.3%)이 '법대로 살면 손해를 보기 때문'이라고 답변('08년, 한국법제연구원)

○ 한편, 미국·일본 등 선진 외국에서는 경제불황시 경찰 인력을 증원해 경기 부양과 함께 사회 안정을 도모

| 미국 | ‣ 경찰 10만명을 8년에 걸쳐 고용하는 경기부양법안 계획 〈뉴욕타임즈 '09. 2. 5〉 |
|---|---|
| 일본 | ‣ 경제불황에도 경찰 1만명('02년～'05년) 증원 〈경찰백서〉 |

■ **추진 방안**

○ 외부 전문 연구용역 결과를 반영하고, 경찰관 1인당 담당인구를 선진국 수준인 400명으로 적정화하기 위해서 총 2만여 명의 경찰력 확충이 필요

※ (주)시스테믹스지, '10.7～'11.4월(10개월), 치안변수 115개 연구, 2만 3천명 증원 필요 제시

○ 국가 재정여건 및 실천가능성 등을 감안하여 '13년부터 5년간 매년 2,000명의 인력을 순차적으로 확충 ⇨ 총 1만여명 경찰 인력 증원

## 치안 예산, 비용이 아니라 투자입니다

### ■ 필요성

○ 치안 수요가 급증하고 삶의 안전에 대한 국민의 욕구는 지속 증가함에도 불구하고 치안에 대한 투자는 여전히 부족

– 지난 5년간 정부예산 중 경찰예산의 비중은 계속해서 감소 추세

※ 정부예산 : ('08) 175조 9,852억 → ('12) 282조 6,873억 (연평균 증가율 12.5%)
경찰예산 : ('08) 6조 9,684억 → ('12) 8조 103억 (연평균 증가율 3.5%)

경찰예산 비중 4.0% → 2.8%

○ 국민 1인당 치안예산(138,000원)은 주요국 평균(351,000원)의 절반을 하회, 1인당 GDP대비 치안예산은 0.42%로 주요국 대비 가장 낮은 수준

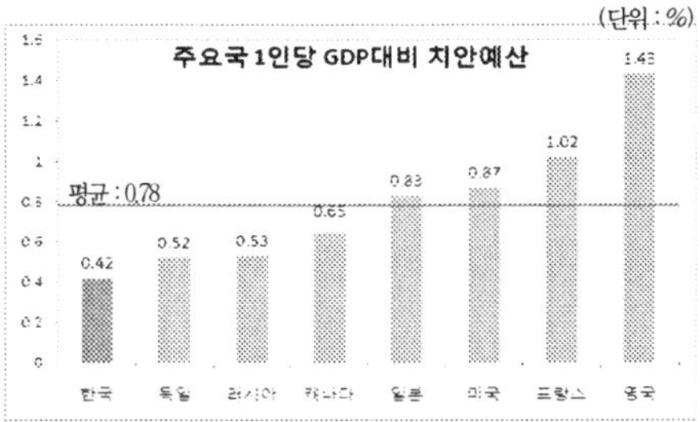


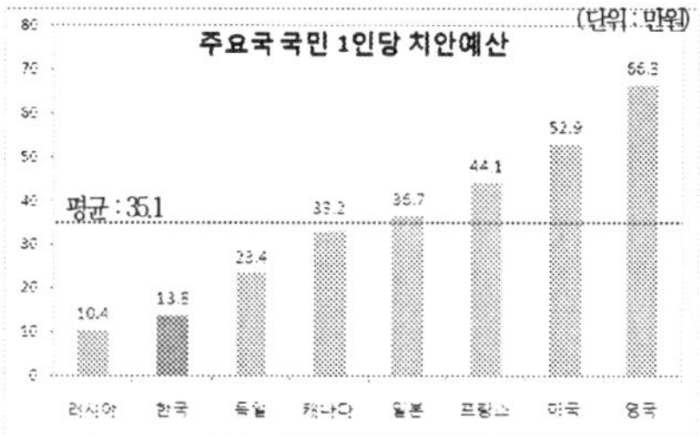


※ 출처 : 지표로 보는 오늘의 한국 2010, 국회 입법조사처

○ 국민 삶의 질 제고의 전제가 되는 확고한 사회안전망을 구축해 나가기 위해서는 치안 예산의 확충이 시급한 실정

○ 치안 예산은 소모성 경비가 아니라 국민 안전 확보와 사회 안정 도모를 위한 생산적인 투자 재원

※ 최소한의 치안서비스 유지를 위해 주요국 평균수준으로 경찰 예산을 증액하는 것이 긴요

### ■ 추진 방안

○ 1인당 GDP 대비 치안예산을 주요국 평균 수준으로 증액 추진

○ 정부재정 여건 등을 감안, △학교폭력 예방 △여성·아동보호 △민생범죄 대응력 제고 등 사회적 약자와 소외계층 배려를 강화하기 위한 분야부터 우선 증액

## 현장 경찰력 뒷받침을 위한 법·제도 개정이 필요합니다

### ■ 필요성

○ 현장 경찰관이 당당하게 임무를 수행할 수 있는 법·제도적 기반이 미흡, 국민 안전 보장의 제약요인으로 작용

### ■ 추진 방안

[1] 「경찰관직무집행법」 개정

○ 급박한 위해 발생시 경찰관의 긴급출입 및 조사 권한 명시

※ 경찰의 적극적 법집행 견인 ⇨ 수원 부녀자 살인사건 등 재발 예방

○ 적법한 공무수행에 수반하는 손실에 대한 보상 규정 신설

※ '08년~'12년 4월까지 손실보상 사례 조사결과 대부분이 경찰관 사비(私費)로 보상

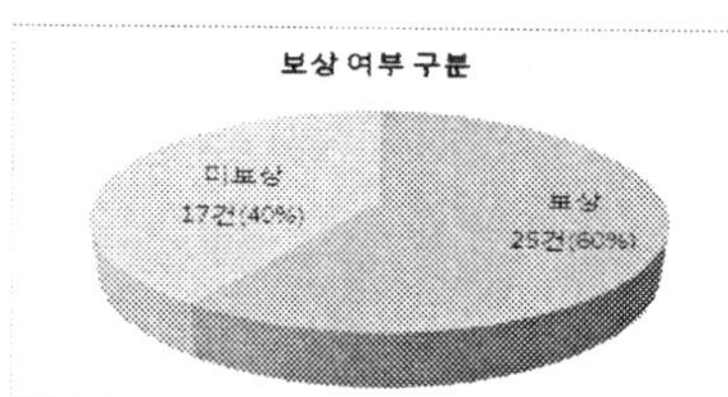


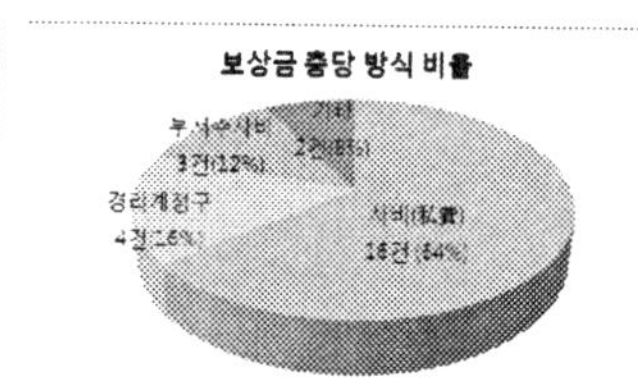


[2] 「도로교통법」 개정

○ 운전 중 DMB 시청에 대한 처벌규정 신설

○ 교차로 꼬리물기·끼어들기 무인단속시 과태료 부과

○ 일정 기준의 '전기자전거'를 현행 '원동기장치자전거'에서 삭제하고 '자전거'(△면허 불요 △자전거 도로 운행 가능)에 포함 ⇨ 자전거 이용 활성화

[3] 민간조사제도 도입 관련 「경비업법」 개정

○ 경비업의 한 분야로 민간조사업 도입 및 체계적 관리

## 「수사구조개혁」, 고품격 수사서비스의 첫 단추입니다

### ■ 필요성

○ 現 수사구조는 수사권·수사지휘권·기소권·독점적 영장청구권 등 모든 권한을 검찰에 집중, 권한남용·부정부패의 폐단을 낳음

○ 수사 투명성·공정성 및 인권보장을 강화하기 위해 선진국처럼 경·검의 권한을 분산, 국가기관간 '견제와 균형'을 이룰 필요

▶ 英·美 : '수사는 경찰, 기소는 검사'에게 맡겨 권한을 분산, 상호 협력·견제

▶ 獨·佛 : 검사가 수사지휘는 하되 수사 인력이 없어 직접 수사는 하지 않고 수사 통제와 기소에 주력, 사실상 상호 협력·견제 관계 정착

▶ 日 : 절충형 모델이며, 경찰이 1차적·본래적 수사권자이고 검사는 2차적·보충적 수사권자 및 기소주체로서 수사권 분점, 상호 협력관계 정립

○ 대부분의 국민들이 수사권 조정 및 검찰개혁을 희망하며, 인권의식도 경찰이 검찰을 오히려 앞서고 있음

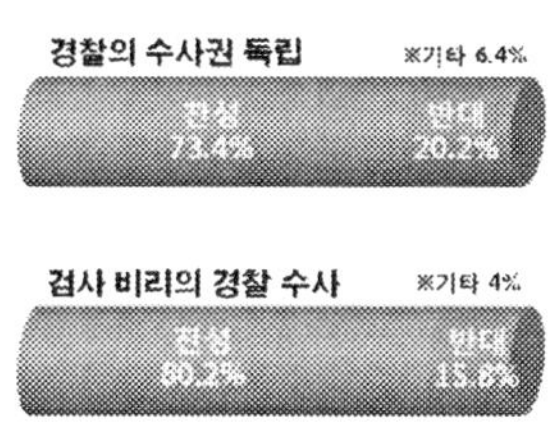


【수사권 관련 여론조사 결과】
'12.2.1 법률소비자연맹

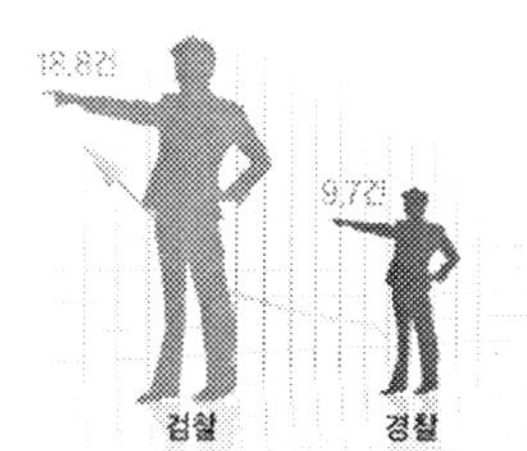


【인권위 진정건수】
최근 10년, 소속직원 100명당

○ 수사구조개혁이 이루어지면 경·검이 서로 견제하는 체제를 이루게 되어 국민의 입장에서 수사의 공정성·투명성 및 인권보장 강화

- 아울러, 수사과정에서 경찰이 검사에게 일일이 보고하여 승인 (또는 지휘)받는 동안 사건처리가 지연되었던 국민불편도 해소 가능
  ※ △변사체 처리 △압수물 처리 △이중조사 관행 등

### ■ 추진 방안

○ '수사는 경찰, 기소는 검찰'이 담당하는 영미식 수사구조 도입 추진

▶ 경찰에게 수사 개시·진행·종결권을 부여하여 수사주체성 확립

▶ 경·검을 상호협력관계로 규정하고 △영장청구권·이의신청제도(경) △보완수사요구권·기소권(검) 등 상호 견제와 균형장치 마련

○ 현실 여건과 국민여론을 감안하여 일본식 절충형 수사구조 도입도 병행 검토

## 경찰관들의 보수·수당을 현실화해야 하겠습니다

### ■ 필요성

○ 경찰은 잦은 휴일·야간 근무와 돌발적인 비상근무, 위험하고 스트레스 높은 근무를 함에도 이러한 직무특성이 보수에 미반영

[ 경찰관 매년 15명 순직(절반이 과로사), 1,500명 부상(내일, '11.3.23)
경찰관 공무상 사망은 전체 공무원의 1.7배, 공안업무 공무원의 3배('09년 연금공단) ]

- 직무강도를 고려하여 법관·검사는 27.3%, 교사는 11.3%, 공안직은 5%의 기본급 우대를 받고 있으나, 경찰은 1.7% 우대에 불과

※ 공안직 : 교정직, 국회 경위, 검찰·법원 사무직, 철도공안 등

○ 미국·일본 등 선진 각국에서는 위험업무에 종사하는 경찰관들의 직무특성을 반영하여 일반직 대비 20% 이상 우대

▸ 美, 연방법 등에 의해 일반직 대비 법집행관(경찰 등) 기본급 최대 23%우대
▸ 日, 국가경찰 일반직 대비 최고 23.8%우대, 동경자치경찰 일반직 대비 21.4%우대

○ 각종 수당도 주간근무 위주의 일반직 공무원 중심으로 규정, 현업대상자(24시간 교대근무자)가 70%에 달하는 경찰에 불리하고

- 전국적으로 획일적인 단가를 적용함에 따라 격무관서·기능에 대한 적정 보상 미흡

※ 시간당 경위 9,229원, 경사 8,446원, 경장 7,803원, 순경 7,252원 일괄 적용

⇒ '적정 보상 미흡 → 경찰관의 자긍심·사명감 부족 → 치안생산성 저하'의 악순환으로 이어져 치안 불안요소로 작용할 가능성 상존

### ■ 추진 방안

○ 글로벌 스탠다드 수준인 일반직 대비 20%의 기본급 우대가 필요하나 국가 재정 부담을 고려, 우선 공안직 수준(5%)으로 조정 추진

○ 초과근무수당 운영자율권 확보 및 현업대상자의 직무특성이 반영된 △휴일·야간수당 단가 인상 △휴일수당 지급시간 확대 등 추진

○ 생체리듬을 파괴하여 각종 질환의 위험을 높이는 주·야 교대 근무에 대한 직접보상으로 '교대근무수당' 신설

## 경찰 직급구조가 개선되면 조직운영의 효율성이 높아집니다

### ■ 필요성

○ 경찰은 경위 이하 경찰관이 전체 인력의 93.3%, 경정이하 경찰관은 99.5%를 차지하는 첨탑형 직급체계로 인력 운영 中

≪기관별 직급 분포≫

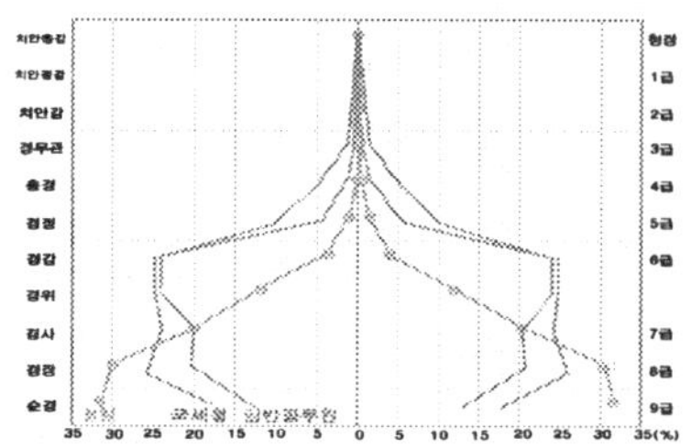

| 구 분 | 고공단<br>(경무관이상) | 4급<br>(총경) | 5~6급<br>(경정,경감) | 7~9급<br>(경위이하) |
|---|---|---|---|---|
| 국 가<br>일반직 | 0.9% | 5.5% | 35.7% | 57.8% |
| 지 방<br>일반직 | 0.2% | 1.4% | 34.5% | 63.9% |
| 병무청 | 0.8% | 3.1% | 29.6% | 66.5% |
| 국세청 | 0.1% | 1.8% | 30.2% | 67.9% |
| **경찰청** | **0.06%** | **0.46%** | **6.2%** | **93.3%** |

- 경찰의 역할과 책임에 비해 낮은 직급구조는 경찰 전체의 사기를 저하시키고, 양질의 치안서비스 제공에 걸림돌로 작용

※ 중간관리층 진입시 승진적체로 능력있는 경찰관 도태, 보수 · 연금 등에서 불이익

○ 고위공무원단(경무관 이상) 비율도 他부처에 비해 낮고 지휘통솔범위가 지나치게 넓어 조직의 역동성과 업무 효율성 저해

※ 고공단(경무관 이상) : 국가일반직 0.9%, 국세청 0.1%, 병무청 0.8%, 경찰청 0.06%

- 상호 긴밀한 협력관계가 필요한 지방자치단체와의 불균형도 심각

※ 「제주특별자치도법」 제114조에 '치안행정위원회'의 당연직 위원(2명)으로 自治道 부지사(1급)와 제주지방경찰청 경무과장(4급)을 지정

### ■ 추진 방안

○ 〈경위 이하〉 일본과 유사하게 경위급을 30% 수준(現 10.4%)으로 확대 조정

○ 〈경감 · 경정〉 총 6,000여명(경정 1,500여명 / 경감 4,500여명)의 직급조정을 추진

○ 〈총경 이상〉 他기관에 비해 부족한 총경 이상 상위직 확대

- 경무관 서장제(지역치안 역량 강화) 및 복수직급제(정책역량 제고) 도입

※ △본청 제2차장, 제주청 차장 신설 △본청 교통국장 격상 △인천청장 직급상향 등 병행

# 참고문헌

## 1. 국내문헌

### 1) 서적

강성철외(2007). 『새 인사행정론』. 서울: 대영문화사.
강정대 · 황호영(1998). 『현대인적자원관리』. 서울: 박영사.
강주헌(2006). 『서번트리더십원전』. 서울: 도서출판 참솔.
강정대 · 황호영(1998). 『현대인적관리론』. 서울: 박영사.
경찰공제회(2007). 『경찰실무종합』. 경찰공제회.
경찰대학(2003). 『지역사회 경찰론』. 경찰청.
경찰청(1991). 『대범죄백서』. 경찰청.
______(2004). 『경찰백서』. 경찰청.
______(2004). 『경찰행정 국민만족도 조사 연구』. 서울: 효산경영연구소.
______(2005). 『지역경찰업무매뉴얼』. 경찰청.
______(2005-2010). 『경찰백서』. 경찰청.
______(2000). 『21세기 한국경찰의 나아갈 방향』. 경찰청.
______(2012). 『폭력으로부터 안전한 사회를 위한 토론』.경찰청.
______(2012). 『국민과 함께하는 경찰워크숍』.
고재건(2005). 『서비스품질경영론』. 제주: 제주대출판부.
곽동성 · 강기두(1999). 『서비스마케팅』. 서울: 동성사.
권오돈(2001). 『성과행정의 이해와 실제』, 서울: 법우사
김광주(2006). 『신행정관리론』. 대구: 중문사.
김광주 · 김용태외(2011). 『글로벌리더십』. 경산: 경일대학교 출판부.
김규정(1999). 『신판 행정학원론』, 서울: 법문사.
김병섭 · 박광국 · 조경호(2007). 『조직의 이해와 관리』. 서울: 대영문화사.
김상호 외(2005). 『경찰학개론』. 서울: 법문사.
________(2005). 『경찰행정학』. 서울: 법문사.
김성혁 역(1994). 『고객제일주의』. 서울: 신세대.
김세훈(2006). 『공공부문의 고객지향성 확보를 위한 정책마케팅』. 파주: 한국학술정보.
김연성외(1999). 『품질경영』. 서울: 박영사.
김용철외(2007). 『지방정부와 혁신정책』. 서울: 대영문화사.
김은 · 정양헌(2007). 『공공부문 BSC사례집』. 서울: 한국정보사회진흥원.
김재득(2008). 『리더십』. 서울: 대영문화사.

김종재 · 박성수(1999). 『인적자원관리』. 서울: 법문사.
김종호(2003). 『현대사회와 행정』. 서울: 형설출판사.
김충남(2005). 『경찰학개론』. 서울: 박영사.
김철수(1992). 『한국헌법』. 서울: 법영사.
김충련(1996). 『SAS라는 통계상자』. 서울: 데이터리서치.
김통원 · 윤재영(2005). 『사회복지 서비스품질관리』. 서울: 신정출판사.
노시평 · 박희서외(2000). 『신공공부문 행정서비스 마케팅』. 서울: 법문사.
대구광역시(2007). 『정책품질관리 추진계획』. 대구: 대구광역시 자료집
박수영외(2006). 『현대사회와 행정』, 서울: 대영문화사.
박우서(1996). 『현대조직론』. 서울: 법문사.
박우순(2000). 『현대조직론』. 서울: 법문사.
박해룡외(2006). 『현대행정학』, 대구: 삼우사
배철효 · 박동균(2004). 『경찰인사관리론』. 서울: 남두도서.
배철효외(2007). 『경찰학개론』. 서울: 대영문화사.
손봉선(2006). 『신경찰학개론』. 서울: 백산출판사.
신유근(1997). 『인간존중의 경영』. 서울: 다산출판사.
이영남 · 신현기(2003). 『경찰조직관리론』. 서울: 법문사.
이영조외(2012). 『행정학원론』, 서울: fides.
손봉선(2001). 『경찰학개론』, 서울: 형설출판사..
신용한외(2011). 『compass 행정학』, 서울: 박문각.
신현기(2012). 『경찰인사관리론』. 서울: 법문사.
______(2012). 『경찰조직관리론』. 서울: 법문사.
______(2011). 『새경찰학개론』. 서울: 우공출판사.
______(2003).『정책학개론』. 서울: 웅보출판사.
안영진(2003). 『품질경영론』. 서울: 박영사.
______(2007). 『경영품질론』. 서울: 박영사.
양문승 역(2000). 『지역사회 경찰활동론』. 서울: 대영문화사.
양원규(2009). 『경찰학총론 제대로 알기』. 서울: 백산출판사.
______(2010). 『경찰조직관리론 제대로알기』. 서울: 백산출판사.
______(2010)『행정학제대로알기』. 서울: 백산출판사.
오세덕 · 여운환(2000). 『현대행정관리론』. 서울: 동림사.
오세덕 · 이명재외(2007-2008). 『행정관리론』. 서울: 대영문화사.
유해운 · 오창택(2002). 『행정서비스의 혁신』. 서울: 선학사.
유홍림(1999), 『리더십』, 서울: 대영문화사.

윤기찬외(2011).『쉬운행정학』, 서울: 청목출판사.
이상문(1998). 『총체적 품질관리경영과 리더십』. 서울: 형설출판사.
이상안(2002). 『사회질서론』. 서울: 대명출판사.
______(2005). 『알기쉬운 경찰행정학』. 서울: 대명출판사.
______(2005). 『경찰정책학』, 서울: 대명출판사.
이상욱외 역(1997). 『조직혁신의 효과측정』. 서울: 21세기북스.
이영남 · 신현기(2004). 『경찰조직관리론』. 서울: 법문사.
이영남(2008). 『경찰행정학』. 서울: 대영문화사.
이영조외(2010). 『행정학원론』. 서울: 도서출판ides.
이제빈 역(1994). 『품질경영』. 서울: 21세기북스.
이해영(2010). 『정책학신론』. 서울: 학현사.
이황우(2003). 『경찰행정학』. 서울: 법문사.
______(2012). 『경찰행정학』. 서울: 법문사.
임준태(2004). 『경찰의 직무집행』. 서울: 법문사.
임재강 · 한태천(2008). 『경찰학원론』. 파주: 21세기사.
임창호(2004). 『경찰학의 이해』. 서울: 대왕사.
임창호(2004). 『범죄수사론』. 서울: 법문사.
정우열외(2009). 『경찰조직관리론』. 서울: 형설출판사.
정진환(2006). 『경찰행정론』. 서울: 대영문화사.
정진환(2006). 『경찰행정론』. 서울: 대영문화사.
정정길(1988). 『정책결정론』. 서울: 대명문화사.
조동성 · 문휘창(2006). 『국가경쟁력의 이해와 실제』. 서울: 한국경제신문.
조철옥(2000), 『경찰학개론』. 서울: 대영문화사.
______(2008). 『경찰학개론』. 서울: 대영문화사.
최선우(2003). 『경찰과 커뮤니티』. 서울: 대왕사.
최성용외(2007). 『품질경영』. 서울: 북코리아.
허남오 · 이승주(2007). 『한국경찰제도사』. 파주: 지구문화사.
한국개발연구원(2008). 『2000년대 경찰행정발전방안』.
홍종선(2007). 『경찰행정법』. 서울: 박영사.
홍종선 · 박옥희외(1996). 『조사방법과 통계자료분석』. 서울: 박영사.
황택주 · 황의장(2004). 『지역사회와 함께하는 경찰행정』. 서울: 백산출판사.

### 2) 논문

강두식(2005). 『의료기관의 서비스지향성이 경영성과에 미치는 영향에 관한 연구』. 박사학위논문. 인천대학교 대학원.

곽원섭 · 이종구(2001). 『고객접점 종업원에 대한 조직지원과 서비스수행의 관계』. 한국심리학회지. 14(2).

구종태(2005). 『한국 경찰개혁의 과정 및 성과에 관한 연구』, 박사학위논문. 영남대학교대학원.

권경득 · 임정빈(2002). 『지방정부 조직성과의 결정요인에 관한 연구』. 지방자치발전 및 행정혁신. 한국지방자치학회 2001년도 동계학술세미나.

김경태(2004). 『TQM 이론의 적용을 통한 지역사회 경찰활동 활성화 방안에 관한 연구』. 박사학위논문. 원광대학교 대학원.

_____(2007). 『고객만족을 위한 경찰의 교육훈련발전방안』. 한국공안행정학회보. 제29호.

김광주(2000). 『고객지향의 자치행정체제 구축방안』. 경일대산업연구. 6(1).

김광주 · 김용태(2011). 『지역경찰조직의 효과성에 대한 인식분석』. 한국치안행정논집. 7(4).

김계수(1999). 『품질경영 시스템의 모형개발과 공공 서비스부문의 적용에 관한 연구』. 박사학위논문. 경희대학교 대학원.

김기수 · 김덕희(1999). 『비영리기관에 있어서의 고객만족에 관한 연구 : 경찰청을 중심으로』. 고객만족경영연구. 1(1).

김기식(1998). 『행정조직의 품질행정 도입효과와 적용수준의 영향요인』. 박사학위논문. 부산대학교 대학원.

김동수(1998). 『고객만족이론의 행정서비스 접목에 관한 연구』. 박사학위논문. 국민대학교 대학원.

김상균 · 원유석(2004). 『호텔기업의 조직가치, 서비스지향성, 종업원 만족과 직무성과의 관계』. 문화관광연구. 6(1).

김영종(1997). 『지방정부의 행정서비스의 질 향상을 위한 접근방법과 전략』. 지역발전연구. 제3집.

김영호(2002). 『고객지향적 지방정부 구현에 관한 연구』. 동국대학교 대학원논문집. 제32집.

김영환(2003). 『경찰공무원의 조직시민행동이 경찰서비스 행동에 미치는 영향』. 한국사회와 행정연구. 14(2).

김용태(2009). 『지역경찰의 서비스품질관리 모형구축에 관한 연구』. 한국지방자치연구. 11(2).

김용태 · 배철효(2010). 『북한이탈주민의 지역사회적응과 생활지원방안』. 한국경찰학회보. 12(3).

김용태 · 김광주 · 조두원(2012). 『지역경찰에서 협력단체의 새로운 유형화에 다른 활성화 방안』. 한국치안행정논집. 8(4).

김정규(2006). 『경찰 조직 갈등이 조직유효성에 미치는 영향에 관한 연구』. 박사학위논문. 원광대학교 대학원.

김정렬(2006). 『발전국가의 위기와 행정개혁의 진로』. 한국행정연구. 15(2).

김정헌 · 송건섭(2002). 『경찰의 치안활동에 대한 신뢰결정요인 연구』. 지방정부연구. 6(1).

김정훈(2006). 『경찰행정의 서비스품질과 고객충성도 결정요인에 관한 연구』. 박사학위논문. 경기대학교 대학원.

김종수(1999). 『지방행정서비스의 생산성 제고를 위한 주민만족도의 측정에 관한 연구 : 경기도를 중심으로』. 박사학위논문. 건국대학교 대학원.

노우영 · 양기근외(2007). 『지방행정서비스 품질평가의 분석과 한계』. 2007년도 한국행정학회 하계학술대회.

노호래(1999). 『한국의 지역사회 경찰활동에 관한 연구』. 박사학위논문. 동국대학교 대학원.

류지원(2006). 『공무원의 조직공정성 지각이 조직유효성과 행정서비스품질에 미치는 영향에 관한 연구』. 박사학위논문. 원광대학교 대학원.

문영규(1993). 『행정서비스 질에 영향을 미치는 요인에 관한 연구: 일선 공무원의 행태를 중심으로』. 박사학위논문. 광운대학교 대학원.

박광봉(2002). 『지방정부 행정서비스에 대한 주민만족도 연구』. 박사학위논문. 상지대학교 대학원.

박기관(2002). 『지방정부 행정서비스의 시민평가에 관한 연구』. 2001년도 한국지방자치학회 동계학술세미나.

박동균(2005). 『농촌지역 순찰지구대 운영에 대한 평가』. 도시행정학보. 39(3).

박성수(2008). 『지역경찰제의 효율성 평가』. 공공질서확립을 위한 형사사법정책모색 통합학술대회.

박성식(1998). 『인적자원의 개발과 관리에 관한 연구』. 금오공과대학교 논문집. 제19집.

박성연(2000). 『종업원의 직무만족과 조직의 서비스지향성이 종업원의 서비스지향성에 미치는 영향에 관한 연구』. 한국마케팅저널. 2(1).

박영미(2004). 『지역경찰활동의 모형에 관한 연구』. 한국공안행정학회보, 제18권.

박용우(1998). 『고객지향적 행정 : 행정서비스를 중심으로』. 98년 한국행정학회 하계학술대회 발표 논문집.

박우순(1995). 『부산시 행정서비스 공급현황과 질적향상을 위한 제도적 개혁방안』. 동아대학교 대학 논문집. 제20권.

박중훈(2001). 『민원서비스에 대한 고객만족도 조사』. 한국행정학보. 10(1).

박철민 · 김대원(2004). 『공정성과 조직시민행동의 행정서비스질에 대한 영향 분석』. 한국행정학보. 38(1).

박희서 · 오을임 · 김구(1999). 『고객지향적 행정의 구현을 위한 고객지향적 조직의 특징에 관한 연구』. 조선대학교 사회과학연구. 제24권.

박홍식(1996). 『대학행정서비스품질의 구성차원과 측정척도 개발』. 교육학연구. 34(5).

서경원(2007). 『의료기관의 서비스지향성이 경영성과에 미치는 영향에 관한 실증적 연구』. 박사학위논문. 청주대학교 대학원.

서현숙(2006). 『직원의 서비스지향성과 고객인지 서비스품질의 관련성에 관한 연구』. 박사학위논문. 경기대학교 대학원.

석청호(2003). 『한국지역경찰 운영 실태에 관한 연구』. 한국경찰학회보. 제6권.

성도경 · 곽해룡(2007). 『BSC관점에 의한 지역경찰제 성과평가, 행정관리와 성과평가』. 2007년도 한국정부학회 · 한국거버넌스학회 하계공동학술대회.

성도경 · 장철영(2005).『행정서비스의고객지향성 평가: e-Government를 중심으로』. 한국행정학보. 39(2).

송건섭(2003). 『지방정부의 공공서비스 평가시스템 구축』 한국사회와 행정연구. 13(4).

신종화(1999). 『행정서비스 품질에 관한 고객욕구조사』. 한국행정학보. 33(1).

신현기 · 안기남(2005). 『지역경찰제의 조기정착화 방안에 관한 연구』. 한국유럽 행정학회보. 2(1).

신현기 · 임종헌(2011). 『자치경찰제의 전국확대실시 가능성에 대한 연구』, 자치경찰연구, 4(1).

안정기(2006). 『경찰민원행정서비스의 고객만족 영향요인에 관한 연구』. 박사학위논문, 동신대학교 대학원.

양원규 · 김용태(2007). 『경찰문화의 특징에 관한 고찰』. 한국자치경찰학회보. 4(2).

오을임 · 이재진 · 김영환(2003). 『경찰행정 환경변화에 따른 경찰서비스의 질적 개선방안』. 조선대학교 사회과학연구. 23(1).

오정훈(2006). 『서비스지향성과 고객만족의 관계에서 집단효능감. 조직몰입과 신뢰의 매개 역할』. 박사학위논문. 제주대학교 대학원.

오창택(1998). 『서비스 질 구성차원의 관리 우선순위: 민원행정 서비스를 중심으로』. 한국행정학보. 32(2).

우양호 · 홍미영(2005). 『'SERV*OR' 척도를 이용한 민원행정기관의 서비스지향성 분석』. 한국행정학보. 39(3).

유근환(2002). 『정보기술을 통한 공공대응성 향상에 관한연구: 네티즌 참여를 중심으로』. 박사학위논문. 상지대학교 대학원.

유기환(2008). 『국내 기술금융기간의 조직성격 유형별 서비스품질 관리방안』. 박사학위논문. 건국대학교 대학원.

윤성준 · 박종원 · 최동춘(2004). 『의료기관의 서비스지향성이 경영성과에 미치는 영향에 관한 연구』. 서비스경영학회지. 5(1).

이미정(2004). 『지역경찰제의 현황과 과제. 21세기 한국경찰의 패러다임』. 한국공안행정학회 춘계학술세미나.

______(2004). 『지역사회경찰활동에 근거한 지역경찰제의 실행 과제』. 한국공안행정학회보, 제18권.

이병석(2005).『우리나라 조직구성원들이 인식한 CEO의 리더십스타일이 조직효과성에 미치는 영향에 관한 연구』. 박사학위논문, 한남대학교 대학원.

이병종(2006). 『경찰서비스에 대한 시민만족도 연구』. 박사학위논문, 동국대학교 대학원.

이상철 · 유근환 · 장우진외(2005). 『지방공무원의 직무만족과 고객지향성에 관한 연구: 경상북도를 중심으로』. 한국사회와 행정연구. 15(4).

이영석(2002). 『구성원의 서비스지향성이 경영성과에 미치는 영향에 관한 연구』. 박사학위논문.

경희대학교 대학원.

이재만(2004). 『여행업의 서비스지향성이 종업원의 직무만족과 성과에 미치는 영향에 관한 연구』. 박사학위논문, 경기대학교 대학원.

이종남(2006). 『장애인복지관의 서비스지향성이 조직효과성에 미치는 영향』. 박사학위논문. 가톨릭대학교 대학원.

이형주(2006). 『호텔종업원의 성격특성이 직무성과에 미치는 영향에 관한 연구』. 박사학위논문. 경기대학교 대학원.

이황우 · 이병종(2006). 『경찰서비스의 시민평가에 관한 연구』. 한국공안행정학회보, 15(4).

임준태(2011). 『한국의 범죄예방 순찰제도 변천과정에 대한 비판적 고찰』, 한국경찰연구, 10(2).

장우진(2008). 『지적조직의 서비스지향성이 서비스품질에 미치는 영향에 관한 연구』. 한국지적학회지. 24(1).

장철영(2007). 『e-servqual 모형을 이용한 전자정부 e-행정서비스 질 평가』. 한국행정논집. 19(2).

전영민(2000). 『결혼만족도 및 안정성에 관한 취약성-스트레스-적응 통합모형』. 박사학위논문. 중앙대학교 대학원.

정세종(2005). 『경찰조직내 갈등관리 방식이 조직유효성에 미치는 영향에 관한 연구』. 박사학위논문. 동국대학교 대학원.

정우열외(2007). 『지역경찰의 직무만족 요인에 관한 인식분석과 함의』. 한국행정논집. 19(1).

정우열 · 김용태(2010). 『한국경찰행정의 쟁점과 발전방안』. 한국치안행정논집. 7(2).

정우열 · 이정훈(2004). 『지역경찰제에 대한 수혜자 평가』. 영남지역발전연구. 제33집.

조강원(2004). 『지역경찰제의 실태 및 개선방안에 관한 연구』. 경찰학연구. 제6집.

조은경(1998). 『공공서비스에 대한 주민평가에 관한 연구: 주민만족의 결정요인을 중심으로』. 박사학위논문. 서울시립대학교 대학원.

조주은(2005). 『항공사의 서비스지향성이 조직지원 인식, 조직성과에 미치는 영향』. 박사학위논문. 세종대학교 대학원.

조현빈(2003). 『고객지향 경찰서비스에 관한 연구』. 한국경찰학회보. 제5권.

최길수(2008). 『지방공기업 경영품질 제고방안에 관한 연구』. 한국거버넌스학회보. 발표논문집.

황창연(2003). 『행정조직에서 조직문화 및 하위문화비교』. 한국행정학회보. 37(1).

최응렬(2006). 『지역경찰제의 정착화 방안』. 한국공안행정학회보. 제23권.

최종술(2008). 『역대정부의 경찰정책과 이명박정부의 경찰정책과제』, 한국 자치행정학보. 22(1).

최천근(2011). 『치안서비스 형평성 제고를 위한 인적자원 배분에 관한 연 구』. 한국행정학회 하계공동술대회 자료집

한상암(2003). 『지역사회 경찰활동의 활성화를 위한 교육훈련체계 개선방향』. 원광대 · 계명대 합동 학술세미나 자료집.

허용훈 · 문유석(2006). 『성공적 지역경찰활동을 위한 경찰과 지역사회간의 협력관계에 관한 연

구』. 2006년도 한국지방정부학회 추계학술대회.
황의갑(2008). 『대도시지역 순찰지구대 경찰관의 직무만족요인에 관한 연구』. 한국경찰연구. 7(2).

## 2. 외국문헌

### 1) Books

Carr, D. K., Littman, L. D.,(1990). *Excellence in Government: Total Quality Management in the 1990's*, Arlington, V.A.: Coopers & Lybrand.

Cohen, S. & B., Ronald(1993). *Total Quality Management in Goverment*, San Francisco: Jossey-Bass Publishers.

Cook, S.,(1997). Customer Care: *How to Improve Competitiveness, Staff Motivation and Profitable in Today's Service Driven Organization*, London : Kogan Page.

Garvin, D. A.,(1984). *Managing Quality: The Strategic and Competitive Edge*, New York: Free Press.

Gaster, L.,(1995). *Quality in Public Services*. Philadelphia: Open University Press.

Heskett, J. L., W. E. Sasser, jr & L. A., Schlesinger,(1997). *The Service Profit Chain How Leading Companies Link Profit and Growth to Loyalty, Satisfaction, and Value*, New York: The Free Press.

Hughes, O. E.,(1994), *Public Management and Administration*, New York: St. Martin's Press.

Hunter et al,(2000). *Police-Communication Relations and the Administration of Justice*, Upper Saddle River, N.J.: Prentice-Hall.

Lamb, C. W., J. H. Hair & C. McDaniel,(1998). *Marketing*. South-Western College: ITP Company.

Lipsky, Michael.,(1980). *Street-level Bureaucracy: Dilemmas of the Individual in Public Services*, New York: Russell Sage Foundation.

Manning, P. K.,(1979). *Police Working: The Social Organization of Policing*, Cambridge, Mass.: The MIT Press.

M.D Lasswell and A. Kaplan, *Power and Society*(New Haven: Yale University Press. 1970. pp.70~75.

Michael L. Vasu., Debra W. Stewart & G. David Garson,(1998). *Organization Behavior and Public Management*, Marcel Dekker, Inc.

Milakovich, M. E.,(1995). *Improving Service Quality: Achieving High Performance in the Public and Private Sectors*, Florida: St. Lucie Press.

Naisbitt, J. & P., Aburdence,(1985). *Reinventing the Comparison*, New York: Warner Brother.
Wilson, O. W.,(1977). *Police Administration*, New York: McGraw-Hill Book Co.
Parasuraman, A., Zeithaml, V. A. & L. L., Berry,(1990). *Delivering Quality Service: Balancing Customer Perceptions and Expectations*. New York: The Free Press.
Robbins, R.,(1983). *Organization Theory: The Structure and Design of Organization*, Englewood Cliffs: New Jersey: Prentic-Hall, Inc.
Sanderson, I.(1992). *Management of Quality in Local Government*, London: Longman.
Walsh, K. (1995), *Public Service and Market Mechanisms: Competition, Contracting and the New Public Management*, London : Macmillan.
Whiscenand, P. M. & R. Fred Ferguson,(1996). *The Managing of Police Organizations*, New Jersey: Prentic Hall.

## 2) Articles

Abraham, R,(1999). The Impact of Emotional Dissonance on Organizational Commitment and Intention to Turnover, *The Journal of Psychology*, 133(4).
Babin, B. & J. Boles,(1996). The Effect Perceived Co-Worker Involvement and Supervisor Support on Service Provider Role Stress, Performance and Job Satisfaction, *Journal of Retailing*, 72(1).
Bell, S. J. & B. Menguc,(2002). The Employee Organization Relationship, Organizational Citizenship Behaviors, and Superior Service Quality, *Journal of Retailing*, 78(2).
Berkely, B & A. Gupta,(1995). Identifying the Information Requirements to Deliver Quality Service, *International Journal of Service Industry Management*, 6.
Bettencourt, L. A & Brown, S. W.,(1997). Contact Employee: Relations Among Workplace Fairness, Job Satisfaction and Prosocial Service Behaviors, *Journal of Retailing*, 73(1).
Bowen, D. E & E. E. Lawler Ⅲ.,(1992). The Empowerment of Service Workers: What, Why, How and When, *Sloan Management Review*, 33(3).
Dietz, A. S.(1997). Evaluating Community Policing: Quality Police Service and Fear of Crime, Policing: *An International Journal of Police Strategy and Management*, 20(1)
Eisenberger, R., R. Huntington, S. Hutchinson. & D. Sowa,(1986). Perceived Organizational Support, *Journal of Applied Psychology*, 71(5).
Guzzo, R. A., K. A, Noonan & E. Elron,(1994). Expatriate Managers and the Psychological Contract, Journal of Applied Psychology, 79(4).
Hartline M. & P. A. Mason.,(1996). The Management of Customer-Contact Service Employee: An Empirical Investigation, Journal of Marketing, Vol. 60.

James E. Swiss,(1992). Adapting Total Quality Management(TQM) to Government, *Public Administration Review*, 52(Jul-Aug).

Jones, T. O & W. E. Sasser jr,(1995). Why Satisfaction Customer Defect, *Harvard Business Review*, 73(Nov-Dec).

Lashley, C.,(1999). Employee Empowerment in Service: A Frame Work for Analysis, *Personal Review*, 28.

Levit, T.,(1983). After the Sale is Over, *Havard Business Review*, 61(Sep/Oct).

Lytle, R. S., Hom, P. W. & M. P., Mokwa,(1998). SERV*OR, A Managerial Measure of Organization Service-Orientation. *Journal of Retailing*, 74(4).

Monty, L. L., R. S. Lytle & S. Bobek,(2000). Service Orientation in Transitional Markets: Does It Matter? *European Journal of Marketing*, 34(3).

Parasuraman, A., Zeithaml, V. A. & L. L., Berry,(1998). SERVQUAL: A Multiple-Item Scale for Measuring Consumer Perceptions of Service Quality, *Journal of Retailing*, 64(1).

________________________________________, (1994).The Imperative for improving service quality, *Sloan Management Review*, 35.

경북중부신문. 『경찰의 초심찾기와 국민의 기대』. 2012년 7월 31일자.

국방일보. 『변화관리 잘한 사람만이 살아남아』. 2009년 2월 11일자.

대구일보. 『순환근무방침 장기근무자 전출논란』. 2012년 7월 11일자.

서울신문. 『범죄와의 전쟁』, 2004년 5월 28일자.

서울신문, 『남발되는 '음주정책' 정리할 필요가 있다』. 2012년 7월 16일자

울산매일신문. 『취객도 경찰의 고객이다』. 2009년 4월 24일자.

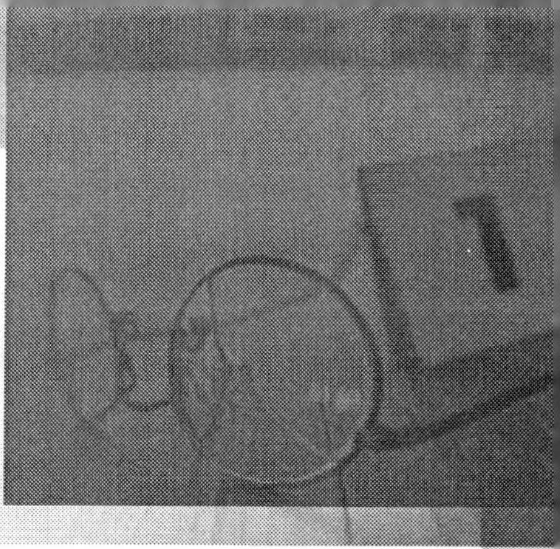

# 부 록

부록1 경찰법

부록2 경찰공무원법

부록3 경찰관직무집행법

부록4 주요 경찰업무와 품질관리방안

# 부록1 경찰법

[시행 2012.2.22] [법률 제11335호, 2012.2.22, 일부개정]

## 제1장 총칙 〈개정 2011.5.30〉

제1조 【목적】 이 법은 국가경찰의 민주적인 관리·운영과 효율적인 임무수행을 위하여 국가경찰의 기본조직 및 직무 범위와 그 밖에 필요한 사항을 규정함을 목적으로 한다.
[전문개정 2011.5.30]

제2조 【국가경찰의 조직】 ① 치안에 관한 사무를 관장하게 하기 위하여 행정안전부장관 소속으로 경찰청을 둔다.
② 경찰청의 사무를 지역적으로 분담하여 수행하게 하기 위하여 특별시장·광역시장 및 도지사(이하 "시·도지사"라 한다) 소속으로 지방경찰청을 두고, 지방경찰청장 소속으로 경찰서를 둔다. 이 경우 인구, 행정구역, 면적, 지리적 특성, 교통 및 그 밖의 조건을 고려하여 시·도지사 소속으로 2개의 지방경찰청을 둘 수 있다. 〈개정 2012.2.22〉
[전문개정 2011.5.30]

제3조 【국가경찰의 임무】 국가경찰의 임무는 다음 각 호와 같다.
1. 국민의 생명·신체 및 재산의 보호
2. 범죄의 예방·진압 및 수사
3. 경비·요인경호 및 대간첩작전수행
4. 치안정보의 수집·작성 및 배포
5. 교통의 단속과 위해의 방지
6. 그 밖의 공공의 안녕과 질서유지

[전문개정 2011.8.4]

제4조 【권한남용의 금지】 국가경찰은 그 직무를 수행할 때 헌법과 법률에 따라 국민의 자유와 권리를 존중하고, 국민 전체에 대한 봉사자로서 공정·중립을 지켜야 하며, 부여된 권한을 남용하여서는 아니 된다.
[전문개정 2011.5.30]

## 제2장 경찰위원회 〈개정 2011.5.30〉

制5조【경찰위원회의 설치】① 경찰행정에 관하여 제9조제1항 각 호의 사항을 심의·의결하기 위하여 행정안전부에 경찰위원회(이하 "위원회"라 한다)를 둔다.

② 위원회는 위원장 1명을 포함한 7명의 위원으로 구성하되, 위원장 및 5명의 위원은 비상임(非常任)으로 하고, 1명의 위원은 상임(常任)으로 한다.

③ 제2항에 따른 위원 중 상임위원은 정무직으로 한다.

[전문개정 2011.5.30]

制6조【위원의 임명 및 결격사유】① 위원은 행정안전부장관의 제청으로 국무총리를 거쳐 대통령이 임명한다.

② 행정안전부장관은 위원 임명을 제청할 때 국가경찰의 정치적 중립이 보장되도록 하여야 한다.

③ 위원 중 2명은 법관의 자격이 있는 사람이어야 한다.

④ 다음 각 호의 어느 하나에 해당하는 사람은 위원이 될 수 없다.

1. 당적(黨籍)을 이탈한 날부터 3년이 지나지 아니한 사람
2. 선거에 의하여 취임하는 공직에서 퇴직한 날부터 3년이 지나지 아니한 사람
3. 경찰, 검찰, 국가정보원 직원 또는 군인의 직(職)에서 퇴직한 날부터 3년이 지나지 아니한 사람
4. 「국가공무원법」 제33조 각 호의 어느 하나에 해당하는 사람

[전문개정 2011.5.30]

制7조【위원의 임기 및 신분보장】① 위원의 임기는 3년으로 하며, 연임(連任)할 수 없다. 이 경우 보궐위원의 임기는 전임자 임기의 남은 기간으로 한다.

② 위원은 정당에 가입하거나 제6조제4항제2호 또는 제3호의 직에 취임 또는 임용되거나 제4호에 해당하게 된 때에는 당연히 퇴직된다.

③ 위원은 중대한 신체상 또는 정신상의 장애로 직무를 수행할 수 없게 된 경우를 제외하고는 그 의사에 반하여 면직되지 아니한다.

[전문개정 2011.5.30]

制8조【「국가공무원법」의 준용】위원에 대하여는 「국가공무원법」 제60조 및 제65조를 준용한다.

[전문개정 2011.5.30]

제9조 【위원회의 심의 · 의결 사항】 ① 다음 각 호의 사항은 위원회의 심의 · 의결을 거쳐야 한다.

1. 국가경찰의 인사, 예산, 장비, 통신 등에 관한 주요정책 및 국가경찰 업무 발전에 관한 사항
2. 인권보호와 관련되는 국가경찰의 운영 · 개선에 관한 사항
3. 국가경찰 임무 외에 다른 국가기관으로부터의 업무협조 요청에 관한 사항
4. 제주특별자치도의 자치경찰에 대한 국가경찰의 지원 · 협조 및 협약체결의 조정 등에 관한 주요 정책사항
5. 그 밖에 행정안전부장관 및 경찰청장이 중요하다고 인정하여 위원회의 회의에 부친 사항

② 행정안전부장관은 제1항에 따라 심의 · 의결된 내용이 적정하지 아니하다고 판단할 때에는 재의(再議)를 요구할 수 있다.

[전문개정 2011.5.30]

제10조 【위원회의 운영 등】 ① 위원회의 사무는 경찰청에서 수행한다.

② 위원회의 회의는 재적위원 과반수의 출석과 출석위원 과반수의 찬성으로 의결한다.

③ 이 법에 규정된 것 외에 위원회의 운영 및 제9조제1항 각 호에 따른 심의 · 의결 사항의 구체적 범위, 재의 요구 등에 필요한 사항은 대통령령으로 정한다.

[전문개정 2011.5.30]

## 제3장 경찰청 〈개정 2011.5.30〉

제11조 【경찰청장】 ① 경찰청에 경찰청장을 두며, 경찰청장은 치안총감(治安總監)으로 보한다. 〈개정 2011.5.30〉

② 경찰청장은 경찰위원회의 동의를 받아 행정안전부장관의 제청으로 국무총리를 거쳐 대통령이 임명한다. 이 경우 국회의 인사청문을 거쳐야 한다. 〈개정 2011.5.30〉

③ 경찰청장은 국가경찰에 관한 사무를 총괄하고 경찰청 업무를 관장하며 소속 공무원 및 각급 국가경찰기관의 장을 지휘 · 감독한다. 〈개정 2011.5.30〉

④ 삭제 〈2003.12.31〉

⑤ 경찰청장의 임기는 2년으로 하고, 중임(重任)할 수 없다. 〈개정 2011.5.30〉

⑥ 경찰청장이 직무를 집행하면서 헌법이나 법률을 위배하였을 때에는 국회는 탄핵 소추를 의결할 수 있다. 〈개정 2011.5.30〉

[제목개정 2011.5.30]

[2003.12.31 법률 제7035호에 의하여 1999.12.23 헌법재판소에서 위헌 결정된 이 조를 삭제함.]

第12조 【차장】 ① 경찰청에 차장을 두며, 차장은 치안정감(治安正監)으로 보한다.

② 차장은 경찰청장을 보좌하며, 경찰청장이 부득이한 사유로 직무를 수행할 수 없을 때에는 그 직무를 대행한다.

[전문개정 2011.5.30]

第13조 【하부조직】 ① 경찰청의 하부조직은 국(局) 또는 부(部) 및 과(課)로 한다.

② 경찰청장·차장·국장 또는 부장 밑에 정책의 기획이나 계획의 입안(立案) 및 연구·조사를 통하여 그를 직접 보좌하는 담당관을 둘 수 있다.

③ 경찰청의 하부조직의 명칭 및 분장 사무와 공무원의 정원은 「정부조직법」 제2조 제4항 및 제5항을 준용하여 대통령령 또는 행정안전부령으로 정한다.

[전문개정 2011.5.30]

## 제4장 지방경찰 〈개정 2011.5.30〉

第14조 【지방경찰청장】 ① 지방경찰청에 지방경찰청장을 두며, 지방경찰청장은 치안정감·치안감(治安監) 또는 경무관(警務官)으로 보한다.

② 지방경찰청장은 경찰청장의 지휘·감독을 받아 관할구역의 국가경찰사무를 관장하고 소속 공무원 및 소속 국가경찰기관의 장을 지휘·감독한다.

[전문개정 2011.5.30]

第15조 【차장】 ① 지방경찰청에 차장을 둘 수 있다.

② 차장은 지방경찰청장을 보좌하여 소관 사무를 처리하고 지방경찰청장이 부득이한 사유로 직무를 수행할 수 없을 때에는 그 직무를 대행한다.

[전문개정 2011.5.30]

제16조【치안행정협의회】① 지방행정과 치안행정의 업무조정과 그 밖에 필요한 사항을 협의·조정하기 위하여 시·도지사(제주특별자치도지사는 제외한다) 소속으로 치안행정협의회를 둔다.

② 치안행정협의회의 조직·운영과 그 밖에 필요한 사항은 대통령령으로 정한다.

[전문개정 2011.5.30]

제17조【경찰서장】① 경찰서에 경찰서장을 두며, 경찰서장은 경무관, 총경(總警) 또는 경정(警正)으로 보한다. 〈개정 2012.2.22〉

② 경찰서장은 지방경찰청장의 지휘·감독을 받아 관할구역의 소관 사무를 관장하고 소속 공무원을 지휘·감독한다.

③ 경찰서장 소속으로 지구대 또는 파출소를 두고, 그 설치기준은 치안수요·교통·지리 등 관할구역의 특성을 고려하여 행정안전부령으로 정한다. 다만, 필요한 경우에는 출장소를 둘 수 있다.

[전문개정 2011.5.30]

제18조【직제】지방경찰청 및 경찰서의 명칭, 위치, 관할구역, 하부조직, 공무원의 정원, 그 밖에 필요한 사항은 「정부조직법」 제2조제4항 및 제5항을 준용하여 대통령령 또는 행정안전부령으로 정한다.

[전문개정 2011.5.30]

제5장 삭제 〈1996.8.8〉

제19조 삭제 〈1996.8.8〉

제20조 삭제 〈1996.8.8〉

제21조 삭제 〈1996.8.8〉

제22조 삭제 〈1996.8.8〉

## 제6장 국가경찰공무원 〈개정 2006.7.19, 2011.5.30〉

제23조【국가경찰공무원】① 국가경찰공무원의 계급은 치안총감·치안정감·치안감·

경무관 · 총경 · 경정 · 경감(警監) · 경위(警衛) · 경사(警査) · 경장(警長) · 순경(巡警)으로 한다.

② 국가경찰공무원의 임용 · 교육훈련 · 복무 · 신분보장 등에 관한 사항은 따로 법률로 정한다.

[전문개정 2011.5.30]

第24조 【직무수행】 ① 국가경찰공무원은 상관의 지휘 · 감독을 받아 직무를 수행하고, 그 직무수행에 관하여 서로 협력하여야 한다.

② 국가경찰공무원은 구체적 사건수사와 관련된 제1항의 지휘 · 감독의 적법성 또는 정당성에 대하여 이견이 있을 때에는 이의를 제기할 수 있다.

③ 국가경찰공무원의 직무수행에 필요한 사항은 따로 법률로 정한다.

[전문개정 2011.5.30]

## 제7장 비상사태 시의 특별조치 〈개정 2011.5.30〉

第25조 【비상사태 시 자치경찰에 대한 지휘 · 명령】 ① 경찰청장은 전시 · 사변, 천재지변, 그 밖에 이에 준하는 국가 비상사태, 대규모의 테러 또는 소요사태가 발생하였거나 발생할 우려가 있어 전국적인 치안유지를 위하여 긴급한 조치가 필요하다고 인정할 만한 충분한 사유가 있는 경우에는 제2항에 따라 제주특별자치도의 자치경찰공무원(이하 "자치경찰공무원"이라 한다)을 직접 지휘 · 명령할 수 있다. 다만, 제주특별자치도 지역 단위의 치안유지를 위하여 필요한 경우에는 제주특별자치도지방경찰청장이 지휘 · 명령할 수 있다.

② 경찰청장 또는 제주특별자치도지방경찰청장은 제1항에 따른 조치가 필요한 경우에는 미리 제주특별자치도지사에게 자치경찰공무원을 직접 지휘 · 명령하려는 사유 및 내용 등을 구체적으로 제시하여 통보하여야 한다. 이 경우 제주특별자치도지사는 정당한 사유가 없으면 즉시 소속 자치경찰공무원에게 경찰청장 또는 제주특별자치도지방경찰청장의 지휘 · 명령을 받을 것을 명하여야 한다.

③ 경찰청장 또는 제주특별자치도지방경찰청장이 제1항에 따라 지휘 · 명령권을 인수한 경우에는 경찰청장은 경찰위원회에 즉시 보고하여야 하고, 제주특별자치도지방경

찰청장은 「제주특별자치도 설치 및 국제자유도시 조성을 위한 특별법」 제113조에 따른 관할 치안행정위원회에 즉시 통보하여야 한다.

④ 제3항에 따라 자치경찰공무원에 대한 지휘·명령권자가 변동된 사실을 보고받은 경찰위원회는 제1항에 규정된 사유에 해당되지 아니한다고 인정하면 그 지휘·명령권을 반환할 것을 의결할 수 있으며, 같은 사실을 통보받은 치안행정위원회는 제1항에 규정된 사유에 해당되지 아니한다고 인정하면 경찰청장 또는 제주특별자치도지방경찰청장에게 그 지휘·명령권의 반환을 건의할 수 있다.

⑤ 경찰청장 또는 제주특별자치도지방경찰청장은 제1항에 따라 경찰청장 또는 제주특별자치도지방경찰청장이 자치경찰공무원을 지휘·명령할 수 있는 사유가 해소된 때에는 자치경찰공무원에 대한 지휘·명령권을 즉시 제주특별자치도지사에게 반환하여야 한다.

⑥ 제1항 및 제2항에 따라 제주특별자치도의 자치경찰공무원이 경찰청장 또는 제주특별자치도지방경찰청장의 지휘·명령을 받는 경우 그 지휘·명령의 범위에서는 국가경찰공무원으로 본다.

[전문개정 2011.5.30]

## 부칙 〈제11335호, 2012.2.22〉

이 법은 공포한 날부터 시행한다.

# 부록2 경찰공무원법

[시행 2012.7.1] [법률 제11042호, 2011.9.15, 타법개정]

제1조 【목적】 이 법은 국가경찰공무원의 책임 및 직무의 중요성과 신분 및 근무 조건의 특수성에 비추어 그 임용, 교육훈련, 복무(服務), 신분보장 등에 관하여 「국가공무원법」에 대한 특례를 규정함을 목적으로 한다.

[전문개정 2011.5.30]

제1조의2 【정의】 이 법에서 사용하는 용어의 정의는 다음과 같다.

1. "임용"이란 신규채용 · 승진 · 전보 · 파견 · 휴직 · 직위해제 · 정직 · 강등 · 복직 · 면직 · 해임 및 파면을 말한다.
2. "전보"란 경찰공무원의 동일 직위 및 자격 내에서의 근무기관이나 부서를 달리하는 임용을 말한다.
3. "복직"이란 휴직 · 직위해제 또는 정직(강등에 따른 정직을 포함한다) 중에 있는 경찰공무원을 직위에 복귀시키는 것을 말한다.

[본조신설 2010.3.22]

제2조 【계급 구분】 국가경찰공무원(이하 "경찰공무원"이라 한다)의 계급은 다음과 같이 구분한다.

치안총감(治安總監)

치안정감(治安正監)

치안감(治安監)

경무관(警務官)

총경(總警)

경정(警正)

경감(警監)

경위(警衛)

경사(警査)

경장(警長)

순경(巡警)

[전문개정 2011.5.30]

제3조 【경과 구분】 ① 경찰공무원은 그 직무의 종류에 따라 경과(警科)에 의하여 구분할 수 있다.

② 경과의 구분에 필요한 사항은 대통령령으로 정한다.

[전문개정 2011.5.30]

제4조 【경찰공무원인사위원회의 설치】 ① 경찰공무원의 인사(人事)에 관한 중요 사항에 대하여 경찰청장 또는 해양경찰청장의 자문에 응하게 하기 위하여 경찰청과 해양경찰청에 경찰공무원인사위원회(이하 "인사위원회"라 한다)를 둔다.

② 인사위원회의 구성 및 운영에 필요한 사항은 대통령령으로 정한다.

[전문개정 2011.5.30]

제5조 【인사위원회의 기능】 인사위원회는 다음 각 호의 사항을 심의한다.

1. 경찰공무원의 인사행정에 관한 방침과 기준 및 기본계획
2. 경찰공무원의 인사에 관한 법령의 제정·개정 또는 폐지에 관한 사항
3. 그 밖에 경찰청장 또는 해양경찰청장이 인사위원회의 회의에 부치는 사항

[전문개정 2011.5.30]

제6조 【임용권자】 ① 총경 이상의 경찰공무원은 경찰청장 또는 해양경찰청장의 추천을 받아 행정안전부장관 또는 국토해양부장관의 제청으로 국무총리를 거쳐 대통령이 임용한다. 다만, 해양경찰청장은 국토해양부장관의 제청으로 국무총리를 거쳐 대통령이 임명하고, 총경의 전보, 휴직, 직위해제, 강등, 정직 및 복직은 경찰청장 또는 해양경찰청장이 한다.

② 경정 이하의 경찰공무원은 경찰청장 또는 해양경찰청장이 임용한다. 다만, 경정으로의 신규채용, 승진임용 및 면직은 경찰청장 또는 해양경찰청장의 제청으로 국무총리를 거쳐 대통령이 한다.

③ 경찰청장 또는 해양경찰청장은 대통령령으로 정하는 바에 따라 경찰공무원의 임용에 관한 권한의 일부를 소속 기관의 장, 지방경찰청장 또는 지방해양경찰관서의 장에게 위임할 수 있다.

④ 경찰청장, 해양경찰청장 또는 제3항에 따라 임용권을 위임받은 자는 행정안전부령 또는 국토해양부령으로 정하는 바에 따라 소속 경찰공무원의 인사기록을 작성·보관하여야 한다.

[전문개정 2011.5.30]

제7조 【임용자격 및 결격사유】 ① 경찰공무원은 신체 및 사상이 건전하고 품행이 방정(方正)한 사람 중에서 임용한다.

② 다음 각 호의 어느 하나에 해당하는 사람은 경찰공무원으로 임용될 수 없다.

1. 대한민국 국적을 가지지 아니한 사람
2. 「국적법」 제11조의2제1항에 따른 복수국적자
3. 금치산자 또는 한정치산자
4. 파산선고를 받고 복권되지 아니한 사람
5. 자격정지 이상의 형(刑)을 선고받은 사람
6. 자격정지 이상의 형의 선고유예를 선고받고 그 유예기간 중에 있는 사람
7. 징계에 의하여 파면 또는 해임처분을 받은 사람

[전문개정 2011.5.30]

제8조 【신규채용】 ① 경정 및 순경의 신규채용은 공개경쟁시험으로 한다.

② 경위의 신규채용은 경찰대학을 졸업한 사람 및 대통령령으로 정하는 자격을 갖추고 공개경쟁시험으로 선발된 사람(이하 "경찰간부후보생"이라 한다)으로서 교육훈련을 마치고 정하여진 시험에 합격한 사람 중에서 한다.

③ 다음 각 호의 어느 하나에 해당하는 경우에는 특별채용시험으로 경찰공무원을 신규채용(이하 "특별채용"이라 한다)할 수 있다.

1. 퇴직한 경찰공무원을 퇴직한 날부터 2년 이내에 퇴직 시에 재직하였던 계급의 경찰공무원으로 재임용하는 경우
2. 공개경쟁시험으로 임용하는 것이 부적당한 경우에 임용예정 직무에 관련된 자격증 소지자를 임용하는 경우
3. 임용예정직에 상응하는 근무실적 또는 연구실적이 있거나 전문지식을 가진 사람을 임용하는 경우
4. 「국가공무원법」에 따른 5급 공무원의 공개경쟁채용시험이나 「사법시험법」에 따른 사법시험에 합격한 사람을 경정 이하의 경찰공무원으로 임용하는 경우
5. 「국가공무원법」 제85조에 따라 재학 중에 장학금을 받고 졸업한 사람을 임용하는 경우
6. 섬, 외딴곳 등 특수지역에서 근무할 사람을 임용하는 경우

7. 외국어에 능통한 사람을 임용하는 경우
8. 제주특별자치도의 자치경찰공무원(이하 "자치경찰공무원"이라 한다)을 그 계급에 상응하는 경찰공무원으로 임용하는 경우

④ 제3항에 따른 특별채용을 할 때에는 동일한 사유에 해당하는 여러 사람을 제한경쟁의 방법으로 채용할 수 있다.

⑤ 제2항에 따른 경찰간부후보생의 교육훈련, 제3항에 따라 특별채용할 수 있는 경찰공무원의 계급, 임용예정직에 관련된 자격증의 구분, 근무실적 또는 연구실적, 전보 제한 등에 관한 사항은 대통령령으로 정한다.

[전문개정 2011.5.30]

第8조의2 【부정행위자에 대한 제재】 경찰청장 또는 해양경찰청장은 경찰공무원의 채용시험 또는 경찰간부후보생 공개경쟁선발시험에서 부정행위를 한 응시자에 대하여는 해당 시험을 정지 또는 무효로 하고, 그 처분이 있은 날부터 5년간 시험응시자격을 정지한다.

[본조신설 2011.5.30]

第9조 【채용후보자 명부 등】 ① 경찰청장 또는 해양경찰청장(제6조제3항에 따라 임용권을 위임받은 자를 포함한다)은 신규채용시험에 합격한 사람(경찰대학을 졸업한 사람과 경찰간부후보생을 포함한다)을 대통령령으로 정하는 바에 따라 성적 순위에 따라 채용후보자 명부에 등재(登載)하여야 한다.

② 경찰공무원의 신규채용은 제1항에 따른 채용후보자 명부의 등재 순위에 따른다. 다만, 채용후보자가 경찰교육기관에서 신임교육을 받은 경우에는 그 교육성적 순위에 따른다.

③ 제1항에 따른 채용후보자 명부의 유효기간은 2년의 범위에서 대통령령으로 정한다. 다만, 경찰청장 또는 해양경찰청장은 필요에 따라 1년의 범위에서 그 기간을 연장할 수 있다.

④ 경찰청장 또는 해양경찰청장은 채용후보자 명부의 유효기간을 연장하기로 결정한 경우에는 그 사실을 공고하여야 한다.

⑤ 제1항에 따른 채용후보자 명부의 작성 및 운영에 필요한 사항은 대통령령으로 정한다.

⑥ 임용권자는 경찰공무원의 결원을 보충할 때 채용후보자 명부 또는 승진후보자 명

부에 등재된 후보자 수가 결원 수보다 적고, 인사행정 운영상 특히 필요하다고 인정할 때에는 그 결원된 계급에 관하여 다른 임용권자가 작성한 자치경찰공무원의 신규임용후보자 명부 또는 승진후보자 명부를 해당 기관의 채용후보자 명부 또는 승진후보자 명부로 보아 해당 자치경찰공무원을 임용할 수 있다. 이 경우 임용권자는 그 자치경찰공무원의 임용권자와 협의하여야 한다.

[전문개정 2011.5.30]

제10조【시보임용】① 경정 이하의 경찰공무원을 신규채용할 때에는 1년간 시보(試補)로 임용하고, 그 기간이 만료된 다음 날에 정규 경찰공무원으로 임용한다.

② 휴직기간, 직위해제기간 및 징계에 의한 정직처분 또는 감봉처분을 받은 기간은 제1항에 따른 시보임용기간에 산입하지 아니한다.

③ 시보임용기간 중에 있는 경찰공무원이 근무성적 또는 교육훈련성적이 불량할 때에는 「국가공무원법」 제68조 및 이 법 제22조에도 불구하고 면직시키거나 면직을 제청할 수 있다.

④ 다음 각 호의 어느 하나에 해당하는 경우에는 시보임용을 거치지 아니한다.

1. 경찰대학을 졸업한 사람 또는 경찰간부후보생으로서 정하여진 교육을 마친 사람을 경위로 임용하는 경우
2. 경찰공무원으로서 대통령령으로 정하는 상위계급으로의 승진에 필요한 자격요건을 갖추고 임용예정 계급에 상응하는 공개경쟁 채용시험에 합격한 사람을 해당 계급의 경찰공무원으로 임용하는 경우
3. 퇴직한 경찰공무원으로서 퇴직 시에 재직하였던 계급의 채용시험에 합격한 사람을 재임용하는 경우
4. 자치경찰공무원을 그 계급에 상응하는 경찰공무원으로 임용하는 경우

[전문개정 2011.5.30]

제10조의2【경찰공무원과 자치경찰공무원 간의 인사 교류】① 경찰청장은 경찰공무원의 능력을 발전시키고 국가경찰과 자치경찰 사무의 연계성을 높이기 위하여 국가경찰과 자치경찰 간에 긴밀한 인사 교류가 될 수 있도록 노력하여야 한다.

② 제8조제3항제8호에 따라 자치경찰공무원을 경찰공무원으로 채용할 때에는 특별채용시험을 거치지 아니할 수 있다.

[전문개정 2011.5.30]

제11조 【승진】 ① 경찰공무원은 바로 아래 하위계급에 있는 경찰공무원 중에서 근무성적평정, 경력평정, 그 밖의 능력을 실증(實證)하여 승진임용한다. 〈개정 2011.5.30〉

② 경무관 이하 계급으로의 승진은 승진심사에 의하여 한다. 다만, 경정 이하 계급으로의 승진은 대통령령으로 정하는 비율에 따라 승진시험과 승진심사를 병행할 수 있다. 〈개정 2011.5.30〉

③ 삭제 〈1994.12.22〉

④ 총경 이하의 경찰공무원에 대하여는 대통령령으로 정하는 바에 따라 계급별로 승진대상자 명부를 작성하여야 한다. 〈개정 2011.5.30〉

⑤ 경찰공무원의 승진에 필요한 계급별 최저근무연수, 승진 제한에 관한 사항, 그 밖에 승진에 관하여 필요한 사항은 대통령령으로 정한다. 〈개정 2011.5.30〉

[제목개정 2011.5.30]

제11조의2 【근속승진】 ① 경찰청장 또는 해양경찰청장은 제11조제2항에도 불구하고 해당 계급에서 다음 각 호의 기간 동안 재직한 사람을 경장, 경사, 경위, 경감으로 각각 근속승진임용 할 수 있다.

1. 순경을 경장으로 근속승진임용하려는 경우: 해당 계급에서 5년 이상 근속자
2. 경장을 경사로 근속승진임용하려는 경우: 해당 계급에서 6년 이상 근속자
3. 경사를 경위로 근속승진임용하려는 경우: 해당 계급에서 7년 6개월 이상 근속자
4. 경위를 경감으로 근속승진임용하려는 경우: 해당 계급에서 12년 이상 근속자

② 제1항에 따라 근속승진한 경찰공무원이 근무하는 기간에는 그에 해당하는 직급의 정원이 따로 있는 것으로 보고, 종전 직급의 정원은 감축된 것으로 본다.

③ 제1항에 따른 근속승진임용의 기준, 절차 등에 관하여 필요한 사항은 대통령령으로 정한다.

[전문개정 2011.8.4]

제12조 【승진심사위원회】 ① 제11조제2항에 따른 승진심사를 하기 위하여 경찰청과 해양경찰청에 중앙승진심사위원회를 두고, 경찰청·해양경찰청·지방경찰청과 대통령령으로 정하는 경찰기관 및 지방해양경찰관서에 보통승진심사위원회를 둔다.

② 제1항에 따라 설치된 승진심사위원회는 제11조제4항에 따라 작성된 승진대상자 명부의 선순위자(제11조제2항 단서에 따른 승진시험에 합격된 승진후보자는 제외한다) 순으로 승진시키려는 결원의 5배수의 범위에 있는 사람 중에서 승진후보자를 심

사·선발한다.

③ 승진심사위원회의 구성·관할 및 운영에 필요한 사항은 대통령령으로 정한다.

[전문개정 2011.5.30]

제13조 【승진후보자 명부 등】 ① 경찰청장 또는 해양경찰청장(제6조제3항에 따라 임용권을 위임받은 자를 포함한다)은 제11조제2항 및 제3항에 따른 승진시험에 합격한 사람과 제12조제2항에 따라 승진후보자로 선발된 사람을 대통령령으로 정하는 바에 따라 승진후보자 명부에 등재하여야 한다.

② 경무관 이하 계급으로의 승진은 제1항에 따른 승진후보자 명부의 등재 순위에 따른다.

③ 승진후보자 명부의 유효기간과 작성 및 운영에 관하여는 제9조를 준용한다.

[전문개정 2011.5.30]

제14조 【특별유공자 등의 특별승진】 ① 경찰공무원으로서 다음 각 호의 어느 하나에 해당되는 사람에 대하여는 제11조에도 불구하고 1계급 특별승진시킬 수 있다. 다만, 경위 이하의 경찰공무원으로서 모든 경찰공무원의 귀감이 되는 공을 세우고 전사하거나 순직한 사람에 대하여는 2계급 특별승진시킬 수 있다.

1. 「국가공무원법」 제40조의4제1항제1호부터 제4호까지의 규정 중 어느 하나에 해당되는 사람
2. 전사하거나 순직한 사람
3. 직무 수행 중 현저한 공적을 세운 사람

② 특별승진의 요건과 그 밖에 필요한 사항은 대통령령으로 정한다.

[전문개정 2011.5.30]

제15조 【시험실시기관 및 응시자격 등】 ① 경찰공무원의 신규채용시험 및 승진시험과 경찰간부후보생 선발시험은 경찰청장 또는 해양경찰청장이 실시한다. 다만, 경찰청장 또는 해양경찰청장이 필요하다고 인정할 때에는 대통령령으로 정하는 바에 따라 그 권한의 일부를 소속 기관의 장, 지방경찰청장 또는 지방해양경찰관서의 장에게 위임할 수 있다.

② 제1항에 따른 각종 시험의 응시자격, 시험방법, 그 밖에 시험의 실시에 필요한 사항은 대통령령으로 정한다.

[전문개정 2011.5.30]

第16조 【보훈】 경찰공무원으로서 전투나 그 밖의 직무 수행 또는 교육훈련 중 사망한 사람(공무상 질병으로 사망한 사람을 포함한다) 및 부상(공무상의 질병을 포함한다)을 입고 퇴직한 사람과 그 유족 또는 가족은 「국가유공자 등 예우 및 지원에 관한 법률」에서 정하는 바에 따라 예우를 받는다.

[전문개정 2011.5.30]

第17조 【교육훈련】 ① 경찰청장 또는 해양경찰청장은 모든 경찰공무원에게 균등한 교육훈련의 기회가 주어지도록 교육훈련에 관한 종합적인 기획 및 조정을 하여야 한다.

② 경찰청장 또는 해양경찰청장은 경찰공무원의 교육훈련을 위한 교육훈련기관을 설치·운영할 수 있다.

③ 경찰청장 또는 해양경찰청장은 교육훈련을 위하여 필요하면 대통령령으로 정하는 바에 따라 경찰공무원을 국내외의 교육기관에 위탁하여 일정 기간 교육훈련을 받게 할 수 있다.

④ 제2항에 따른 경찰공무원 교육훈련기관의 설치 및 운영에 필요한 사항과 제3항에 따라 교육훈련을 받은 경찰공무원의 복무에 관한 사항은 대통령령으로 정한다.

[전문개정 2011.5.30]

第18조 【거짓 보고 등의 금지】 ① 경찰공무원은 직무에 관하여 거짓으로 보고나 통보를 하여서는 아니 된다.

② 경찰공무원은 직무를 게을리하거나 유기(遺棄)해서는 아니 된다.

[전문개정 2011.5.30]

第19조 【지휘권 남용 등의 금지】 전시·사변, 그 밖에 이에 준하는 비상사태이거나 작전 수행 중인 경우 또는 많은 인명 손상이나 국가재산 손실의 우려가 있는 위급한 사태가 발생한 경우, 경찰공무원을 지휘·감독하는 사람은 정당한 사유 없이 그 직무 수행을 거부 또는 유기하거나 경찰공무원을 지정된 근무지에서 진출·퇴각 또는 이탈하게 하여서는 아니 된다.

[전문개정 2011.5.30]

第20조 【복제 및 무기 휴대】 ① 경찰공무원은 제복을 착용하여야 한다.

② 경찰공무원은 직무 수행을 위하여 필요하면 무기를 휴대할 수 있다.

③ 경찰공무원의 복제(服制)에 관한 사항은 행정안전부령 또는 국토해양부령으로 정한다.

[전문개정 2011.5.30]

제21조 【당연퇴직】 경찰공무원이 제7조제2항 각 호의 어느 하나에 해당하게 된 경우에는 당연히 퇴직한다. 다만, 같은 항 제6호에 해당하게 된 경우에는 그러하지 아니하다. [전문개정 2011.5.30]

제22조 【직권면직】 ① 임용권자는 경찰공무원이 다음 각 호의 어느 하나에 해당될 때에는 직권으로 면직시킬 수 있다.

1. 「국가공무원법」 제70조제1항제3호부터 제5호까지의 규정 중 어느 하나에 해당될 때
2. 경찰공무원으로는 부적합할 정도로 직무 수행능력이나 성실성이 현저하게 결여된 사람으로서 대통령령으로 정하는 사유에 해당된다고 인정될 때
3. 직무를 수행하는 데에 위험을 일으킬 우려가 있을 정도의 성격적 또는 도덕적 결함이 있는 사람으로서 대통령령으로 정하는 사유에 해당된다고 인정될 때
4. 해당 경과에서 직무를 수행하는 데 필요한 자격증의 효력이 상실되거나 면허가 취소되어 담당 직무를 수행할 수 없게 되었을 때

② 제1항제2호 · 제3호 또는 「국가공무원법」 제70조제1항제5호의 사유로 면직시키는 경우에는 제26조에 따른 징계위원회의 동의를 받아야 한다.

③ 「국가공무원법」 제70조제1항제4호의 사유로 인한 직권면직일은 휴직기간의 만료일이나 휴직 사유의 소멸일로 한다.

[전문개정 2011.5.30]

제23조 【실종된 경찰공무원의 휴직기간 등】 ① 「국가공무원법」 제71조제1항제4호의 사유로 인한 경찰공무원의 휴직기간은 같은 법 제72조제3호에도 불구하고 법원의 실종선고를 받는 날까지로 한다.

② 제1항에 따른 휴직자가 있는 경우에는 그 휴직자의 계급에 해당하는 정원이 따로 있는 것으로 보고, 결원을 보충할 수 있다.

[전문개정 2011.5.30]

제24조 【정년】 ① 경찰공무원의 정년은 다음과 같다.

1. 연령정년: 60세
2. 계급정년

   치안감: 4년

   경무관: 6년

총경: 11년

경정: 14년

② 징계로 인하여 강등(경감으로 강등된 경우를 포함한다)된 경찰공무원의 계급정년은 제1항제2호에도 불구하고 다음 각 호에 따른다.

1. 강등된 계급의 계급정년은 강등되기 전 계급 중 가장 높은 계급의 계급정년으로 한다.
2. 계급정년을 산정할 때에는 강등되기 전 계급의 근무연수와 강등 이후의 근무연수를 합산한다.

③ 수사, 정보, 외사(外事), 보안 등 특수 부문에 근무하는 경찰공무원으로서 대통령령으로 정하는 바에 따라 지정을 받은 사람은 총경 및 경정의 경우에는 3년의 범위에서 대통령령으로 정하는 바에 따라 제1항제2호에 따른 계급정년을 연장할 수 있다.

④ 경찰청장 또는 해양경찰청장은 전시ㆍ사변이나 그 밖에 이에 준하는 비상사태에서는 2년의 범위에서 제1항제2호에 따른 계급정년을 연장할 수 있다. 이 경우 경무관 이상의 경찰공무원에 대하여는 행정안전부장관 또는 국토해양부장관과 국무총리를 거쳐 대통령의 승인을 받아야 하고, 총경ㆍ경정의 경찰공무원에 대하여는 국무총리를 거쳐 대통령의 승인을 받아야 한다.

⑤ 경찰공무원은 그 정년이 된 날이 1월에서 6월 사이에 있으면 6월 30일에 당연퇴직하고, 7월에서 12월 사이에 있으면 12월 31일에 당연퇴직한다.

⑥ 제1항제2호에 따른 계급정년을 산정할 때 자치경찰공무원으로 근무한 경력이 있는 경찰공무원의 경우에는 그 계급에 상응하는 자치경찰공무원으로 근무한 연수(年數)를 산입한다.

[전문개정 2011.5.30]

第25조【고충심사위원회】① 경찰공무원의 인사상담 및 고충을 심사하기 위하여 경찰청, 해양경찰청, 지방경찰청, 대통령령으로 정하는 경찰기관 및 지방해양경찰관서에 경찰공무원 고충심사위원회를 둔다.

② 경찰공무원 고충심사위원회의 심사를 거친 재심청구와 경정 이상의 경찰공무원의 인사상담 및 고충심사는 「국가공무원법」에 따라 설치된 중앙고충심사위원회에서 한다.

③ 경찰공무원 고충심사위원회의 구성, 심사 절차 및 운영에 필요한 사항은 대통령령으로 정한다.

[전문개정 2011.5.30]

第26조 【징계위원회】 ① 경무관 이상의 경찰공무원에 대한 징계의결은 「국가공무원법」에 따라 국무총리 소속으로 설치된 징계위원회에서 한다.
② 총경 이하의 경찰공무원에 대한 징계의결을 하기 위하여 대통령령으로 정하는 경찰기관 및 해양경찰관서에 경찰공무원 징계위원회를 둔다.
③ 경찰공무원 징계위원회의 구성 · 관할 · 운영, 징계의결의 요구 절차, 그 밖에 필요한 사항은 대통령령으로 정한다.
[전문개정 2011.5.30]

第27조 【징계의 절차】 경찰공무원의 징계는 징계위원회의 의결을 거쳐 징계위원회가 설치된 소속 기관의 장이 하되, 「국가공무원법」에 따라 국무총리 소속으로 설치된 징계위원회에서 의결한 징계는 경찰청장 또는 해양경찰청장이 한다. 다만, 파면 · 해임 · 강등 및 정직은 징계위원회의 의결을 거쳐 해당 경찰공무원의 임용권자가 하되, 경무관 이상의 강등 및 정직과 경정 이상의 파면 및 해임은 경찰청장 또는 해양경찰청장의 제청으로 행정안전부장관 또는 국토해양부장관과 국무총리를 거쳐 대통령이 하고, 총경 및 경정의 강등 및 정직은 경찰청장 또는 해양경찰청장이 한다.
[전문개정 2011.5.30]

第28조 【행정소송의 피고】 징계처분, 휴직처분, 면직처분, 그 밖에 의사에 반하는 불리한 처분에 대한 행정소송의 경우에는 경찰청장 또는 해양경찰청장을 피고로 한다. 다만, 제6조제3항에 따라 임용권을 위임한 경우에는 그 위임을 받은 자를 피고로 한다.
[전문개정 2011.5.30]

第29조 【경찰간부후보생의 보수 등】 교육 중인 경찰간부후보생에게는 대통령령으로 정하는 바에 따라 보수와 그 밖의 실비(實費)를 지급한다.
[전문개정 2011.5.30]

第30조 【「국가공무원법」과의 관계】 ① 경찰공무원에 대하여는 「국가공무원법」 제73조의4, 제76조제2항부터 제5항까지의 규정을 적용하지 아니하며, 치안총감과 치안정감에 대하여는 「국가공무원법」 제68조 본문을 적용하지 아니한다.
② 「국가공무원법」을 경찰공무원에게 적용할 때에는 다음 각 호에 따른다.
1. 「국가공무원법」 제32조의5 및 제43조 중 "직급"은 "계급"으로 본다.
2. 「국가공무원법」 제42조제2항, 제85조제1항 및 제2항 중 "행정안전부장관"은 "경찰청장 또는 해양경찰청장"으로 본다.

3. 「국가공무원법」 제67조, 제68조, 제78조제1항제1호 및 제2항, 제80조제7항 및 제8항 중 "이 법"은 "이 법 및 「국가공무원법」"으로 본다.
4. 「국가공무원법」 제71조제2항제3호 중 "중앙인사관장기관의 장"은 "경찰청장 또는 해양경찰청장"으로 본다.

[전문개정 2011.5.30]

제31조 【벌칙】 ① 경찰공무원으로서 전시・사변, 그 밖에 이에 준하는 비상사태이거나 작전 수행 중인 경우에 제18조제2항 또는 제19조, 「국가공무원법」 제58조제1항을 위반한 사람은 3년 이상의 징역이나 금고에 처하며, 제18조제1항, 「국가공무원법」 제57조를 위반한 사람은 7년 이하의 징역이나 금고에 처한다.

② 제1항의 경우 외에 집단 살상의 위급 사태가 발생한 경우에 제18조 또는 제19조, 「국가공무원법」 제57조 및 제58조제1항을 위반한 사람은 7년 이하의 징역이나 금고에 처한다.

③ 경찰공무원으로서 「국가공무원법」 제44조 또는 제45조를 위반한 사람은 1년 이하의 징역 또는 100만원 이하의 벌금에 처하고, 같은 법 제65조 또는 제66조를 위반한 사람은 2년 이하의 징역 또는 200만원 이하의 벌금에 처한다.

[전문개정 2011.5.30]

## 부칙 〈제11042호, 2011.9.15〉 (보훈보상대상자 지원에 관한 법률)

제1조 【시행일】 이 법은 2012년 7월 1일부터 시행한다.

제2조 【다른 법률의 개정】 ① 및 ② 생략

③ 경찰공무원법 일부를 다음과 같이 개정한다.

제16조 중 "「국가유공자 등 예우 및 지원에 관한 법률」이 정하는 바에 따라 예우를"을 "「국가유공자 등 예우 및 지원에 관한 법률」 또는 「보훈보상대상자 지원에 관한 법률」에 따라 예우 또는 지원을"로 한다. ④부터 〈27〉까지 생략

# 부록3 경찰관직무집행법

[시행 2011.8.4] [법률 제11031호, 2011.8.4, 일부개정]

제1조 【목적】 ① 이 법은 국민의 자유와 권리의 보호 및 사회공공의 질서유지를 위한 경찰관(국가경찰공무원에 한한다. 이하 같다)의 직무수행에 필요한 사항을 규정함을 목적으로 한다. 〈개정 2006.2.21〉

② 이 법에 규정된 경찰관의 직권은 그 직무수행에 필요한 최소한도 내에서 행사되어야 하며 이를 남용하여서는 아니된다.

제2조 【직무의 범위】 경찰관은 다음 각호의 직무를 행한다. 〈개정 2011.8.4〉

1. 국민의 생명·신체 및 재산의 보호
2. 범죄의 예방·진압 및 수사
3. 경비·요인경호 및 대간첩작전수행
4. 치안정보의 수집·작성 및 배포
5. 교통의 단속과 위해의 방지
6. 기타 공공의 안녕과 질서유지

제3조 【불심검문】 ① 경찰관은 수상한 거동 기타 주위의 사정을 합리적으로 판단하여 어떠한 죄를 범하였거나 범하려 하고 있다고 의심할 만한 상당한 이유가 있는 자 또는 이미 행하여진 범죄나 행하여지려고 하는 범죄행위에 관하여 그 사실을 안다고 인정되는 자를 정지시켜 질문할 수 있다.

② 그 장소에서 제1항의 질문을 하는 것이 당해인에게 불리하거나 교통의 방해가 된다고 인정되는 때에는 질문하기 위하여 부근의 경찰서·지구대·파출소 또는 출장소(이하 "경찰관서"라 하되, 지방해양경찰관서를 포함한다)에 동행할 것을 요구할 수 있다. 이 경우 당해인은 경찰관의 동행요구를 거절할 수 있다. 〈개정 1988.12.31, 1996.8.8, 2004.12.23〉

③ 경찰관은 제1항에 규정된 자에 대하여 질문을 할 때에 흉기의 소지여부를 조사할 수 있다.

④ 제1항 또는 제2항의 규정에 의하여 질문하거나 동행을 요구할 경우 경찰관은 당해

인에게 자신의 신분을 표시하는 증표를 제시하면서 소속과 성명을 밝히고 그 목적과 이유를 설명하여야 하며, 동행의 경우에는 동행장소를 밝혀야 한다. 〈개정 1991.3.8〉

⑤ 제2항의 규정에 의하여 동행을 한 경우 경찰관은 당해인의 가족 또는 친지등에게 동행한 경찰관의 신분, 동행장소, 동행목적과 이유를 고지하거나 본인으로 하여금 즉시 연락할 수 있는 기회를 부여하여야 하며, 변호인의 조력을 받을 권리가 있음을 고지하여야 한다. 〈신설 1988.12.31〉

⑥ 제2항의 규정에 의하여 동행을 한 경우 경찰관은 당해인을 6시간을 초과하여 경찰관서에 머물게 할 수 없다. 〈신설 1988.12.31, 1991.3.8〉

⑦ 제1항 내지 제3항의 경우에 당해인은 형사소송에 관한 법률에 의하지 아니하고는 신체를 구속당하지 아니하며, 그 의사에 반하여 답변을 강요당하지 아니한다. 〈신설 1988.12.31〉

제4조 【보호조치등】 ① 경찰관은 수상한 거동 기타 주위의 사정을 합리적으로 판단하여 다음 각호의 1에 해당함이 명백하며 응급의 구호를 요한다고 믿을 만한 상당한 이유가 있는 자를 발견한 때에는 보건의료기관 또는 공공구호기관에 긴급구호를 요청하거나 경찰관서에 보호하는 등 적당한 조치를 할 수 있다. 〈개정 1988.12.31〉

1. 정신착란 또는 술취한 상태로 인하여 자기 또는 타인의 생명·신체와 재산에 위해를 미칠 우려가 있는 자와 자살을 기도하는 자
2. 미아·병자·부상자등으로서 적당한 보호자가 없으며 응급의 구호를 요한다고 인정되는 자. 다만, 당해인이 이를 거절하는 경우에는 예외로 한다.

② 제1항의 긴급구호요청을 받은 보건의료기관이나 공공구호기관은 정당한 이유없이 긴급구호를 거절할 수 없다.

③ 제1항의 경우에 피구호자가 휴대하고 있는 무기·흉기등 위험을 야기할 수 있는 것으로 인정되는 물건은 경찰관서에 임시영치할 수 있다.

④ 경찰관이 제1항의 조치를 한 때에는 지체없이 이를 피구호자의 가족·친지 기타의 연고자에게 그 사실을 통지하여야 하며, 연고자가 발견되지 아니할 때에는 피보호자를 적당한 공중보건의료기관이나 공공구호기관에 즉시 인계하여야 한다.

⑤ 경찰관은 제4항의 규정에 의하여 피구호자를 공중보건의료기관 또는 공공구호기관에 인계한 때에는 즉시 그 사실을 소속 경찰서장 또는 지방해양경찰관서의 장에게 보고하여야 한다. 〈신설 1988.12.31, 1996.8.8〉

⑥ 제5항의 보고를 받은 소속 경찰서장 또는 지방해양경찰관서의 장은 대통령령이 정

하는 바에 의하여 피구호자를 인계한 사실을 지체없이 당해 공중보건의료기관·공공구호기관의 장 및 그 감독행정청에 통보하여야 한다. 〈신설 1988.12.31, 1996.8.8〉

⑦ 제1항의 규정에 의한 경찰관서에서의 보호는 24시간을, 제3항의 임시영치는 10일을 초과할 수 없다. 〈개정 1988.12.31〉

제5조 【위험발생의 방지】 ① 경찰관은 인명 또는 신체에 위해를 미치거나 재산에 중대한 손해를 끼칠 우려가 있는 천재, 사변, 공작물의 손괴, 교통사고, 위험물의 폭발, 광견·분마류등의 출현, 극단한 혼잡 기타 위험한 사태가 있을 때에는 다음의 조치를 할 수 있다.

1. 그 장소에 집합한 자, 사물의 관리자 기타 관계인에게 필요한 경고를 발하는 것
2. 특히 긴급을 요할 때에는 위해를 받을 우려가 있는 자를 필요한 한도 내에서 억류하거나 피난시키는 것
3. 그 장소에 있는 자, 사물의 관리자 기타 관계인에게 위해방지상 필요하다고 인정되는 조치를 하게 하거나 스스로 그 조치를 하는 것

② 경찰관서의 장은 대간첩작전수행 또는 소요사태의 진압을 위하여 필요하다고 인정되는 상당한 이유가 있을 때에는 대간첩작전지역 또는 경찰관서·무기고등 국가중요시설에 대한 접근 또는 통행을 제한하거나 금지할 수 있다.

③ 경찰관이 제1항의 조치를 한 때에는 지체없이 이를 소속경찰관서의 장에게 보고하여야 한다.

④ 제2항의 조치를 하거나 제3항의 보고를 받은 경찰관서의 장은 관계기관의 협조를 구하는 등 적당한 조치를 하여야 한다.

제6조 【범죄의 예방과 제지】 ① 경찰관은 범죄행위가 목전에 행하여지려고 하고 있다고 인정될 때에는 이를 예방하기 위하여 관계인에게 필요한 경고를 발하고, 그 행위로 인하여 인명·신체에 위해를 미치거나 재산에 중대한 손해를 끼칠 우려가 있어 긴급을 요하는 경우에는 그 행위를 제지할 수 있다.

② 삭제 〈1988.12.31〉

제7조 【위험방지를 위한 출입】 ① 경찰관은 제5조제1항·제2항 및 제6조제1항에 규정한 위험한 사태가 발생하여 인명·신체 또는 재산에 대한 위해가 절박한 때에 그 위해를 방지하거나 피해자를 구조하기 위하여 부득이 하다고 인정할 때에는 합리적으로 판단하여 필요한 한도 내에서 타인의 토지·건물 또는 선차 내에 출입할 수 있다.

② 흥행장 · 여관 · 음식점 · 역 기타 다수인이 출입하는 장소의 관리자 또는 이에 준하는 관계인은 그 영업 또는 공개시간 내에 경찰관이 범죄의 예방 또는 인명 · 신체와 재산에 대한 위해예방을 목적으로 그 장소에 출입할 것을 요구한 때에는 정당한 이유 없이 이를 거절할 수 없다.

③ 경찰관은 대간첩작전수행에 필요한 때에는 작전지역안에 있어서의 제2항에 규정된 장소안을 검색할 수 있다.

④ 제1항 내지 제3항의 규정에 의하여 경찰관이 필요한 장소에 출입할 때에는 그 신분을 표시하는 증표를 제시하여야 하며, 함부로 관계인의 정당한 업무를 방해하여서는 아니 된다.

제8조 【사실의 확인등】 ① 경찰관서의 장은 직무수행에 필요하다고 인정되는 상당한 이유가 있을 때에는 국가기관 또는 공사단체등에 대하여 직무수행에 관련된 사실을 조회할 수 있다. 다만, 긴급을 요할 때에는 소속경찰관으로 하여금 현장에 출장하여 당해 기관 또는 단체의 장의 협조를 얻어 그 사실을 확인하게 할 수 있다.

② 경찰관은 미아를 인수할 보호자의 여부, 유실물을 인수할 권리자의 여부 또는 사고로 인한 사상자를 확인하기 위하거나 행정처분을 위한 교통사고조사상의 사실을 확인하기 위하여 필요한 때에는 관계인에게 출석을 요하는 사유 · 일시 및 장소를 명확히 한 출석요구서에 의하여 경찰관서에 출석할 것을 요구할 수 있다.

제9조 【유치장】 경찰서 및 지방해양경찰관서에 법률이 정한 절차에 따라 체포 · 구속되거나 신체의 자유를 제한하는 판결 또는 처분을 받은 자를 수용하기 위하여 유치장을 둔다. 〈개정 1996.8.8, 1999.5.24〉

제10조 【경찰장비의 사용등】 ① 경찰관은 직무수행중 경찰장비를 사용할 수 있다. 다만, 인명 또는 신체에 위해를 가할 수 있는 경찰장비에 대하여는 필요한 안전교육과 안전검사를 실시하여야 한다.

② 제1항의 "경찰장비"라 함은 무기, 경찰장구, 최루제 및 그 발사장치, 감식기구, 해안감시기구, 통신기기, 차량 · 선박 · 항공기등 경찰의 직무수행을 위하여 필요한 장치와 기구를 말한다.

③ 경찰장비를 임의로 개조하거나 임의의 장비를 부착하여 통상의 용법과 달리 사용함으로써 타인의 생명 · 신체에 위해를 주어서는 아니된다.

④ 제1항 단서의 경찰장비의 종류 및 그 사용기준, 안전교육 · 안전검사의 기준등에

대하여는 대통령령으로 정한다.
[본조신설 1999.5.24]

제10조의2 【경찰장구의 사용】 ①경찰관은 현행범인인 경우와 사형·무기 또는 장기 3년 이상의 징역이나 금고에 해당하는 죄를 범한 범인의 체포·도주의 방지, 자기 또는 타인의 생명·신체에 대한 방호, 공무집행에 대한 항거의 억제를 위하여 필요하다고 인정되는 상당한 이유가 있을 때에는 그 사태를 합리적으로 판단하여 필요한 한도내에서 경찰장구를 사용할 수 있다. 〈개정 1991.3.8, 1999.5.24〉
② 제1항의 "경찰장구"라 함은 경찰관이 휴대하여 범인검거와 범죄진압등 직무수행에 사용하는 수갑·포승·경찰봉·방패등을 말한다. 〈신설 1999.5.24〉
[제목개정 1999.5.24]

제10조의3 【분사기등의 사용】 ① 경찰관은 범인의 체포·도주의 방지 또는 불법집회·시위로 인하여 자기 또는 타인의 생명·신체와 재산 및 공공시설안전에 대한 현저한 위해의 발생을 억제하기 위하여 부득이한 경우 현장책임자의 판단으로 필요한 최소한의 범위안에서 분사기(총포·도검·화약류등 단속법의 규정에 의한 분사기와 최루등의 작용제) 또는 최루탄을 사용할 수 있다. 〈개정 1999.5.24〉
② 삭제 〈1999.5.24〉
[본조신설 1989.6.16]
[제목개정 1999.5.24]

제10조의4 【무기의 사용】 ① 경찰관은 범인의 체포·도주의 방지, 자기 또는 타인의 생명·신체에 대한 방호, 공무집행에 대한 항거의 억제를 위하여 필요하다고 인정되는 상당한 이유가 있을 때에는 그 사태를 합리적으로 판단하여 필요한 한도 내에서 무기를 사용할 수 있다. 다만, 형법에 규정한 정당방위와 긴급피난에 해당하는 때 또는 다음 각호의 1에 해당하는 때를 제외하고는 사람에게 위해를 주어서는 아니 된다. 〈개정 1988.12.31, 1999.5.24〉

1. 사형·무기 또는 장기 3년 이상의 징역이나 금고에 해당하는 죄를 범하거나 범하였다고 의심할 만한 충분한 이유가 있는 자가 경찰관의 직무집행에 대하여 항거하거나 도주하려고 할 때 또는 제삼자가 그를 도주시키려고 경찰관에게 항거할 때에 이를 방지 또는 체포하기 위하여 무기를 사용하지 아니하고는 다른 수단이 없다고 인정되는 상당한 이유가 있을 때

2. 체포·구속영장과 압수·수색영장을 집행할 때에 본인이 경찰관의 직무집행에 대하여 항거하거나 도주하려고 할 때 또는 제삼자가 그를 도주시키려고 경찰관에게 항거할 때 이를 방지 또는 체포하기 위하여 무기를 사용하지 아니하고는 다른 수단이 없다고 인정되는 상당한 이유가 있을 때
3. 범인 또는 소요행위자가 무기·흉기등 위험한 물건을 소지하고 경찰관으로부터 3회 이상의 투기명령 또는 투항명령을 받고도 이에 불응하면서 계속 항거하여 이를 방지 또는 체포하기 위하여 무기를 사용하지 아니하고는 다른 수단이 없다고 인정되는 상당한 이유가 있을 때
4. 대간첩작전수행에 있어 무장간첩이 경찰관의 투항명령을 받고도 이에 불응하는 경우

② 제1항의 "무기"라 함은 인명 또는 신체에 위해를 가할 수 있도록 제작된 권총·소총·도검등을 말한다. 〈신설 1999.5.24〉

③ 대간첩·대테러작전등 국가안전에 관련되는 작전을 수행할 때에는 개인화기외에 공용화기를 사용할 수 있다. 〈신설 1999.5.24〉

제11조 【사용등록의 보관】 제10조의3의 규정에 의한 분사기나 최루탄 또는 제10조의4의 규정에 의한 무기를 사용하는 경우 그 책임자는 사용일시·사용장소·사용대상·현장책임자·종류·수량등을 기록하여 보관하여야 한다.

[본조신설 1999.5.24]

제12조 【벌칙】 이 법에 규정된 경찰관의 의무에 위반하거나 직권을 남용하여 다른 사람에게 해를 끼친 자는 1년 이하의 징역이나 금고에 처한다.

[전문개정 1988.12.31]

제13조 【시행령】 이 법 시행에 관하여 필요한 사항은 대통령령으로 정한다.

## 부칙 〈제11031호, 2011.8.4〉

이 법은 공포한 날부터 시행한다.

# 부록4 주요 경찰업무와 품질관리방안

| 주요업무 | | 목표 | 고객 | 고객의 요구 | 경찰서비스 혁신 방안 |
|---|---|---|---|---|---|
| 형사 | 형사/수사 | 범죄척결 범인검거 및 공소유지 | 피의자 | 인권/적법절차 | 품질보장(서비스기준)<br>고객서비스팀/고객사후설문<br>조사절차에 대한 정보제공<br>옴부즈만<br>프로세스 리엔지어링 |
| | | | 피해자 | 범인검거/ 인권보장 /보안 /피해보상 | |
| | | | 참고인 | 조사시 불편극소화/ 신변안전 | |
| | | | 일반주민 | 치안유지/범죄예방 | |
| | 감식 (과학 수사 연구) | 과학적 수사지원 및 증거수집 | 수사 당사자 | 신속 정확한 결과 통보/수사편의 확보 | 프로세스 리엔지니어링 |
| 교통 | 면허 | 운전 적격자 선별 | 응시자 | 공정성/응시자 편의/신속/친절 | 시간, 동작연구/프로세스 리엔지어링(업무흐름개선) |
| | | | 민원인 | 신속/친절 | |
| | 교통 관제 | 소통원활 | 운전자 | 원활한 소통/교통정보 접근도 | 고객불만추적제도/서비스팀<br>조사관, 제안함, 전자우편 |
| | | | 보행자 | 보행자 위주/안전 | |
| | 교통 안전 | 교통안전/사고 예방/처리 | 피규제자 | 적법 절차 | 교통관제와 유사 |
| | | | 일반 운전자 | 단속위한 단속배제 | |
| 생활안전 | 방범 (외근) | 주민의 일상생활보호 | 일반주민 | 치안/사고예방/ 긴급구조/ 생활주변불편해소/ 지역사회관계 증진 | 지역사회설문<br>지역사회지향 경찰<br>고객위원회/시험마케팅<br>조사관(모니터링)<br>불만추적제도 |

| | | | | | |
|---|---|---|---|---|---|
| | | 질서유지/단속/인허가 | 주민/피규제자 | 적법절차/공정성 | |
| | 소년 | 청소년 선도 및 보호 | 청소년 | 선도보호/법적처리 | |
| | 112운영 | 신속 대응 | 신고인 | 신속대응/문제해결/신변보호 | |
| 경비 | 경비 | 시위에 대한 적절한 대응/행사안전유지 | 일반주민 | 불편해소/안전 | 고객설문/옴부즈만제도 고객 인터뷰 |
| | | | 시설/행사주체 | 적정경비/보호안전 | |
| | 경호 | 신변보호 | 특정요인 | 안전/접근도 유지 | 고객불만 추적 |
| | 전의경관리 | 효율적 관리/무사고 | 전·의경 | 자체사고 방지노력 자기개발 및 사회적응 유도 | 고객설문 |
| 경무 | 행정지원 | 효율적 조직관리 | 내부고객 | 후생/근무환경 개선 | 제안함 활성화, 설문조사 |
| | 민원봉사 | 대민봉사 | 민원인 | 신속/친절/정보제공 | 고객설문/사후설문/고객제안/고객서비스훈련/전자우편/수신자 부담 전화 |
| | 청문 | 건전한 직장생활 유도 | 내부고객 | 고충상담 및 신분보장 | 고객설문/ 고충상담 |
| | | | 외부고객 | 고소·고발 | 고객설문 |
| | 인사 | 공정한 인사관리/사기진작 | 내부고객 | 공정성, 신뢰성 | 고충처리 |
| | 교육 | 업무능력 향상 | 내부 교육생 | 교육의 품질 | 조직개발 |
| | | 승진적격자 판별 | 승진 예정자 | 응시자의 편의고려 | 공정인사실현 |
| | | 유능한 인재유지 | 응시자 | 응시자의 편의고려 | 고객설문/사후 설문/전자우편 |
| | 장비 | 적정장비의 적기지원 장비의 효율적 사용 | 장비 사용자 | 최신장비의 적기보급 | 고객요구조사/고객제안/팀제/프로세스리엔지어링 |
| | 경리 | 경찰예산집행 | 내부고객 | 각종 제수당 및 적정 경비 지급 | 고객설문/고객제안 |

## 저자 소개

### 배철효(裵哲孝)

- 영남대학교 행정대학원 행정학과(행정학석사)
- 경남대학교 대학원 행정학과(행정학 박사)
- 현) 수성대학교 경찰행정과 학과장
  수성대학교 민간경비교육센터장
  한국민간경비학회 회장
  (사)한국행정학회 공공안전행정연구회 회장
  한국경찰학회 부회장
  (사)대한지방자치학회 부회장
  공인 경비지도사 시험출제위원 및 검토위원
  공인 행정관리사 시험출제위원
  충청북도 7급 지방공무원 공개채용시험출제위원
  청원경찰시험출제위원
  경찰청 고객만족평가단 위원
  북부경찰서 경찰발전위원회 위원
  법무부 범죄예방 소년선도 분과위원회 위원
  대구지방검찰청 서부지청 형사조정위원회 위원
  수성대학교 학사운영처장
  한국치안행정학회 회장
  한국경찰연구학회 부회장
  대구지방경찰청 집회시위시민감시단 위원장
  대구구치소 교정자문위원회 위원장
  민주평화통일자문회의 자문위원
  한국전문대학교육협의회 학과평가위원

**〈주요저서 및 논문〉**

- 신사무관리론(학문사, 2004)
- 경찰인사관리론(남두도서, 2004)
- 현대행정관리론(도서출판 대영문화사, 2004)
- 경찰종합실무 상,하(경찰고시연구원, 2005)
- 공인행정사 문제연구(도서출판 대영문화사, 2005)
- 경비지도사 민간경비론(엑스퍼트, 2006)
- 경찰학개론(도서출판 대영문화사, 2007)
- 경호학개론(도서출판 대영문화사, 2009)
- 경비지도사 기출문제 해설(시대고시기획, 2010)
- 경비지도사 한권으로 끝내기(시대고시기획, 2011)
- 범죄학 제대로 알기(백산출판사, 2012)
- 경찰서비스 기능의 향상에 관한 연구 외 다수

## 김용태(金容台)

- 영남대학교 행정대학원 자치행정학과 졸업(자치행정학 석사)
- 경일대학교 일반대학원 행정학과 졸업(행정학 박사)
- 한국치안행정학회 총무이사
- 한국자치경찰학회 학술이사
- 한국민간경비학회 이사
- 한국행정학회 정회원
- 대한지방자치학회 섭외이사
- 국가위기관리학회 정회원
- 구미경찰서 보안협력위원회 위원
- 경찰청 전·의경 체험수기 당선(2008)
- 현) 계명문화대학 경찰행정과 외래교수
  대구한의대 경찰행정학과 외래교수
  수성대학교 경찰행정과 외래교수
- 전) 대구과학대학교 경찰행정과 전임강사
  경일대학교 행정학과 특임교수
  대경대학교 교양학부 외래교수
  경북대학교 생태관광학과 외래교수
  경찰청·경북지방경찰청 고객만족정책 외부평가위원
  한국정부학회 총무이사

**〈주요저서 및 논문〉**

- 대학생을 위한 응급처치실무(도서출판 영민, 2009)
- 경찰서비스 품질관리론(도서출판 영민, 2010)
- 글로벌 리더십(경일대 출판부, 2011)
- 경찰공무원의 사기제고방안에 관한 연구(2005)
- 경찰과 민간경비의 상호협력체제 구축방안(2006)
- 지역축제의 안전관리방안에 관한 연구(2007)
- 군단위 지방자치단체의 효율적인 인력관리방안(2008)
- 지역경찰서비스의 품질관리에 관한 요인분석(2009)
- 북한이탈주민의 지역사회 적응과 생활지원방안(2010)
- 한국경찰행정의 쟁점과 발전방안(2010)
- 지역경찰조직의 효과성에 대한 인식분석(2011)
- 북한이탈주민의 정착지원방안에 관한 연구(2011)
- 지역경찰에서 협력단체의 유형화 방안(2012)
- 국민중심 경찰활동을 위한 맞춤형 공감치안 방안(2012)

**〈상훈〉**

- 경북지방경찰청장·해양경찰청장 감사장(2012).

# 경찰정책론

1판 1쇄 인쇄 2013년 2월 25일
1판 1쇄 발생 2013년 3월 04일
공 저 자 배철효 • 김용태
발 행 인 이범만
발 행 처 **21세기사** (제406-00015호)
경기도 파주시 산남동 283-10 (413-130)
Tel. 031-942-7861 Fax. 031-942-7864
Home-page : www.21cbook.co.kr
E-mail : 21cbook@naver.com
ISBN 978-89-8468-449-2

**정가 20,000원**